U0738390

重庆文化研究

（2019 年卷）

重庆市文化和旅游研究院 编

中国文史出版社

图书在版编目（CIP）数据

重庆文化研究 . 2019 年卷 / 重庆市文化和旅游研究院编 . —北京：中国文史出版社，2020.8

ISBN 978-7-5205-2163-5

Ⅰ . ①重… Ⅱ . ①重… Ⅲ . ①地方文化－研究－重庆－2019 Ⅳ . ① K297.19

中国版本图书馆 CIP 数据核字（2020）第 143956 号

责任编辑：赵姣娇
装帧设计：蒲　钧

出版发行：**中国文史出版社**
社　　址：北京市海淀区西八里庄路 69 号　邮编：100142
电　　话：010-81136606　81136602　81136603（发行部）
传　　真：010-81136655
印　　装：廊坊市海涛印刷有限公司
经　　销：全国新华书店
开　　本：787 × 1092　　1/16
印　　张：32.5
字　　数：524 千字
版　　次：2020 年 10 月北京第 1 版
印　　次：2020 年 10 月第 1 次印刷
定　　价：98.00 元

目录

HONGGUAN WENHUA

宏观文化

推动媒体融合发展　做大做强主流舆论①

陈　虹　黄明杰②

一、导语

2019 年 1 月 25 日，中共中央政治局在人民日报社就全媒体时代和媒体融合发展举行第十二次集体学习。习近平总书记提出：“我们推动媒体融合发展，是要做大做强主流舆论，巩固全党全国人民团结奋斗的共同思想基础，为实现‘两个一百年’奋斗目标、实现中华民族伟大复兴的中国梦提供强大精神动力和舆论支持。”在融媒体实践的过程中，必须深刻领会与应用习近平关于新闻舆论工作的重要论述。

二、唯物史观与辩证唯物主义理论的核心定位

习近平总书记说过，在革命、建设、改革各个历史时期，我们运用历史唯物主义，系统、具体、历史地分析中国社会运动及其发展规律，在认识世界和改造世界过程中不断把握规律、积极运用规律，推动党和人民事业取得了一个又一个胜利。历史和现实都表明，只有坚持历史唯物主义，我们才能不断把对中国特色社会主义规律的认识提高到新的水平，不断开辟当代中国马克思主义发展新境界。[1]

习近平总书记强调，辩证唯物主义是中国共产党人的世界观和方法论，我们党要团结带领人民协调推进全面建设小康社会、全面深化改革、全面依法治国、

---

① 原载于《新闻研究导刊》2019 年 11 月第 10 卷第 22 期。

② 陈虹、黄明杰，重庆日报。

全面从严治党、实现“两个一百年”奋斗目标、实现中华民族伟大复兴的中国梦，必须不断接受马克思主义哲学智慧的滋养，更加自觉地坚持和运用辩证唯物主义世界观和方法论，增强辩证思维、战略思维能力，努力提高解决我国改革发展基本问题的本领。[2]

三、唯物史观与辩证唯物主义理论和人民性

（一）唯物史观和人民性

唯物史观认为，社会存在决定社会意识，社会意识反映社会存在。社会是被物质生产以及由此形成的经济结构决定和制约的政治生活和精神生活的历史发展过程和有机体。经济基础决定上层建筑，上层建筑反作用于经济基础。这两者关系理论都是马克思主义认识和考察事物的出发点。社会意识也是对社会存在的反映，正确的社会意识能够促进事物的发展。马克思主义唯物史观与辩证唯物主义是习近平新时代中国特色社会主义思想的重要组成部分，可以引领人民不断奋进。

唯物史观还认为，人民群众是实践的主体、历史的创造者。人民群众是社会物质财富的创造者，人民群众是社会精神财富的创造者，人民群众是社会变革的决定力量。人民的正能量是无穷无尽的。唯物史观坚持了“从群众中来，到群众中去”的工作做法，给了人民在思想上的原动力。

中国共产党是中华民族的先锋队、中国人民的先锋队，是中国工人阶级的先锋队，中国共产党的宗旨是全心全意为人民服务。这一点与唯物史观是不谋而合的。中国共产党坚持的是科学执政、民主执政、依法执政，一切都是为了人民。唯物史观强有力支撑着的融媒体，是为了人民而生，是连接党和人民的重要桥梁，凸显人民的典型。

（二）辩证唯物主义理论和人民性

辩证唯物主义理论认为，物质决定意识，意识对物质具有能动作用，正确的意识对世界发展具有促进作用。当前中国正处于习近平新时代中国特色社会主义社会。这也决定了必须坚持习近平新时代中国特色社会主义思想，只有一切从实际出发、解放思想、实事求是、与时俱进，中国和中华民族才能更好地发展，才

能实现伟大复兴。

中国共产党坚持权为民所用，情为民所系，利为民所谋。辩证唯物主义理论要求融媒体内容必须毫不动摇地坚持党的权威领导。在习近平新时代中国特色社会主义思想的引领下，融媒体不仅需要在结构上改变，更重要的是在内容上强化。毫不动摇地坚持习近平关于新闻舆论的重要论述中的马克思主义哲学观，以哲学思想来引领融媒体。人民的心声需要通过融媒体传播，党的任何政策都需要新闻媒体在第一时间反映，融媒体的发展影响着党的形象建设。

辩证唯物主义一直强调规律是客观的，不以人的意志为转移。这就需要人们在尊重客观规律的前提下，充分发挥主观能动性。习近平新时代中国特色社会主义思想是中国特色社会主义的思想旗帜，是发展的客观规律。融媒体应尊重客观规律，充分发挥主观能动性。倘若忽视了客观规律，发挥主观能动性就等于“蛮干”，到头来就会“白干一场”。这就需要融媒体坚持习近平关于新闻舆论的重要论述，这集中体现在坚持“以人为本”上。

坚持“以人为本”的思想，是习近平总书记一直殷切希望的。“人”才是创造社会财富的根本。“人”的发展可以促进社会主义事业不断地发展。人才不断脱颖而出，才可以为新闻事业的发展提供源源不断的动力。

（三）唯物史观和辩证唯物主义理论应用到新闻实践中的必要性

当前，世界处于信息全球化时代，传媒对政治的影响日益深化。在中国融入世界的进程当中，意识形态争论无处不在。传媒凭借其传播的政治信息内容，凭借其提供的社会交往技术平台，对一国的意识形态、对一国社会思潮的影响无孔不入。中国的政治经济体制、社会特点、文化传统等方面和西方的差异，必然反映在意识形态斗争上，反映在传播的内容当中，反映在社交媒体对人们思想行为的影响上。[3]

党媒对于执政党安全和意识形态的影响深远。党媒姓党，其职责是维护国家性质和国家利益，俯首倾听老百姓的心声，推进改革开放。当今，和平与发展成为世界的主题，国家与国家之间的经济文化交流不断增强。科技飞速发展使传媒业得到快速发展，这也为有些别有用心的大国利用传媒大搞意识形态渗透提供了机会。近些年来，西方对中国意识形态渗透的方式发生了变化，不直接在意识形态上做文章，而是借助争议炒作或是丑化中国的国际形象。在当前充满机遇与挑战的环境下，我们必须牢牢坚持习近平关于新闻舆论的重要论述，遵守马克思主义中国化理论，以先进且具有强大生命力的科学理论指引融媒体前进的方向。融媒体离不开习近平关于新闻舆论的重要论述，马克思唯物史观和辩证唯物主义理论也能够更好地推动融媒体向纵深发展。

四、唯物史观与辩证唯物主义理论应用到融媒体实践的案例

习近平总书记指出，要坚持党性与人民性相统一，把党的理论和路线方针政策变成人民群众的自觉行动，及时把人民群众创造的经验和面临的实际情况反映出来，丰富人民精神世界，增强人民精神力量，满足人民精神需求。[4]

2019 年 4 月 16 日，重庆日报新媒体微信公众平台刊播《习近平：我乘飞机、坐火车、坐汽车，专程来这里看大家》的新闻。习近平说："小康不小康，关键看老乡，关键看脱贫攻坚工作做得怎么样。我今天乘飞机、坐火车、坐汽车，先后用了三种交通工具，专程来这里看望大家。看到大家不愁吃、不愁穿，教育、医疗、住房安全越来越有保障，心里感到很托底。"从这篇新闻中，我们可以看到习近平总书记坚持马克思主义哲学历史唯物主义观，以人民为中心、以人民为本的治国思想。习近平总书记的嘱托一直念兹在兹。

习近平总书记强调，新闻舆论工作各个方面、各个环节都要坚持正确舆论导向。各级党报党刊、电台电视台要讲导向，都市类报刊、新媒体也要讲导向；新闻报道要讲导向，副刊、专题节目、广告宣传也要讲导向；时政新闻要讲导向，娱乐类、社会类新闻也要讲导向；国内报道要讲导向，国际新闻报道也要讲导向。①

2019 年 4 月 18 日，重庆日报新媒体微信公众平台刊播《恰似春风拂面来 最是深情暖巴渝——习近平总书记考察重庆引起强烈反响》的新闻。这则新闻放大了权威的声音和人民群众的正能量，领袖的意识导向对于整个社会具有巨大的

① 习近平 . 坚持正确方向创新方法手段　提高新闻舆论传播力［DB / OL］. 新华网 2016 年 2 月 19 日 .

推动作用，更体现了人民群众与习近平总书记的心紧密地联系在一起，令人欢呼鼓舞。

习近平总书记始终强调新闻工作者要在思想上、政治上、行动上同党中央保持高度一致，自觉增强政治意识、大局意识、核心意识、看齐意识，坚决维护党中央权威，与党同心同德，并把它作为检验政治家办报的基本标准。[4]

2019 年 10 月 29 日，《重庆日报》第四版刊发《一位社区党委书记和 1422 人的安居梦》。两江新区人和街道邢家桥社区党委书记谢兰身患肺癌，做完手术歇息不久就回到工作岗位，成了居民“最心疼的那个人”。正如作家路遥在《平凡的世界》中所说：“其实我们每个人的生活都是一个世界，即使最平凡的人也要为他生活的那个世界而奋斗。”基层干部谢兰坚持了历史唯物主义，坚持了全心全意为人民服务。参与采访报道的重庆日报编辑记者结合增强脚力、眼力、脑力、笔力的教育实践，坚持以人为本的新闻创作理念，深入基层，将镜头、笔端对准人和街道邢家桥社区党委书记谢兰同志，对其故事进行倾情报道和真情抒写，展示了新闻工作者和人民的心紧密相连。

习近平总书记指出，为了实现我们的目标，网上网下要形成同心圆。什么是同心圆？就是在党的领导下，动员全国各族人民，调动各方面积极性，共同为实现中华民族伟大复兴的中国梦而奋斗。[4]

2019 年 3 月 25 日起，重庆市“晒文化 · 晒风景”大型文旅推介活动正式启动，持续 4 个多月时间。其间，重庆日报全媒体推出了 38 个区县（自治县）和两江新区、万盛经济技术开发区相继推出的“书记晒文旅”电视短片、“区县故事荟”专题报道、“炫彩 60 秒”微视频等作品。人民网、新华网、学习强国等数百家中央和省级主流媒体也积极“声援”重庆市“双晒”活动，刊载、转发各区县“双晒”作品。这些新闻作品累计阅读量、点赞量超过 24.5 亿人次，深得群众的关注。“双晒”实质上晒出了老百姓的生活与精神面貌。“双晒”成果的巩固、转化、利用，把人民热爱家乡、心系家乡的情感转化为奉献发展的实践，把人民关心重庆、向往重庆的情感凝聚成推动发展的合力。重庆日报作为党报，成为党和人民之间的纽带，积极地发挥了传播功能。

五、融媒体的产物——融新闻

融，汉语汉字，读作“róng”，本义是指固体受热变软或化为流体，也指炊气上升，引申义有长远、永久等，该字在《晋书》和《游天台山赋》等文献均有记载。[5]容，会意字，从宀从谷，房屋和山谷都有虚空能容的意思，所以“容”的本义即“容纳”,《说文》“容，盛也”，引申出宽容、从容、仪容、容许等。[6]此“融”非彼“容”。与“容”不同的是，“融”是实在的、具体的、落实的。融媒体的“融”，融合的是人才、人民、人心，其乐融融。融媒体是在媒体转型发展的关键时期出现和发展的。它是具有强大生命力的社会意识，对当前习近平新时代中国特色社会主义发展具有巨大的推进作用。融媒体融合的不仅仅是人才、技术，最重要的融合的是人民的心，真正落实了“海纳百川，有‘融’乃大”。

习近平总书记提出，全媒体不断发展，出现了全程媒体、全息媒体、全员媒体、全效媒体。信息无处不在、无所不及、无人不用，导致舆论生态、媒体格局、传播方式发生深刻变化，新闻舆论工作面临新的挑战。

融媒体在结构上是通“融”的。重庆日报客户端会转载人民日报客户端、新华社客户端、央视客户端等媒体的重要新闻，光明日报新媒体也会转载重庆日报新媒体的重要新闻。群众因此可以随时随地接收到主流信息。融媒体、全媒体终究还是“从群众中来，到群众中去”，以人民群众为核心。

习近平总书记提出，党报党刊要加强传播手段建设和创新，发展网站、微博、微信、电子阅报栏、手机报、网络电视等各类新媒体，积极发展各种互动式、服务式、体验式新闻信息服务，实现新闻传播的全方位覆盖、全天候延伸、多领域拓展，推动党的声音直接进入各类用户终端，努力占领新的舆论场。①

近年来，党报党刊的互动式、创新式、融通式交流不停增强。2019 年 7 月 10 日，重庆市政府与四川省政府签署《关于合作共建中新（重庆）战略性互联互通示范项目“国际陆海贸易新通道”的框架协议》，至此，四川省加入陆海新通

---

① 习近平 . 推动媒体融合向纵深发展　巩固全党全国人民共同思想基础［DB / OL］. 新华网 2019 年 1 月 25 日 .

道“朋友圈”。《重庆日报》与《四川日报》相继进行了互补式报道，川渝新闻合作也迈上了一个新的台阶。

融媒体把传统媒体与新媒体的优势发挥到极致，使单一媒体的竞争力转变成多媒体的共同竞争力。融媒体体现的是马克思主义哲学中的唯物辩证法。整体是部分的整体，部分是整体的部分，整体决定着部分。融媒体把电视、互联网、广播的优势加以整合、利用，使得整个新闻媒体所传达的效果达到最优化。

融媒体不仅仅在结构上达到“融”，在内容上也在不断地“融”。融新闻中包含着文学、历史、政治等，它已经不是单一的新闻。

《左传·襄公二十四年》:“太上有立德，其次有立功，其次有立言，虽久不废，此之谓不朽。”此为“三不朽”：立德、立功、立言。新闻工作者需要把老百姓的德、功、言问出来、说出来、写出来。“得道者多助，失道者寡助。”“水能载舟，也能覆舟。”这些都说明了人民群众是社会变革的决定力量。新闻工作者的笔下要有人民，要写好人民的故事，要有人民的灵魂。

六、新闻工作者要提升唯物史观与辩证唯物主义理论素养

习近平总书记多次提出加强马克思主义新闻观教育，强调要确立马克思主义新闻观，认同党性与人民性的高度一致性，认清西方所谓“新闻自由”的虚伪性和欺骗性。

新闻工作者要用马克思主义新闻观武装自己、武装新闻，做到心中有党、心中有人民。既要有专业知识和技能，又要掌握党建、国际、历史、政治等方面的知识，拓宽自己的知识领域。

恩格斯曾经说过:“历史活动是群众的事业，决定历史发展的是行动着的群众。”只有人民才是历史进步的唯一动力。新闻工作者要坚持“从群众中来，到群众中去”的理念。只有这样，笔下才有活生生的人民，这样的融新闻才是真实的，才是不朽的。

习近平总书记强调要组织新闻工作者学习马克思主义哲学，全面准确地掌握唯物辩证法，学会运用全面辩证的观点观察和分析问题，努力防止新闻报道的片面性和绝对性，自觉把握宣传基调。

七、结语

实践是检验真理的唯一标准，只有实践才能出真知。新闻工作者要善于用马克思主义哲学来思考和解决问题。只有更好地掌握习近平关于新闻舆论的重要论述，才能更好地指导融媒体实践。

人民的力量是伟大的，人民的灵魂是永存的。新闻工作者的笔下要有人民的精神和灵魂，只有坚持人民为创作的核心，新闻才会不朽。

习近平关于新闻舆论的重要论述始终坚持以人民为中心，字里行间洋溢着对人民群众的深厚感情。把唯物史观与辩证唯物主义理论深入应用到融媒体实践中，需要新闻工作者学习好和应用好习近平关于新闻舆论的重要论述。

参考文献

[1] 习近平：坚持运用辩证唯物主义世界观方法论[DB/OL].新华网，http：//www.xinhuanet.com//politics/2015-01/24/c_1114116751.htm，2015-01-24.

[2] 习近平：推动全党学习和掌握历史唯物主义[DB/OL].新华网，http://www.xinhuanet. com//politics/2013-12/04/c_118421164.htm，2013-12-04.

[3] 李舒东，等.传媒安全研究[M].北京：人民出版社，2013：87.

[4]《习近平新闻思想讲义（2018年版）》编写组.习近平新闻思想讲义（2018年版）[M].北京：人民出版社，2018：58，189，121.

[5] 融[DB/OL].百度百科，https：//baike.baidu.com/item/%E8%9E%8D/64788.

[6] 容[DB/OL].百度百科，https://baike.baidu.com/item/%E5%AE%B9/10876657.

融媒体时代背景下城市文化品牌的塑造与传播①

——以《书记晒文旅》为例

汤健萍②

重庆市“晒文化·晒风景”大型文旅推介活动于2019年3月25日启动，《书记晒文旅》节目作为其中的最主要项目也在重庆广电全媒体平台亮相。节目一开播，即引爆重庆，成为热议话题，并在全国电视圈、文旅界引起广泛关注，被认为是重庆在文旅宣传和城市形象推广上的一个大手笔。

探究其原因我们发现，努力把握文化自信的根基，用媒体融合思维引领项目的策划实施功不可没。节目具有突出的顶层设计感，既拥有巨大的文化意义，成功塑造和传播了城市形象，凝聚了民心，又积极运用融媒体“联合舰队”整体出击，使一档电视节目变身为一个蔚为壮观的文化传播事件，一次极具推广价值的媒体融合传播的创新实践为主流媒体在新兴媒体环境下的生存与发展提供了有益思路。

一、《书记晒文旅》晒出了什么

（一）晒出了旅游文化电视传播的崭新形式，具有突出的顶层设计感

《书记晒文旅》是一个短视频形式的融媒体系列节目，每集8分钟，共有40集。两江新区、重庆38个区县和万盛经开区都参与到节目中，主角都是党工委书记或区委书记、县委书记，推介展示各自的文化和风景。

得益于自上而下的行政力量的推动，党委书记作为主角登台亮相。他们化身

---

① 原载于《新闻研究导刊》2019年6月第10卷第12期。

② 汤健萍（1971— ），女，四川内江人，本科，高级编辑，重庆广播电视集团（总台）融媒体新闻中心执行主任，研究方向：新闻采编，媒体融合发展。

导游和代言人，推介当地自然风光、人文风情和历史文化。参与这一真人秀节目的绝大多数是厅级领导干部，如此大规模的参与在国内电视节目中极为少见，因此也被誉为“厅官真人秀”。

《书记晒文旅》摒弃了风光专题片、明星真人秀等文旅推介样式，另辟蹊径，节目样式的设计体现了政府的施政理念，顺应了政府大力发展文化旅游的政策，以期助推地方政治经济文化旅游和谐发展，同频共振。

（二）晒出了主政者的执政情怀，拉近了官民距离

书记们以他们的视角走访景点，讲述历史文化故事，推介特色美食风俗，叙事切入视角独特，形式鲜活、生动、接地气。万盛区委书记勇敢挑战300米悬崖秋千，被赞为“最拼的书记”；秀山县委书记在小吃摊前买早点拉家常；大足区委书记牵着小朋友来了一场穿越之旅；奉节县委书记在夔门为情侣拍照……这种邻家大叔式的亲切自然让节目充满生活气息。人们通过大小屏看到了官员与以往正襟危坐、开会讲话不一样的另一面。

在《书记晒文旅》中，书记们金句频出，也让百姓津津乐道。云阳县委书记饱含深情地说：“我用九年的时间深爱了这座城，我要用一生的时间去分享它的魅力”；忠县县委书记说：“人生没有白跑的路，每一步都算数。路子对了，就不怕遥远”；城口县委书记说：“城口，举目皆山，却从未困顿，因为我们有飞翔的灵魂”；梁平区委书记说：“踏上梁平的土地，就有了家的味道”；渝中区委书记说：“拥有文化自信，才能不畏前行。”这些话语饱含深情，让主政者的亲民风格深入人心。

书记们气质不同，风格各异，但他们展示了更为真实、自然、亲切、开放的一面，更容易让百姓亲近和认同。“一把手”党委书记登台亮相，让节目成为官员真人秀，获得极大的话题性以及极高的关注度和传播力，而百姓热烈回应，点赞投票，引发了真诚有效的官民良性互动。[1]

（三）晒出了重庆的山水颜值和人文气质，传递了城市文化精神

各区县《书记晒文旅》晒的方式虽有不同，但都力图以独特的叙事视角，充分展示各自不同的自然风光、民俗风情、特色风物、人文风韵、城乡风貌，晒出自己独有的诗与远方。片子不仅展示了自然风光的美，更着墨于传统文化历史的

魂。大后方的铁血抗战历史，文人墨客留下的千古名篇，梁平年画、荣昌安陶夏布、石柱罗儿调、綦江长号、铜梁龙舞、秀山花灯等民间艺术……它们来自历史的记忆和文化的血脉，来自城市跳动的脉搏。

文化是一座城市的根脉和灵魂，文化也是一座城市异于其他城市的独有名片和品牌符号，彰显着城市的精神气质和独特内涵。[2]怎样在节目中更好地表现出自己的文化个性、文化气质？南川以区委书记“讲述 + 展示 + 体验”的方式，将“东汉儒学家尹珍讲学”“龙岩城抗蒙”等历史故事娓娓道来；秀山从沈从文的《边城》切入，将秀山的文化底蕴、观众的文学情结和视频的文艺质感糅合在一起，引人入胜；奉节县委书记从奉节专属的“夔”字说起，以“六言解夔”为主线，以解密档案、文物、文史资料为表现形式，再现“中华诗城”的魅力；大渡口围绕“义”字做文章，百年义渡迎送天下客，百年钢厂悲壮西迁史，解构出片子的魂——大渡口的迎和送，都是民族大义；忠县以“忠”字解构全片，巴蔓子刎首留城的壮举让忠县得名“忠”，三国名将甘宁、明末巾帼英雄秦良玉等忠臣良将续写忠义故事，千年忠文化在传承中熔铸成为忠县人民的集体人格……

文化的厚度让《书记晒文旅》展现的不仅仅是旅游风光，更是重庆这座城市的文化风貌和立体形象，传递了城市文化精神。

（四）晒出了媒体融合传播的巨大影响力

《书记晒文旅》以开放的视野，拓展融媒体传播渠道，谋求在更大的范围、更高的层次打造传播力和影响力。

首先，立足传统电视媒体，充分运用电视大屏阵地，彰显主流媒体的权威和公信力。《书记晒文旅》在重庆卫视首发，在机顶盒开设专区回看并在重庆新闻频道《这里是重庆》栏目中专门制作直播访谈节目，对每一期《书记晒文旅》的亮点做延伸解读。同时，《书记晒文旅》通过新媒体宣传增强影响力，在华龙网、视界网、第 1 眼客户端、上游新闻客户端、重庆发布微信公众号等重庆本地有影响力的新媒体中设立专题页面，同步刊播，并在国内主要视频门户网站上同步更新，进一步拓宽节目播出渠道，打破收视时空限制。

此外，《书记晒文旅》发力短视频，用炫彩的视听语言制造刷屏效果。每期《书记晒文旅》以 8 分钟主打节目为基础，同步整合制作了炫彩 60 秒、2 分钟版、10 秒视频海报、视频推文、H5（第五代超文本标记语言）等系列短视频样式，在新媒体端口释放，在社交媒体上获得了极高的关注度和转发量，达到刷屏之效。

同一个区县，不同的发布平台，不同的呈现方式，融媒体播报展示出强大的传播效果。据不完全统计，截至 6 月底，全媒体涉及《书记晒文旅》相关报道和转发传播 62 万条（次），点击阅读量逾 2 亿次。应该说，正是得益于多样立体、相互连接、开放参与的融合传播体系，视频节目本身以及相关话题和推送文章才会获得极高的社会关注度，并在多种传播方式、多元传播媒介交织的社会传播网络中持续发酵，进一步推升节目的传播力和影响力。[1]

二、《书记晒文旅》赢得了什么

（一）赢得了全民参与，凝聚了民心，激发了爱国爱乡的热情

《书记晒文旅》的融媒体发布推广对每一个区县、每一位主政者而言都是非常难得的展示舞台，成为城市外塑形象、内聚人心的绝佳契机。每个片子都承载着人们的故乡情感和归属向往，节目的广泛影响力触达更广阔的群体，真正实现了全民参与、全民共享、全民传播。[2]

为增强互动，《书记晒文旅》开启了点赞投票。一时间，为家乡文化旅游助力点赞的热潮在巴渝大地涌动，热度持续不减。截至 6 月底，已播出 28 个区县的《书记晒文旅》，总票数达到 1.67 亿票，参与总人数超过 835 万，占重庆总人口的 1/4。

重庆的微信朋友圈被《书记晒文旅》刷屏，人们纷纷转发、点赞，“为家乡自豪”“重新发现重庆的魅力”等话语在网友留言中频现。节目激发了市民爱家乡、奉献家乡的热情，极大地增强了人们的向心力、凝聚力。而这些凝聚自民间的信心对正全力转型的重庆显得尤为重要。

（二）坚定了文化自信，彰显了文化精神

习近平总书记指出，文化自信是更基础、更广泛、更深厚的自信，是更基本、更深沉、更持久的力量。《书记晒文旅》传递给大众的不仅有风光，更有情怀，有历史人文，尤其是文化底蕴的发掘让市民重新了解了家乡的文化历史，重

新认识和发现了家乡的文化魅力，对广大市民是一种文化普及和引领，更增强了文化自信。

在荣昌篇中，节目以荣昌陶器、夏布、折扇等非物质文化遗产为重点，融入人的故事、人的情怀。那些灵动的陶器、曼妙的夏布、精美的折扇已经成为荣昌一抹绚烂的色彩，不仅存在于历史，更鲜活于现在。荣昌篇展现出不同于其他区县的独特文化魅力，引得观众纷纷留言表达对传统文化的敬意：泡菜坛子蝶变为漂亮的艺术品，古老的夏布融入世界时尚潮流，传统文化仍然活在当下。

万州有一处文化景点“西山碑”，是宋代著名文学家、书法家黄庭坚途经万州写下的《西山南浦行记》，保留了黄体行书真迹，被誉为“海内存世黄书第一”。但这个文化景观长久以来并未受到重视甚至在当地都鲜有人知。而《书记晒文旅》对这个文化景点做了特别展示后，在当地民众中引起强烈反响，不少学校单位自发组织前往参观，补上缺失的文化课。

有观众表示，从《书记晒文旅》中，看到了不一样的文化底蕴，看到了不一样的文化精神。周敦颐任合州知州时写下了千古名篇《爱莲说》；“朝辞白帝彩云间，千里江陵一日还”“无边落木萧萧下，不尽长江滚滚来”“东边日出西边雨，道是无晴却有晴”“何当共剪西窗烛，却话巴山夜雨时”等诗作，是李白、杜甫、刘禹锡、李商隐等在重庆写就的；北宋大儒张载少年时期在涪陵生活了 12 年，这里的山水人文滋养了他的君子理想，为后世读书人立下“为天地立心，为生民立命，为往圣继绝学，为万世开太平”的人格标杆……

文化历史典故在观众心中产生共鸣，这块土地孕育的灿烂文明激发广大市民对家乡的自豪感、认同感、归属感。“节目将南川的文化历史娓娓道来，让我们真正触碰到南川的灵魂。”“去过奉节多次，但直到今天才知道它有这样丰厚的历史底蕴。”“让我这个当地人看得热血沸腾！”“节目直抵人心，有信息有情怀，大赞！”……在第 1 眼 APP 互动平台上，这样的留言随处可见。

节目以诗意的表达与诠释，充分显示重庆对“文化”与“风景”的积极追求和对创新的向往。不知不觉间，原本一场有关推介文化旅游业的电视节目已慢慢演变成全市的一次文化自省，汇聚为发自肺腑的文化自信和传承发展传统文化的信心。恰如《书记晒文旅——渝中篇》中书记所说：“文化历史是一座城市的底蕴，拥有文化自信，才能不畏前行。”

（三）赢得了文旅融合发展新思路

其实，晒的过程也是梳理文旅资源的过程，也是筛选、整合、提炼文旅内涵的过程，也是厘清发展思路的过程。每个区县都汇集文旅专家，相关部门反复商讨文化风景亮点，打造文旅经济思路。不少节目文本都是区县委书记亲自拟定提纲甚至亲自撰稿，这助推了官员对主政之地文化内涵的深刻认知，也是对当地文化旅游发展再认识的一次思想发动。仅从每一集的标题上就可以看出每个区县对自身文旅资源的核心概念做了怎样的提炼。比如秀山篇——边城秀山，秀色可餐；璧山篇——儒雅璧山，田园都市；城口篇——巴山原乡，生态城口；忠县篇——诗意山水，忠义之州；奉节篇——三峡之巅，诗橙奉节；巫溪篇——上古盐都，心旅巫溪；渝中篇——重庆母城，美丽渝中……

可以说，每一集《书记晒文旅》都是一个文旅梳理成果，都是当地文旅融合发展思路的视觉化呈现。双晒活动就像一个支点，撬动了区县对文旅融合的再认识、再发掘，撬动了重庆文旅融合工作的再深入、再推进。

（四）赢得了重庆旅游热，助推了脱贫攻坚

《书记晒文旅》全方位地展示了重庆的山川人文。这场发端于电视的节目，借由全媒体平台的推广、社交媒体的互动以及线下的组织动员，成为一件文旅传播盛事，传播效应持续不减，助推了重庆旅游热。

云阳和南川是最早播出《书记晒文旅》的两个区县，在节目传播效应的助推下，云阳端午小长假共接待游客39.95万人次，实现旅游综合收入2.7亿元，同比分别上升15%和6.27%。南川五一期间接待游客48.5万人次，同比增长48.8%；旅游综合收入20991万元，同比增长47.8%。

值得一提的是，在《书记晒文旅》所展示的文旅资源中有相当一部分是贫困地区特色资源，有石柱辣椒、黄连，南川方竹笋等土特农产品，有巫溪红池坝草场、城口亢谷等景区，有大宁河刺绣等非物质文化遗产。《书记晒文旅》系列活动巨大的影响力将贫困地区的特色文旅资源推到前台，让人们认识和发现了它们的美和价值，进一步助推了重庆贫困地区旅游脱贫。巫溪县兰溪乡是重庆的18个特困乡镇之一，兰溪大峡谷曾是阻挡发展的拦路虎，绝壁天路修通后，当地人依托峡谷地貌开起了农家乐。而《书记晒文旅》播出后，惊险刺激的绝壁天路景点一下子火了起来，吸引了自驾游客，也带动了周边农家乐。

曾经深藏大山的民族村寨变身旅游打卡地，民族文化、民俗文化焕发生机与活力，非遗产品、特色农产品成为游客青睐的旅游商品。南川区节目 3 月底播出后，以金山红茶、金佛山方竹笋为代表的“南川好礼”线上线下销量和价格分别增长了 115% 和 30%。《书记晒文旅》的后续热度再次证明绿水青山就是金山银山。

（五）赢得了全国关注

《书记晒文旅》系列节目播出以后在全国电视圈也引发关注。不少电视同行纷纷转载节目并向当地政府推介，希望借鉴学习这一做法。

《书记晒文旅》在 3 月 25 日开播后被央视财经频道《生财有道》栏目持续关注。受《书记晒文旅》节目思路和新颖样式的启发，《生财有道》栏目于 2019 年 5 月也策划推出了一个大型文旅系列专题节目《书记说文旅》。《抚顺观察》刊登了一篇文章《重庆让县委书记亲自上阵当导游　抚顺做得到吗？》，文章认为，重庆“双晒”是践行新发展理念、遵循市场规律，把重庆推出深闺、推向广阔舞台的主动作为。“双晒”活动是重庆新一轮扩大开放的序曲，展示出重庆打造内陆开放高地的决心和信心。

节目还得到了国家广播电视总局的高度肯定，总局《广电时评》刊发了评论文章，认为《书记晒文旅》系列节目通过多样传播的新形式，在展示重庆市旅游特色的同时，深耕地方文化资源，通过一部又一部风格各异的作品展播，形成了各区县各美其美、美美与共的文旅合奏与城市交响。

（六）赢得了城市文化品牌塑造和传播的契机

一个城市文化品牌传播水平的高低直接影响这个城市对外形象的知名度和美誉度。[2] 作为大型文化旅游品牌推介节目，《书记晒文旅》在节目形态上不断创新，在节目内容上精耕细作，在对外传播上开创跨屏互动，助推了城市文化品牌塑造、城市形象建构推广和旅游产业转型升级。《书记晒文旅》将文化和旅游有机结合，立意深远，对外宣传了城市形象，对内创新了城市发展逻辑，是对习近平总书记提出的“两点”定位、“两地”“两高”目标和发挥“三个作用”重要指示要求的积极响应和落实，有利于重庆加快建设山清水秀美丽之地，推动高质量发展，创造高品质生活。而这种主旋律的弘扬和正能量的塑造恰恰体现了主流媒体的使命自觉和责任担当。

可以说，《书记晒文旅》努力把握文化自信的根基，在积极运用融媒体塑造和传播区域形象上做出了令人瞩目的尝试。节目格局宏大、立意高远，从顶层设计到内容制作、细节呈现都超越了以往一般的旅游节目。《书记晒文旅》之所以能成为现象级电视节目，不仅是因为它突破了传统风光片、专题片的创制模式，让官员变身超级导游，大大增强了节目的话题性和关注度，提高了节目的传播力和影响力。同时，它更深入地挖掘了历史文化底蕴，让观众看到城市文化的精神力量并通过媒体融合手段推广传播，使得城市的文化个性得以彰显，城市形象传播更有力量。《书记晒文旅》摸索出一条"文旅融合发展＋媒体融合传播"的创新传播之路，在跨屏互动融合和文化创意中成就了城市的文化品牌，实现了城市形象建构和品牌的创新传播。

参考文献

［1］王胜源，万晓燕，朱倩玉．人说山西好风光：旅游文化电视传播的创新实践［J］．西部广播电视，2018（1）：114-116.

［2］常凌翀．《魅力中国城》：助推城市文化品牌塑造［J］．中国广播电视学刊，2018（9）：113-116.

文化是高品质生活的不懈追求①

刘丰果②

近年来，伴随着经济高速发展带来的物质生活的极大富裕和人们生活水平的逐步提高，为人们对高品质生活的追求提供了可能，高品质生活也成为时下广泛讨论的问题。对高品质生活的追求是人的需求层次发展到一定程度的必然产物，依据美国心理学家亚伯拉罕·哈罗德·马斯洛（Abraham Harold Maslow）提出了人类的需求层次理论，他将人类需求从低到高分为五个层次，即生理需求、安全需求、社交需求、尊重需求和自我实现需求。依据马斯诺的需求理论，对个体而言，随着物质条件的不断改善，人类对生活品质的追求也越来越高；对于一个国家而言，随着经济、技术、文化的发展，也会出现更高层次和更高级别的发展要求，那就是从物质发展的需求转向对文化发展的需求。

高品质生活，是在物质文明发展到一定阶段，在社会生产、生活条件较为富足的前提下，人们对健康、精致、休闲的生活以及情感生活等文化生活状态的追求。高品质生活是在满足人们基本物质生活需求后对个人生活状态、人生价值、精神诉求等高于物质层面需求的全新要求。高品质生活，更加注重对文化和精神层面的需求与满足，应该由生活文化上升为有文化的生活。从生活文化转变成有文化的生活是由文化在生活中的意义决定的，生活文化是指由生产、生活方式决定的承载着特色地域属性的文化，生活在其中的人可以感触颇深，也可以没有察觉或视而不见。有文化的生活是较高层次的生活状态，至少包含文化自觉和文化自信两个方面，文化自觉使生活在其中能够感受、感知和体悟到生活中的文化；

---

① 原载于《重庆文化研究》己亥秋。

② 刘丰果，四川大学。

文化自信可使生活在其中的人接受、认同生活中的文化，并且主动探寻或积极传播生活中的文化。

无论何种生产、生活方式，都离不开对生活中吃、穿、住、用、行五个基本问题的讨论，这是基于人类生存的视角，这五个问题共同构成了人们生活文化的底色。生活文化是一个地区的居民在长期的生活中形成的生产和生活要素的统称，也是某一国家或某一地区特色地域文化的重要组成部分。有文化的生活是在具有文化自觉和文化自信的基础上持续追求并相对恒定地拥有高度认同的生活方式和生活文化。无数的事实证明人的欲望永远不能满足，只有坚持正确的理想和信念，拥有足够的文化自觉和文化自信才能持续追求并拥有高度认同的生活方式和生活文化，而非人云亦云地盲目追求和漫无目的地混乱生活。

文化自觉是高品质生活得以实现的前提。正如著名社会学家费孝通所言："生活在一定文化中的人，对其文化要有自知之明，明白它的来历、形成过程、所具有的特色和它发展的趋向。自知之明是为了加强对文化转型的自主能力，取得适应新环境、新时代文化选择的自主地位。"没有文化自觉，不能感知与识别生活中的文化属性和文化内涵，有文化的生活就无从谈起。文化是人的社会性和思想性的体现，没有文化自觉的生活在追求生物的本能需求的生存之道，无生活质量可言，高品质生活更是无从谈起。

文化自信是高品质生活得以实现的基础。文化自信是一个民族、一个国家或一个地区对自身文化价值的充分肯定和积极践行，并对其文化的生命力持有的坚定信心。日常生活中的文化自信体现在对中华优秀传统文化、中国特色社会主义文化这一有机整体的自信。文化自信归根结底是价值观的认同，如果没有坚定的价值观，文化只能是肤浅的物的文化，生活也只是简单的物的生活。只有在文化自信的基础上，才能在日常生活中大胆追求精致与典雅高质量生活，赋予生活文化特质，在文化之境中坚定生活理想，日常生活中的文化便拥有了独特的审美意义和思想价值。当前，各大城市大量出现的欧陆风情建筑风格的居住区和"洋气"的小区名称归根结底就是有文化自觉而没有文化自信的体现，体现了生活在其中的居民文化自信缺失和盲目崇洋媚外的心理状态。所以，文化自信是更广泛、更深厚的自信，是更深沉、更持久的社会发展力量。

文化是高品质生活的不懈追求。人是自然存在物、社会存在物、精神存在物的统一体，人的需求是多方面多层次的。其中，物质需求是基本需求，是第一位的，也是有限的需求；精神文化需求是高级需求，是第二位的，也是无限的需求。高品质的生活是在追求物质生活的满足之外，精神饱满、心灵充实地追求文化生活的满足，从而达到物质追求与精神追求和谐统一的最佳生活状态。文以载道，文以传情，文以植德，文化是民族的血脉，是人民的精神家园。随着社会、经济的飞速发展，物质丰裕的时代已经到来，高质量的物质需求相对容易满足，在满足物质需求的前提下，文化就成了高品质生活的不懈追求。

改革开放 40 多年来的发展，我国人民既创造了物质文明发展的世界奇迹，也创造了精神文明发展的丰硕成果。我国文化产业发展迅速，文化消费上升势头强劲。数据显示，2013 年至 2017 年，我国文化消费综合指数持续增长，由 2013 年的 73.7% 增至 2017 年的 81.6%，年平均增长率为 2.6%。近年来，我国文化产业增速始终高于 GDP 增速，占 GDP 比重逐年增加，保持了强劲的发展势头。例如北京、上海、江苏、广东等多个省市，文化产业增加值占 GDP 的比重已超过 5%，成为当地的支柱产业。从这一系列数据不难看出，我国精神文化产品的需求与生产供给能力都有大幅提升、精神文化财富大大增加。当前，我国文化供给的主要矛盾不是缺不缺、够不够的问题，而是好不好、精不精的问题。伴随着人民群众眼界的拓宽、品位的提升，对思想深刻、内涵深厚的文化消费提出了更高要求。为了更好地满足人民精神文化生活新期待，就要推动文化事业全面繁荣和文化产业快速发展。新时代人们为了追求高品质的生活，对文化的需求提出更高的要求，也呈现出新的需求特点，主要表现在个性化、多样化、层次化和品质化四个方面。

个性化，文化需求的个性化是社会思想观念开放包容、新技术普遍应用、新媒介广泛传播、精神文化产品生产方式日趋优化，从而使个性需求得以彰显的结果。个性化的文化需求有助于人们对风格迥异、特色鲜明的文化产品接受度提高，对不同文化类型、新生文化业态认可度提升，也更乐于在精神文化生活中张扬个性、表现自我、实现价值。

多样化，人的社会属性的复杂性决定了对文化需求的多样性，主要包括求知需要、娱乐需要、审美需要、道德需要和信仰需要等。人们既追求思想高度、理论深度、视野广度，也追求心灵静谧、灵魂安顿、精神升华；人们既享受内在修为、自我提高，也享受集体性的文化活动、展示风采。

层次化，人的精神文化需求具有典型的层次性特征，在社会主义市场经济条件下，社会阶层分化、利益主体多元化也造成人们对精神文化需求的分层化、精细化。

品质化，人们对文化产品内在和外在品质需求的提高也是人自我完善、自我调整、自我提高的过程。在此过程中人们会更加关注文艺作品的思想内涵和内在品质，更加注重性情陶冶、精神升华，而不是单纯的感官刺激、视听享受，在此过程中也实现了精神文化需求由量的满足转变为质的满足。

十九大报告中明确指出："文化是一个国家、一个民族的灵魂。"没有高度的文化自觉和文化自信，多么丰富多彩、富足奢华的生活都是为了满足生活本能的基本需求，不能称其为高品质生活。唯有人们拥有充分的文化自觉和文化自信才能实现从生活的文化到文化的生活的转变，从而实现人们对高品质生活的不懈追求。

以文化的力量提升重庆主城“两江四岸”的城市文化形象[1]

侯　路[2]

长江、嘉陵江是重庆的母亲河，重庆的简称“渝”，因嘉陵江又称“渝水”而得名；远古人因长江迁徙而至，建立了古重庆城。现代的重庆，依长江和嘉陵江两岸而建，发挥了重庆山城的立体优势，从而形成了“望得见山、看得见水”的立体城市风格。长江和嘉陵江两岸简称为“两江四岸”。“两江四岸”的重庆主城段，涵盖了古重庆城，以现在的渝中半岛为核心，沿着长江和嘉陵江汇聚地的朝天门向三个方向进行延伸：嘉陵江北岸（高家花园大桥—大佛寺大桥），长度为 17.8 公里；嘉陵江南岸（双碑大桥—朝天门），长度为 16.3 公里；长江北岸（鱼洞长江大桥—朝天门），长度为 34.3 公里；长江南岸（龙洲湾—寸滩大桥），长度为 40.6 公里。“两江四岸”亦将重庆城的空间布局划分为了以渝中半岛为核心的块状、以四岸为主的线状和带状的空间形态，充分展现出了重庆独特的城市天际线、山水轮廓线、滨江水岸线的层次分明、错落有致的立体城市空间。文化是城市的根和魂，且文化作为这个立体城市空间中的一部分，本文从文化资源入手，就如何用文化的力量注入和塑造重庆主城因“两江四岸”而造就的这座立体城市空间的文化形象进行阐述。

一、传承历史文脉，凸显国家历史文化名城的主体形象

重庆是国家历史文化名城，“两江四岸”是重庆的核心地带，渝中半岛又是

① 原载于《重庆文化研究》己亥夏。

② 侯路，重庆市文化和旅游研究院规划工作部主任，副研究员，研究方向：重庆地方文化研究和非遗保护传承研究。

重庆主城“两江四岸”格局形成的一个历史文化集聚区的块状空间形态，亦是重庆文化（巴渝文化）的主要发源地之一，从古巴国的建立到现今的重庆市，历经了几千年的历史，形成了集巴渝文化、革命文化、三峡文化、抗战文化为一炉，使得重庆具有了浓厚的历史文化底蕴。一是要进一步摸清历史文化资源，构建系列凸显“巴渝”特色的文化标志。文化标志一般是以建筑物或其他类的物态形式的纪念形式实现。巴渝文化作为重庆的母体文化，有很多的历史文化遗产都能成为体现重庆历史文脉的巴渝文化标志。巴渝文化遗产古重庆城、“九开八闭”城门、湖广会馆、巴县衙门、老鼓楼衙署遗址、巴蔓子、大夏皇帝明玉珍、巴子三峡（东突峡、明月峡、广德屿）、巴渝十二景、吊脚楼、磁器口、巴将军传说、巴文化传说、安世敏传说、巴渝舞、川江号子、广阳岛民间故事、蜀绣、川剧等已是重庆历史文化的重要标志。然而，有很多诸如弹子石摩崖造像、佛图关石刻等文化资源在城市发展进程中被淹没，甚至遭到破坏。因此，我们要加大历史文化资源的保护力度，加大收集、整理重庆巴渝文化资源的力度。从内容上要涵盖起政治、宗教、景观、文化、军事防御、城市拓展等丰富功能的文化资源构架，并建立起涵盖重庆从远古、旧石器时代至今的巴渝文化标志数据库和登记表；要凸显“巴渝”特色的文化标志，构建起巴渝文化标志体系。在历史文化遗产资源地，尤其是与当下有一定合理利用基础的文化遗产资源地，从门面的外在形象开始树立，甚至要在由文化内涵衍生的文化产品上树立起内在文化形象。使更多的历史文化资源成为重庆重要的、凸显巴渝特色的文化标志。二是梳理近代历史脉络，丰富革命文化和抗战文化标志体系。中国的近代史中，尤其是在民主革命期间，重庆起到了至关重要的作用，重庆开埠以后，民主革命就在重庆广泛开展，在抗日战争时期，重庆更是成了政治、经济、文化中心，革命先驱毛泽东、周恩来等伟大领袖在重庆开展了伟大的革命斗争。这些历史脉络书写了重庆的革命文化，红岩村、渣滓洞、白公馆、周公馆、解放碑等革命和抗战遗址家喻户晓，以致革命和抗战文化遗址成了重庆的另一个重要文化标志。李子坝因轻轨上天入地、穿越楼层而成了重庆旅游网红打卡地，全国各地游客争先赴李子坝打卡，然而也仅限于打卡，却对李子坝抗战遗址公园视若无睹。中苏文协旧址、《新华日报》馆及营业部旧址、邹容烈士纪念碑、重庆谈判旧址、四川革命先烈纪念碑、中共重庆地方执行委员会旧址等重要的革命文化遗迹的知名度尚需提高。因此，应该加大对革命和抗战文化的保护和革命精神的发扬，系统地梳理我市从开埠以来，维新运动、新民主主义革命、巩固新民主主义革命胜利成果所遗留下来的文化遗产资源，加大对资源本身的挖掘力度，增强文化资源的知名度，以达到丰富革命和抗战文化标志体系的目的。

二、合理利用文化元素，提升城市文化形象

重庆主城的“两江四岸”区域是重庆最为直观的城市文化形象，无论是外地游客还是本地居民在谈论重庆城市的形象时，最直接的视觉冲击就是对城市外观、环境等方面的感受，也就是我们所说的外在形象。“两江四岸”的外在形象包括有城市的建筑形象、景观形象、长江和嘉陵江的水上形象、环境形象等。除了上述第一部分所叙述文化资源本体的形象之外，这些外在形象的提升，应多注意合理利用重庆文化元素。重庆又称为“桥都”，主城区横跨长江、嘉陵江的桥就有很多，千厮门大桥于 2015 年 4 月建成通车，大桥的艺术设计使得主塔像一把巨型天梭，主塔上的一排斜拉索则像一把竖琴的琴弦。再加上桥下用景观灯饰工程点亮的具有重庆独特的吊脚楼风格的洪崖洞建筑群，外加北桥头用“三峡石”为创意的重庆大剧院，使得洪崖洞—千厮门大桥—大剧院迅速地成了重庆一道亮丽的风景线，也是重庆网红打卡必经之地，使其成了重庆新的文化形象代表之一。这个案例可以看出，提升重庆城市文化形象，应该注重重庆地理、环境、文化等优势的聚集，综合性运用各优势资源，打造更多的重庆城市文化形象标志。因此，综合运用当地的地理、环境、文化、自然等资源优势，提升城市文化形象，首先要从“两江四岸”的总体规划设计着手，在摸清“两江四岸”文化资源的情况下，将文化资源中文化内涵魅力充分融入独特的地理环境中，以凸显重庆具有的“巴渝文化”“三峡文化”等文化形象，对城市形象提升工程进行进一步的总体设计和规划。其次是在运用文化资源的基础上，需要加大对文化资源的艺术时尚设计力度，加强时尚设计的“文化想象”，将“两江四岸”的建筑、街道、滨江路、灯饰、灯光等设计得更加有文化艺术气息，进一步凸显文化形象的时代性和时尚性。朝天门码头正在修建的来福士项目，用八栋高层建筑形成一组

强劲的风帆，代表重庆千年积淀的城市精神，寓意重庆“乘风破浪、扬帆起航”。相信项目的建成会很快成为重庆新的地标性建筑。最后，对现有的“两江四岸”文化资源的外在形象进行整体规划设计，提升文化资源所承载的文化形象。湖广会馆、重庆“九开八闭”古城门、铜元局、重钢遗址等文化遗址，在遵循文化资源本身的文化内涵和文化特色的基础上，应充分发挥“文化想象”，将它们所承载的文化形象设计得更加有时代性和时尚性。

三、丰富文化产品，提升“两江四岸”的城市文化品质

党的十九大报告中提出:“满足人民过上美好生活的新期待，必须提供丰富的精神食粮。”为了更好地满足人民日益丰富的精神文化需要，就需要提供更加丰富、更加有效的文化供给，从而提升人民享受生活的文化品质。“两江四岸”不但需要提升城市环境、外观等硬件设施的外在形象，还应该提供更加丰富的文化产品，增加城市的文化品质和提升城市的内在形象。第一，繁荣文艺创作。文艺作品是丰富人民精神食粮的重要基础。从市场需求的角度来看，创作更多、更好的文化作品是剧场保持生命力的源泉，“两江四岸”是演出剧场的汇聚之地，大剧院、国泰艺术中心、施光南大剧院、群星剧院、巴渝剧场、马戏城等占据重庆文化演艺事业的半壁江山，也是演出市场的反馈之地，所以剧场应该和创作团队建立起联系机制，及时将市场的需要反馈给创作团队，并指明创作方向。从市场供给来看，各个创作团队以及广大文艺工作者要深挖和提炼巴渝文化、抗战文化、三峡文化、革命文化等题材资源，围绕人民需要，创作出更多、题材更加丰富的文艺产品。第二，共享公共文化服务。公共文化服务是保障人民享受最基本的文化权益。一是要规划设计更多市级公共文化设施和便民文化设施项目布点在重庆人口最集聚的“两江四岸”沿线，如重庆音乐厅等项目。二是要推进大数据在公共文化服务的运用，建立起公共文化服务的互联网平台、重庆文化云平台、巴渝文化云、科普文化云等项目，使公共文化服务更加便利化和平民化。三是要开展更多、更丰富的文化惠民活动，加大全民阅读活动的开展力度，增加全市人民享受基本文化服务的权益。第三，发挥文化产业的集聚效应，对文化产业提档升级。南滨路文化产业园区充分利用了长江边的文化资源，通过文化资源的开发

和利用，引领时尚，汇聚众多文化产业集聚发展的理念，2017 年获得了创建国家级文化产业园区的资格。从文化产业发展的角度来看，其集聚发展的理念和方式能为丰富文化产品和文化产业发展方面提供宝贵的经验。“两江四岸”有众多类似产业集聚发展的基础，加大对洪崖洞民俗文化区、湖广会馆、磁器口古镇、沙磁巷、红岩村、洋炮局、印制贰厂、重钢旧址、后街影视城等项目的扶持力度，以扩大产业集聚效益。激活文化产业的新兴业态，提供丰富的文化服务业、文化制造业、文化创意服务、广播影视业、文艺创作等十大产业门类的文化产品。第四，加强历史文化资源的活态利用。支持和鼓励历史文化资源的合理利用，丰富业态，活化功能，实现保护和利用相统一，充分发挥历史文化遗产的文化展示和文化传承价值，通过开展传统手工业、特色产品、文化衍生产品的开发和生产经营，推动文化旅游、文化展演、文化创意产品及衍生品等相互融合，激活历史文化资源的经济属性，带动经济社会发展，提升城市文化品质。

四、传承人文精神，提升“两江四岸”的城市人文素养

人文精神是城市文化魅力与美誉度的核心组成部分，是城市核心价值观的根基，更是社会经济发展中凝心聚气、推动发展的重要因素。人文素养是城市形象和城市文化的核心标志。“两江四岸”作为重庆最为核心之地，是承载和传承重庆巴渝大地人文精神的主要阵地。巴渝大地在经历了 3000 多年的历史长河中，在优秀的巴渝文化积淀下，凝聚和孕育出了巴渝儿女“乐观向上、坚韧顽强、忠贞爱国、包容开放、守正出新、正直诚信”的价值理念、道德情操和精神品格。一是要坚持用社会主义核心价值观为引领，传承好巴渝女儿的人文精神，提高“两江四岸”人们的思想觉悟，使市民在理想信念、价值理念、道德观念上紧紧团结在一起，做到“爱国、敬业、诚信、友善”，自觉做社会主义核心价值体系的倡导者和践行者。二是阐释新时代的重庆人文精神。对重庆传承的人文精神进行系统阐释，提炼出新时代重庆的人文精神，把重庆特有的红岩精神、三峡移民精神与民族精神、时代精神有机结合起来，着力培育市民顾全大局、团结协作的风格，精益求精、追求卓越的品质，诚实守信、博采众长的风范，培养市民顽强拼搏的奉献精神，知难而进的敬业精神，扶贫帮困的关爱精神，崇尚节俭的俭朴

精神，敢于创新的奋斗精神，并熔铸到重庆人民的心灵和行动之中，不断提炼重庆的“精气神”。三是传承和弘扬优秀传统文化。要坚定文化自信，传承和弘扬“两江四岸”的优秀传统文化，坚持创造性转化和创新性发展；深入挖掘和阐释川江号子、走马镇民间故事、蜀绣、针灸等优秀传统文化中守诚信、讲仁爱、崇正义等时代价值，开展宣传和教育活动，以丰富人民的精神世界和增强人民的精神力量，从而达到引导人民树立正确的人生观和价值观。

综上，重庆主城“两江四岸”有着丰富的文化资源，也是传承和承载巴渝优秀传统文化的主要阵地。因此，在重庆主城“两江四岸”治理和提升工程中，要充分利用文化的力量，来塑造重庆的美好形象。从文化资源本体入手，深挖文化内涵，传承好重庆的优秀传统文化和人文精神，将文化元素融入“两江四岸”的每个角落，用“以文化城、以文润城”的理念，对“两江四岸”采用“内化于心，外化于形”的方式，提升“两江四岸”重庆主城段的城市文化形象和城市美誉度。

文化自信视域下重庆文化软实力提升路径研究[①]

何　晗　赵春风[②]

2018年3月10日上午，习近平总书记参加十三届全国人大一次会议重庆代表团审议并发表了重要讲话。习总书记特别提到了重庆的巴蔓子、钓鱼城、渣滓洞、白公馆、“狱中八条”等，对重庆优秀历史文化给予高度肯定。党的十九大报告指出：“文化是一个国家、一个民族的灵魂。文化兴国运兴，文化强民族强。没有高度的文化自信，没有文化的繁荣昌盛，就没有中华民族伟大复兴。”新时代背景下，重庆作为拥有丰富文化资源的历史文化名城，更好传承地域特色文化，以优秀文化推动城市进步和发展，提升重庆文化软实力，既是提振重庆发展精气神的应有之义，也是以增强文化软实力促进硬实力发展、发挥区位优势、打造内陆开放高地的必然选择。

一、坚持文化自信与提升重庆文化软实力的内在逻辑关系

党的十八大以来，习近平总书记站在历史和时代的高度多次强调文化自信，党的十九大报告将文化自信提升到关乎民族复兴的战略高度。重庆是一座历史文化名城，步入新时代以来，作为西部大开发重要战略支点、“一带一路”和长江经济带联结点，其区位优势日益凸显，城市的独特文化魅力崭露头角。准确把握文化自信与提升文化软实力之间的内在逻辑联系是持续增强重庆文化软实力，实

① 基金项目：重庆邮电大学社会科学基金项目“重庆特色文化视野下的高校人文教育课程设置研究”（K2010—125）；重庆市研究生科研创新项目“青年伟大民族精神培育研究”（CYS18257）。原载于《重庆第二师范学院学报》2019年5月第32卷第3期。

② 何晗，重庆邮电大学硕士研究生，研究方向：网络思想政治教育；赵春风，重庆邮电大学讲师，研究方向：大学生思想政治教育。

现“两地”“两高”目标的必要前提。

（一）提升重庆文化软实力是增强文化自信的重要前提

首先，文化软实力的提升能够创造更加丰富的文化作品，而这些文化作品构成的文化资源是文化自信的源泉。只有不断保护、弘扬、挖掘和开发重庆的文化资源，增强重庆文化的吸引力、传播力和影响力，才能让重庆的文化自信更有底气、更接地气。其次，文化软实力能促进地区经济发展，而经济的持续发展是文化自信的基础。重庆文化软实力是重庆文化的吸引力、竞争力和影响力的综合体现，与经济实力一道共同构成重庆综合实力的“车之两轮，鸟之两翼”。习近平总书记在参加十三届全国人大一次会议重庆代表团审议时对重庆提出了“两地”“两高”目标要求，即加快建设内陆开放高地、山清水秀美丽之地，努力推动高质量发展、创造高品质生活。重庆要重整行装再出发，就必须以优秀文化为依托，加强文化软实力建设。因为文化软实力的提升能吸引更多人才、资本与技术等资源汇入，促进重庆文化事业和产业发展，强大的经济基础与雄厚的文化产业是文化自信的物质力量。

（二）增强文化自信是提升重庆文化软实力的内在动力

文化自信是文化软实力的核心内容，增强文化自信是重庆文化软实力得以提升的内在动力。增强文化自信，就是增强对重庆优秀地域文化的自信，就是主动践行重庆地域优秀文化中的价值理念，摈弃重庆传统文化中的腐朽思想和发展过程中的不良思想；增强对重庆文化的自信，就是能够自觉避免极端文化心理，克服文化自卑和文化自负，为提升重庆文化软实力营造良好的思想和心理环境。文化自信是文化软实力在本国和本民族人民文化心理上的集中表现，其形式为民族自尊心、自信心和自豪感。文化自信是提升重庆文化软实力的力量之源，只有不断增强文化自信，才能让重庆文化在与我国其他地区文化以及世界文化交流的过程中，以更加开放的心态吸纳融合外来文化的优秀基因，扩大重庆文化影响力，提升重庆文化软实力，让重庆文化成为中华民族文化的优秀代表。

二、重庆特色文化的精神内核

所谓重庆文化，是指生活在重庆这片土地上的人民在社会历史发展过程中创造的物质财富和精神财富的总和。在3000多年的发展历史中，重庆孕育了巴蔓子、邹容等历史名人，滋养出红岩文化、抗战文化、移民文化和工商文化等优秀文化。其中，包含了忠勇、奉献和开拓等精神内核。这些优秀文化与精神内核是增强重庆文化自信的力量源泉，也是提升重庆文化软实力的核心竞争力。

（一）以巴蔓子将军与合川钓鱼城为依托的忠勇精神

巴蔓子为战国时巴国将军，为了保卫国土完整，保护一方百姓安宁，义无反顾地自刎。巴蔓子在楚王使者面前毫无惧色，视死如归。这种刚烈正直、在强权面前永不低头的英勇之气，其实就是每一个重庆人与生俱来的性格基因。巴蔓子将军是忠勇爱国精神的化身，也是重庆人重义气、讲诚信、护国爱民、舍生取义传统道德的人格代表。

合川钓鱼城建于南宋淳祐二年（1242年），1258年蒙哥大汗挟西征欧亚非40余国的威势进犯重庆，合川钓鱼城保卫战长达36年，成功遏制了来自北方草原民族的进攻，写下了战争史上罕见的以弱胜强的战例。合川钓鱼城是一座改写欧亚大陆历史的英雄之城，创造了历史的奇迹，同时也彰显了宋代将领们忠勇的精神气节。钓鱼城不仅是一处古战场，更是一座代表不屈和顽强的精神宝库，重庆人的忠勇血性、坚忍不拔、英勇顽强、克难攻坚与勇于担当的精神集中展现在这片古战场上。

（二）以邹容、红岩文化、抗战文化为依托的革命精神

邹容是我国早期资产阶级民主革命家、思想家，他的《革命军》一书，以“革命军中马前卒”署名，以爱国主义为基本出发点，提出革命救国、革命“反满”，建立“中华共和国”，为辛亥革命的舆论宣传做出了重大贡献。从邹容身上，我们可以看到重庆人骨子里的耿直，眼见不平愤然反抗，也可以看到重庆人富而思进、追求真理，勇立潮头、道义担当，血性刚强、兼收并蓄的精神力量。邹容的革命精神必将激励更多重庆人追怀革命先驱，为实现中华民族伟大复兴而努力奋斗。

红岩文化形成于抗战时期，是在以周恩来为代表的党的南方局领导下，外对日本帝国主义、内对国民党反动派斗争的文化；发展于解放战争时期，中国共产党人在与国民党反动派斗争中形成的崇高的革命精神；升华于新中国诞生前夕，

大批被国民党反动派囚禁于渣滓洞、白公馆的革命先烈与反动派激烈斗争中形成的崇高的革命斗争精神。红岩文化是我国红色革命文化中一面鲜艳的旗帜，是民族精神、革命精神与共产主义精神的结晶，是重庆文化的宝贵财富。红岩文化蕴含着丰富的革命精神，充分体现了重庆人民在艰难困苦的岁月里救亡图存，爱国、团结、奋斗、奉献的精神风貌。

抗日战争期间，大批文化人士来到重庆。在中共中央的领导下，中共南方局团结广大文化人士，充分利用和发挥文化的魅力和作用，建立起广泛的文化统一战线，开展了多种形式的文化抗战活动，宣传抗战文化和进步思想。其中，轰轰烈烈的诗歌朗诵活动，借古讽今、针砭时弊的话剧演出，蓬勃发展、规模空前的歌咏活动等，对宣传、动员、鼓励全民族进行抗日战争起到了重要作用。中国共产党领导的抗战文化统一战线推动了重庆乃至整个大后方的文化繁荣发展，为抗战奠定了坚实的文化基础，对中国抗日战争的胜利乃至世界反法西斯战争的胜利做出了重要贡献。面对日军持续六年的空袭，重庆人民乐观顽强地喊出了“愈炸愈强”的口号。这些都体现了重庆人民高扬爱国主义旗帜，对抗战胜利充满信心，充分展现了重庆人民的民族气节、民族精神与革命精神。

（三）以移民文化为依托的奋斗奉献精神

从巴人迁徙到清初湖广填四川，到抗战时期作为大后方的内迁，从新中国成立后的三线建设再到20世纪末21世纪初的三峡水利工程百万移民，可以说，移民文化是历代重庆人迁移繁衍的历史画卷，是重庆文化的宝贵财富。多次移民大潮使重庆这块土壤不断接纳和包容四方，来自各个地区的移民带来了原居住地的文化，在与重庆本地文化交互融合的过程中为重庆文化注入了新的生机与活力。特别是抗战和“三线”建设时期，高校、企业大量涌入，移居重庆的高素质建设者们用智慧、血汗和生命，为重庆创造了丰富的物质和精神财富。

三峡移民期间，百万移民舍小家顾大家，割舍依依乡情，远赴他乡，靠着勤劳的双手自强不息、艰苦创业，开创美好的新生活，集中体现了重庆人民最美好的精神品质和最伟大的创造力量。三峡移民团结一心，用汗水、泪水甚至生命筑起了雄伟的精神层面的“三峡大坝”，实践和升华了以“顾全大局的爱国精神，舍己为公的奉献精神，万众一心的协作精神，艰苦创业的拼搏精神”为主要内容的三峡移民精神。三峡工程百万大移民创造了人类移民史上空前的奇迹，也创造了重庆乃至中华民族崭新的精神财富。

（四）以工商业文化为依托的开拓精神

巴文化有尚工贸与善制造的传统。远洋时代，黄金水道把重庆与海洋、重庆与世界联系在一起，使重庆逐渐成为一座以工商业文明的兴起而不断崛起的城市。抗战时期，上海、江浙、闽粤等发达地区企业大量迁入，众多优秀企业家汇聚重庆，给重庆带来了许多借鉴学习、融合发展的机会，促进了重庆工商业的崛起，使重庆逐渐成为全国工商业的中心。“三线”建设给重庆工商业文化注入了新的动力，对重庆重工业发展、道路交通、城镇建设等产生了重大影响。改革开放之后，重庆工商业发展一直走在全国前列，诞生了一批具有全国影响的企业家。20 世纪 80 年代初，重庆成为全国改革试点城市，民营企业得到蓬勃发展。1997 年重庆成为直辖市，给重庆工商业带来了前所未有的发展环境与机遇。新时代的重庆，工商企业紧紧抓住“一带一路”、中欧班列、中新示范区、自由贸易区等发展契机，充分利用这些平台，提升企业竞争力。正是因为重庆长期以来融汇中西，才促进了重庆工商业文化的确立与积淀，使得重庆在发展过程中一次次肩负起更为重大的责任，发挥出更加强大的影响力。

三、文化自信视域下重庆文化软实力的提升路径

以高度的文化自信增强重庆文化软实力，要从高处着眼，更要从实处着手，必须不忘本来、吸收外来、面向未来，把历史文脉有机融入城市风貌，从而更好构筑重庆精神、重庆价值、重庆力量，彰显重庆作为“山水之城，美丽之地”的独特文化魅力。

（一）继续打造内陆高地，以提升硬实力夯实重庆文化软实力的基础

经济基础决定上层建筑，文化发展需要经济、科技等硬实力支撑。要加强重庆的经济建设、促进科技发展进步、提高重庆的硬实力，为增强重庆文化软实力夯实基础。2016 年习近平总书记视察重庆，对重庆提出了“两点”“两地”定位和“四个扎实”要求。“两点”“两地”战略除了具有深刻的经济意义之外，还能够创造众多促进文化发展、提升文化软实力的机会。重庆作为“一带一路”与

长江经济带上的重要节点，逐渐在全国甚至全世界面前展现出独特的地域文化优势，展现出重庆的独特魅力。围绕习总书记对重庆提出的要求“三大攻坚战”和“八项行动计划”部署正抓紧落实。其中，“以大数据智能化为引领的创新驱动发展战略行动计划”“科教兴市和人才强市行动计划”和“内陆开放高地建设行动计划”将促进重庆的开放平台和创新平台建设，这是重庆整体的开放和创新，文化是其中的重要内容。这是一次深化重庆区域文化对外开放，全面提高重庆开放型文化产业化水平的重要机遇，也是促进重庆文化产业走向世界的战略机遇。

重庆具有丰富的文化资源，随着重庆的开放与发展，特别是近两年新媒体的推波助澜，重庆文化已声名远播，成为全国旅游热点城市和“网红”城市。重庆文化发展可充分利用“两点”“两地”建设机遇，充分发挥重庆文化资源的比较优势，推进重庆文化走出去战略，主动对接国家“一带一路”倡议，利用中欧班列、自由贸易区和中新示范区建设，科学谋划，有效衔接，在加强经济往来的同时注重与相关国家在文化交流等方面的合作，以此提升重庆文化软实力。

（二）把握重庆文化精髓，让重庆特色文化焕发时代活力

重庆文化的精髓是重庆文化的核心竞争力，是继承和创新重庆特色文化的基石。我们对重庆文化精髓不仅要传承，更要深入挖掘，做新时代优秀文化的开拓者与传播者，为传统文化和革命文化的精髓注入时代精神，在建设中国特色社会主义进程中创造出更多先进文化，赋予重庆文化新的内涵。首先，“取其精华，去其糟粕”，系统梳理重庆悠久的历史文化传统和人文精神积淀，深入挖掘各类文化名人、历史文化古迹、革命文化资源、非物质文化遗产的精神实质与当代价值。其次“推陈出新，革故鼎新”，为重庆文化注入时代精神，进行文化创新。文化创新要立足于中国特色社会主义实践，以人民为中心，以新时代精神为导向，结合时代要求挖掘重庆文化所蕴藏的优秀思想观念、道德规范和人文精神，发挥比较优势，突出重点文化、核心文化，让重庆文化焕发出新的生机和活力。

（三）打造文化精品，推动重庆文化事业和产业发展

党的十九大报告指出：“满足人民过上美好生活的新期待，必须提供丰富的精神食粮。”打造文化精品是提供丰富精神食粮的应有之义，也是提升文化软实力的必然选择。丰富的文化产品既是美好生活的基本指标，也是文化软实力的重

要标志。因此，要实施重庆文艺精品创作工程，打造文化品牌，依托现代科学技术，重点发展创新型文化产业，打造一批有温度、有高度、有筋骨的文化精品。

制定针对重庆各类地域文化的具体政策，增加专门条款给予重点扶持，为文化产业开辟多种融资渠道，吸引民间资本向重庆地域文化产业投资。积极落实重庆公共文化服务提升工程、文化产业振兴发展工程、文化精准扶贫攻坚行动。在决胜全面建成小康社会的关键阶段，在扶贫攻坚的关键时期，文化领域的精准扶贫至关重要。因此，要抓住文化发展存在的核心问题，不断弥补不足；推动公共文化建设、完善公共文化服务体系；大力实施“文化 +”行动，培育新型文化业态，促进文化产业结构优化升级；推动优秀地域文化产业集聚，培育规模优势，加快推进新闻出版、广播影视、文化旅游等传统核心文化产业的规模化、集约化、专业化发展；积极开展重庆城市美誉度提升行动，坚持利用精品文化，以文润城、以文塑城、以文美城，全面展示重庆人坚忍顽强、开放包容、豪爽耿直的个性和文化，努力塑造现代大都市的山魂之雄、水韵之灵、人文之美，让重庆“气质”更佳。

（四）加强重庆特色文化的教育和推广，扩大重庆文化的影响力、感染力和号召力

首先，建设文化传承基地，加强人才队伍建设。一方面，加强重庆优秀文化传承工程、优秀文化人才培育工程建设。通过资金和政策扶持，鼓励重庆非物质文化遗产的传承者收徒传艺，将传统技艺发扬光大；实施文化交流传播工程，依托专业文化机构和文化团体，发展一批群众文化社团，丰富群众业余文化生活，提高市民的文化修养，营造浓厚的文化氛围，推广重庆特色文化，也为文化人才的交流与学习创造平台。积极开展文化惠民、艺术普及活动，努力实现文艺成果全民共享，不断深化“深入生活、扎根人民”主题实践活动，推动文艺志愿服务常态化、制度化。积极打造特色文化产业基地，有效集中重庆地域文化、资金、技术、人才等资源优势，充分展示重庆非物质文化遗产和重庆独特的文化元素，加深当地民众对特色文化的了解。另一方面，高校应利用师资优势加强对重庆优秀文化的研究，打造一批精品课程与优秀社团。重庆大学依托教育部批准的“中华优秀传统文化（川剧）传承基地”，依托慕课平台在全校开设艺术文化通识课

程，建立学生川剧社团，搭建川剧艺术文化传承与保护的科研智库，就是一种成功的尝试。

其次，利用各种载体，讲好重庆故事。要用人民群众喜闻乐见的载体与形式，融合传统媒体和新媒体，结合线上、线下多种手段，采用更“接地气”的语言，使重庆故事更具亲和性、具体性、生动性。要加强主流媒体阵地建设，办好官方微博、官方微信、电视媒体、纸质媒体等，提高新闻舆论宣传的影响力、传播力和引导力，唱响重庆主旋律，凝聚传播正能量。

总之，文化自信视域下重庆文化软实力的提升应多措并举、知行合一、理论与实际相结合，在战略部署上“扣扣子”，在任务落实上“钉钉子”，真抓实干，推动各项措施全面落地落实。

参考文献

[1] 习近平.决胜全面建成小康社会　夺取新时代中国特色社会主义伟大胜利——在中国共产党第十九次全国代表大会上的报告（2017年10月18日）[M].北京：人民出版社，2017.

[2] 习近平会见“读懂中国”国际会议外方代表[N].人民日报，2015-11-4（01）.

[3] 习近平.在哲学社会科学工作座谈会上的讲话[N].人民日报，2016-05-19（02）.

[4] 郑承军.文化自信：更基本更深沉更持久的力量[N].深圳特区报，2016-07-05（B09）.

[5] 习近平.在纪念孔子诞辰2565周年国际学术研讨会暨国际儒学联合会第五届会员大会开幕会上的讲话[N].人民日报，2014-09-25（02）.

[6] 习近平.在庆祝中国共产党成立95周年大会上的讲话[N].人民日报，2016-07-02（02）.

[7] 习近平在重庆调研时强调新发展理念就是指挥棒[N].人民日报（海外版），2016-01-07（01）.

重庆文化“走出去”战略思考[①]

喻　莉[②]

习近平在十九大报告中指出：“加强中外人文交流，以我为主、兼收并蓄。推进国际传播力能力建设，讲好中国故事，展现真实、立体、全面的中国，提高国家文化软实力。”在推动文化国际传播力的大背景下，全国各地掀起了文化“走出去”活动的浪潮。重庆作为直辖市之一，肩上自然有着不可推卸的推进文化繁荣、实现文化在更广、更大的范围内传播的责任。进一步推动重庆文化“走出去”成为重庆文化产业目前工作的重心。要实现重庆文化的不断国际化，真正实现文化“走出去”，还需要进一步实现文化自身的发展和创新，创作出更多具有中国文化元素的代表性作品，向全世界展现中华文化的魅力。

一、打造重庆文化品牌，接轨国际文化产业发展

文化，承载着民族的价值观，预示着一个国家的发展走向，事关民族的兴旺、国家的富强。文化与一个国家的发展方向紧密相关，更是国家治国策略、制度法规建立的基础和源泉。随着文化“走出去”战略的推进，越来越多优秀的文化被世界认可。

近年来，重庆市大力实施文化“走出去”战略，成功打造“欢乐春节”“海外文化中心”“重庆文化周”“友好城市交流”等文化交流品牌。参与的团组达200余个，涉及的人次有5000余人，遍布的国家和地区达30多个。通过举办演出、进行文物图片展览和文化讲座的形式，让更多的人对重庆的文化有了直接的

① 原载于《合作经济与科技》2019年第12期。

② 喻莉，重庆图书馆。

了解和亲密的接触。此外，重庆其他各类传播形式的文化活动也是层出不穷，遍布世界各地，实现了重庆文化的创造性转化和创新性发展，服务了重庆的对外开放大局，有效增强了“重庆名片”宣传效果、扩大了知名度、提升了美誉度。

二、讲好重庆故事，阐释重庆特色

文化实践和活动创新，是在实践过程中不断地积累经验、发现问题、改进观念和优化形式。推动重庆文化“走出去”，主要应注意四个方面：

（一）坚持注重文化交流与推动文化产业发展相结合

重庆文化地处长江文明承上启下的重要位置，历史悠久、内涵丰富，巴渝文化、三峡文化、革命文化、抗战文化、移民文化、工商文化，与青藏文化、荆楚文化、吴越文化共同构成了长江文明，成为中华文化的一颗璀璨明珠，也成为中国文化“走出去”的重要品牌文化，以此来赢得世界的关注。现阶段，我市实施文化“走出去”，依然是突出政府主导作用，依靠政府资金推动以舞龙为代表的非遗，以杂技、川剧、歌舞、芭蕾为代表的演艺，以世界文化遗产大足石刻、三峡文化为代表的文博展览等“走出去”，极少通过市场的手段推动文化产业发展。从国外文化传播经验看，文化对其他国家的影响主要是靠市场的力量实现的，例如美国的好莱坞、百老汇、迪斯尼等品牌文化企业都是靠市场获得经济效益和社会效益双丰收。在推动文化“走出去”的大背景下，重庆文化也应因时而变、因事而变，应树立从单纯“文化交流”理念到“占有国际文化市场份额”的市场导向性，树立文化“走出去”竞争意识。坚持政府“有形之手”推动文化交流的同时，更加注重以市场为导向，鼓励借助国外著名的电影节、电视节、艺术节、书展、博览会等平台，积极推介我市文化产品和服务，加快与海外中国文化中心和友好城市合作，强化海外文化阵地建设；鼓励重庆文化企业通过参股、收购、合资乃至上市的方式在海外融资，以资本运营带动产品出口，实现与国际对接，实现高附加值贸易，在国际上形成强大的文化竞争力和影响力。

（二）坚持文化交流“走出去”与“引进来”相结合

近年来，市文化交流中心与海外文化中心年度合作中，在积极推动重庆文化“走出去”的同时，也积极把合作地知名人士请进来，参与文化交流和企业合作，多层次展示重庆文化，收到较好效果。例如，2017年通过举办“中国文化中心执行理事会来渝参访之旅”，邀请新加坡中国文化中心马红英等10人赴渝参访考察，促成新加坡南洋艺术学院与重庆艺术职业学院、四川美术学院、重庆大学艺术学院、重庆大学影视学院达成教师互访教学和学生交换培训合作意向，促成猪八戒网与新加坡ZBJ-SPH公司旗下的ZomWork.com网站达成“中国文化传播大赛”合作意向。会同新加坡中国文化中心主办“重庆艺术创作之旅”，邀请新加坡随笔南洋文化协会会长邹璐等5人参访了大足石刻、武隆天坑、钓鱼城、白鹤梁题刻等景观，极大地激发了以邹璐为代表的“重庆艺术创作之旅”团队的创作热情，先后在新加坡文化中心网站推出《“重庆文化年”之重庆艺术创作之旅》《穿越时空，遇见重庆的前世和未来》《来大足方知大足》《石鱼出水兆丰年》《不凡印象，非凡武隆》等十余篇随笔文章，由衷赞誉重庆文化魅力。当前，随着中国文化“走出去”热潮掀起后，为了重庆文化更好地“走出去”和“引进来”，必须做好“冷”思考，增强问题意识，加强文化“走出去”战略理论和政策研究，做好顶层设计。第一，编好文化交流“菜单”。通过深入挖掘重庆文化资源，编制好重庆文化“走出去”和“引进来”的系列“菜单”，做到心中有“谱”解决讲重庆的什么故事问题。第二，炒好文化交流“这盘菜”。按照“民族典范、国际水准”要求，深入分析当今世界文化消费市场的总体心理趋势、消费习惯及文化特点，充分考虑国外受众的欣赏习惯、审美情趣和消费心理，以及与重庆建立友好城市国家和地区的市场导向，努力打造适销对路的项目和文化产品，解决重庆故事如何创排演问题。第三，吃好文化交流“这盘菜”。按照党的十九大讲好中国故事要求，结合重庆故事的内容、形式和特点，针对不同国家和地区文化背景，思考怎么“走出去”如何“引进来”？解决重庆故事讲解技巧问题。

（三）坚持文化交流“游击式”与“阵地式”相结合

当前，我市文化交流重点是依托海外中国文化中心年度合作、“欢乐春节”等项目，每年由文化部指派一个合作对象“游击式”的进行点对点的交流，有效推动了重庆的演艺、非遗、文博等文化精品“走出去”，不断赢得国外观众的掌声。在让中华优秀传统文化“走出去”感染人、影响人的同时，利用传统文化节日与生活在重庆的外籍人士开展文化交流活动却较少。就重庆而言，驻有英国、意大利、荷兰、加拿大、日本、丹麦、匈牙利、柬埔寨、菲律宾、埃塞俄比亚等十多个国家总领事馆，数以万计的外籍人士学习、工作、生活或旅居重庆，与重庆市民朝夕相处。在大力倡导开展传统节日活动传承弘扬中华优秀传统文化的大背景下，可以利用春节、元宵节、端午节、中秋节、国庆日、建交日等中华传统节日、少数民族节日、现代节日为契机，抓好“阵地式”文化交流，围绕节日主题、突出文化内涵、营造节日氛围，举办高水平文化交流活动，积极邀请外籍人士参与，增进世界对中国传统文化的了解、对重庆的了解。

（四）坚持文化交流“民族化”与“国际化”相结合

“只有民族的才是世界的”。世界上有众多的民族，每个民族的文化都是世界文化的有机组成部分。重庆文化“走出去”，在内容上必须坚持民族化、特色化、差异化，才能吸引世界的关注。在坚持“民族化”的同时，也必须注重“国际化”。坚持“国际化”既是发展趋势，也是发展潮流。政府作为文化强市建设的组织者、推动者、实施者，在“国际化”建设中：其一，抓好外宣平台的国际化。要充分利用物联网、大数据、人工智能等技术手段，建设包括多语种文化网站、文化电子地图等，全方位打造对外宣传窗口，增强窗口的辐射力、服务力和影响力。其二，抓好服务设施的国际化。对重庆的文化场馆设施、文化景点、路标路牌等，应进行多语种标识，为外籍居民或游客提供国际化的服务。其三，抓好服务人才的国际化。按照文化交流人才国际化的要求，努力打造一支国际化文化交流人才队伍，实现每个文化交流工作者都能达到双语种或多语种无障碍交流。

（五）坚持强调重要文化机构在文化交流中存在的意义和作用

在众多文化机构中，图书馆、博物馆作为文化领域的标杆性机构，它们存在的意义不容忽视，它们发展的进程与我国文化产业发展的快慢息息相关。图书馆作为搜集、整理和收藏图书资源以供大众阅读和参考的机构，它对百姓有着巨大的文化影响力。重庆图书馆是我国大型综合性的公共图书馆，也是重庆文化产业重点关注的文化教育基地。既为重庆主要的文献信息收集交流和服务中心，也成为重庆对外文化交流的窗口。通过民国出版物、古籍线装书、联合国资料三大馆藏特色资源的建设，重庆图书馆在实现重庆文化“走出去”的道路上，起着重要的文化引领的先锋带头作用。近年来，其打造出的重图讲座、童心视界、童话森林读书会、重图展览以及文化 IP 格林童话之夜，都已产生广泛的影响力和吸引力。在此基础上，进行了开通数字图书馆、手机图书馆，建设 24 小时城市书房、流动图书车和 RFID 自助借还系统等一系列的文化推广服务，并实现了数字云阅读体验室和人体互动体感阅读设备的使用等现代化文化便民设施的使用。这一切都是为文化产业“走出去”的最好诠释和努力推动。

三、结语

重庆地处长江上游经济中心、西部地区增长极、“一带一路”连接点上，在经济全球化进程中，重庆的发展正在不断迈上新台阶。在建设文化强市进程中，文化交流积极作用将日益凸显。以文化为纽带，实现重庆与世界各地在经济、旅游、教育、医疗等领域的全方位合作与交流，必将为重庆发展带来一股清流。

三 结语

BAYU WENHUA
巴渝文化

巴渝民歌语言的方音特质与族群心理认同研究[①]

郑茂平[②]

巴渝民歌是以重庆市为中心并辐射周边地区的文化圈中民歌之总称，是在境内地域环境、生产方式、历史发展及民俗风情中创生并承继下来的文化遗产。巴渝民歌历史悠久、形式多样、内涵丰富，是巴渝文化的典型代表，而巴渝民歌方言作为巴渝民歌的载体，也同样浸染着浓厚的巴渝文化特质和风采魅力。本文取语言学的视角，以巴渝民歌为对象，综合运用语言学、社会学、心理学等学科知识，深入探讨巴渝民歌的语言特色及其族群心理认同问题。

一、巴渝民歌的生存环境

巴渝文化起源于巴文化，是巴族和巴国在历史长河的积淀与发展中形成的地域性文化，也是长江上游地区最富有鲜明个性的民族文化之一。巴山莽莽，渝水泱泱，山雄水秀，壮胜名彰，巴渝山水历来令人心向神往。如今的巴渝山水，山水相依，山是水之脊，水是山之脉。巴渝地区的山成为巴渝地貌的主体，主要是中山和低山，但也彰显出雄奇险秀的仪态，故重庆有“山城”的美称。历史上人们受到物质条件的限制，传统的自我娱乐方式就是唱民歌。由于巴渝人民多居住在山险水急、湿润多雾的地域环境中，声音的传播受到环境的阻碍，唱民歌也就变成了吼民歌，因此孕育了巴渝民歌粗犷豪放的方言特色。民歌的内容多以劳动生产和生活上的情趣之事为主，人们唱起愉快的民歌缓解劳动疲劳，吼起节奏强

---

① 基金项目:2012 年重庆市社会科学规划项目“现代语境中巴渝民歌审美的情绪特征与族群心理健康的关系研究”（2012BS53）。原载于《音乐探索》2019 年第 1 期。

② 郑茂平（1970—　），博士，西南大学音乐学院院长、教授、博士生导师（重庆 400715）。

烈的号子激励劳动热情，唱起巫仪式歌祈求获得美好生活。这种在生产时产生的方言特征不仅表现在日常的生活语言中，更浸透于丰富的巴渝民歌唱词之中，深刻地影响着巴渝民歌的艺术形态和风格特点，使其透露出浓郁的巴渝风味。

古巴渝人靠山吃山，靠水吃水，故“以渔猎山伐为业”（《汉书·地理志》），少有农耕。然而长江三峡地区为什么能够成为中华民族的摇篮？这就不得不提到巴渝地区的盐业。四川在机械化生产以前是我国重要的产盐区。曾在历史上隶属于四川的巴渝地区的盐业是古代四川盐业不可或缺的一部分，尤其是巫巴山脉地带，汩汩不绝的盐泉促使了中国早期人类——“巫山人”的产生。如果没有古代巴渝地区富足的盐矿资源，三峡地区的中国早期原始人群就不会被发掘，神秘的巫文化也就不会被发现。在现代化进程中，西部大开发更是在很大程度上带动了由资源转化为产业和经济的优势。巴渝地区在“十二五”规划结束之年，已逐步由过去单一的三峡旅游发展成为大足石刻、长江三峡、武陵风光、乌江画廊、山水都市等旅游精品，并在“十二五”规划的开局之初提出“一心两带”的旅游发展目标。重庆市是中国西部唯一的直辖市，是西南地区最大的经济中心城市，同时也是长江上游重要的交通枢纽。重庆直辖以来，相继新建成特大桥梁24座，属全国之最，是著名的桥都。奇特的自然景观和便捷的交通赋予了巴渝地区更为精深的文化内涵和更高的知名度，市场经济同时也得到了健康快速的发展。这种经济生产方式的转型促进了地域文化的变迁。地域文化在与经济生产方式转型的互动过程中，外来文化逐步渗透融合，巴渝地区在保持独有文化特色的同时又不断地变迁发展。这种传统传承与现代发展之间的良性互动，外来文化带来的冲突与融合以及多元文化的相互交流渗透，使得巴渝文化呈现出多样性发展和多元文化共存的状态。

随着多元文化的融入，现今的巴渝方言不仅浸透了浓郁的巴渝文化特色，还包含了现代普通话的某些语音特点。例如《打渔歌》，唱词中“齷齪（形容身上脏）、幺姑”等属于传统巴渝方言，反映打鱼人艰苦却知足的生活状态；“好安乐”属于现代普通话，表现打到大鱼就欣喜地和家人分享的情景。

《打渔歌》

四周下来九条江，九个弯哪弯，九个沱哪沱，

河边坐个打鱼婆，一身好齷齪。

背上背的金丝网，九股筋哪筋，九股索哪索。

九龙滩上打一网，尽是鲤鱼大青鲌。

回去拿称称一称，尽是一斤多。

忙喊幺姑来烧火，煮点汤汤喝，好安乐，好安乐！

二、巴渝民歌语言的方音特质

语言是歌曲的载体，巴渝地区方言是巴渝民歌的载体。巴渝方言隶属于北方方言区的西南官话，是巴渝文化、重庆人性格的重要组成部分。巴渝地区方言是形成巴渝民歌风格基调的重要因素之一，巴渝民歌的语言深受巴渝方言的影响。巴渝人民耿直豪爽的个性成就了重庆言子儿（方言）幽默风趣的特点，形成了独特的体系。巴渝方言语音的内部存在着一定的差异，但重庆市在经济、文化、交通、政治等方面都更具有代表性和先进性，本文主要以重庆市方言为例进行论述。

（一）方言语音状态

1. 声母语言特点

巴渝方言重庆话一共有 20 个声母（含零声母：y、w），在重庆方言中语音表现最为明显的是平翘舌音不分。普通话的舌尖后音 zh、ch、sh 和舌尖前音 z、c、s 区分十分明显，重庆方言则均读作舌尖前音。另外，普通话中的舌尖后浊擦音 r 在重庆方言里也读作舌尖前音。这一特点鲜明地反映在巴渝民歌中，如表 1。

表 1　平翘不分

例字	普通话读音	重庆话读音
寨	zhai	zai
吃	chi	ci
睡	shui	sui
日	ri	zi

（1）鼻边音不分

声母 n、l 在普通话中区分明显，然而在重庆方言中，n、l 几乎没有区别。重庆人总是不自觉地搞混 n、l 的读音，例如：年、连；女、吕；怒、路等。

（2）h、f 不分

重庆方言的 h、f 不分也很明显，还常常闹出许多笑话，比如：飞（灰）机在天上打翻（欢）翻（欢）、吃饭（幻）等等。

（3）声母混淆

重庆方言中还常常出现声母混淆的情况，如表 2。

表 2　声母混淆

例字	普通话读音	重庆话读音
（拔）萝卜	bá	pá
粗（糙）	cāo	zào
（纯）白色	chún	sún
（你）们	nǐ	yǐ
（容）易	róng	yóng
肚（脐）眼	qí	jī

2. 韵母语言特点

巴渝方言重庆话有 37 个韵母，也影响着巴渝民歌的语言特点，体现为以下方面。

（1）韵母 e 与声母 g、k、h 相拼时读作 o。

表 3　韵母混淆 1

例字	普通话读音	重庆话读音
哥哥	ge ge	go go
可以	ke yi	ko yi
喝水	he shui	ho shui

（2）韵母 e 与声母 d、t、g、z、c、s 相拼时读作 ê

表 4　韵母混淆 2

例字	普通话读音	重庆话读音
道德	dao de	dao dê
特别	te bie	tê bie
合格	he ge	he gê
责任	ze ren	zê ren
侧面	ce mian	cê mian
颜色	yan se	yan sê

（3）前后鼻音不分

前后鼻音在重庆方言中基本都读作前鼻音，如表 5。

表 5　前后鼻音不分

例字	普通话读音	重庆话读音
当兵	dang bing	dang bin
调羹	tiao geng	tiao gen

（4）韵母 üe、ei、uo 在重庆方言中读作 io、ui、uê

表 6　韵母混淆 3

例字	普通话读音	重庆话读音
约会	yue hui	yio fui
内部	nei bu	lui bu
国家	guo jia	guê jia

（5）儿化音

重庆方言的儿化音不多，多用于词尾或者叠词之后，属于口头习惯的养成。

表 7　儿化音

普通话例句	重庆方言
等一下	等一哈儿
重庆人	重庆崽儿
爬坡上坎	爬坡上坎儿
样子	样样儿

3. 语言声调

巴渝方言重庆话有 4 个声调：阴平、阳平、上声、去声，反映在巴渝民歌中主要表现为下列方面。

（1）方言词汇的变调

①两个阳平在一起时，后者读作阴平的情况，如表 8。

表 8　词汇变调 1

普通话词汇	重庆话词汇
瓶瓶（píng）	瓶瓶儿（pīng'r）
扬尘（chén）	扬尘（cēn）
篾条（tiáo）	篾条（tiāo）
锄头（tóu）	锄头（dōu）

②两个阳平在一起时，后者不变调的情况。

例如：红旗、楼房等等。

③两个去声在一起时，后者读作阴平的情况。

表 9　词汇变调 2

普通话词汇	重庆话词汇
弟弟（di）	弟弟（dī）
过去（qù）	过去（qiē）
瓶瓶罐罐（guàn）	瓶瓶罐罐（guān）

（2）巴渝方言歇后语的变调

例如：

裁缝的尺子——正尺（cí）

隔壁点灯我点烛——各照各（gó）

两个扁嘴子打架——斗鸭（豆芽 yá）

场后头落雨——街背湿（该背时 sí）

方言，作为一个地区的通用交流语言，在语音、词汇、语法方面均带有独特的地域文化特色。重庆方言的魅力就在于它能够准确地表达出语言的内涵，同时能够体现出重庆人的性格特征，还在于它生动形象、幽默风趣。巴渝方言，既能表达特定的语义，又能表现出巴渝民歌的风格特征，例如猎歌《十七八岁学打雀》。

（十［si］21）（七［t∈］21）（八［ba］21）岁（学［∈o］21）打（雀［t∈′o］213），

腰（上［saŋ］213）别（个［ko］213）（火［xo］42）（药［jo］213）（角［ko］21），

我半天云（中［tsuŋ］44）打（飞［xuei］44）（鸟［liau］42），毛都没见（落［lo］213）-（匹［b′i］21），

我看（到［tau］42）野鸡放一炮，只见它毛飞眼泪（［luei］213）落。

上例括号中的字是该民歌歌词中最具巴渝地域特色的部分。声母平翘舌音不分，如“十、上、中”。鼻边音不分，如“鸟”；h、f 不分，如“飞”。韵母 e 与声母 g、k、h 相拼时读作 o，如“个”；üe、ei、uo 在重庆方言中读作 io、ui、uê，如“雀、洛”。声调阴平 44，阳平 21，上声 42，去声 213。这些特性的使用，是这首巴渝猎歌饱含浓郁巴渝风味的奥秘所在。

（二）方言词汇运用

1. 巴渝方言中的特有词汇

例如：

天这么热还穿毛衣，简直是个“宝器”（形容带着傻气的人）。

劝你不听，该“背时”（倒霉的意思）。

“方脑壳”（形容固执的人），哈戳戳，祸事来了跑不脱。

吃个“铲铲”（本意指工具，这里表示否定，带失望语气，不吃了的意思）。

“雄起”（加油的意思）。

这个吃起好“霸道”（普通话里往往含有贬义，重庆话表示褒义，指很好吃的意思）哦。

2. 词汇的差异性

尽管表达的意思一样，但各个地区的方言有特殊的表达方式。

（1）名词举例

普通话词汇	重庆话词汇
妻子	堂客
便宜	相应
儿子、女儿	幺儿
台阶	梯坎儿
伞	撑花儿
头	脑壳

（2）动词举例

普通话词汇	重庆话词汇
聊天	摆龙门阵

摔倒	达扑爬
不相信	空了吹
知道	晓得
试一下	告一哈儿

（3）形容词和副词举例

普通话词汇	**重庆话词汇**
很傻	哈戳戳
很软	捞耙
很黑	黑黢麻孔
很白	迅白
很早	清早八晨
很短	短处处
悄悄地	悄悄咪咪

例如重庆合川花文歌《胖嫂回娘家》

嘻哈哈，笑哈哈，好笑要算妇人家。
胖嫂嫂，回娘家，左手提个大团鱼，
右手抱个大冬瓜，背上背个胖娃娃。
天上下了麻麻雨，地上起了硬头滑，
走啦走的一扑爬，跑了团鱼滚了瓜。
娃娃吓得直喊妈，我的崽，我的娃，
老娘达了一扑爬。

“麻麻雨”（指小雨）、“达扑爬”（指摔跤），是重庆方言中特有的表达方式，形象生动地描绘出一个胖胖的农村妇女在雨天行走在回娘家的路上，摔了一跤，团鱼跑、冬瓜滚、娃娃哭的情景。

（三）方言语法

巴渝方言的语法特色影响巴渝民歌的语言风格，集中反映在以下方面。

1. 疑问句

重庆话与普通话的语法差异主要表现在疑问句的疑问代词上，例如：

普通话	重庆话	例句
谁	哪个	晓得是哪个在敲门哟？
什么	啥子	啥子弄个好看？
哪里	哪儿、哪个塌塌	在哪个塌塌嘛？你？
怎么	啷个、咋个	啷个回事嘛？

2. 是非问句

重庆话的是非问句大都不用语气助词“吗”，而多用动词前一个字加上“不”再加上动词或者“嗦”，带有肯定意味，例如：

普通话例句	重庆话例句
你认识这个人吗？	你认不认得到这个人？
你走了吗？	你走了嗦？
你去爬山吗？	你去不去爬山？

3. 反问句

重庆话用“未必”“硬是”代替普通话中的“难道”，句尾常带有“嗦”“喃”，例如：

普通话例句	重庆话例句
难道你要动手打我？	未必你想动手打我嗦？
难道你以为我不懂？	硬是以为我不懂嗦？

在巴渝人民熟知的重庆方言电视剧《山城棒棒军》片头曲中，独特的巴渝方言语法被多处运用。

（念白）古有岳家军，后有娘子军，在我们山城重庆有一支庞大的队伍，他们穿梭于大街小巷，形成了一条独特的风景线，他们就是——山城棒棒军。

（唱）走过大街穿过了小巷，他们在人群中晃荡，一根索索（绳子）捆到棒棒。

头顶着火辣的太阳，起早摸黑一天到处闯，解放鞋都穿烂好几双。

为了生活不停的奔忙，东西再重他们也要扛，坡坡和坎坎照常要爬。

衣服把汗水抹，下力找一两块钱，还可以拿来买包撇烟。

他们靠劳力又扛又抬，肌肉是块实块，

如果有流氓要耍赖，一根棒棒往脑壳上甩。

（念白）老板：棒棒～过来一个～～就是你，木起撒子木起，搞纽麻点，有业务。

棒棒：来老来老，老板挑哪点儿挑哪点儿？

老板：你把这包东西给我背到下面码头去，好多钱？

棒棒：楞（这么）大一挑，三个大洋要拿嘛。

老板：好好好，走走走。

“棒棒”是重庆特有的一种职业存在，代表着重庆精神吃苦耐劳的一面，也是巴渝文化中的重庆平民文化。唱词中念白部分“木起撒子木起”属于是非问句，意指呆着干吗，“三个大洋要拿嘛”用带商量语气的疑问句回答老板的提问，意指需要三块钱。

三、族群审美心理认同

巴渝方言的语言特征不仅仅是表现在日常交流的语言当中，更浸透在丰富的巴渝民歌歌词之中，它深刻地影响着巴渝民歌的艺术形态和风格特征，透露出浓郁的巴渝地方风味。巴渝民歌演唱不但注重情感意义的表达，而且在表现情感的这个过程中，伴随着音乐旋律和节奏等因素带给语音的运动性特点，通过语音音响能够带给听觉一定的音乐美感，这时候的语音状态就具有了艺术夸张性，即歌唱的语音是艺术化的语音，它具有直接性，且有较高的族群心理认同功能。

（一）语汇发音的族群心理认同

巴渝民歌中有这样一首儿歌，《豌豆尖，掉下崖》，歌词语汇发音如下：

豌豆尖，掉下崖［ŋai］（21），家婆生［sen］（44），
我要来。
杀［sa］（21）个［ko］（213）鸡，杀个鹅［ŋo］（21），
八个外孙［sen］（44）坐一桌［tso］（21）。
舅妈没坐［tso］（213）到［tao］（42），
裤儿都跳脱［t'o］（21）。

儿歌是儿童天真的天性使然，因为没有吃的，用“舅妈没坐到，裤儿都跳脱”来表现尴尬的场景。第一句句尾用［ai］“崖”“来”押韵，第2、3句句尾用［ó］押韵，朗朗上口，通俗易懂。这首儿歌中运用夸张的手法，用孩子的思维和语言流露出趣味性审美。

此外，《太阳出来喜洋洋》属于巴渝民歌中的锣儿调，当中含有较多韵母ê［ε］、o［o］衬词。丰富的衬词衬腔是巴渝民歌的一大特色，而ê［ε］、o［o］的运用是最有特色的。ê［ε］是舌面前下中展韵母，舌位偏后，声位偏高，音色偏暗。在使用过程中，为了达到音色及音响的和谐性和多元性，往往两者配合，如歌中“啰”“哦”。这种搭配在巴渝民歌衬词运用中十分常见。

（二）声调的族群心理认同

巴渝方言的声调自成体系，它不同于普通话语音的声调系统。在演唱巴渝民歌时一定要把握住巴渝方言的声调特点，两者有着密不可分的关系。

其一，在巴渝方言体系中，阴平调的调值为44，属于高平调。歌唱发声时应“高”而“平”，即起音始终保持在高（从四度开始）的位置上，且气息均匀、稳定平直地延续到下一个音节的转换。如四川民歌《槐花几时开》（见谱例1），前

4个字的旋律呈 f^2（高、高、山）至 d^2（上）三度这样的走势。这样的旋律走势正好符合了巴渝方言的字调“阴平”（44）和“去声”（213）的特点，而且也符合在具体语言场景中的情感表现，让人产生仿佛正眺望远方的画面联想。因此演唱者在演唱“高高山上”4个字时，为了符合旋律及巴渝方言声调的走势，其起音、过渡音以及收音都要“平稳”地保持在一个水平面上，以达到“空旷高远”的审美效果。

谱例1《槐花几时开》

不仅是巴渝民歌的演唱，在中国民歌的演唱过程中也需要注意一定要根据自己的条件来界定声调的音高，这是由于个体的性别、音区、嗓音条件等诸多因素是有差异性的。一般来说，巴渝方言的阴平调调值的起音一定要适中自然（从四度开始），太高会发声困难，太低又会导致其他调值（阳平、上声）后面低不下去，从而失去阳平、上声发声的“下降”特性。

其二，巴渝方言中的阳平调调值为21，属于低降调型。发声时应从较低的中声区开始，起音由半低（二度）开始直接向下滑到低（一度）的调值位置上，是一种低降调。对于巴渝民歌的演唱来说，巴渝方言中阳平调特有的低降性语言特点并没有体现出像普通话声调那样的“上扬性”，但它依然保持着歌唱的正确状态，且并没有对歌唱行腔的流动性产生影响，同时也保证了歌唱情感的准确表达。如巴县民歌《黄粱秆节节甜》（见谱例2），前两个字的旋律呈 d^2（黄）至 g^1（粱）五度这样的走势。这样的旋律走势符合了巴渝方言的字调“阳平”的特点。因此在演唱“黄粱”时，整个起音以及收音要呈现出下降的趋势，以符合巴渝方言的声调及旋律的走势。其中“节、甜、罗”都是阳平调，因此为了赋予作品地方性特征，在演唱过程中一定要注意对巴渝方言阳平调的下降性特点的把握。

其三，巴渝民歌的演唱中遇到上声调的音节时，发声时起音声调的音高要高（从四度开始），然后在向下滑动的过程中要有意识地将收音降到半低（二度）的位置。想要体现出巴渝民歌中上声调独特的语音形态，就要把握住高降型声调的发声特点。《岩上扯花岩下栽》中“好”“只”均属于上声调。其中“只有”这两

个字的旋律走势为 d^2 至 a^1 的下降型，正好符合了巴渝方言的字调“上声”的特点。重庆话的上声调与普通话的去声调的发音相似，演唱时应抓住三个要领：“起调高，落势快，发音的时值相对较短。这样才能体现出去声调‘铿锵有力’的语音形态。”①因此在演唱“只有”时，保持“从上至下”“一气贯通”的发声特点，整个起音以及收音要呈现出下降的趋势，以符合巴渝方言的声调及旋律的走势，使作品更具地方性色彩。

谱例 2 《黄梁秆节节甜》

谱例 3 《岩上扯花岩下栽》

其四，巴渝民歌的演唱过程中遇到去声调的音节时，发声时要特别注意去声调的“起音”和“收音”，即起音时声调的音高要适度地保持在低降位置（二度开始），然后有意识地向下滑动至中点（一度）的位置，之后像普通话声调系统中的阳平调一样大幅度上升直到三度的位置。演唱时注意把握其上扬性发声特点，以体现出婉转悠扬的语音形态。谱例 4《大河涨水沙浪洲》中，“大”“顺”“就”是去声调。其中，“就”字的音乐旋律正好和用巴渝方言演唱

① 郑茂平．声乐语音学［M］．上海：上海音乐出版社，2007：78.

的去声调的调型走势相匹配，符合了语调“先抑后扬”的特点。歌唱者在演唱这个字时应把字调与音乐旋律紧密地结合起来，特别要注意最后的收音要保持声调的上扬性，使唱腔更加地连贯流畅，使语音准确而清晰，避免语音形态的直白僵硬。在完整演唱歌曲时，为了保证字音和唱腔的地方特色，一定要把握住巴渝方言去声调“抑扬顿挫”的特点，这样才能将人物角色忧伤的情绪以及刚烈不阿敢爱敢恨的个性表现得更淋漓尽致。

谱例 4 《大河涨水沙浪洲》

中速 稍慢　　綦江民歌

大河涨水 沙浪洲，捡把的 麻秆儿 顺水的 丢哦。

水打麻秆 渐渐远，情哥哥 你就丢奴哇 你就渐渐的 丢 哦。

四、结语

巴渝的人文历史可以追溯到200多万年前的巫山猿人时期，其遗址在巫山县庙宇乡龙坪村龙骨坡。巴渝人置身于险恶的山川之间，经受着战争的洗礼，练就了顽强、坚韧和剽悍的性格。这种性格铸就了巴渝民歌独具特色的语言特征。巴渝民歌方言语音的诸多要素（声母、韵母、声调等）支撑着巴渝民歌的演唱，更是巴渝民歌族群心理认同的语言机制。

参考文献

[1] 郑茂平 . 声乐语音学 [M] . 上海：上海音乐出版社，2007.

[2] 张前 . 音乐美学教程 [M] . 上海：上海音乐出版社，2002.

[3] 余笃刚 . 声乐语言艺术 [M] . 长沙：湖南大学出版社，1987.

[4] 胡晓东 . 巴渝民歌的语音学初探 [J] . 音乐研究，2012（2）.

[5] 钟维克 . 重庆方言音系研究 [J] . 重庆社会科学，2005（6）.

[6] 蒲亨强 . 巴蜀音调论 [J] . 乐府新声（沈阳音乐学院学报），2005（1）.

巴渝民族研究与史料整理①

杜芝明②

巴渝，从人类活动起源地之一到“南夷”之地，再到大一统国家体系中的一方之域，域内民族迁徙、融合、发展并在西南民族中占有了一席之地，史家在史书编撰中单独给以立传，如《华阳国志》《后汉书》的“巴郡南郡蛮”与“板楯蛮”，《新唐书》“南平僚传”，唐宋之羁縻州，《明史》“石柱宣抚司传”“酉阳宣抚司传”等。此外，杂于历史文献中的记载仍有不少。目前，巴（渝）文化、僚人、土司等某一方面的综论已有一些成果，但巴渝民族整体研究状况及史料整理还有进一步梳理的必要，故在前人成果基础上撰此文，以就教于方家。

一、巴渝与巴渝民族

“巴渝”之称由来已久，司马相如《上林赋》载：“巴渝宋蔡、淮南于遮。”西晋郭璞注：“巴西阆中有渝水，僚居其上，皆刚勇好舞。初，高祖募取，以平三秦，后使乐府习之。因名巴渝舞也。”③这里，“巴渝”为郡名与水名（地名）的合称，是一个地域概念，主指僚分布区域。蓝锡麟据“巴渝乐”“巴渝舞”等记载指出：“不难判定，‘巴渝’是一个地域历史概念，它泛指的是先秦巴国、秦汉巴郡辖境所及，中有渝水贯注的广大区域。当今重庆市，即为其间一个至关重要的组成部分，并且堪称主体部分。”④

---

① 原载于《重庆师范大学学报（社会科学版）》2019年第5期。

② 杜芝明（1979— ），四川荣县人，史学博士，重庆中国三峡博物馆副研究员。主要研究方向：区域史、边疆民族史。

③ 萧统编，李善注．文选［M］．北京：中华书局，1977：128.

④ 任竞，王志昆主编．巴渝文献总目·总序［M］．重庆：重庆出版社，2017：2.

“巴渝”的界定，多是从文化角度进行的，经历了巴蜀文化之“巴”到巴渝文化之“巴渝”的发展历程，其定义呈现细微变化。

20世纪40年代，卫聚贤等学人在《说文月刊》“巴蜀文化”专号提出了“巴蜀文化”的学术命题，卫聚贤提道：“林名钧先生并指出《华西学报》第五期有錞于图，其花纹类此，购而读之，知万县，什邡（四川）慈利（湖南）长阳（湖北）峡来亦有此特异的花纹兵器等出土，包括巴国在内，故又改此文（注:《蜀国文化》）为《巴蜀文化》。”①“巴”范围涉及湖北、重庆、四川部分区域。缪凤林指出，“巴蜀二字，有广狭两义”，狭义巴蜀范围为巴人/巴国、蜀人/蜀国，相当于汉代的巴郡十一县蜀郡十五县及广汉郡十三县；广义巴蜀，还包括了“西南夷”之“西夷”“南夷”即“自今四川全省外，还及西康贵州云南的一部”及汉中郡②。“巴”实包括了中心区与周边区。学者也有巴文化之宏观、微观之分，管维良就宏观巴文化说：“从空间上，凡出有巴文物的地方，或文献记载巴人活动过的地方。”③随着考古发现及研究深入，文化之“巴”主要范围以重庆、川东、鄂西为中心，扩及汉中、黔北、湘西，但并不包括廪君后裔——豫州蛮活动的所有区域。

“巴渝”范围虽与“巴”基本一致，但它是随着“巴渝文化”学术概念提出与研究深入而确定的。董其祥于1981年较早提出这一命题④，但作为学术性概念提出是以《巴渝文化》第一辑的正式出版为标志⑤，该辑“编者的话”提道：“两万年前，我们的祖先就在重庆这块土地上生息繁衍。……川东巴渝之地上，就站立着我们的原始先民。……其后，部落纷争，王国兴衰……乃有今日之川东与重庆。”这表明辑刊探讨的“巴渝”范围是以川东与重庆为主。学者于1999年明

---

① 卫聚贤.巴蜀文化［J］.说文月刊，1941（4）：1.

② 缪凤林.漫谈巴蜀文化［J］.说文月刊，1942（7）.

③ 重庆市博物馆《巴渝文化》编辑委员会编.巴渝文化（第三辑）［M］.重庆：西南师范大学出版社，1994：155.

④ 董其祥.董其祥历史与考古文集［M］.重庆：重庆出版社，2005：440.

⑤ 重庆市博物馆《巴渝文化》编辑委员会编辑：巴渝文化（第一辑）［M］.重庆：重庆出版社，1989：86.

确提出了“巴渝文化”概念：“所谓‘巴渝文化’，是指以今重庆为中心，辐射川东、鄂西、湘西这一广大地区内，从夏商直至明清时期的物质文化和精神文化的总合。”[①]“巴渝”演变成了一个中心（重庆）、三个辐射地域（川东、鄂西、湘西）的地理空间。胡道修强调“巴渝”地理概念的变动性：“‘巴渝’是一个较为典型的名随人迁的地域概念，随着巴渝区域的主体居住族群的迁徙而变迁，其主体区域有一个由嘉陵江、渠江中游向三峡地区变迁的过程。”[②]重庆学界关于“巴渝”范围的主流意见则是通过《巴渝文库》第一部书《巴渝文献总目》“凡例”中的“地域范围”体现：古代“以秦汉时期的巴郡、晋《华阳国志》所载‘三巴’为限”，民国“原则上以重庆直辖后的行政区划为基础，根据民国时期的地理建制，可以根据具体情况适当张弛”[③]。

可知，“巴渝”称谓出现较早，是一个在历史长河中随着巴人及后裔活动范围不断发展演变的地域概念，范围以今天重庆为中心，包括了川东、鄂西，扩及湘西、黔北。

民族有广义、狭义之分，广义指包括汉族在内所有民族，狭义指汉以外的民族，这也是“民族史”书写常用概念。巴地入秦几百年后的汉代，班固追忆说：“巴、蜀、广汉，本南夷，秦并以为郡。”[④]巴地为“南夷”的认识是基于中心（正统）的观点，再如《宋书》称北魏为“北虏”、《魏书》称刘宋为“岛夷”。与班固“南夷”认识不同，常璩将巴国起源追溯为三皇时期的九州之“一囿”，并为周氏之子国，“武王既克殷，以其宗姬封于巴，爵之以子”[⑤]，将“巴”排除在蛮夷之外，而蛮夷变成了“其（巴国）属有濮、賨、苴、共、奴、獽、夷蜑之蛮”[⑥]。本文“巴渝民族”为狭义概念，是历史时期生活在巴渝地域，包括了巴（人）族在内的所有民族。

① 刘豫川，杨明（铭）. 巴渝文化［J］. 重庆历史与文化，1999（1）.
② 胡道修. 巴渝的内涵与巴渝文化的本源探究［J］. 长江文明，2009（总第3辑）.
③ 任竞，王志昆主编. 巴渝文献总目·总序［M］. 重庆：重庆出版社，2017：2.
④ 班固. 汉书［M］. 北京：中华书局，1962：1645.
⑤ 常璩著，任乃强校注. 华阳国志［M］. 上海：上海古籍出版社，1978：5.
⑥ 常璩著，任乃强校注. 华阳国志［M］. 上海：上海古籍出版社，1978：510.

二、巴渝民族的研究

邓少琴有巴史“新探”“再探”“三探”三论，其中有多篇以“巴族”为题[①]。而以“族”命名的较早专著应是周集云于1989年出版的《巴族史探微》，全书分为丹阳巴人、夷城巴人、巴子国始末、余论四个部分。管维良1996年出版了《巴族史》一书，对巴人从古到唐宋的源流进行了探讨。随后，学界出版了以“重庆”命名的三大民族丛书：“重庆民族丛书”（《重庆民族史》《重庆民族志》《土家族与古代巴人》《重庆民族研究论文选》等）、“重庆世居少数民族研究丛书”（“土家族卷”“回族满族卷”“苗族卷”“侗族蒙古族卷”等）、“重庆民族乡概况丛书”。三大丛书利用文献与田野调查资料对重庆民族的古今众多方面进行了探讨、记录。此外，民族史、区域史、（区域）文化史等方面的通史或专门史著作也有论及。就专题性而言，研究成果主要围绕着巴人（巴国）、僚人（南平僚）、土司/土家族等议题展开。

巴人（巴国）、巴（渝）文化研究。《华阳国志》是记录巴人历史的重要史料之一，除校注、单篇文章外，刘重来、徐适端等还对其“民族的分布与族属”“民族特征”“其他相关记载（巴族地域、经济、文化）”“民族地区治理”等方面进行了有意义的探讨[②]。该领域研究的特点在于考古材料与历史文献的结合，大致表现在四个方面。（1）“巴人”起源等问题。争论较大，大致有清江说、汉水说、东夷说、苗蛮说、氐羌说等，也存在二（多）源说，如周集云《巴族史探微》的观点，李绍明濮人与氐羌说[③]，董其祥的江汉巴与清江巴[④]等。朱圣钟运用大量考古新材料与历史文献互证，对巴人起源及族群分布等问题进行了探讨[⑤]。这些探讨涉及迁徙路线、地域、民族成分等问题。争论多，但主流观点都认为“巴

---

① 邓少琴．巴蜀史迹探索［M］．成都：四川人民出版社，1983.

② 刘重来，徐适端．《华阳国志》研究［M］．成都：巴蜀书社，2008.

③ 李绍明．川东南土家与巴国南境问题［J］．思想战线，1985（6）.

④ 董其祥．董其祥历史与考古文集［M］．重庆：重庆出版社，2005：13.

⑤ 朱圣钟．族群空间与地域环境——中国古代巴人的历史地理与生态人类学考察［M］．北京：科学出版社，2019.

人”群体的民族成分非单一。(2)巴(渝)文化问题。学界多次召开了以“巴蜀文化”为题的全国性或区域性学术研讨会，学者对会议情况与目前研究状况有总结，如段渝[①]、谭继和[②]、张文[③]等。杨华专门对巴文化研究活动的发展进行了讨论，其立足于考古材料，从学术活动、机构、论著、出版物等方面将其划分为三个阶段，指出了“巴文化”从“巴蜀文化”中分离到被接受，再到研究不断深入的学术历程[④]。此外，学界出版了多部基于考古材料、以“巴文化”为题的学术专著，如《三峡巴文化考古》《巴文化考古研究》《三峡考古与巴文化研究》。(3)土家族与巴人关系问题。潘光旦于1955年指出：土家是古代巴人的一部分后裔[⑤]。此后，邓少琴[⑥]、李绍明[⑦]、杨铭[⑧]、雷翔[⑨]等众多学者及《土家族研究》(第一辑)[⑩]多篇论文利用历史文献、考古资料、民族学与语言学材料等进行了细致考证，主流观念经历了单纯巴人后裔说到巴人主体说。(4)巴国境内民族研究。巴国境内“有濮、賨、苴、共、奴、獽、夷、蜑之蛮”[⑪]，童恩正从文献记载、民俗特征等方面对除共、奴外民族的源流问题进行专门探讨：“苴、賨、獽、夷和一部分巴与现代僮傣语族诸民族有关；而蜑与另外一部分巴则为现在苗瑶民族的先民

---

① 段渝(文玉).巴蜀文化研究概述[J].中华文化论坛，1994(1)；三星堆与巴蜀文化研究七十年[J].中华文化论坛，2003(3)；“巴蜀文化”研究发轫[J].史学史研究，2007(4).

② 谭继和.巴蜀文化研究的现状与未来[J].四川文物，2002(2).

③ 张文，王兴刚.“巴蜀文化暨三峡考古学术研讨会”综述[J].学术月刊，2004(6).

④ 杨华.巴文化研究活动的兴起及深入[J].三峡文化研究，2015(11).

⑤ 潘光旦.潘光旦民族研究文集[M].北京：民族出版社，1995.

⑥ 邓少琴.巴蜀史迹探索[M].成都：四川人民出版社，1983：86.

⑦ 李绍明.巴人与土家族关系问题[J].云南社会科学，1990(3)；李绍明.川东酉水土家[M].成都：成都出版社，1993.

⑧ 杨铭.土家族与古代巴人[M].重庆：重庆出版社，2002.

⑨ 雷翔.民族自我意识与“祖先认同”建构——以土家族祖先认同中的“巴人”为例[J].中南民族大学学报(人文社会科学)，2010(6).

⑩ 贵州土家学研究会编.土家族研究(第一集)[M].成都：四川民族出版社，1993.

⑪ 常璩著，任乃强校注.华阳国志[M].上海：上海古籍出版社，1978.

集团之一。”[①] 杨铭结合考古材料对古代重庆濮、僚探讨[②]。由于民族跨地域性、发展阶段性、称谓泛称性等特征，许多研究并非专论，如何格恩[③]、邓少琴[④]、詹坚固[⑤]等对蜑族来源、分布、发展演变的讨论。

巴蜀僚人研究。僚的记载，最早可追溯到晋人张华《博物志》以及《三国志》卷43《张嶷传》引《益部耆旧传》。巴蜀僚人来源，《华阳国志》载：“蜀土无僚，至是始从山出，自巴至犍为、梓潼，布满山谷，十余万落，不可禁制，大为民患。”[⑥] 僚人力量强大，以致《魏书》等正史皆为其立传，而两《唐书》专门以巴渝“南平”地名设“南平僚传”。僚人对巴蜀影响巨大，唐宋时期的昌州（渝西地区）、渝州仍有僚俗的记载[⑦]。关于僚人研究现状，田曙岚[⑧]、李艳峰[⑨]、杜芝明[⑩]、高然[⑪]等先后有撰文；此后，张兢兢[⑫]、杨蕙瑜[⑬]等对南平僚的发展、演变、华夏化等问题进行了探讨。这些研究体现了半个多世纪以来，巴蜀僚人研究从源流、入蜀影响、史家“僚人”观到华夏化的发展演变。

唐宋是巴渝发展史上的一个转折点，是重庆民族分布格局的一个转折点，正如《重庆民族史》“序”所说：“唐以前，重庆的居民是以少数民族为主体。”[⑭] 唐

---

① 童恩正．古代巴境内民族考［J］．思想战线，1979（4）．

② 杨铭．论古代重庆地区的濮、僚族［J］．重庆师范学院学报，1995（4）．

③ 何格恩．蜑族的来源质疑［J］．岭南学报，1936（5）．

④ 邓少琴．邓少琴遗文辑存［M］．重庆：西南师范大学出版社，2011.

⑤ 詹坚固．试论蜑名变迁与蜑民族属［J］．民族研究，2012（1）．

⑥ 常璩著，任乃强校注．华阳国志［M］．上海：上海古籍出版社，1978.

⑦ 乐史．太平寰宇记［M］．北京：中华书局，2007.

⑧ 田曙岚．“僚”的研究与我国西南民族若干历史问题［J］．贵州省民族研究所编：民族研究参考资料（8），1981.

⑨ 李艳峰，王兴宇．中国古代僚人研究回顾和反思［J］．思想战线，2012（6）．

⑩ 杜芝明．僚人研究述略［J］．长江文明，2014（15）．

⑪ 高然，杨鑫．建国以来的巴蜀僚人研究［J］．西华师范大学学报（哲社版），2016（6）．

⑫ 张兢兢．南朝巴蜀僚人的华夏化［J］．中国边疆史地研究，2018（2）．

⑬ 杨蕙瑜．唐代僚人研究——以唐政权与僚人群体关系研究为中心［D］．上海师范大学硕士论文，2018.

⑭ 管维良．重庆民族史·序［M］．重庆：重庆出版社，2002：1.

宋及后，巴渝少数民族主要聚集于黔、涪、恭一线以南及渝东南区域，“自黔、恭以西至涪、泸、嘉、叙……绵亘数千里，刚夷恶僚殆千万种。”[①]这时期有田氏、向氏、冉氏等大姓与少数羁縻州的少量记载，学者对三大姓发展演变有深入探讨[②]。原南平僚所在羁縻南州（治綦江北）、溱州（治万盛青年镇），庆历七年（1047年）割属渝州。南州于皇祐五年（1053年）置南川县（后隶南平军），熙宁开边于溱州地并建南平军（綦江东溪）[③]，溱州仍为羁縻州，南平军成了“华”边缘。涪州，经大观二年（1108年）纳土后变为了省地[④]，但南宋仍存“夷俗”，“俗有夏、巴、蛮、夷”[⑤]。这说明，南宋时期，巴渝民族在重庆的分布格局发生了根本性转变：以僚人为代表的黔、涪、恭一线以北少数民族已华夏化；渝东南地区成为少数民族的主要聚居地，以向氏、冉氏、田氏等为著，故明清在渝东南设有石柱、酉阳宣抚司。

元明清以来，渝、湘、鄂、黔毗邻区域共同构成了最为重要的民族聚居地之一，文献记载及其类别也日益丰富，学术成果丰硕。（1）土司（土家族）研究现状成果丰富，可了解土司（土家族）研究的整体情况，如李绍明[⑥]、黄柏权[⑦]、贾宵锋[⑧]、王希辉[⑨]等学者先后撰文，李良品对建国以来西南土司研究的总结[⑩]，专题性的如莫代山对土家族军事研究的论述[⑪]。（2）土司制度（土家族历史）的研究。除《中国土司制度史》《土家族土司简史》《土家族土司兴亡史》《土家族文化史》

① 马端临．文献通考［M］．北京：中华书局，1986：2590.

② 杨明（铭）．南北朝至宋重庆地区的蛮系民族——向氏、田氏、冉氏研究［J］．重庆三峡学院学报，2003（2）.

③ 脱脱．宋史［M］．北京：中华书局，1985：2228.

④ 徐松辑．宋会要［M］．北京：中华书局，1957：7813.

⑤ 祝穆．方舆胜览［M］．北京：中华书局，2003：1067.

⑥ 李绍明．川渝土家族研究的回顾与前瞻［J］．民族大家庭，1997（6）.

⑦ 黄柏权．土家族族源研究综论［J］．贵州民族研究，1999（2）.

⑧ 贾宵锋．二十多年来土司制度研究综述［J］．中国边疆史地研究，2004（4）.

⑨ 王希辉．近十年国内土家族研究综述［J］．西南民族大学学报，2009（8）.

⑩ 李良品．建国以来西南地区土司问题区域研究综述［J］．中南民族大学学报，2007（6）.

⑪ 莫代山．土家族军事研究综述［J］．铜仁学院学报，2008（1）.

《土家族医学史》、土家族区域考古文化与区域经济发展[①]、土家族地区的历史经济地理[②]等通论性、专题性专著成果外，学者还就某一区域的政治、经济、军事等或某一方面进行探讨，如冉敬林对酉阳土司设置、发展情况的探讨[③]，李良品对重庆民族地区土司制度的综合探讨和秀山杨土司的个案研究[④]，张万东从机构设置、赋税交纳、朝贡、参与军事征调等方面梳理了渝东南从土司制度建立到清改土归流的发展演变过程[⑤]，彭福荣探讨了乌江流域的土兵问题[⑥]，郭声波与刘兴亮对大夏政权在土家族地区行政建置的探讨[⑦]。综合运用碑刻、方志、家谱、实录、正史等进行研究日益受到重视，如黎小龙运用渝黔土家族族谱对大姓土著渊源的考察以及对明末清初渝东南少数民族勘界之争的研究[⑧]，黄权生利用家谱、碑刻对冉土司抵抗明军事迹进行了考证[⑨]，高远对三峡博物馆藏木刻《石柱县向氏族谱叙考》的笺释[⑩]。

综之，巴渝民族往往被纳入（西）南方民族体系的整体研究中，即便相对独立的巴人（巴国），也与蜀文化、楚文化等相互影响，这是由民族流动性、分布跨区域性、史料依附性等决定的，也是由历史书写情况、民族称谓内涵、区域观

---

① 邓辉．土家族区域的考古文化 / 土家族区域经济发展史［M］. 北京：中央民族大学出版社，1999，2002.

② 朱圣钟．鄂湘渝黔土家族地区历史经济地理研究［D］. 陕西师范大学博士论文,2002.

③ 冉敬林．酉阳土司制度述略 / 明代酉阳土司制度特点［J］. 贵州文史丛刊,1994(5)，1995（4）.

④ 李良品．历史时期重庆民族地区的土司制度［J］. 重庆邮电大学学报,2011(3)；关于秀山杨氏土司的几个问题［J］. 湖北民族学院学报，2009（2）.

⑤ 张万东．明清王朝对渝东南土司统治研究［D］. 吉林大学博士论文，2016.

⑥ 彭福荣．乌江流域土司时期土兵探析［J］. 黑龙江民族丛刊，2014（3）.

⑦ 郭声波，刘兴亮．明玉珍大夏国在土家族地区的行政建置［J］. 中南民族大学学报，2011（1）.

⑧ 黎小龙等主编．南方民族史论集［C］. 重庆：西南师范大学出版社,2005；黎小龙．从《复镇夷乡碑记》看明玉珍大夏政权与明清黔酉之争［J］. 长江文明，2017（28）.

⑨ 黄权生．巫山冉氏抗明考［J］. 重庆三峡学院学报，2013（4）.

⑩ 高远．重庆中国三峡博物馆馆藏木刻《石柱县向氏族谱叙考》笺释［J］. 长江文明，2016（24）.

整体性等决定的。巴渝民族研究形成了以巴人（巴国）、僚人、土司（土家族）为重点，其他研究为亮点的格局；研究成果运用历史学、民族学、考古学、语言学、社会人类学等方法，利用正史、族谱、碑刻、方志、实录、器物等进行综合研究，使研究内容得以不断拓展、认识不断突破，这也是巴渝民族研究发展的方向。

三、巴渝民族的文献整理

除《华阳国志》、正史列传以及流传下来的家谱、碑刻等外，巴渝民族史料往往散见于正史、会要、实录、文集、方志等文献中。无论是对巴渝历史的整体了解，还是相关研究便利性，对民族史料的整理意义重大。目前，出土材料整理，主要集中在自20世纪三四十年代以来，尤其是70年代以来的各种发掘简报、考古报告，如常任侠《整理重庆江北汉墓遗物纪略》[①]、反映三峡考古成果的“长江三峡工程文物保护项目”报告丛书；而历史文献的整理大致可分为如下三方面。

1. 以目录、提要等为主的工具书，这为研究提供了重要线索。《巴渝古籍要籍叙录》为提要类，收录了涉及民族资料的《蜀鉴》《吴船录》《蜀中边防记》《广志绎》等[②]；《南方民族古史书录》从著者、版本、内容所在章节三个方面著录了相关书目[③]；《巴渝文献总目》所录条目也涉及部分民族史料，如方志、家谱、碑刻等[④]；《三峡文献举要》为提要类，而以土家族田氏、向氏、覃氏等谱牒的价值较大[⑤]。最具代表性的是《中国少数民族古籍总目提要·土家族卷》，该书图文并茂，分为书籍类、铭刻类、文书类、讲唱类，具体又包括经卷、史志、谱牒、艺文、碑刻、朝廷文书、地方文书等，如：

---

① 卫聚贤．巴蜀文化［J］．说文月刊，1941（4）．

② 薛新力．巴渝古代要籍叙录［M］．郑州：中州古籍出版社，2008.

③ 吕名中．南方民族古史书录［M］．成都：四川民族出版社，1989.

④ 任竞，王志昆主编．巴渝文献总目·总序［M］．重庆：重庆出版社，2017.

⑤ 黎小龙，龚义龙．三峡文献举要［M］．武汉：湖北人民出版社，2018.

田氏宗谱（酉阳）不分卷，1 册，86 页。清嘉庆十四年（1809 年）田序宗编纂。酉阳田氏家谱。为立规、兴族、教化而作。是谱载田海世袭六百户，元顺帝命其协助冉如彪领军平服“蛮夷”有功，冉氏奏留，协守插山地、分水岭、山堆沟、渤海坝等地，遂为酉阳土家族大姓之一。对研究土家族历史、文化有参考价值。清嘉庆十四年序第、序宗刻本。楮纸，线装册页装，楷体，墨书。页面 41.5cm×26cm，版框 28cm×17cm，四周双栏，16 行 22 字。有口题、句读。保存基本完好。今藏重庆市酉阳土家族苗族自治县板溪乡杉树湾村一组田景昌家。（重庆　王心权　彭秀清）①

2. 方志整理出版。任乃强、刘琳均对《华阳国志》做过整理、校注，是学界常使用的重要资料；李勇先等整理的《华阳国志珍本汇刊》《华阳国志汇刊续编》将历代重要版本、辑佚校勘成果加以汇编影印分别于 2014、2018 年出版。渝鄂湘黔毗邻地区的珍稀方志，或入方志集成，或单独整理出版，如巴蜀书社于 2009、2010、2012 年先后出版了同治《增修酉阳直隶州总志》、乾隆《酉阳州志》《彭水珍稀地方志史料汇编》；而道光《补辑石柱厅新志》、光绪《秀山县志》、光绪《黔江县志》等被纳入巴蜀书社 1992 年版的“中国地方志集成”中。方志辑录方面，如《永乐大典》方志史料中关于绍庆府（黔州）资料的辑录②，湖南地方志中少数民族史料的辑录③等。

3. 史料的辑录（汇编）。正史民族资料的辑录，如《二十五史西南地区土司史料辑录》除元明清土司制度材料外，还包括“羁縻政策”时期的西南少数民族史料④，再如潘光旦先生对《明史》民族史料的辑录中将巴渝民族辑录于

---

① 国家民族事务委员会全国少数民族古籍整理研究室 . 中国少数民族古籍总目提要 • 土家族卷［M］. 北京：中国大百科全书出版社，2010：30.

② 马蓉，陈抗等点校 . 永乐大典方志辑佚［M］. 北京：中华书局，2004.

③ 湖南省少数民族古籍办公室 . 湖南地方志少数民族史料（上下）［M］. 长沙：岳麓书社，1991，1992.

④ 李良品等 . 二十五史西南地区土司史料辑录［M］. 北京：中国文史出版社，2006.

“巴”“土家”条目之下[①]；重要民族人物资料的整理，如《秦良玉史料集成》涉及正史、稗史、方志、家乘、族谱、石刻碑帖、评论诗文及流传较广而价值较高的口碑资料等，资料包括讨杨应龙、受命土司官、援辽、平奢等七部分内容[②]；土司资料的整理，如《容美土司史料汇编/续编》，其包括奏章、文诰、传记、碑刻等重要史料[③]；综合性资料整理中也涉及大量民族史料，如蓝勇主编的《四库全书中的重庆史料选辑》(未刊版)。

这些史料中，有四部比较重要：(1)《民族志资料汇编》第九集《土家族》[④]，汇编包括“土家族恢复民族成份情况及人口分布”“社会调查”“文物文献碑文”“族谱”等内容，但史料多以渝黔交界土家族为主。(2)《鄂西少数民族史料辑录》记录了史、志、谱、碑文等方面关于土、苗、侗等少数民族在民族源流、羁縻州郡时期、土司制度时期、改土归流以及经济、风俗等方面的史料[⑤]。(3)湖南省少数民族古籍办公室从1989至1994年先后出版了土司史录、溪州铜柱铭文考释等七部土家族古籍丛书，如《史录》辑录了正史、族谱、方志、实录等文献中关于湘鄂渝黔等地土司沿革、政治、经济、文化、改土归流等方面的史料。[⑥] (4)川东南民族史料的整理有两部：《川东南民族资料汇编》“编印说明”载：汇编分为经济、文艺、人物、民俗、历史、地理等分册，但笔者只见“文艺”册，辑录了酉阳、石柱土家族文人文学资料[⑦]；《川东南少数民族史料辑》[⑧]分为正史、

---

① 潘光旦.中国民族史料汇编——《明史》之部[M].天津：天津古籍出版社,2007.

② 秦良玉史研究编撰委员会.秦良玉史料集成[M].成都：四川大学出版社，1987.

③ 中共鹤峰县委统战部等.容美土司史料汇编/续编[M].鹤峰县印刷厂等，1984，1993.

④ 陈国安.民族志资料汇编•土家族[M].贵州省民族志编委会编，1989.

⑤ 鄂西土家族苗族自治州民族事务委员会.鄂西少数民族史料辑录[M].鹤峰县国营民族印刷厂，1986.

⑥ 王承尧等辑.土家族土司史录[M].长沙：岳麓书社，1991.

⑦ 四川省涪陵地区川东南民族资料编辑委员会.川东南民族资料汇编·文艺[M].涪陵：涪陵《群众报》印刷厂，1986.

⑧ 四川黔江地区民族事务委员会编.川东南少数民族史料辑[M].成都：四川民族出版社，1996.

别史、杂史、地理志、实录、地方志、谱牒、碑志、附录（调查报告）等目，有两个特点：一是因民族活动的跨区域性，史料不局限川东南地区，所以也酌情收录一些相关区域的资料，如嘉靖《思南府志》、乾隆/民国《贵州通志》、道光《印江县志》《省溪杨氏土司世系源流》等；二是收集了部分宝贵的谱牒与碑刻资料，如《冉氏家谱》《酉阳南界土门村冉姓碑》等。

综之，巴渝民族的研究成果十分丰富，但族谱、碑刻、文书等史料的综合运用还有潜力可挖；资料整理性质的“汇编”，多偏重某一类或某一区域，而以历史为跨度、以巴渝地域为空间、以巴渝民族源流发展演变为对象的史料整理还需要进一步加强，如族谱、碑刻类史料的整理，档案文书类资料的整理，文献中散见民族史料（如文集、人物传）的整理等。

近代巴渝期刊出版研究（1895—1949年）①

刘　威　谭小华　景卫红②

在中国近代史上，重庆虽然地处内陆，但却屡屡成为影响全国的重要地区。尤其是抗战时期，陪都重庆成了抗战大后方和全国的政治、经济、文化中心。大批文化机构、文化团体和文化名人来到重庆，促进了重庆报刊业的迅速发展。重庆近代报刊文献资料不仅是重庆文化事业的重要组成部分，而且是我国新闻事业的重要组成部分。自1898年2月在重庆创办的第一份期刊起，到新中国成立前的半个多世纪中，巴渝期刊的发展和演变丰富多彩。它们不仅承载了重庆的发展历史，成了这座城市沧桑巨变的见证者，而且具有重要的史料价值、档案价值、版本价值和多元社会文化价值。

近两年来，我们参与了近代巴渝期刊的整理及撰写提要工作，本文以此为基础，结合文献计量学，对2090种巴渝期刊进行了统计和分析，以期为进一步开展近代巴渝期刊研究工作提供有益的参考。

一、近代巴渝期刊文献整理概述

（一）出版时间及周期

近代巴渝期刊文献的时间范围为1895—1949年。其出版周期既包括周刊、

① 基金项目：2016年度重庆市社会科学规划项目“重庆近现代报刊提要研究”（2016YBCB051）阶段性成果。原载于《重庆科技学院学报（社会科学版）》2019年第6期。

② 刘威（1980—　），女，硕士，重庆图书馆副研究馆员，研究方向为民国文献；谭小华（1988—　），硕士，重庆图书馆馆员，研究方向为抗战文化；景卫红（1967—　），女，重庆图书馆馆员，研究方向为古籍修复。

旬刊、月刊，也包括双月刊、季刊、年刊以及不定期出版的期刊；既包括一般性期刊、学术性期刊，也包括行业期刊和检索期刊等；既包括各种公开发行的期刊，也包括各种“内部发行，对外秘密”的期刊。

以期刊创刊时的出版周期为标准，对1895—1949年的2090种巴渝期刊的出版周期进行统计，统计结果如图1所示。其中，149种期刊的出版周期前后有变化，变化频繁的期刊有《小朋友》（变更6次）、《再生》（变更5次）、《中苏文化》（变更4次）。

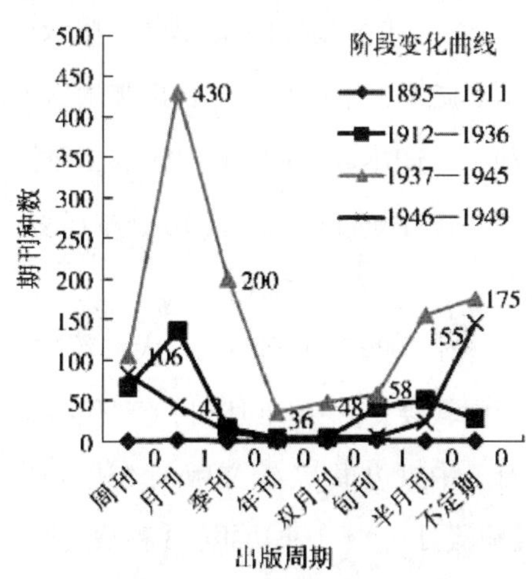

图1　1895—1949年2090种巴渝期刊的出版周期统计结果

根据统计结果进行整理分类，一般性期刊（文艺、文学、经济、新闻、宗教、时事评论、时事政治、文摘、政治、学生会会刊、地方政务、社科综合等期刊）有1354种，占期刊总数的64.78%；学术性期刊（大学学报、专业学术会刊等）有260种，占期刊总数的12.44%；行业（航运、账务、盐运、驿运等）期刊有368种，占期刊总数的17.61%；检索期刊（书目、统计、指数周报等）有108种，占期刊总数的5.17%。

另外，非公开发行的期刊有118种。其中，《重庆市物价指数》《政治通讯》《敌情研究》《敌伪纪要》《政工通讯》《外交部参考资料》《涛声》《物价周报》为机密文献。

（二）出版地点

在近代巴渝期刊文献的整理中，对出版地的认定，凡创刊、迁刊（包括原创刊地非重庆后在重庆复刊）或申请出版登记在重庆的期刊，以现行的重庆行政区划为主，包括主城9区及下辖的38个区县。

以此为标准进行统计，统计结果如下：在重庆创刊的期刊有1909种；从汉口、南京、上海、长沙、北平等地迁入重庆或在重庆复刊的期刊有169种；迁出重庆的期刊有12种。其中，在主城9区创刊的有1743种；在郊县创刊的有166

种，具体为：万县（今万州）41 种、江津 35 种、璧山 25 种、綦江 23 种、涪陵 23 种、合川 19 种。

（三）版本标准

近代巴渝期刊文献整理的版本包括铅印本、石印本、油印本、稿本、线装抄本等版本，不论是否正式出版均纳入研究之列。其中，铅印本 330 种、油印本 89 种、石印本 81 种、线装抄本 2 种、线装铅印本 1 种、线装油印本 1 种、抄本 1 种。在各种版本中，以 16 开本居多，其次为 32 开本，少数为 64 开本。

（四）期刊文种

在 2090 种期刊中，绝大多数为中文期刊。其他文种为：有《时论选粹》《华西新闻教会》《中国半月刊》《现代英文半月刊》《进步英华周刊》等 26 种英文期刊；有《中央边报》（蒙文版）、《边疆通信报》2 种蒙文期刊；有《汉藏教理院年刊》《蒙藏月刊》《中央边报》3 种藏文期刊；有《中央边报》（维文版）1 种维文期刊。

二、近代巴渝期刊的发展历程

根据巴渝期刊的宏观发展脉络，我们以时间先后为序，将其划分为 4 个阶段：萌芽阶段、探索起步阶段、繁荣发展阶段、回落阶段。

（一）萌芽阶段（1895—1911 年）

1895 年甲午中日战争后，重庆被开为商埠，加速了重庆与外界的交流。1895—1911 年创办的期刊仅有 2 种，可看作是巴渝期刊的萌芽阶段。

萌芽阶段巴渝期刊的内容主要是教会传播和改良思潮。这一阶段期刊的数量虽然很少，但意义重大。例如，《华西教会新闻》（The West China Missionary News）是 20 世纪下半期西方传教士在中国西南地区经营的一份英文报刊，也是西南地区最早以英文出版的近代期刊。它从 1898 年创刊到 1943 年停刊，在近半个世纪里持续出版、从未间断，是基督教徒在中国出版的历史最悠久的英文期刊之一。1943 年底因经费困难被迫停刊，该刊旨在加强华西各教会传教士之间的联系，大量记载了当时的教会，特别是华西的教会活动情况，在中国新闻史、出版史、宗教史上都占有非常重要的地位。《重庆商务公报》（后改名为《商务周报》）刊发商务公文、商情、物价和中外工商新闻，内容倾向于改良主义，有助于我们了解当时重庆社会思潮的价值取向。

（二）探索起步阶段（1912—1936 年）

在辛亥革命和五四运动的影响下，巴渝期刊也开始了探索发展之路。1912—1936 年共出版期刊 437 种（见表 1），呈现出初步发展的局面。

表 1　1912—1936 年出版的期刊数量统计

年份	期刊数量 / 种	年份	期刊数量 / 种
1912	0	1925	20
1913	0	1926	16
1914	0	1927	42
1915	0	1928	30
1916	2	1929	53
1917	1	1930	31
1918	1	1931	30
1919	1	1932	30
1920	3	1933	27
1921	8	1934	29
1922	11	1935	36
1923	2	1936	57
1924	7		

这一阶段的期刊类型开始增多，主题也逐渐丰富。其文本内容主要有以下两个方面。

1. 地方各项事业建设贯穿于巴渝期刊探索起步阶段的始终。从辛亥革命到抗战全面爆发的这一时期，巴渝期刊的内容多以地方各项事业的建设为主，不仅有重庆各地区的政务建设、党务建设、团务建设，还有各地区的医务、账务、市政、经济建设等。这些期刊刊载了各地区的命令、公牍、法规、政务、建设状况等内容，对本地“政务之进行，加以批评，或指陈得失，华当虚心采纳，随时改良”“俾知夫取之于市民者，还用于之市民，庶几群策群力，一致赞襄，而本署之各项事业，乃得以次第兴举，使恶劣污浊之渝埠，一变而为繁华精洁之市场，足与沪汉并驾而齐驱。”①

2. 倡导改造社会、宣传新思想是巴渝期刊的宣传主流。五四运动在重庆掀起后，外地的各种宣传民主与科学的书刊通过各种途径涌入重庆，使一些青年知识分子不断受到了新思想的影响，巴渝大地上兴起了青年学生和学生团体办刊的热潮，其创办的刊物主要有《渝江评论》《人声》《商学半月刊》《川东学生周刊》（后改名为《川东学生联合会周刊》)、《綦评》(后改名为《綦民公论》)、《涪声》《巴声》《平平》等。这些期刊都“下切实的批评，作沉痛的呼唤，以求群众的觉醒和社会的改进”②。知识青年通过期刊媒体抨击封建礼教，要求男女平等，提倡民主，追求自由。

当然，这些期刊中也有对无政府主义的宣传。例如，《人声杂志》宣传无政府主义，目的在于激起劳动人民的革命斗志，主要有介绍产业工人的生活状况、劳工调查、工会调查、世界形势等内容。1921 年 4 月出版的第 2 期刊载了巴金的《五一纪念感言》，巴金在文章中陈述了劳工的生活现状以及历史上工人罢工的意义，阐述了重视人民劳动的必要性。在《是谁的劳动节》一文中，巴金指出：“劳动节总同盟罢工之目的，不是单纯地在争得每日只工作八小时。他的最终目的，是在劳动阶级自身直接管理生产的机关，并公平分配生产的物品。”③ 对新文化的传播也起到了一定的推动和促进作用。

此外，在学生报刊的影响下，赞成新文化运动的人士也纷纷创办报刊，标榜伸张公理、反对强权、反对军阀统治、革新社会。

（三）繁荣发展阶段（1937—1945 年）

1937 年 11 月 20 日，国民政府正式移驻重庆，重庆的抗战大后方战略地位得以确立。从此以后，“长江南北各省既多数沦为战区，则今后长期抗战之坚持不

① 潘文华．创刊序［J］．重庆商埠月刊，1927（1）．

②《渝江评论》发刊词［J］．渝江评论，1921（1）．

③ 晓峨．是谁的劳动节［J］．人声，1921（2）．

懈，必有赖于西南、西北各省之迅速开发，以为支持抗战之后方”。[①] 随着抗战大后方战略地位的确立，作为抗战时期主要媒体之一的期刊媒体得到了前所未有的繁荣，并且发挥了强大的社会宣传职能。1937—1945 年全国共有期刊 1403 种，其中在重庆创刊出版的期刊有 1234 种，迁入或在重庆复刊的期刊有 169 种。

抗战时期巴渝期刊的内容丰富多彩、包罗万象，是考察战时社会全貌的万花筒。按学科分类，包括政治、经济、教育、科学、文学、美术、戏剧、音乐等；按受众分类，有青年、妇女、少年儿童、综合群体等。不管如何分类，作为抗战大后方的专业期刊媒体，其文本内容涵盖了爱国主义、团结抗战和关注边疆 3 个方面的内容。

1. 爱国主义是抗战时期巴渝期刊的主旋律。抗战的特殊背景，使期刊媒体承载着宣传抗战、救亡图存的历史使命。在全民抗战的时代背景下，宣传爱国主义是大后方期刊媒体的主线，具有共同的爱国主义主题和共同的思想追求：“表现民族解放战争中新人的诞生，新的民族性格的孕育与形成。甚至情绪与风格上也彼此相同，无不在热诚地渲染昂奋的民族心理与时代气氛，英雄主义的调子贯穿一切创作，表现出来的统一的色彩，鲜明而单纯。”[②] 例如，1937 年在重庆创办的时政刊物《吼声》，主张讨日锄奸、激发良知、积极宣传抗日，担负起救亡图存的重任，向沉睡的民众发出响亮的吼声。《国粹医药特刊伤科接骨专号》以保存国粹、提倡经方、讲求实验、呼醒民众为宗旨，结合抗战，呼吁把所有祖传枪伤接骨灵药贡献出来救治我们忠勇抗敌的受伤将士。1938 年由汉口迁到重庆的《人人看》主要评论国内外军政局势，讲述民众抗日斗争的故事，如发表了《抗战人人读》《民众们！排起队伍吧！》《抗战殉国两师长》《中原战场说明》等檄文；用图画等形式报道时事新闻，如《(一)张锦湘烈士被日寇杀害》等。在《我们为什么要放弃徐州》一文中认为：“我军撤退徐州是大有用意的”，并详细分析了“巧妙的退兵方法”，让外国军事专家看了都觉得：“中国这样的撤退出徐州，怎样

① 荣孟源．中国国民党历次代表大会及中央全会资料（下册）[G]．北京：光明日报出版社，1985：556.

② 钱理群，温儒敏，吴福辉．中国现代文学三十年（修订本）[M]．北京：北京大学出版社，1998：447.

能算失败，明明是一种大胜利呀！”[①] 此外，报道国外形势的文章有《世界知识：举世瞩目的捷克》《外国新闻：捷克局势缓和日本内阁改组》《外国新闻：美国将修正中立法：日本的军火供给将要发生问题》等。

抗战时期巴渝期刊的主旋律不仅体现在各类刊物的内容上，而且很多期刊的刊名亦能体现其爱国主义的主旋律。据统计，刊名带有“战时”字样的刊物有 33 种，带有“抗战”字样的刊物有 29 种，带有“救亡”字样的刊物有 3 种，带有“民族”字样的刊物有 13 种。

2. 团结抗战是抗战时期巴渝期刊媒体的最终旨归。例如，1938 年 5 月 1 日在重庆创刊的《战胜文萃》发文表示，本社同人“于神圣抗战中不敢自弃，私愿对于精神总动员的艰巨事业，竭尽绵薄，效其微力”。“本于‘战胜急于一切’的原则，发行本刊，所有选材，均以有利于抗战为准绳。”[②]1938 年 6 月 10 日，由安徽月刊社在重庆创办的《前线的安徽》是安徽省的共同喉舌，内容虽以与安徽省有关者为限，报告安徽全省各地的沦陷情形，但其对日寇暴行的揭露及对难民救济问题的讨论却以点为基础向面扩展，体现了团结抗战精神。

1938 年 9 月迁入重庆出版的《中央周刊》是国民党中央的机关刊物，必然以阐扬国民党主张，传述国民党中央旨意，肩负研究国内外政治、经济、文化、教育等为使命，专载国民党中央的法令、规章及政府施政方案，但在抗战中也注重分析抗战局势，提倡抗战建国。

抗战期间，大后方的党派、学术团体、学术流派众多，尽管党派有着各自的体系、原则，学术团体有着各自的治学宗旨与旨趣，虽然他们对与自己主张迥异的观点进行斗争与辩论，但是，在抗战这一时代主题面前，“无一例外地主张对日作战，反对妥协投降，表现出在大是大非问题上高度的一致性”[③]。以团结抗战为办刊目的，成为当时期刊媒体遵守的铁律。

3. 关注边疆给抗战时期巴渝期刊注入了新鲜血液。抗日战争期间，西南边疆得到了前所未有的关注与重视，对西南边疆问题进行研究的学术期刊也从无

---

① 闾江 . 我们为什么要放弃徐州［J］. 人人看，1938（3）.

② 许圆 . 战胜：代创刊词［J］. 战胜文萃，1938（1）.

③ 田亮 . 抗战时期史学研究［M］. 北京：人民出版社，2005：324.

到有、从少到多，给这一时期的期刊媒体注入了新的活力。通过对相关资料的统计，在抗战时期涉及边疆问题的学术期刊有180多种，刊物名称中带有“边疆”“边政”“西南边疆”等词汇的刊物就有近50种[①]，其中在重庆创办发行的西南边疆学术期刊有27种。例如，《边事研究》“呼吁民众关注边疆问题，详细调查，确实统计，制成方案，贡献政府，促进边疆事业开发。”[②]并发文介绍边疆的政治、军事、文化、宗教、社会等情况，考察边疆的实际情况，考证边疆的地理历史，出版了“中英滇缅界务问题专号”“边疆国际关系专号”“抗战特刊”等专号。发表了张觉人的《新疆对外贸易的研究》、邱怀瑾的《筹边救亡论》、刘文敷的《西藏问题》、品金梁的《望海潮》、霍策时的《边疆危机与复兴中华民族的前途》、陈尊泉的《西康建省初步工作之研讨》、张建勋的《西土铁路对新疆之影响及今后自保之策略》、张佐华的《内蒙古的社会组织与人口》等文章。该刊的出版由政府主导，具有较高的权威性，其发行宣传引起了广大仁人志士对边疆的关注。“近十余年来，边疆问题，几成了个最时髦的问题，这当中，我们曾见过不少边疆问题的文章，边疆问题的书籍，边疆问题的学术团体，边疆问题的调查组织，边疆问题的行政机构……当前的所谓西南边疆问题已经不是一个单纯的开发问题，而是一个成为全国性的军事上的攻守问题，再说开去，还不仅是个属于中国与日本的攻守进退的局部问题，而是一个参加了盟国对盟寇的反攻之整个的东亚战争的问题……我们要在这里指出，西南边疆之时代的重要性，保卫大西南，反攻敌人，我们的民族复兴，这三件事乃是合一的。”[③]正是因为边疆研究被赋予了如此重要的政治意义，所以，对边疆的关注成为抗战大后方期刊的重要任务。

抗战时期巴渝期刊注重宣传全民抗战、团结群众一致对外，展现了期刊媒体配合武装斗争进行保家卫国的共同使命。在抗战极端艰苦、残酷、复杂的年代，巴渝期刊宣传鼓舞了全国各族人民坚持抗战的必胜信心。

（四）回落阶段（1946—1949年）

抗战胜利后，国民政府迁回南京，战时重庆的出版中心地位逐渐消失。与此

① 公彦云．抗战时期西南边疆学术期刊研究［D］．重庆：西南大学，2014：12.

② 边事研究会．发刊词［J］．边事研究，1934（1）.

③ 今日的西南边疆［N］．正义报，1943-11-23（2）.

同时，作为国统区的重庆笼罩在白色恐怖之中，国民党当局对新闻杂志的控制和对新闻人的镇压变本加厉。原来内迁的期刊也陆续返回原地，部分在渝创办的期刊也纷纷外迁，1946—1949年巴渝期刊数量逐年下降（见表2），此阶段为巴渝期刊的回落阶段。该阶段巴渝期刊的内容主要以反对内战、争取自由民主、普及科学知识为主。

表2　1946—1949年巴渝期刊数量变动趋势

期刊类型	1946年	1947年	1948年	1949年
	数量/种	数量/种	数量/种	数量/种
重庆创刊	118	64	25	24
迁入重庆	1	0	0	1
迁出重庆	11	0	1	0

巴渝期刊在半个多世纪的发展历程中，从诞生起步到探索发展，再到繁荣昌盛，最后慢慢回落，1895—1949年共出版期刊2090种，这是中国新闻史上的巨大财富。对巴渝期刊文献进行整理旨在整合重庆地区的期刊文献资源，建立近代重庆新闻史上特色圈域总目录，以便于大重庆地区图书收藏单位的馆藏资源协调、馆际互借和资源共享，为重庆市近代媒体研究提供更加翔实的、方便检索和使用的历史资料与参考材料，为重庆历史文化研究添砖加瓦。

三、近代巴渝期刊的基本特征

（一）存续期间长短不一

在近代巴渝期刊发展的4个阶段中，存续时间长短不一。萌芽阶段的2种期刊，其中《华西新闻教会》持续办刊时间长达45年，而《重庆商务公报》的持续办刊时间仅有4年。探索发展阶段的期刊，持续办刊时间普遍存在较短的现象。在抗日战争和解放战争的特殊环境下，各种期刊存续的时间也各有长短，有的期刊连续出版长达十几年，如《中苏文化》《群众》从创刊到停刊历经了十多年；有的期刊出版只有几年，如《漫画与木刻》前后出版了6期；有的期刊仅存数月即告结束，如《反日特刊》《梦蔓文刊》《合川金融年报》仅出版了1期，即遭遇停刊。重庆主城以外地区出版的刊物多为油印本或石印本，出版的时间大都不长。

（二）运作模式灵活多样

在近半个世纪的时间里，纵观2000多种巴渝期刊，其运作主要有3种模式：一是出版机构自行办刊；二是编辑方独立办刊，出版机构代为发行销售；三是出版机构和编辑方合作办刊。

1. 出版机构自行办刊，其目的是追求商业盈利。由于有专门出版机构的支持和专业制度的保证，刊物的发行量大、影响范围广，这在当时算得上是期刊界的主流。出版机构不仅出版书籍，而且还出版期刊。例如，正中书局出版的《青年月刊》《时事月报》，黎明书局出版的《文摘战时旬刊》，生活书店出版的《全民抗战》等。有时某种刊物甚至成为出版机构主要的经济来源，正如生活书店总经理徐伯昕所说："凡是要自己经营出版的，至少须有个定期刊物，配合着它的出版方针，才能推广它的读物。"[①] 如《时事月报》在时局纷乱的情况下连续发行时间达15年之久，在国内40余个城市设有发行点，是民国时期一种大型的时政类期刊，这些期刊办得好，深受读者喜爱，发行量大，可获取销售收入和广告收入。又如《时与潮》"每期销售达三万五千份之多，这样一来卖刊物所得即是一笔不小的收入。加之，时与潮社还发行《时与潮副刊》《时与潮文艺》和翻译出版书籍，都有不错的销量和可观的销售收入"。[②] 另外，以期刊带动相关副刊的出版，如《青年月刊》第7卷单独出版《青年月刊副刊》3种：《战时经济》《时事研究》《边疆问题》，由于出版成本低，所带来的经济收入很可观。

2. 编辑方独立办刊，出版机构代理发行，又称"代销代售"。由于很多机关团体刊物、学术期刊都具有规模小、实力弱的特点，因此其难以独立发行，只能找专业机构代发，甚至是"代印代发"。抗战时期，专门的发行机构已很发达，出现了各种不同性质的书店、书局，一般成熟的出版机构都有很多发行网点，代

① 赵晓恩．生活书店的经营之道和斗争艺术（一）[J]．出版发行研究，1999（8）．

② 高青山．文史资料存稿选编[M]．北京：中国文史出版社，2002：220．

发期刊成为其主营业务之一。例如,《世界政治》由中国国际联盟同志会编辑,华中图书公司代理出版发行;《西南导报》由西南导报社编辑出版,华中图书公司代理发行;《地理学报》由中国地理学会编辑出版,正中书局代理发行。在此种模式下,出版方对代理发行期刊的宗旨和目标不干预,并保持刊物内容的独立性和完整性。

3. 编辑方与出版方合作办刊。编辑方负责组稿、编辑等事务,出版方负责出资发行,双方的合作非常紧密,彼此的依存度也很高。例如,陶百川主编的《血路》与正中书局合作办刊;卢冀野主编的《民族诗坛》与独立出版社合作办刊。在这种模式下,期刊的主编甚至编辑大都是当时的文化名流。

总之,不管采取何种运作模式,近代巴渝期刊作为当时大众化的平面媒体都在一定程度上体现了品牌特色、市场分类及读者定位,也体现了现代出版营销的方法与策略。

(三)封面布局样式多变

近代巴渝期刊的封面设计和表现手法多姿多彩,不仅有书法、篆刻等传统国学文化的运用,而且有木刻版画、新颖图片和漫画等元素的体现。

在重庆出版的期刊中,早期创办的期刊及后来创办的时事政治类期刊,其封面主要采用纯文字布局。例如,《时事类编特刊》《新闻记者》《战时教育》《蒙藏旬刊》等期刊的封面都是大同小异,每期封面上的图形、刊名和标志保持不变,只是字体或色彩有所变换。《中苏文化》《文化批判》《戏剧新闻》《文化批判》等期刊的封面则是小同大异,每期封面上的刊名和标志保持不变,大的图形、色彩、文字底纹或上下边栏纹有所变换。纯文字的封面布局则很少有绚丽花草、美女头像等元素出现,这样更能呈现出该阶段期刊厚重的历史感。在封面布局上,恰到好处地采用色块、底纹和边栏纹来衬托字体,既可以使期刊封面给人以严肃感,同时又带有自然的亲和力。

随着时间的推移,巴渝期刊中一些文学艺术类期刊的封面设计中出现了各种各样的插画,多以图片、漫画和木刻等为主。例如,《中国的空军》以时事照片为封面,其第10期的封面为"四二九粉碎日本佐世保航空队图"。《文摘战时旬刊》的封面则经历了创刊初期的纯文字,到抗战爆发后以漫画布局封面的过程。

在抗战爆发后,《青年月刊》以木刻、漫画、时事图片等为封面,《时事类编》的合刊(1938 年 8 月 1 日出版的第 18、19 期)也以木刻为封面。以时事图片、木刻、漫画等为封面的设计元素,渗透了当时的革命精神,赋予了期刊封面丰富的艺术内涵,在当时能够起到宣传抗战的作用。古人云:"画留三分空,生意由之发。[①] 合订本的期刊封面除了题写刊名外,其余部分都是以空白为主。如《群众》合订本第 1 册,左边为竖写的刊名及卷册,右边则全部为空白。这种留白的艺术手法是当时巴渝期刊的一大特征。

(四)名人题字成为潮流

书法是一种传统的文化艺术形式,近代名人的书法一旦与期刊结合,必然会相得益彰。在已经整理的巴渝期刊文献中,有邵飘萍、于右任、林森、蒋中正、杨森、贺国光、潘文华、宋美龄、陈立夫、吕超、吴敬恒、梁漱溟、潘公展、茅盾、张伯苓、丰子恺、叶楚伧、张道藩、冯玉祥、刘湘、卢作孚等 59 位名人为期刊题字,计 200 余种。一成不变的印刷封面会显得单调乏味,而书法则富有活力和生命力,无论是流畅的行书、草书,还是端正工整的楷书,都极具吸引力,更何况是名人题字。他们不单是书法匠人,而且是饱学之士。其片纸墨痕既具功力,又有个性,风格鲜明,蕴含了文化底蕴,体现了人格魅力。

四、近代巴渝期刊的重要价值

(一)具有宝贵的史料价值

作为近代社会大众媒体的期刊,面对当时的国难,其承担的责任具有多重性,它既是历史的记录者和见证者,又是历史发展的推动者。例如,1938 年内迁重庆出版的《边事研究》[②] 载文介绍边地政治、法制、军事、文化、宗教、社会等情况,并考证地理历史,出版了"中英滇缅界务问题专号""边疆国际关系专号"等。该刊既是研究民国时期边疆政治、经济、文化、社会的重要史料,也是研究国民政府推动边疆发展的原始史料。抗战大后方的专业期刊也是记录战争与革命

① 卫昊 . 浅谈书籍设计中的留白[J]. 大众文艺,2012(17).

② 边事研究会 . 发刊词[J]. 边事研究,1934(1).

动态的重要媒体，其涵盖了当时中国的社会、政治、经济、文化、交通、邮政、医学等方面的珍贵内容和宝贵史料。

（二）具有重要的档案价值

在抗战时期，有些期刊的内容在当时具有保密性质。例如，1939 年 3 月创刊的《敌情研究资料》(后改名为《敌情研究》)，由国民政府军事委员会政治部第三厅第三科编印，每 10 日出版 1 期。该刊由于内容与性质关系，专送领导机关及各级机关政治部，作为研究敌情的参考资料，其中包括不少机密内容。1939 年创刊的《宣传通讯》，由俞仲萱编印，是国民党中央宣传部指导宣传工作的内部刊物，属于密件，其栏目有总纲、一般宣传、新闻宣传、电影戏剧宣传等。还有些期刊属于不对外发行的内参、内刊，如《中工所通讯》就是国民党的科研机构油印的内部刊物。这类刊物为后人挖掘历史、研究历史提供了第一手资料，具有重要的档案价值。

（三）具有不可再生的文物价值

近代巴渝期刊的创刊地，尤其是区县，因为缺少铅印的环境和条件，所以，油印成了期刊出版的重要方法。这种出版物不仅推动了文化的传播，更在一定程度上保存了史实。文史学家郑逸梅曾提出：“油印本也是一种版本。”[①]1939 年 1 月在重庆创刊的《农放月报》、1938 年 2 月迁到重庆出版的《农情报告》，因为蜡纸有磨损，印量太多就会模糊不清，所以，油印的印量不大，一般只有几十册，最多不超过 200 册。油印本与其他印刷本相比，不易保存，具有不可再生性。加之出版发行的单本数量非常少，因而具有珍贵的版本价值、艺术价值及文物价值[②]。

（四）具有多元的社会文化价值

从不同学科、不同领域看，近代巴渝期刊具有多元的社会文化价值。一是舆论阵地价值。回顾中国近代史上的几次思想解放运动，各派的思想观点、阶级立场、舆论斗争都是通过报刊这种媒体开展的，如 1905 年在重庆创刊的《重庆商务公报》宣扬改良主义。二是文学艺术价值。在近代文学艺术史上，有许多经典

① 中国大百科全书总编辑委员会. 中国大百科全书·新闻出版［M］. 北京：中国大百科全书出版社，1990：184.

② 郑晓霞. 油印本综述［J］. 图书馆建设，2011（2）.

作品大多是通过报刊公之于世的。例如，1945 年 3 月出版的《突兀文艺》第 3 期发表了老舍在复旦大学的讲演《关于文艺诸问题》，论述了老舍对写作、今后文学的发展趋向、文艺界近况等观点。1936 年 12 月在重庆出版，由中共地下党支持的刊物《春云》，邓友民、梁实秋、老舍、谢冰莹、方殷等名家在该刊发表了文学评论，从文学的角度反映了四川的现实问题，描绘了农村的实际景象，报道了戏剧运动的开展情况，宣传了抗战。此外，期刊不仅是思想舆论阵地、文学艺术阵地，也是学术交流的重要媒介，因此，近代期刊还具有重要的学术价值。

五、结语

近代重庆经历了清末开埠通商、民国军阀割据和抗战陪都的发展历程，山城百姓与各地人民一道在此创造了绚丽多彩的巴渝文化，抒写了中国近代史上波澜壮阔的历史篇章。近代巴渝期刊诞生并存续在这段历史之中，它以丰富的文本内容、鲜明的时代特征和宝贵的历史价值，成为传承和弘扬巴渝文化的重要载体。在当今时代，我们要实现巴渝文化的大繁荣、大发展，应该加强对近代巴渝期刊文献的整理与利用，尤其要传承和弘扬巴渝期刊所蕴含的人文精神，使之成为发展当代巴渝文化的源头活水。

诗词中的巴渝文化[①]

阳 畅 赵 幸 陈 思[②]

重庆山势起伏、纵横交织，主城区境内云雾、缙云、中梁诸支，以及铜锣、明月等数十条山脉平行成阵列，形成世界罕见的川东平行岭谷地貌，成就了“山城”盛名。重庆江河纵横，水网密布，长江、嘉陵江、乌江、渠江及涪江等水系滥觞于高原深谷，以开山劈峡的磅礴之势滚滚向东，造就了“江城”美名。重庆山水雄阔又邈然的自然美，是山清水秀美丽之地最厚重的底色，吸引了众多文豪为之挥毫献墨。例如，杜甫“无边落木萧萧下，不尽长江滚滚来”的壮美写照；李白“朝辞白帝彩云间，千里江陵一日还”的千古名篇；李商隐“何当共剪西窗烛，却话巴山夜雨时”的缠绵流连；元稹“曾经沧海难为水，除却巫山不是云”的由衷赞叹等，无不展现着重庆山水之美和人文之美。

巴渝文化源远流长，自古以来，文人墨客以巴渝的山水人文为寄托，留下众多千古传诵的诗篇。据不完全统计，抒写重庆的古诗近万首，主要集中在唐、宋、明、清时期，最具代表性的诗人有陈子昂、李白、杜甫、白居易、元稹、李商隐及黄庭坚，等等。重庆市目前有 38 个区（县），其中 28 个出现于文人的诗篇中。透过这些词句，我们可以看到重庆丰富的自然资源与多彩的风土人情。

一、诗词中的地理地貌

重庆是“山水之城，美丽之地”。山水塑造了重庆的地貌格局，也塑造了文人墨客情怀，影响了他们在重庆时期的创作。重庆地理中的江河、峡、滩、山、

① 原载于《国土资源科普与文化》2019 年第 7 期。

② 阳畅，重庆地质矿产研究院工程师，主要从事地质遗迹保护及自然资源文化调查研究。

洞和泉等地貌无不体现在这些诗词中。

江河。重庆江河众多，特色鲜明。古代文人墨客以江河抒怀的不在少数。在诗人眼中，这些江河或波涛汹涌，或濯濯涟漪，或诡怪险峻，或静谧秀丽。例如抒写江津长江险滩的《龙门峡》、奉节夔门险峻的《登高》、瞿塘峡壮丽多姿水流湍急的《早发白帝城》；抒写长江、嘉陵江气势恢宏的“万家灯火气如虹，水势西回复折东”（赵熙《重庆》）；还有描写九龙坡一带咆哮江水的“牵笮沂九龙，石立纷然怒”（朱嘉征《九龙滩》），等等。

峡。重庆的山峡，唯数瞿塘峡最为雄伟险峻。瞿塘峡全长约 8 千米，两岸如削，岩壁高耸，峡中水深流急，江面最窄处不足 50 米，波涛汹涌，奔腾呼啸。两岸断崖壁立，高数百丈，宽不及百米，形同门户，又名“夔门”，素有“夔门天下雄”之称。长江辟此一门，浩荡东泻。瞿塘峡虽短，却能“镇全川之水，扼巴鄂咽喉”。峡西的奉节古时为夔州，是巴渝东北部的政治、经济、文化和军事中心。著名诗人李白、杜甫、白居易、刘禹锡、苏轼、黄庭坚、范成大、陆游等登白帝，游夔门，无不被夔门的险峻雄伟震撼，留下大量赞美诗句。例如“白帝城边足风波，瞿塘五月谁敢过。”（李白《荆州歌》）“瞿塘峡口冷烟低，白帝城头月向西。”（白居易《杂曲歌辞·竹枝》）“瞿塘迤逦尽，巫峡峥嵘起。”（苏轼《巫山》）等等。

滩。清代文人龙为霖，四川巴县人。乾隆元年，他坚请退养，在鹤皋岩前的王坪山建九龙别墅入住，成为乡贤。这里距主城不到 10 千米，兼得水陆交通之便，地势高敞，环境清幽。他的《九龙滩别墅杂诗十首》系列，所描述的是 280 多年前，九龙坡长江沿线九龙滩的景色。

山。巴南的云篆山是不少文人慕名而来的地方。清代四川川东道张九镒用诗句“卷舒窈而曲，宛然成篆文”，解释了云篆山的得名原因。清代重庆知府王梦庚则留下诗句“云山势绵亘，横结万叠云”，来赞美云篆山气势雄伟、变幻万千之美。此外，清代文人周开丰、姜会照等人也曾穿径登峰，留下吟咏云篆山的诗篇。

洞。明代诗人冉元的《题仙人洞》是现有文字记载的、本土诗人创作的最早的酉阳律诗，是一首观景感怀之作。诗歌写的是酉阳铜鼓潭南保安坝仙人洞的景物。全诗首句以“神仙渺莫猜”置疑，尾联则以“谁能”作否定，表明作者辩证的思维。

“云如有约去还来”一句，作者运用拟人手法，将自然界的风云变幻写得颇有灵性。

泉。清代文人王尔鉴曾渡江涉水，在巴南界石镇写下《界石早发喜雨》一诗。一句“界道泉飞溜而澌，悬崖瀑布虹影垂”，以特写的方式，描述了界石的泉水撞击山石腾起的水雾，在阳光下呈现七色彩虹的美景。

二、诗词中的水文气象

雨水。重庆属亚热带季风性湿润气候，空气湿度大，日照不足，秋冬之季日照甚少，雨雾萦绕，常有连绵阴雨，年平均降水量大。李商隐的《夜雨寄北》“巴山夜雨涨秋池”中的巴山就是如今的缙云山。缙云山山间白云缭绕，似雾非雾，似烟非烟，磅礴郁积，气象万千。诗人在寄托思念之余，也不禁感叹一夜绵雨涨满了秋天的池塘，可见降雨量之大。四川盆地的“巴山夜雨”即是来源于此。朱嘉征的《九龙滩》中，“渝城日日雨，云乱无定所”一联也描绘了重庆城多雨的特点。

云雾。重庆多雾，素有“雾都”之称。重庆的雨雾多，是重庆地理环境所致。山城重庆处于川东盆地边缘，四面群山环抱，两江在此交汇，江水蒸发不易扩散，潮湿的空气处于饱和状态，易于凝结成雾。而对于奉节、巫山等地的云雾，则是由气势峥嵘、起伏绵延的巫山山脉造成的。巫山是我国西部主要山脉之一，最高峰乌云顶海拔约 2441 米。长江横穿其间，形成峡谷。谷深狭长，日照时短。峡中湿气蒸郁不散，容易成云致雾。云雾千姿万态，有的似走马飞龙，有的擦地蠕动，有的像瀑布一样垂挂绝壁，有时又聚成滔滔云纱。于是就有李白眼中处在“彩云间”的白帝城，有元稹心中无可取代的“巫山云霭”。

三、诗词中的物产资源

除了地理地貌、水文气象外，重庆丰富的物产资源也常被古代诗人描绘。

动物资源。最常见的有“猿”“鸟”，例如李白乘船下三峡时所闻的“两岸猿声”，杜甫登高所见闻的“猿啸哀，鸟飞回”，白居易笔下的“寒猿暗鸟”等，可见当时夔州巫山一带，生态环境良好，植被茂密，猿猴繁衍，百鸟栖息。

植物资源。如宋代诗人周敦颐笔下婀娜多姿、金弹玉杯的“木莲花”，描绘的正是铜梁巴岳山的木莲花，而此花不常开，开花之年必有祥瑞之兆，因此“木莲呈瑞”成了铜梁八景之一。又如白居易的《种荔枝》——白居易到忠州上任时，这个江边小城山高坡陡，却盛产荔枝，于是他在自家庭院也种下荔枝，写下了这样一首诗。这里的忠州就是现在的忠县，依山傍水，独具岛城风貌。

矿产资源——“盐泉”。例如宋永孚描写的宋代巫溪地区古盐业“一泉流白玉，万里走黄金”的繁荣景象。古时，随着制盐业的发展，在渝、鄂、陕边界地区，形成了以巫溪宁厂、云阳云安、彭水郁山、开县温汤井等古盐场为中心的四通八达的秦巴古盐道。这些古盐道位于秦文化、巴文化和楚文化地区的接合部，居汉中、万州与十堰小三角的交通中心，处西安、重庆与武汉大三角的几何交通中心，形成了以大巴山和古盐道为经纬的十字中轴坐标线，贯穿于神秘的北纬30度线左右，构成了“中国西南民间文化沉积带”上的重要一环。从以盐立国的巴国开始，无以数计的巴盐和更远的川盐汇集到这里，通过盐运力夫的肩挑背磨，由巴盐古道源源不断地发往湖湘地区。陆道、水道、栈道，背夫、纤夫、渡夫，秦腔、巴韵及楚音，共同演绎出回肠荡气的史诗绝唱。

四、诗词中的人文巴渝

“诗圣”杜甫晚年曾在重庆流寓两年有余，创作了大量的优秀诗篇。入渝后，他在渝中有短暂停留，在忠县住了两个月，在云安住了约半年，而在夔州（奉节）停留了约1年零9个月。史料记载，杜甫离开云阳到奉节的时间在春末夏初，当时的夔州是“枫林橘树丹青合，复道重楼锦绣悬”，于是他“爱其山川不忍去”。杜甫到奉节后，得到友人和地方官员帮助，生活由“危樯独夜舟”变为“自足媚盘飧”，晚年的杜甫感受到了难得的温暖。

杜甫移居夔州两年多，在巴渝这块热土上留下了400多首诗篇，“夔府孤城落日斜，每依北斗望京华。”奉节老城的落日想必很美，杜甫一到奉节就写下《秋兴八首》，其“无边落木萧萧下，不尽长江滚滚来”被誉为天下第一律诗。他热爱这里的景物，讴歌这里的山川，关切百姓的生活，感叹潦倒的人生（最突出的代表作有《登高》《秋兴八首》《咏怀古迹五首》）。

杜甫热爱夔州，同时也心念家乡。当时，“安史之乱”虽已结束，但仍处于“万国皆戎马”的乱世，尤其是蜀中大乱使他“不眠忧战伐”，归乡心更切。公元768年正月，杜甫离开奉节，沿长江东下，筹划途经楚湘大地再向北回归洛阳。公元770年冬天，贫病交加的杜甫，病卒于湖南湘江的一条小船上。“便下襄阳向洛阳”的美好归途，只能留在诗中畅想，成为千古遗憾。

重庆古镇水文化历史记忆发掘①

秦素粉　李将将②

随着工业化、城镇化、市场化的快速发展，以及人们生活环境和条件的变迁，我国城乡文化生态在悄悄发生着变化，尤其是古镇文化风貌和文化特色在如火如荼的商业开发中，日益同质化。地处长江上游沿河口岸的重庆，经过数千年的发展历史，文化古镇繁若星辰。据不完全统计，具有一定规模且知名度较高的古镇有近40个，这些古镇大都分布在长江干流或其支流嘉陵江、乌江、岷江等江河沿岸，形成了“临水而建”的布局特点，体现出了对“水”充分的依赖性。作为巴渝先民与自然和谐相处的人居文化典型，重庆古镇依水而建、因水而兴又因水而衰，水作为这些古镇的文化底色，凝聚了巴渝优秀文化精髓与特质，承载着深厚的巴渝地域历史文化记忆，对巴渝文化的成型与发展都起到了重要的作用。

一、古镇的水文化特质与遗存现状

重庆古镇临水而建、因水而生，体现出了“因水而兴，兼收并蓄”的巴渝文化特质，承载着历史久远而地域特征浓厚的巴渝历史文化记忆。然而，数百年来伴随着经济发展、陆路运输发达、战争破坏等影响而逐渐衰落，古镇陷入了繁华不再、沉寂落寞的困境。近年来伴随着城市化、商业化进程，古镇的乡村地域文

① 基金项目：重庆市教育委员会人文社会科学研究项目“重庆古镇水文化历史记忆发掘与应用研究”（16SKGH256）。原载于《三峡论坛》2019年第6期，总第340期。

② 秦素粉（1981—　），女，河南漯河人，重庆水利电力职业技术学院副教授、重庆市水文化研究会副秘书长，研究方向：水文化教育；李将将（1987—　），山西孝义人，文学博士，重庆水利电力职业技术学院讲师，研究方向：明清文学。

化正在被消解，虽然在国家文化遗产保护、古城镇抢救保护等政策的指导下，一些古镇进行恢复与重建，但由于传统研究的局限及商业价值的吸引，往往存在“千镇一面”的弊端。古镇的重建与再现，应重视对古镇开启生命、生活、生产的水文化记忆的挖掘，侧重于对巴渝水文化历史传承的恢复。

（一）“临水而建，舟楫往来”的区位优势

山城重庆地势险要，陆路交通极为不便，古镇大都临水而建，舟楫往来水运兴盛，文人墨客、商贾云集。得天独厚的地理位置，使重庆古镇一度发展成重要的物资集散地、水陆码头和军事要地，繁盛一时。有研究数据发现，两千年来，三峡地区的城市发展体现了其由易到难、由低到高、溯江而上的区域开发时序，其中 71% 的城市分布于长江干流沿岸，73% 的城市分布于两河交汇处，82% 的城市分布于海拔 300 米以下的河谷地带。[①] 乌江流域民族地区的 124 座古镇绝大多数在历史上是政治、经济、文化中心或交通枢纽，古镇沿江河流域分布、沿驿道分布。[②] 如距今 1700 多年的龚滩古镇，位于阿蓬江与乌江的交汇处，三面环水一面着陆，是乌江流域、长江流域的重要货运集散地，是川盐入黔的重要转运站，被称为“百日场”；磁器口古镇更是“白日里千人拱手，入夜后万盏明灯”。

（二）“因水而兴，兼收并蓄”的文化特质

巴渝地区处于我国南北的分界线上，使得古镇南北文化兼容并包，又承载着历史久远而浓厚的地域文化特色，因水而生、因水而兴、文化浓郁、标志突出。一方面，古镇古建筑随处可见，青瓦房、古戏楼、吊脚楼、宗祠、会馆、廊桥、庙宇等以木作梁、古朴典雅，石板路、青石街、渡口、吊桥、水运码头等透着浓郁的历史沧桑，书写着古镇的文化记忆与历史过往。另一方面，与古镇共生的传统建筑技艺、宗教文化、民俗文化、饮食文化、服饰文化、民间乐舞、民间文学、节庆文化等非物质文化遗产形态，彰显着古镇独特的文化魅力和文化繁荣，如磁器口古镇的“沙磁文化”、龚滩古镇的苗家刺绣、涞滩古镇二佛寺的石刻艺

① 龚胜生，林月辉，戈大专．三峡地区城市与河流关系的时空演化研究［J］．地理学报，2013（12）．

② 李良品，吴冬梅．乌江流域民族地区古镇的特征、现状与保护措施［J］．城市发展研究，2009（1）．

术，以及具有沿江地域特色的码头文化、火锅文化及川江号子等。

（三）“日渐衰微，千镇一面”的遗存现状

重庆古镇因便利的水运交通、独特的区位优势、丰富的资源而兴盛，却也伴随着经济发展、陆路运输发达、战争破坏等影响而逐渐衰落，古镇历史上的繁华不再、沉寂落寞。建筑自然老化、年久失修，基础设施落后、交通不便，难以满足现代生活需要，且居民对遗产保护意识比较淡薄，传统风貌受到极大的破坏，随着社会经济和现代文明的发展，地域性特色文化也受到较严重的破坏。传统手工技艺、礼仪习俗及民族文化等失去了生存、发展的土壤，丧失了发展活力，无人问津。大量父子相传、师徒相授的民间文化也面临消失的命运。近年来，在国家文化遗产保护、古城镇抢救保护等政策的指导下，虽然古镇保护研究与开发如火如荼，但由于传统研究的局限及商业价值的吸引，在古镇开发的实践中往往存在“千镇一面”的困窘，缺乏对古镇文化记忆的发掘，缺乏特色与科学的技术保护。昔日繁华的古镇，历史环境遭到不同程度破坏，文化遗存大拆大建，文化丧失自我特色。①

关于古镇保护的大量研究表明：古镇文化身份具有脆弱性，城市化、商业化严重破坏了乡村地域的原始文化，地方传统文化的意义正在被消解，古镇历史文化传承受到威胁，城市化景观将传统乡村地域文化景观分割，加速了传统地域文化景观的变迁与消亡。②在古镇改造过程中应该全方位保留古镇的文化记忆，有选择地保留历史建筑的精华，保护原真性文化生活环境，并且要真正能找到不同地方古镇特色化、差异化发展的路径。③

二、“水”与古镇文化记忆

据《管子·乘马》载：“凡立国都，非于大山之下，必于广川之上。高毋近旱

① 曲明晓．重庆市历史文化村镇保护性利用价值研究［D］．重庆大学硕士学位论文，2012.

② 姜辽，苏勤．古镇文化身份脆弱性的社会建构及其意义——多元话语分析模式的尝试［J］．地理科学，2014（7）．

③ 仲富兰．古镇文化记忆保护路径探析［J］．河南社会科学，2013（8）．

而水用足，低毋近水而沟防省。”重庆古镇多山水环绕，水资源丰富，增添城镇的灵气与活力，造就浓厚的历史文化，水已成为影响古镇文化记忆的重要元素。但水乡古镇的原真性缺失问题不容忽视，以“水”为意象的重要文化符号，在古镇抢救保护中缺乏深入挖掘、追寻和回归古镇水文化的本真记忆，真正传承历史文脉。千百年来，巴渝先民择水而居、因水而兴、因水而衰所遗留下的与水相关的建筑、文学、民俗、艺术、宗教等文化瑰宝，需要恢复重现，留住城市历史文化记忆。

（一）水：古镇文化记忆的原型意象

原型意象是原型的象征性表现，而象征“具有将无形的材料变成文本的能力”，遗迹、符号、仪式、节日、神话、歌曲等都是表现形式。它们被时间沉淀、被人赋予意义后才成为“某种具有精神含义的东西”，成为有载体的文化记忆，并以各种方式表达、保存和传承。[①] 著名作家冯骥才先生说：“古村落是中国文化的箱子底”，众多文化符号，如民族精神、气质和文化传统都沉淀在古镇的场景中。“水”是古镇文化生态系统的血脉所在，古镇的建筑景观、生产生活、民俗文化等都因水而生，承载本真生活的水运码头、会馆、文庙、书院、古戏台、船工、号子，独具特色的渡口、吊桥、廊桥、吊脚楼，图腾崇拜的沿江寺庙、道观、宗祠等这些文化符号，都直接或间接围绕“水”的文化活动而展开。这种集体无意识中的原型意象，本身就是一种集体的文化记忆，或是直接存在于古镇场景文化载体中静默无声地表达，或者通过文学艺术中的文本间接表达，并通过多种形式保存、演变得以传承与发展。

（二）水崇拜：古镇民俗活动的主导

法国学者皮埃尔·诺拉（Pierre Mora）在《记忆之场》一书中，将能够传承文化记忆的载体称为“记忆的场”。很显然江河环绕的古镇即是一个这样的场域，它记录和保存古代先民集体的文化记忆，对水的敬畏、崇拜主导着人们的生产生活事项、民俗文化活动。[②] 为兴水利避水害，古镇先民因地制宜，建筑选址多依

① 康澄．文化符号学中的“象征”[J]．国外文学，2018（1）．

② 廖开顺．侗族水文化与文化记忆[J]．宜春学院学报，2014（4）．

山傍水，并在民居建筑形式上充分发挥创新精神，建成悬空的干栏式建筑“吊脚楼”。这一建筑形式既使生活空间充足，又可避免水患、通风防潮，被誉为“空中古镇”的龚滩即为典型代表。同时，古代先民在与险滩恶水作斗争中，形成了许多神话传说故事和祈福保平安的祭祀庆典仪式，如关于“龙”的崇拜和信仰几乎影响了古镇生活的方方面面，古镇祠堂、庙宇、沟渠堰塘等建筑上都有龙的影子，庆典仪式中舞龙灯、赛花船、拜河神等民俗活动也都融入水文化的元素，重庆安居古镇的铜梁龙舞全国闻名。①

（三）水文化遗产：古镇文化传承的精髓

沿河分布的重庆古镇，大多是当时的经济、政治、文化中心，重要水运交通要塞，抑或是早期文明的发祥地。古镇的整体格局、建筑风格、生活方式，以及文化形态都是以水为轴而展开，书写了宏大的水文化画卷。围绕古镇的河流水系，其孕育的古镇民风民俗、文化特质，承载了古镇水文化精髓，能够唤醒古镇最本真的文化记忆。如大宁河水滋养的宁厂古镇，据《华阳国志校补图注》载：“当虞夏之际，巫国以盐业兴”，诞育了早期巫文化和盐文化。这些文化特质，是复现5000多年前宁厂古镇历史记忆的关键。“一脚踏三省”的洪安古镇，作为渝、贵、湘三省的商埠重地，苗族、汉族、土家族等民族聚居，凝练了具有特色的码头文化、民族文化和边城文化。濯水古镇的土家族民俗文化“巴渝舞”“摆手舞”、土家吊脚楼建筑等土家文化特色，是古镇焕发生命力的重要文化符号。因此，再现古镇水文化记忆，必须以水为载体，挖掘河网水系所孕育的文化特质，抢救、保护和传承古镇民风民俗。

三、“重拾记忆，再现传承”的古镇水文化发掘路径

陆邵明先生认为：“一个记忆场所往往包含两部分信息，一部分是物质形态，另一部分是故事，两者缺一不可。”因此，古镇水文化记忆的发掘与重现，需要针对重庆古镇水文化历史记忆中具有里程碑意义的文化现象和文化符号，围绕

① 穆昭阳．民众记忆、文化身份与故事讲述传统——以重庆走马民间故事为例［J］．地方文化研究，2015（5）．

“水”这一古镇文化记忆的原型意象，追寻具有历史代表性的人物、事件、场所，原真性描绘古镇先民在水边开启生命、生活、生产的水文化画卷，再现重庆古镇因水而生、因水而兴、因水而衰的历史。

（一）水的“文化碎片”再现与链接

著名符号论美学家苏珊·朗格指出：“符号的最主要的功能——亦即将经验形式化并通过这种形式将经验客观地呈现出来以供人们参照，逻辑直觉、认识和理解。”① 古镇水文化记忆中最关键的符号资源不外乎通过那些文物古迹、历史人物、民俗、建筑和传说故事等来表达，重构显性与隐性相结合的自然环境、人居生活和历史印记，并通过古桥、流水、小船、青砖、黛瓦、会馆、戏台、宗教信仰、民俗活动、戏曲、传说等典型呈现出来。② 古镇水文化关键资源的整合，不是简单地修复或仿建几条旧街区、几座仿古建筑，而是要将散落在古镇日常生活中的“文化碎片”链接成整体，除在视觉上强烈呈现重庆古镇山水相依，山、水、城镇交相辉映的地域特色外，还要分门别类梳理水乡古镇中原真性的深层文化内涵，结合现代技术和生活方式重新演绎节庆民俗活动，讲出每个古镇的水文化故事，再现历史生活场景，唤起人们内心深处的古镇情怀。

（二）水文化记忆的立体化呈现

随着现代影像科技和多媒体技术的发展，高端相机、DV等多种映像仪器设备普遍使用，借助灯光、影像、大型银幕、立体动感平台等现代科技，可以为重现古镇水文化记忆提供便利的、可视感强的、立体生动的真实体验，将古镇与水的历史渊源、水运交通、水利人物、水利建筑遗迹、商埠码头与水乡风情等真实的历史生活，还原为动态的、立体的景象，活化古镇鲜活的水文化记忆。同时，建立网上博物馆，利用互联网技术进行推广宣传。古镇的水文化记忆，不仅仅用实物保留下来，还可以结合现代技术手段更广泛地拓展记忆，拓宽受众人群。通过网上一幅幅立体画卷，将古镇立体可感的水文化记忆生动、丰满地呈现于公众，让在世界各地的游子都可以找到那个承载乡愁、记忆的地方，寻到民族的根

① 李正军，王清智．文化记忆理论视角下历史街区文脉传承探索［J］．设计，2015（17）．

② 潘雄华．江南水乡古镇场所精神的解析与再现［D］．江南大学硕士学位论文，2011．

与魂。

（三）水民俗文化旅游的原真性开发

除打造恢复古镇水环境景观，整理复原古镇水文化记忆外，还要将发掘传承古镇水文化融入现代人生活中。通过挖掘古镇具有自身特色的民俗文化活动，开发水民俗文化资源和文化旅游项目，开展丰富的亲水爱水敬水文化活动，原汁原味呈现古镇曾经的文化盛景。从古镇蕴含水文化意义、反映古镇文化历史的活化石的老地名的保护和传承，到代表古镇传统水民俗的服饰、礼仪、节庆仪式、婚丧嫁娶等活动策划，最本真地保留古镇自有的水文化记忆。[①] 如面向大众不同群体开展古镇水文化体验活动，如体验古代水车和农耕文化，组织节日亲水活动，开展共游共绘诗韵古镇等活动，使水文化风俗得以传承发扬。

重庆古镇水文化记忆追寻，要本真还原古镇的水文化发展历史和特色，从历史传承和水资源保护的视角，综合开展社会学、历史学、民俗学和建筑学等多学科的研究，以更宽广的研究视域、最大程度挖掘了古镇的水文化价值，从根本上解决古镇文化打造千篇一律，甚至是有商业无文化的现象，为古镇水文化的传承和发展提供参考。

① 李爱云，吴海涛．古城改造中城市记忆保留方法初探［J］．广西社会科学，2010（8）．

巴渝地域文化视野下的现代建筑设计[①]
——以磁器口重庆印象博物馆为例

彭　勇　庞春勇[②]

一、引言

在当今全球化大背景趋势下，伴随西方建筑风潮的冲击，中国现代建筑一味追求强大的功能与新颖的造型，使地域之间的差异性与多元性逐渐消失。我国现代建筑已越来越找不到自己的位置，以至于从南到北"千城一面"，普遍缺乏原有的地域民族特色。博物馆建筑作为时代的标记和历史文化的真实写照，表现着特定的精神内涵，其地域文化是必不可少的。当然地域文化传承并不是单一的仿古与奇特的形式构建，而是在传统与现代之间寻求微妙的平衡，在利用现代最先进技术的同时，又在众多领域让它回归到一种传统的朴质纯粹的美学境界，这也是目前我们每一个建筑师应有的使命与责任。

二、巴渝地域文化背景

（一）多元文化的交融

巴渝地区在历史上先后经历了六次大规模的移民运动，最具代表性的是清康熙年间开始的"湖广填四川"移民运动，在巴渝大地上掀起了人类移民史上一次极为重要的移民浪潮。明清时期的巴渝以其独特的地貌形成天然良港，交通方便，商业繁盛并不断吸引外地商人入驻，同时纷纷设立会馆，从而形成了庞大的

---

① 原载于《重庆建筑》2019 年第 12 期第 18 卷总第 194 期。

② 彭勇（1989—　），四川成都人，本科，成都衡泰工程管理有限责任公司工程师，主要从事工程监理工作。庞春勇，重庆工程学院数字媒体艺术学院。

湖广会馆建筑群[①]。巴渝地区建筑聚落在这样的环境下，以原有建筑文化为基础，借各地之所长，使其在不断的融合与发展过程中渐趋多元化，以至于往往一处民居，具有多处异地建筑特色。如云南的一颗印、徽派的风火墙、岭南的天井等，在巴渝传统民居中均有所体现。

（二）天人合一的选址

重庆作为一座典型的山水城市，地形尤为复杂，由南北向长江河谷倾斜，地貌以丘陵、山地为主，所以该地区的建筑选址更多的是符合其山水格局，并不像北方建筑那样，以朝向来严格规定。巴渝地区的吊脚楼是“天人合一”的最好体现，其选址上尊重自然规律，依山顺势而建，为防御毒虫、野兽、洪水等自然灾害，选择了吊脚的形式，让人顺应自然，巧妙地利用自然，弥补自然的不足，与自然和谐相处[②]。坐落在山水之间的吊脚楼，凝聚了地域特色之美，底部以吊脚架空，使原本造型轻巧的建筑，远远望去仿佛从泥土中生长出来一样，同自然融为一体，永不停息地为世人演绎着最美的风景，同时与现代建筑设计中所追求的生态平衡不谋而合。

（三）就地取材的使用

巴渝地区雨量充沛，物产资源丰富，盛产高大乔木，所以其传统建筑多以木结构为主。木材作为建筑材料优点众多，传承历史悠久，处理技术娴熟，易于施工。木构建筑在山地地形中适应性较强，而且布局灵活。砂石在巴渝山地较为常见，在建筑山墙中巴渝传统民居普遍采用当地石材，有着很好的防腐蚀作用[③]。除了石木可作为建筑用材外，黏土与竹材在传统小型的民居建筑中也常会用到，如在一些农村的住宅中，常采用土竹混合而成的竹篱笆墙结构，不仅材料易得，而且经济性良好。就地取材的使用让传统建筑与自然环境融合，散发浓郁的乡土气息，充分体现了传统建筑的自然独特之美。

---

① 王一飞．作为城市历史景观的湖广会馆及东水门历史街区保护与发展研究［D］.重庆：重庆大学，2016.

② 庞春勇．浅谈风水在建筑设计中的运用［J］．重庆建筑，2018（5）：53-54.

③ 陈渊．巴渝地区合院民居及防御特色研究［D］．重庆：重庆大学，2010.

三、地域文化在现代建筑中融合的必要性

地域文化与现代建筑是不可分割的有机组合，不同的地域文化承载着不同的民族特征，是任何风格与形式都不可替代的综合体。重庆印象博物馆作为当地风土人情、民俗文化等历史脉络的真实反映，其建筑设计必然要对地域文化进行深入地挖掘与更新，而不是毫无地域特色的盲目推崇。

（一）地域文化的延续

一方水土养一方人，每一处地域文化都有着它特定的历史底蕴，无论是自然条件或是人文因素都对其建筑有着深刻的影响与制约[①]。博物馆作为城市的精神文化象征，是承接过去与现在的时间纽带，也是对地域文化的认同感与归属感的表达。建筑随着岁月的变迁与历史的沉淀，形成了城市的特有标识，集中体现了人类在技术、科学和思想、艺术等方面的才能和创造力。地域文化的传承，并非对传统建筑直接的模仿与生硬的嫁接，而是建筑设计者在创新中灵感的溯源。利用符号象征的建筑设计手法，把传统建筑物的一些表面和内部的结构、装饰部位通过使用一种共同约定的符号融入现代建筑中，进行设计和表达。我们在探索传统建筑内在美的韵律的同时，将其文化核心价值呈现在现代建筑中，即使在形式上有所更新也会让其内涵得以延续。建筑在地域文化中保留着它应有的个性，让其得到多元化的发展与创新。

（二）现代建筑发展的瓶颈

我国现代建筑的发展从广义上来谈是迷惘的，由于受到西方建筑文化的影响，各种先进的技术，新颖的材料，浮夸的造型，虽带来一时的审美新意，但逐渐使每座城市之间建筑差异性缩小。普遍缺乏地域特色及文化底蕴，以至于表现出千篇一律的建筑格局，让人们视觉开始疲劳，内心感到浮躁不安。建筑作为凝固的音乐，应具有优美的韵律，而并非“生搬硬套”的表达，使所在城市失去生

① 张楠木．论吊脚楼民居对中国现代建筑设计的启示［J］．兰州大学学报，2013（4）：171–176.

机与活力。不同的地域环境孕育着不同的建筑形态[①]，如北方和南方不同的自然地理、气候条件，才会有窑洞式与干栏式建筑的出现，其形式与结构各异，并传承了各自的地域文化特色。我国现代建筑处于全球化的今天，在传统与创新之间充满着疑虑，如何寻找属于自己的位置，这是一大挑战。

四、重庆印象博物馆整体构造及空间布局

（一）项目概况

该项目位于重庆市沙坪坝区磁器口街道东侧，此处为民俗旅游景点之一，西临嘉陵江畔，南为嘉陵江边重要的水陆码头。四周多为明清风格的建筑，地面由石板铺成，沿街店铺林立，诸多民间风俗或手工艺术聚集于此，来往游客络绎不绝。整体建筑设计在利用现代技术的同时对磁器口原有传统建筑文化元素进行提取，并充分考虑周边山体、建筑、江景等视角关系，使其总体规划、建筑、景观三位一体，与巴渝山地传统民居相互融合，打造一个可以让人回忆过去，展望未来之处（图 1）。

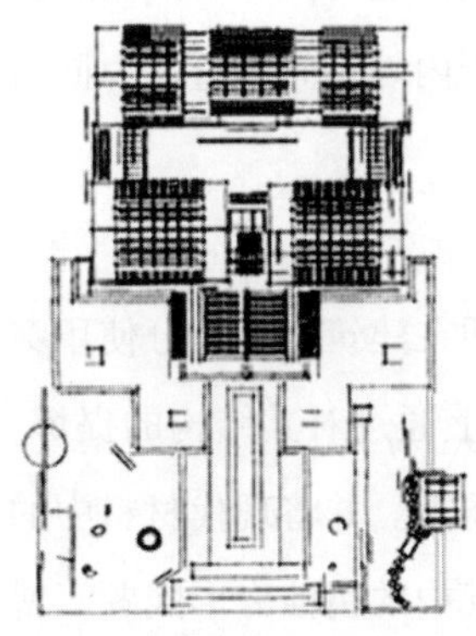

图 1　博物馆整体设计

（二）建筑整体构造

巴渝山地传统民居作为最具地域特色的传统建筑，在我国建筑文化领域中占

① 郑伟文 . 建筑环境设计与地域文化的融合——以苏州博物馆为例［J］. 科技创新导报，2012（8）：58–59.

有重要地位，一方面有着地域文化珍贵的物质财富与精神财富，另一方面也是不可再生的非物质文化遗产。该博物馆设计，力求在现代与传统之间相融共生[①]，这是对巴渝地域文化的延续，使我国丰富的传统文化和自然遗产资源在传承中华民族优秀传统文化、增强民族认同感、促进精神文明建设等方面发挥重要作用。

巴渝传统地域性建筑总体可概括为外封闭、内敞开、小天井、高勒脚、冷摊瓦、深出檐等形式，该博物馆在设计创作过程中，其建筑结构提取了“小天井”与原有“穿斗式”等元素，屋顶采用了悬山顶的构造，并保留了“深出檐”的地域性特征[②]；运用提炼、重构和象征等现代建筑的手法将其融入建筑内外形体中，以形成具有巴渝地域特色的建筑形式。

1. 天井形制的提取

巴渝地区的“小天井”成为当地典型的特征，民间常以“四水归堂”称之，其做法主要由三面以上房间合围而成，从地面以上顶部露出狭小的空间。该项目博物馆为一座公共性建筑，空间需求多而进深较大，中间过道区域采光受到限制。为此在屋面结构上充分利用当地“小天井”形制特征，不仅有利于采光，而且天井形成的自然风压巧妙地解决了巴渝地区湿热的气候问题。天井下的交通区域，可利用有限的自然条件，进行庭院式景观打造，用于内外空间的过渡，同时优化环境，缓解游客的视觉疲劳（图 2）。

2. 穿斗抬梁结构的融入

穿斗抬梁式构架为西南地区传统民居常有的做法，即在建筑墙体部分使用穿斗式构架，当中则使用抬梁式构架。该项目在建筑结构上通过对其结构的提炼，在原有基础上采用减柱的手法，满足公共区域对空间的需求。并将现代材料中的防腐蚀油漆与其结合，很好地解决了木头长期在潮湿空气中的腐蚀变形问题。博物馆内民俗空间的展示，搭配具有浓厚地域特色的民俗物件，让整个空间既显得宏伟大气、通透，同时又充满了古色古香的历史气息（图 3）。穿梭其间，给观者

---

① 林鹏鸿，庄岩．建筑创作与闽南地域性建筑文化的传承［J］. 建筑科学，2017（9）：129–134.

② 爱新伯骧，周雅琴．探索地方博物馆文创开发的创新设计新思路［J］. 包装工程，2018（20）：196–200.

营造一种宁静舒心的氛围，使其沉浸于巴渝独特的民俗文化之中。该结构在现代建筑中不仅具有良好的装饰作用，而且能使建筑形体与地域文化有机融合。

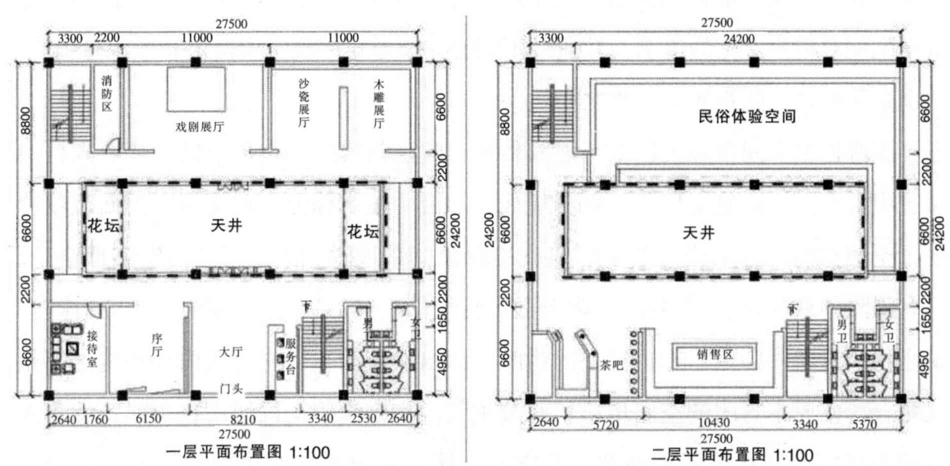

图 2　博物馆一、二层天井空间

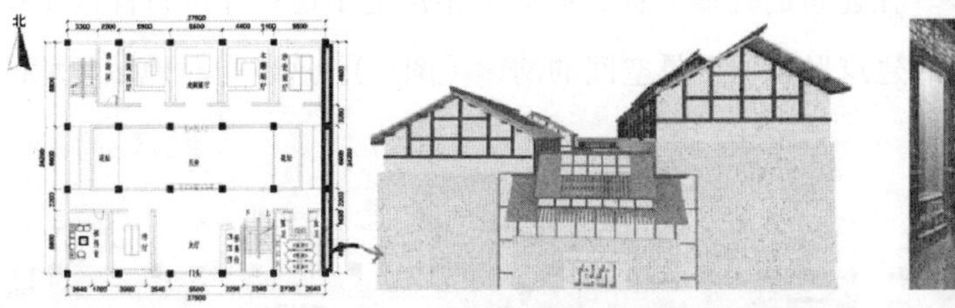

图 3　穿斗式结构的融合

3. 屋檐做法的重构

巴渝山地传统民居常常是屋檐相连，檐挑出较深，多为 1.2—1.5 米，以至于“走路不湿脚”；其檐下出挑所利用的力学结构原理简单，能很好地运用到现代建筑中。该项目充分考虑博物馆内人流动线问题，天井内侧以双挑的做法，出檐深远，下设檐廊以解决雨季给游客带来的不便。建筑四周采用单挑檐的方式，来保护墙体避免雨水的冲刷。屋顶运用了钢铁玻璃材料代替传统的土瓦，一方面利于室内空间的采光，另一方面可减少雨水对屋面的破坏而造成的后期维护费用。通过对巴渝传统民居中深出檐方式的提取，并结合现代技术进行重构，完美地与现代建筑融合，使其兼具美观与实用功能，同时也是对巴渝地域文化的一种传承。

（三）建筑空间布局

创造完美的建筑空间对于建筑设计至为重要，空间作为建筑中相互毗邻的形式而存在，物质功能和精神功能是空间最好的体现，二者不可分割。中国传统建筑中强调对精神文化的追求，并通过不同的空间形式体现实用价值和艺术价值①，这也是我们现代建筑所要借鉴之处。

该博物馆空间布局上借鉴了巴渝传统合院建筑模式，内部空间主要由入口门厅、中央大厅、内侧主展区三部分组成，并沿中轴对称分三路布局，主次流线清晰，空间功能划分明确（图4）。各个空间之间以廊道相连，呈“回”字形格局，具有强烈的秩序感。“外封闭，内开敞”传统的空间形制，在该项目中均有体现，整座建筑以天井为中心，进行空间组织，让自然外部环境与建筑内部环境之间相互融合，使原本封闭的空间增添了几分生气。在巴渝传统民居中，对建筑的主入口颇有讲究，博物馆同样如此。其在入口区中由内而外对该处空间进行单独延伸，让其在形式上与地域文化相呼应（图5），同时也丰富了空间的趣味性，增强了博物馆的宏伟气势。在建筑的外墙表面，以高低错落的山地形体进行深浅不一的表达，使方正规则的建筑形态，更具空间的韵律（图6），这也是对地域环境的

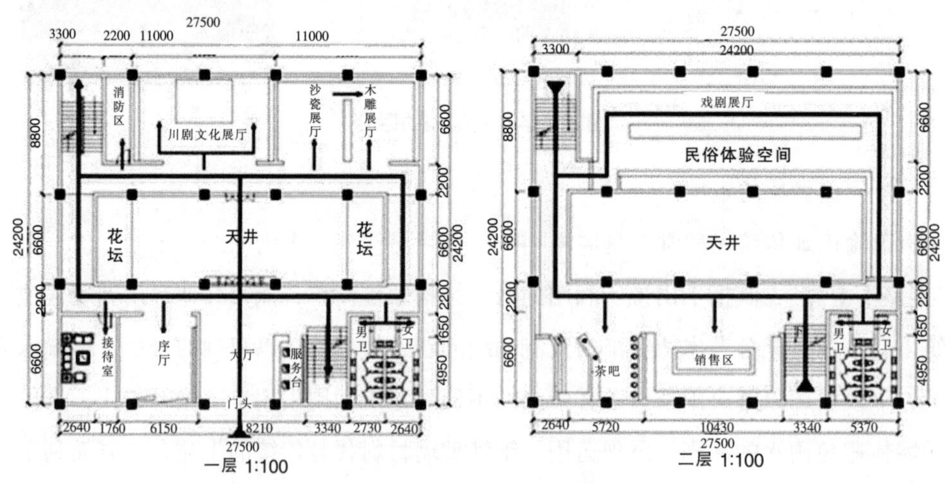

图4　博物馆一、二层平面空间

① 陆元鼎．中国传统民居与文化［M］．北京：中国建筑工业出版社，1991：15-20.

体现①。

该项目并非对传统建筑模式进行简单提炼，而是在现代建筑空间关系上延续这种具有地域特色的空间组合形式，对传统复杂的空间进行简约化，并与外部空间效果相得益彰，使得功能性、经济性及艺术性达到统一。传统建筑凝聚着先人的思想哲理与对自然的感悟，有其独特的精神内涵，因此现代建筑的空间不仅是视觉符号与功能形式的呈现，同样也是文化思想、自然意境及吉祥寓意的传递。

图 5　博物馆入口设计

① 黄骏．当代历史博物馆设计的地域性表达——以长三角地区为例［D］．北京：北京建筑大学，2014.

图 6　博物馆外墙设计

五、结语

随着城市化水平的不断提高，虽然我们的物质需求得到了满足，但地域文化在这片土地上却渐渐消失。建筑是地域文化传承的载体，无论时代如何，都是对民族精神的认同。因此在现代建筑的发展中，建筑师不仅要吸收先进理念，更要立足于本土文化，寻求共同之处。本文以磁器口重庆印象博物馆为例，通过特定的建筑形式传达了巴渝地域文化独特的魅力。因此，在巴渝特色建筑中，现代建筑设计一方面要寻求创新，另一方面也要延续优秀的传统元素，让地域文化在新的时代焕发新的生命力，这也是我们今天不断探索与研究的目的。

GONGGONG WENHUA
公共文化

重庆中国三峡博物馆总分馆制的探索[①]

程武彦

重庆中国三峡博物馆发挥带动辐射功能，结合重庆直辖体制和大城市、大农村、大库区、大山区实际，在借鉴吸纳中外博物馆总分馆制经验的基础上，对总分馆制进行了有益的探索与实践，取得了初步成效。

实施总分馆制是破解重庆区县博物馆发展瓶颈和拓展三峡博物馆公共服务空间的客观需要。

一是区县博物馆发展的需要。截至2018年底，重庆市共有博物馆100座（含非国有博物馆），覆盖率达89.7%。随着人民日益增长的对美好文化生活的需求，区县博物馆因硬件和软件不足，藏品数量少，门类不完备；专业人员少，研究力量薄弱；经费保障不足，缺乏较高水平的陈列展览，临展很少；教育活动策划能力不强，开展活动少；文创产品同质化严重等问题均严重制约区县博物馆功能发挥与发展。

二是三峡博物馆公共服务空间拓展的需要。从三峡博物馆的职能发挥、功能辐射、服务延伸和外延式拓展看，作为国家一级博物馆、央地共建博物馆，对重庆区县博物馆进行业务指导与规划、人才培养、项目支持，实施总分馆制彰显了社会责任；作为全国最具创新力的博物馆，理应将博物馆联合发展的创新成果转化到为区县博物馆的服务上，引领驱动区县博物馆改革创新；作为历史博物馆的龙头馆，应该输出业务建设和运行管理经验做法，上下联动。同时，三峡博物馆的公共服务空间受限，建筑面积5.169万平方米，展厅面积2.7597万平方米，当初设计缺乏配套的公共教育区域和公共服务区域，且原地无拓展空间。许多藏品

① 原载于《中国文物报》2019年3月26日。

不能展示，社会教育的数量和规模难以最佳呈现，特殊观众也难以得到更多的特色服务，文创产品的展示销售空间难以最大满足。要改变现状，必须把服务区域延伸到区县。

三是借鉴吸收中外经验，为实施总分馆探寻学理支撑。基于区县博物馆发展需求和区域中心博物馆自身发展瓶颈急需破解，三峡博物馆开展了“重庆市博物馆群建设背景下的总分馆制发展模式研究”，列入重庆市社科联课题，先后对英国威尔斯国家博物馆群——理事会下的总分馆直管模式、美国史密森学会博物馆系统——“民办官助”模式、意大利托斯卡纳博物馆群——政府主导的共享共赢型合作模式和国内公共图书馆总分馆制模式、南京市博物馆总分馆制模式、安徽区域博物馆联盟模式、红岩联线模式等进行分析研究，形成专题调研报告，坚持“资源整合、风险共担、利益共享、联合发展”的原则，在全市遴选了部分区县博物馆培育，在条件逐步成熟的基础上，分步将较合格的基层博物馆吸纳为分馆。

一、三峡博物馆实施总分馆制运行模式初探

三峡博物馆总分馆运行模式主要采取合作共建模式，坚持行政隶属关系不变，人员编制关系不变、经费渠道方式不变的“三不变”原则，构建定位清晰、运行有序、合作共建、互利共赢的博物馆总分馆制。

一是尝试品牌管理模式。对名称的管理按照总分馆组建形式，分馆可在保留其原有名称的同时，加挂“重庆中国三峡博物馆 ×× 分馆”的牌子（此名称不作为第二名称进行博物馆机构注册）。对社教品牌、展览品牌、文创品牌的管理则按照加入总分馆体系之前创立的品牌，经品牌创立馆授权，体系内博物馆共享品牌，加入总分馆体系之后创立的品牌，体系内博物馆共同享有。

二是尝试平台管理模式。联络平台管理依托总馆办公室协调运行，其主要职责是协调督促各业务平台开展工作，监督各合作项目落实。藏品资源共享平台由总馆藏品部负责，其主要职责是建立总分馆体系统一的藏品资源目录库，供体系内所有博物馆查询、利用；建立体系内博物馆藏品征集信息交流平台，征集信息互通共享。社会教育共享平台由总馆公众教育部负责，其主要职责是负责体系内

博物馆社教项目统筹规划，建立统一、共享的社教资源网络；负责建立体系内博物馆统一的巡展协作机制和巡展网络体系。展览交流平台由总馆陈列展览部门负责，其主要职责是策划体系内博物馆联合举办历史文化、文物原创展览；向体系外博物馆推荐展出体系内博物馆原创精品；推动原创精品展览在体系内巡展。学术交流平台由总馆学术办负责，其主要职责是指导分馆开展馆藏文物和区域历史文化学术研究，共同申报承担学术研究课题，共同举办学术会议；协调总馆出版的学术著作、藏品图录、科普读物、期刊免费赠送分馆。

三是尝试总分馆制准入管理模式。要加入总分馆序列，必须具备市级文物行政主管部门批准的博物馆资质；具有符合博物馆办馆所需的软硬件设施设备及从业人员；具有长期对社会开放的常设陈列展览；具有一定数量的文物藏品；具有稳定的运行经费来源等条件。建立考核评估机制，总馆每年对分馆在相互合作方面进行考核评估，对合作配合未达标的分馆提出整改意见，连续两年考核评估仍未达标的分馆，总馆提出解除与分馆的合作协议，合作机制自行终止。

二、三峡博物馆实施总分馆制的实践成效

在充分对接、遴选培育的基础上，采取试点先行、分步实施的方式，2015 年与巫山县政府签订了战略框架协议，同巫山博物馆在人才培养、藏品资源共享、展览合作、项目合作、文创产品开发五个方面进行深度合作，成立第一家分馆。2018 年 4 月 16 日和 5 月 9 日，与重庆师范大学、云阳县政府开启合作之旅，同重庆师范大学博物馆、云阳县博物馆签订战略合作协议，挂上分馆牌子。目前已设三家分馆。从实践来看，主要取得了以下几个方面的初步成效。

一是支持了分馆项目建设。基础设施提升项目：2015 年三峡博物馆总馆给巫山馆投入 450 万元资金，完成了该馆 800 平方米临时展厅改造升级；帮助其编制预防性保护方案，指导实施预防性保护项目，完成了库房、修复室辅助设备的采购，库房保护将启动环境监测评估系统；完成了龙骨坡遗址危岩抢险加固防护、龙骨坡遗址 A 点保护棚建设、李季达事迹陈列馆、朝元观修缮保护、庙宇圣安多尼天主教堂维修等工程。

业务工作拓展提升项目：总馆与巫山分馆组建了三峡（巫山）文物科技保护

工作站、三峡（巫山）古人类考古工作站；打造了巫山博物馆非遗厅及临时展厅；帮助巫山馆编制各类文物保护修复方案，争取资金250万元，修复文物507件/套（其中珍贵文物264件/套，三峡出土文物243件/套），免费修复20件铁器；启动高唐旅游建设项目、巫山博物馆二期（游客接待中心）；全面推进巫山分馆珍贵文物预防性保护项目申报、巫山红叶节原创展览改陈、巫山分馆免费送展等。总馆实施了“云阳县博物馆馆藏珍贵青铜器保护修复”项目，修复文物300余件套，与云阳分馆共建“磐石城保护项目”、三峡库区文物风险管控中心、云阳县博物馆“文物科技保护工作站”；开展了文博+教育、文博+研学等文化产业合作。

二是提升了分馆展览质量。总馆指导巫山馆策划了临时展览“百年巫山·山水悠悠”“百年巫山·家国永恒”；引进三峡博物馆“掌中珍玩清代鼻烟壶展”“清风正气——历史文物中的廉政文化”“革命理想高于天——中国工农红军标语展”，参观人次达20余万；与四川省博物院、湖南省考古所等7家单位合作，联合主办“走进长江文明之大溪文化主题展”。总馆为云阳博物馆提供了四个基本陈列展览的策划、设计。总馆为重庆师大的三个基本陈列提供了文本筹划与论证。

三是人才培训和科研得到提升。人才素质高低是制约分馆业务发展的关键。三个分馆安排人员到总馆免费业务培训30余次，包括文物修复、藏品管理、安全保卫、社会教育等，提高了分馆业务水平。总馆也借助重庆师大分馆的师资力量对新进员工展开培训。仅2018年巫山分馆在公开刊物发表论文3篇，网络发表文章245篇。云阳分馆发表论文5篇。

四是社会教育品牌更响亮。为让分馆的社会教育产生较好的吸引力和辐射力，总馆指导分馆打造社教品牌。云阳分馆和重庆师大分馆分别打造了3个特色鲜明的主题教育品牌：巫山分馆打造了非遗会演、巫峡影展、巫峡之窗、巫峡讲坛、巫峡艺苑、社教活动、公益培训等7个社教品牌；三个分馆一共开展了681场次活动，取得了良好的社会效益。总馆指导云阳博物馆研学课程开发编写，并提供丰富图文资料，该馆成为云阳县四个研学基地之一。三个分馆进社区和乡镇巡展100多场次，惠及民众50余万人次。

五是文创产品更具特色。文创是观众“把博物馆带回家”的重要载体。设立“重庆市文物商店巫山分店”，总馆指导巫山分馆开发文创产品 30 余种，销售达 100 万余元。巫山分馆自主开发的骨雕神鸟等文创产品在首届全市文创产品评比中获组织奖和十佳创意产品奖，为唯一获得两个奖项的区县；先后推出“感恩亲情，感谢父母”之感恩系列文创丝巾、领带；依据四楼临展百年巫山系列展之“山水悠悠”开发了明信片，“家国永恒”开发了特色书签、姓氏连环画等，社会效益与经济效益双赢。总馆指导云阳博物馆开发具有地域特色、反映地方历史的文创产品 8 类。

实践表明，总分馆制模式是博物馆体系内整合资源、拓展公共文化服务、合作共建共赢的有益探索。在今天博物馆事业大发展、博物馆体制改革创新的大背景下，总分馆制模式是一种尝试，还需不断实践、完善，使之星火燎原。这是期待，更是使命与责任。

5W 模式在公共图书馆阅读推广中的应用及借鉴[①]

——以重庆图书馆为例

刘小琳[②]

一、引言

李克强总理在十三届全国人大一次会议上所作的《政府工作报告》中将“倡导全民阅读，建设学习型社会”作为重要内容。这是自 2014 年起“全民阅读”第五次写入《政府工作报告》。这不但表明党和政府对于持续推进全民阅读的高度重视，也为全民阅读扎实、深入、有效开展奠定了坚实基础。

2017 年 6 月，国务院法制办办务会议审议并原则通过了《全民阅读促进条例（草案）》（以下简称《草案》）。《草案》计划将全民阅读纳入国家战略，旨在引导和鼓励全民阅读。对公共图书馆来说，《草案》对推进全民阅读服务工作提出了新的要求，指出了新的方向。

笔者从拉斯韦尔的 5W 模式出发，以重庆图书馆（以下简称重图）为例，通过研究 5W 模式在阅读推广过程中的实践情况，提出公共图书馆阅读推广的可执行路径。

二、拉斯韦尔的 5W 模式的含义

5W 模式是指美国学者哈罗德拉斯韦尔于 1948 年在其《传播在社会中的结构与功能》一文中提出的传播过程模式。

---

① 原载于《图书馆学刊》2019 年第 3 期。

② 刘小琳（1979—　），女，本科学历，重庆图书馆馆员。研究方向：公共图书馆服务。

5W 分别是英语中 5 个疑问代词的第一个字母，即：Who（谁）、Say what（说了什么）、In which channel（通过什么渠道）、To whom（向谁说）、With what effect（有什么效果）（见图 1）。

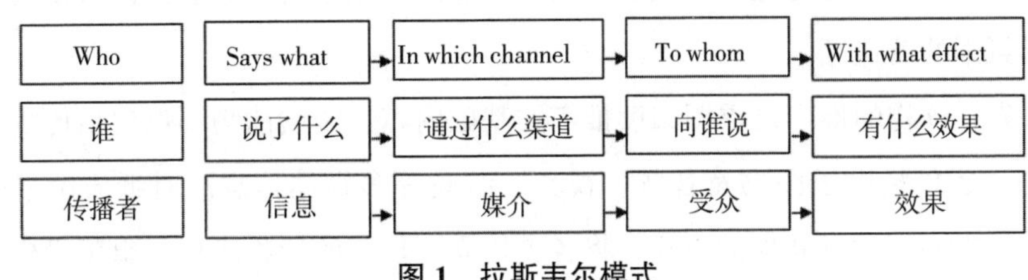

图 1　拉斯韦尔模式

此模式被称为“拉斯韦尔模式”①。结合这一理论模型，根据公共图书馆阅读推广的任务、内容和目标，可以进一步明确阅读推广的要素和环节：推广主体是谁、推广什么、如何推广、向谁推广、推广的效果。

三、5W 模式在公共图书馆阅读推广活动中的应用及重图的做法

（一）Who（谁）——公共图书馆是阅读推广的主要引领者和践行者

这里的“谁”指的是阅读推广活动的发起者、组织者、实施者和管理者。阅读推广的开展渠道和方式多样化，推广者也趋向多元化、组织化。提高全民的阅读率，形成人人热爱阅读、全民阅读的社会氛围，社会、政府、图书馆、出版机构和大众媒体等都扮演着不同的角色，承担着各自的责任。公共图书馆作为提高全民文化素质的公益性文化机构，在政府的指导下，是全民阅读推广的主要引领者和践行者。

重庆图书馆作为重庆直辖市的公共图书馆，在阅读推广工作中应起主导者和引领者的作用。应立足本馆资源，履行阅读推广职能的同时，积极拓宽和深化社会化合作渠道，将阅读推广服务工作纳入图书馆日常运行服务机制。重庆全民阅读推广工作以重图为中心馆，区县图书馆为一级分馆，街道（乡镇）图书馆为二级分馆，社区（村）图书室为三级分馆，构成一环扣一环的四级网络全覆盖服务

① 5W 模式百度百科［EB/OL］.https://baike.baidu.com/item/5w%E6%A8%A1%E5%BC%8F/10494194？ fr=aladdin.

体系。通过完善的服务体系，实现阅读推广工作的城乡全范围覆盖。

（二）Say what（推广什么）——丰富的阅读资源和多元化的阅读方式

阅读推广的内容即所有通过推广载体传递给读者的信息。重图推广的阅读不应仅仅包括读物，还应包括阅读能力的提升、阅读兴趣的培养、阅读习惯的养成及阅读氛围的营造等。

首先，读物的推广是重图阅读推广的基础内容。阅读读物不仅包括传统的纸质图书，还包括电子图书及音频、视频、游戏等多媒体信息。对纸质图书的推广，借阅中心定期以展板的形式，将各类优秀、热门的读物名称、出版机构、内容简介及推荐理由呈现给有需求的读者。对于电子图书的借阅，图书馆还专门开辟了电子图书专区，读者经过相关程序借阅电子产品进行阅读。同时还通过微信和微博，定期推荐成人及儿童读物，推荐内容包括书名、作者、作品简介、写作背景等。推荐品种包括文学、历史、科学、健康等，推荐的读物在重图的借书排行榜上位居前列。

其次，对读者阅读兴趣的培养及阅读习惯的养成是重图推广阅读的重点内容。教育心理学相关研究表明，终身的阅读兴趣和习惯取决于有效的早期阅读。德国的一项研究显示，如果在15岁之前一个人还没能养成阅读习惯，那么他将永远失去享受阅读乐趣的机会，他也将永远失去步入阅读殿堂的机会①。因此，重庆图书馆的阅读推广工作从婴幼儿时期抓起，从小培养孩子对阅读的兴趣。

针对小读者，重庆图书馆利用每个周末和寒暑假，开展故事会、童话森林读书会等活动，活动主题包括“一刻钟故事会”以及微信公众平台的“魔法故事会”“暑假电影周”“小小志愿者体验活动”等。为激发儿童、青少年读者的阅读兴趣，吸引他们走进图书馆，积极践行馆校合作机制，开启“互联网+”模式，让快乐阅读体验课走进校园。少儿阅读中心工作人员，以绘本图书为载体，运用生动形象的解读方式走进小学课堂，与孩子们一起探索和发现阅读的乐趣。该活动除辐射九大城区学校外，也向偏远山区的孩子们靠近，其宗旨是让更多的孩子

① 施衍如.图书馆、出版社、书店协同助力少年儿童阅读推广研究［J］.图书馆工作与研究，2017（7）：116-119.

发现阅读的乐趣并养成爱阅读的习惯。重图还组织区县图书馆、街道（乡镇）图书馆、社区（村）图书室馆联合行动，共同组成覆盖城乡的全方位服务体系。通过帮其建书屋和送书到校等多种手段，让相对落后的山区孩子和留守儿童拥有和城里孩子一样的享受阅读的机会和权利。

最后通过人性化的馆舍建设及布局，营造良好的阅读氛围是推广阅读的物质保障。重庆图书馆新馆在 2007 年建成后，布置了环境优雅的咖啡厅，在自习室上方走廊设置隔音玻璃，在成人阅览室周边的空旷位置增加桌椅，在总服务台准备雨伞、日常药品、轮椅、拐杖等，这一系列措施的目的就是让读者拥有一个身心愉悦的阅读环境，以提升阅读体验感。

（三）In which channel（怎么推广）——多种推广手段的组合应用

随着“互联网 +”时代的到来，人们的阅读方式也在发生着变化，手机、ipad 上五花八门的阅读软件随手可得。重庆图书馆也顺势推出了 Kindle 电子阅读方式。为更好地促进全民阅读，重庆图书馆还与新华书店合作，推出了“你阅读，我买单”活动，市民可以在新华书店选择自己喜欢阅读的图书借出阅读，由重庆图书馆买单，尽可能满足市民的阅读需求。同时为满足市民足不出户就能阅读，重庆图书馆还与支付宝合作推出芝麻信用网上借阅服务，芝麻信用达到 600 分就可以在网上直接办理读者证，在网上选择图书，直接邮寄到家。尽可能地满足读者各种形式的阅读需求。

经过长期实践，重庆图书馆建立了两大阅读推广体系：一是活动推广体系，二是媒体推广体系。

活动推广体系是重图的“王牌手段”，通过加强组织、统筹规划、社会合作，有机整合图书馆资源，成功地开展了“请进来”“走出去”的推广活动，形成了有基础、有影响、有内涵的阅读推广活动，提高服务与活动的成效。所谓“请进来”，一是邀请专家或历史名人后代来馆做专题讲座，有些专家是事件亲历者、有些是文化传承者，他们的切身经历和深刻的感悟与认知，往往更加具有感染力和说服力。如 2012 年 5 月 28 日，白崇禧后代白先勇先生做客重图，解读白崇禧将军所著《抗战中敌我战法之演变》等馆藏珍品，与读者交流，使读者与专家一同感受抗日战争那段烽火岁月。

二是以独特的展览、陈列吸引阅读者进行借阅。重庆图书馆以馆藏特色抗战文献为依托，于2015年8月15日，开放中国抗战大后方历史文献陈列室，在这里读者们可以看到抗战大后方珍贵的历史文献资料，包括学术著作、重要舆图和档案报告。

所谓“走出去”的推广方式是指走出图书馆的空间范围进行阅读推广。精心打造馆校联盟，将精品阅读推广活动送进学校，以新颖的形式，先进的手段，培养孩子们的阅读兴趣，让孩子们爱上阅读。

2016年重图独家首推“行走的图书”的活动，精选深受市民欢迎的1万册图书，向广大市民开展免费赠书活动。“走出去”的推广方式从此拉开了重图与外界合作推广阅读的序幕。2017年12月1日，重庆图书馆率先进入轻轨沿线赠书，让阅读走近市民身边。同时也带动41家区县公共图书馆走进商场、邮局、文化场馆等公共场所向市民免费赠书。在江北机场T2、T3航站楼、主城热门咖啡店、政府机关办公楼、看守所等场所都设置了专门的图书专架，为市民带来便捷的同时，也为全民阅读提供了有力保障。

（四）To whom——内容与阅读对象的精准匹配

台湾大学陈书梅教授指出：“公共图书馆的阅读指导服务应是‘知书’与‘知人’服务，即馆员针对读者个人特质与特殊需求主动建议适合的阅读素材”[①]。阅读推广的目标是全民阅读。为了使阅读推广工作更有针对性，在进行阅读推广的同时，重庆图书馆首先对阅读推广的目标人群进行研究。按年龄划分，可以将阅读推广对象分为低幼儿儿童、青少年、中青年、老年读者；按职业划分为工人、农民、大学生、农民工等。即针对不同的读者，设计不同的阅读推广内容。

针对推广对象的地域、文化、性别、年龄的差异性，公共图书馆作为重要把关人，在推广阅读时要注意运用多元化手段去选择推广内容，既可以推广传统纸质图书馆，也可以推广数字图书；既可以推广漫画、图片，也可以推广文字；既可以用传统方式推广绘本、古籍线装书，也可以利用AR技术虚拟现实推广图书

---

① 陈书梅．从台湾阅读推广活动之现况谈公共图书馆之阅读指导服务［J］．图书馆建设，2006（5）：78-81.

等。对不同地域、不同文化水平、不同年龄段的读者进行分类和调查研究，可以有针对性地选择推广内容，充分满足读者的阅读需求，多角度多层次地让阅读推广取得更好的效果[①]。

（五）With what effect（效果怎样）——阅读推广服务的效果反馈机制

推广效果是推广主体们通过各种方式推广阅读后，对读者产生的影响及带来的文化效应。

阅读推广活动是图书馆作为推广的主体，通过一定媒体，利用特定设施、手段，选择适当的阅读内容并对活动进行一定设计的过程。读者可以通过感受“阅读、视听媒介中各种人物的行为，不必直接经历而获得经验，并学习社会行为”[②]。公共图书馆对每一个推广系列，均可从读者的认识、心理态度、行为 3 个层面对读者进行电话访谈、参与性观察、问卷调查并记录反馈，再根据反馈不断进行调整，建立有效的反馈体系，以达到最佳推广效果。

重庆图书馆建立了一套科学的评价机制。对开展的社会阅读服务活动及时分析总结，面向读者收集评价意见，建立社会阅读推广档案，了解读者阅读需求，并根据反馈信息及时改进工作方法和优化推广策略。通过这些措施，重庆图书馆的阅读推广正逐步向系统化、专业化和精细化推进，营造浓厚的“书香重庆”氛围，让人民群众实实在在地享受到丰盛的文化惠民大餐。

通过近几年的阅读推广努力，重庆的全民阅读取得了显著的成效。近期出炉的《重庆市全民阅读调查报告》数据显示：重庆全民阅读市民综合阅读率达 85.9%，高出全国平均水平 6.3 个百分点，市民年平均纸质阅读量为 5.69 本，比全国平均水平的 4.58 本高出 1.11 本。与此同时，市民数字阅读率高达 45.94%，蝉联“中国数字阅读城市”称号。

---

① 范并思 . 阅读推广与图书馆学：基础理论问题分析［J］. 中国图书馆学报，2014（5）：4–13.

② 程大立 . 全媒体环境下图书馆阅读推广工作研究［M］. 合肥：安徽教育出版社，2013：144.

四、利用5W模式推广阅读的建议

保障公民的基本阅读权利，提高公民的思想道德和科学文化素质，培育和践行社会主义核心价值观，传承中华优秀传统文化，以国家战略的高度推进国民阅读，这需要政府、专门机构、社会组织等多方面的合作。笔者特由5W引申出以下建议。

（一）Who——强化阅读推广主体统领性和专业性

纵观阅读推广活动，大多只是在政府的指导下，各自推广，势单力薄，阅读推广的影响力及成效欠佳。建议各级政府成立专门的阅读推广小组，统筹协调公共图书馆、各企事业单位、社会组织资源，形成合力，将全民阅读工作所需相关经费纳入本级财政预算，建立一套统一的长效管理机制。同时遵循“公益性、基本性、均等性、便利性”的原则，培养公民阅读习惯，提高公民阅读能力，提升公民阅读质量。

开展阅读推广是活动组织者通过一定形式向公众提供特定的阅读内容的过程，这一过程是一个对公众进行教育的过程。特别是儿童阅读推广，与学校教育具有相似的性质。无论是对阅读内容的选择，还是对推广活动的组织，阅读推广人都应该由接受过专门培训、具有一定专业知识的人来担当①。缺乏专业的阅读推广人在全国公共图书馆是普遍现象。因此，要建立一套既能够鼓励社会力量和广大志愿者广泛参与，又能确保推广内容质量的阅读推广人管理制度。

（二）To whom——加强对特殊群体关注的持续性

在阅读推广过程中，各馆虽然关注山区留守儿童、福利院儿童、残疾人士、退休老人的阅读需求，但是终因受人力、物力、地域的限制，对这部分特殊人群的关注缺乏专业性和持续性，阅读推广组织应定期对特殊群体进行更专业的阅读指导和服务，提供优质的阅读资源，解决其在阅读方面的特殊困难。

---

① 樊伟等．全媒体环境下的阅读推广活动典范——俄罗斯“阅读马拉松”活动个案分析［J］．国家图书馆学刊，2017（6）：43-49.

（三）In which channel——与外界通力合作，推进阅读推广形式多元化

公共图书馆在拓宽全民阅读服务范围，推动建设与文化目标相适应的现代全民阅读体系时，普遍存在与社会组织、机构等的合作缺乏持久性、深入性的问题。在阅读推广中，公共图书馆应加大与学校、社区的紧密联系，在图书推荐方面可引入学校老师的参考意见。同时公共图书馆应积极加强与中小学、农家书屋、职工图书室、社区图书室、基层综合文化中心以及青少年活动中心、少年宫等青少年活动场所的合作，支持和帮助学生参加校外阅读活动。同时打造更加多元化、人性化的文化服务空间，构建覆盖面广、种类多样、各具特色的便民阅读场所，实现全民阅读均等化、全面化、便利化。

（四）With what effect——树立品牌意识，扩大影响力

重庆图书馆，包括全国的公共图书馆，虽然普遍树立起了自己的阅读推广品牌，但相对于品牌化运作还缺乏经营管理理念，没能很好地运用产业化思维去实现社会效益的最大化①。为了让受众能更好、更全面地了解和享受公共图书馆的阅读推广服务，可通过“走出去”“引进来”及各界媒体平台等多种方式进行宣传推广。利用规模效应，运用产业化思维提高品牌知名度、辨识度，引入营销理念，让品牌成为阅读推广的形象主打。

五、结语

全民阅读战略构想的提出和实践，加快了阅读推广工作的步伐。现阶段，文化事业蓬勃发展，阅读推广服务已趋于主流化、国际化，公共图书馆在政府的领导下，应担负起培养国民阅读的兴趣与习惯、提升国民阅读素养的时代使命。鉴于此，笔者深入研究和发掘 5W 模式在公共图书馆领域的应用，以期对提升图书馆的服务效能具有一定的积极意义。

---

① 张开，石丹．提高媒介传播效果途径新探［J］．现代传播，2004（1）：84.

新技术在数字藏品展示中的运用研究①
——以重庆红岩革命历史博物馆为例

周孙煊②

藏品数字化采集后的最终成果主要体现在以二维图像为主的展示和以三维立体模型为主的展示。利用现在非常流行的虚拟现实——增强现实与触摸互动技术，实现了数字藏品以各种有趣的方式拉近与观众的距离，更好地展示文物本身的魅力。

1. 虚拟现实展示。过去几年，博物馆多致力于虚拟展厅和在线专题展的展示方式，对实体博物馆的展厅景象进行数字化重建，完全再现其展厅内的布局、展品和其他设施等，实现对现实情境的营造。观众可以通过操作鼠标、键盘在展厅内“漫游”，选择展品，观赏其图像或三维模型。这种模式主要是让观众在浏览中与藏品发生联系。这种基于网络的展示方式成了绝大多数博物馆选择的主流方式，但是这种展示方式具有一定的局限性，比如对网络和电脑配置的要求很高，在线展示的内容需要加载很久才能呈现，甚至还需要安装大量的插件才可以在线观看，而且数字化成果并没有在实体展厅中运用。

虚拟现实技术可以借助 VR 眼镜和手柄多方位、多角度、多距离地观看文物，其身临其境的感觉可以让观众自由地穿梭在博物馆各个角落，通过手柄等手段触发，并实现与文物的互动。博物馆既可以实现网上漫游，也可以实现线下漫游。目前红岩革命历史博物馆在 VR 应用方面设计开发了《红岩联线八处遗址 3D 虚拟漫游》《夜游民国街》《渣滓洞越狱》VR 作品。其中在《红岩联线八处遗

① 原载于《文物鉴定与鉴赏》2019 年 1 月，第 149 卷。

② 周孙煊（1984— ），女，重庆红岩革命历史博物馆文博馆员，硕士研究生，研究方向：博物馆智慧化建设。

址 3D 虚拟漫游》中，我们将遗址内陈列的实物类文物进行 3D 采集，观众戴上头盔，通过手柄可以实现与遗址内陈列物品的互动。

2. 增强现实展示。增强现实技术（简称“AR”）的基本原理是通过手机摄像头拍摄现实场景，当 AR 在设计的时候确定了相关的识别源，在手机抓拍与识别源相关联的现实场景后即可触发，并通过服务器运算或者数据库检索，实现虚拟场景和现实场景的叠加，从而实现真实世界和虚拟世界的融合、再现，数字藏品成为 AR 识别触发后呈现在观众面前的展示内容。目前许多博物馆的内容多以图文并茂的方式展示在展板上，文物通过展柜呈现。AR 技术应用于数字藏品，即可实现平面文物动起来，并以 720 度随意翻转，实现文物动与静的结合。文创电子书还可以实现将文物带回家，对此红岩革命历史博物馆也设计了一款《巴渝往事》油画 APP。

3. 触摸互动。引入时下高新技术开展独立创新的多媒体项目，通过各种科技手段，将历史的厚重与前沿的创意相结合，能提升数字藏品的可看性、观赏性、互动性、参与性。红岩革命历史博物馆应用高分辨率显示大屏、触摸技术，选取 30 件经典的红岩一级文物数字化采集成果，包括镇馆之宝——新华日报印刷机高清动态 3D 模型，开发触摸屏程序，观众只需要轻轻点击任意文物就可以多角度查看文物信息；在采集的巨幅油画中嵌入多处遗址热点，拖动油画点击图中遗址热点，即可出现文物遗址的图文介绍；同时将八办、饶国模故居、桂园、周公馆、渣滓洞、白公馆、蒋家院子、新华日报营业部旧址精细 3D 模型和遗址自动虚拟漫游整合在互动触摸系统中，让观众可以选择性地点击遗址模型和自动漫游，不用亲自到现场也能真切地了解文物和遗址。

数字藏品突破了实体展厅有限展陈的局限性，在很大程度上扩展了藏品的展示范围和数量，通过虚拟漫游、增强现实、触摸互动能有效提升藏品和观众之间的互动和联系，拉近观众和藏品的距离，让更多的人走进博物馆、了解博物馆。

重庆武陵山片区的公共文化服务供给[①]

刘安全[②]

在制度经济学领域，学者们认为一定的社会态度和人文习惯会妨碍或推进社会制度变迁。例如：恩格斯[③]认为人类的经济在很大程度上受制于人类的文化发展；奥斯卡·刘易斯[④]从墨西哥的贫穷家庭中看到贫困文化，认为人类贫困实际上是一种自我维护的文化体系，即“贫困文化恶性循环”；马克斯·韦伯[⑤]认为新教伦理促进了资本主义精神的产生和发展，在中国农村，许多地区因文化问题长期不能有效脱贫，因此需要加强新时代公共文化建设，提供有效的文化服务，以治愚、扶志为手段，激发和培育农民的创业能力，从而达到有效脱贫的目的[⑥]。笔者以重庆武陵山片区为考察对象，关注其公共文化服务供给现状，以期为科学评估反贫困成效提供材料。

---

① 基金项目：国家社会科学基金一般项目（15BMZ054）；重庆武陵山片区绿色发展协同创新中心重大委托项目（XTCX04）。原载于《吉首大学学报（自然科学版）》2019 年 3 月第 40 卷第 2 期。

② 刘安全（974—　），土家族，湖北来凤人，长江师范学院武陵山区特色资源开发与利用研究中心副教授，博士，主要从事南方少数民族文化研究。

③ 中共中央马克思恩格斯列宁斯大林著作编译局 . 马克思恩格斯选集：第 3 卷［M］. 北京：人民出版社，1995：154.

④ 奥斯卡·刘易斯 . 贫穷文化：墨西哥五个家庭一日生活的实录［M］. 邱延亮，译 . 台北：巨流图书公司，2004：109-110.

⑤ 马克斯·韦伯 . 新教伦理与资本主义精神［M］. 于晓，陈维纲，译 . 北京：三联书店，1987：41.

⑥ 丁士军，王妙 . 新时期文化扶贫的有效路径探析［J］. 学习与实践，2017（10）：122-126.

一、重庆武陵山片区公共文化服务供给现状

（一）逐步完善公共文化基础服务设施布局和体系建设

合理布局公共文化基础设施和有效建立公共文化服务体系是文化扶贫的基本载体。有效的公共文化服务设施建设与服务供给，将有力缓解贫困状况[①]，重庆武陵山片区公共文化服务在国家、重庆市及各区县的统一部署下，初步建立了基层公共文化服务体系。按照国家要求，标准化建设、改造和维护群众文化活动阵地，加大文化馆、图书馆和博物馆等基本文化服务设施的建设，在区县一级配置图书馆和博物馆，在乡镇街道配置综合文化站和文化馆，在有条件的村建设文化大院和农家书屋。

1. 文化基础设施建设投入逐年增加。一直以来文化被视为不产生经济价值的社会事业，在早前时期一度受到"以经济建设为中心"的思维冲击，文化工作被有意忽视。一些文化单位被撤销、合并，文化工作人员被调离、借用，文化服务事业一度停滞不前。近年来，各级政府重新认识文化的意义，文化事业工作才逐年得以加强。文化局、文广新局和文化委等机构先后改革与调整，文化建设内容也相应调整，并逐年强化。2015 年，重庆武陵山片区各区县在公共文化服务领域总投入资金 36469 万元，占财政总投入资金的 1.13%。2016 年，重庆市出台了《重庆市文化发展"十三五"规划》，使文化工作在新的时期有了工作重心和建设指向。

2. 公共文化服务"三馆一站"标准化建设成效明显。党的十八大以来，中央明确提出构建现代公共文化服务体系的目标任务，并细分了公共文化服务各场所的标准化和均等化要求。重庆市基本建成"市有四馆、区县有两馆、乡镇（街道）有一站、村有一室"的四级公共文化设施网络体系。武陵山片区各区县超过 90% 的乡镇（街道）综合文化站达到国家等级站标准，域内每万人拥有公共文化设施面积达 1490 平方米，公共文化服务设施覆盖率达到 90% 以上。重庆武陵山

① 李雪峰．贫困与反贫困：西部贫困县基本公共服务与扶贫开发联动研究［M］．北京：中国财政经济出版社，2016：232.

各区县的242家图书馆、文化馆、博物馆和影剧院（表1）实现“三馆一站”免费开放，全部乡村（社区）文化室实现无障碍零门槛进入，一大批重大文化工程和项目得以实施，覆盖城乡的公共文化服务网络已基本建成，农家书屋、电影放映工程、广播电视村村通工程和文化信息资源共享工程等文化建设项目得以实现。酉阳土家族苗族自治县建成39个乡镇综合文化站、42个市民休闲文化广场和278个农家书屋；丰都县以县图书馆为龙头，建成县乡村三级阅读阵地网点；武隆区多措并举实现公共文化服务网络全覆盖，推进乡镇综合文化站、文化中心户和农家书屋等基础设施建设；秀山土家族苗族自治县2016年底累计投入资金4.6亿元，完成“文化五馆”建设，建成乡镇综合文化站27个、农家书屋267个，精心打造“文化长廊”，重点推进农村数字电影放映、文化信息资源共享和“广播村村响、电视户户通”等文化惠民工程，在沿线乡镇广泛开展文艺演出、文化艺术知识普及教育、文化技能辅导和文化展览展示等形式多样的文化活动。

表1　重庆武陵山片区公共文化设施统计

区县	文化活动中心（文化馆、文化站）	图书馆	博物馆	影剧院
黔江区	30	1	1	1
丰都县	32	1	0	1
石柱土家族自治县	33	1	1	1
秀山土家族苗族自治县	28	1	0	1
酉阳土家族苗族自治县	35	1	1	1
彭水苗族土家族自治县	38	1	0	1
武隆区	27	1	1	2
合计	223	7	4	8

注：数据来源于《重庆市文化设施导览图》和重庆市文化委员会网站。

3.惠民文化活动频繁开展，随着城乡经济建设进程，城乡居民文化生活逐渐得到改善，除了定期免费开放的“三馆一站”公共文化服务项目之外，各区县不断探索文化服务供给模式，以多样性的公共文化服务逐步满足人民日益增长的文化需求。

一是积极开展“三送”和惠民演出活动。为了充分利用节庆假日开展群众文化活动，营造浓厚的节庆氛围，黔江区在2017年春节期间开展了包括大型原创民族音乐歌舞诗剧《云水谣》、新春音乐会、旅游职业学院学生汇报演出、《南溪号子》擂台赛、打锣鼓（闹台）大赛、闹元宵龙狮舞大赛、灯谜会和回乡大学生才艺展学演等12项文化活动；武隆区建立“双向互动”文化配送模式，送电影、图书和展览下乡进村，2017年共组织和购买848场流动文化活动，完成2272场惠民电影放映任务。

二是为贫困群众免费赠送电视机等节目接收终端。2015年，秀山土家族苗族自治县为全县3500户看电视难的建卡贫困户每户发放1台彩色电视机；武隆区发放直播卫星设备10500套，解决了贫困地区“收听难、收看难”的问题。

三是积极开展文化扶贫活动。通过送文化下乡、开展实用技术培训和对口帮扶等活动，对贫困人群进行有目的的文化帮扶。武隆区2015年共挑选3000余册科技书籍，提供“流动图书馆”上门服务；利用全国文化信息资源共享工程武隆支中心平台提供实用技术培训，举办农民工、下岗职工免费培训3期，共培训400余人。石柱土家族自治县以“四个精准”助推文化扶贫，改扩建33个乡镇（街道）综合性文化站，建设了12个村级基层综合性文化服务中心示范点；做好公共文化物流网服务试点工作，实现了“点菜式”文化服务，全年对乡镇服务36场（次）。

（二）积极构建区域性非物质文化遗产传承体系

1. 构建数据库保护体系。利用现代数字媒体技术对非物质文化遗产进行保存、保护和宣传，构建专业数据库是非物质文化遗产保护最基础性的工作。重庆市和重庆武陵山片区各区县为了摸清区域内非物质文化遗产的家底，花费大量的人力物力对非物质文化遗产资源的分布状况、生存环境、保护现状和存在问题等作了调研，用录像、录音、文字和数字化多媒体等方式进行系统和全面的记录，抢救保护了一批非物质文化遗产的重要资料和珍贵实物，基本掌握了重庆武陵山片区非物质文化遗产的现状，基本完成了区域内非物质文化遗产普查和数据库建设工作。彭水苗族土家族自治县深入各乡镇（街道），通过登记、采访、记录、摄影和摄像等开展非物质文化遗产项目的普查、申报和建档工作，成功申报并列入国家级非物质文化遗产名录项目 2 项、市级非物质文化遗产项目 19 项、县级非物质文化遗产项目 68 项；酉阳土家族苗族自治县推动“互联网 + 非物质文化遗产”，将酉阳土家摆手舞、酉阳民歌、酉阳古歌及部分濒临消亡的非物质文化遗产项目拍录成视频，进行数字化传承，解决了传承活动空间和时间的矛盾；石柱土家族自治县 2014 年正式启动国家文化部“多媒体地方资源数据库”文化共享工程建设项目——巴盐古道。

2. 构建传承保护体系。重庆武陵山片区各区县为了有效地保护和传承非物质文化遗产，在传承人保护和传承空间建设等方面采取多元措施。

一是建立和完善传承人保护制度。对国家级、省级传承人开展专门的调研活动，了解传承人的生活和传习活动，分析传承人文化传承活动的困境，采取有效措施消除文化传承的制约性因素，总结可行的传承人保护利用模式进行推广。以项目传承人为核心，积极为代表性传承人搭建互动平台，鼓励其参与各类活动，提升知名度，扩大传习范围；大力资助经费，支持、奖励传承人的传承培训工作。酉阳土家族苗族自治县 2016 年新增选市级非物质文化遗产项目 5 项，新增第 4 批市级非物质文化遗产代表性传承人 18 名，占全市新增数的 14%，命名县级传承人 31 名，《高台狮舞》《哭嫁》《上刀山》《酉阳耍锣鼓》《酉阳花灯》等 5 项成功入选第 4 批市级非物质文化遗产名录。

二是建设非遗文化传承阵地。以丰富的非物质文化遗产资源为依托，建立专题博物馆、展览馆、传习所和文化广场等，既有利于珍贵实物的收藏，又为非物质文化遗产文化传承提供了活动阵地。目前，重庆武陵山片区建设了重庆市民族博物馆、武隆区博物馆和秀山花灯博物馆等，用来收藏、保存、宣传和利用民族民俗文物。截至 2016 年，彭水苗族土家族自治县建成鞍子苗歌传习所（国家级）、诸佛盘歌传习所（市级）、梅子山歌传习所（市级）、高台狮舞传习所（国家级）、庙池甩手揖传习所（市级）、郁山擀酥饼制作技艺传习所、彭水文武中学高台狮舞传习所和竹板桥土法造纸技艺传习所等 8 个非物质文化遗产传习所。秀山县共投资 3800 万元建设秀山花灯博物馆及原生态表演场，占地面积 15333 平方米，建筑面积 9800 多平方米，通过文物实体、展板、图片、视频和表演等方式对秀山花灯进行全方位的呈现。

三是扶持和支持传习活动常规化。依托各种文化活动和传统节日，组织非物质文化遗产传承人开展土家族摆手舞、苗族踩花山等民族民俗活动，推荐传承人赴北京、重庆和上海等城市，以及国外参加重大文化交流活动。黔江区每年设立 200 万元专项资金和总额 1000 万元的宣传文化基金，资助文艺精品创作出版、民族文化品牌培育和非物质文化遗产作品提升等文化发展项目；举办武陵山民族文化节、乡村文化节，开展特色文化之乡、民间工艺大师评选，每年举办多场特色文化乡镇文艺节目巡演、民间工艺展等，在各个乡镇开展非物质文化遗产精品文化节目巡演 60 多场；将非遗产物作为助农增收的重要产业，如濯水古镇结合旅游开发，组织 30 余家绿豆粉店（厂）联合打响濯水绿豆粉制作工艺品牌；组建以 1000 名留守妇女为主的高幺妹土家手工刺绣专业合作社；南溪号子、帅式莽号和土家哭嫁等在景区演出，帮助 5000 余名农民吃上“非遗饭”。

四是积极引导非物质文化遗产进校园。酉阳县第四中学（木叶吹奏）、可大乡新溪小学（摆手舞）争创为市级非物质文化遗产传承教育学校，开展非物质文化遗产“进校园、进景区、进社区”等活动。黔江区发挥旅游职业学院、经贸职业学院和职业教育中心等大中专院校集聚优势，为弘扬民族文化设机构、搭平台，成立了民族文化研究中心，常年开展民族文化挖掘、整理、传承和研究工作；各校开设民族舞蹈、民族服饰、民族生态旅游等民族文化特色专业，培植和建设民族艺术类专业学生实习就业基地；土家族舞蹈《白虎神鞭赶太阳》在 2012 年全国职业院校教学成果展演上获得银奖，大型民族歌舞诗《云上太阳》获得文化部、市级专家的高度肯定。

3. 构建区域文化保护体系。通过民族文化村寨及艺术之乡命名、民族文化生态博物馆建设和民族文化生态保护区工作，对文化遗产进行系统性保护；有计划地制定科学的保护规划和详细的保护方案，对文化遗产丰富和文化生态保存较完整的区域进行整体性保护。2014 年 8 月，武陵山区（渝东南）土家族苗族文化生态保护实验区被文化部正式批准为国家级文化生态保护实验区。渝东南各区县携手打造武陵山区（渝东南）土家族苗族文化生态保护实验区，将实验区建设列入“十三五”和生态文明城市建设总体规划，建立了南溪号子传承培训表演基地、小南海民族风情区、濯水古镇民族文化展示一条街等20余项民族文化生态保护建设项目库，组建38支共4000余人的传承队伍。推行非物质文化遗产保护传承“123”工作模式，即为每个传承项目出台1套政策，建立“动态保护”和“静态保护”2个保护模式，打造“传承基地、传承舞台、传承人”3个传承体系。

（三）发展特色文化产业

重庆武陵山片区富有地方特色的民族文化资源能够满足文化产业“一地一品”式开发，如桃花源、石柱土司遗址、龚滩古镇、龙潭古镇、苗族村寨和南腰界革命根据地等，因此可以利用丰富的地区文化资源发展特色文化产业，并将特色文化产业作为文化扶贫工作的突破口和切入点。黔江区按地域相近、文脉相承、内涵相关、业态相关和特色各异原则，规划配置文化与旅游资源，以实现文旅融合发展；统筹推进文旅融合发展示范项目的软硬件建设，注重民族文化、宗教文化和历史文化旅游有机融合；打造南溪号子、后河古戏、向氏武术和西兰卡普编织等非物质文化遗产品牌，精心编排《云上太阳》《母亲的火塘》等体现地方文化特色的精品旅游演出节目，融合景区形成参与性、互动性强的文化旅游项目。丰都县以“定机制、广宣传、重培育”战略助推文化产业发展，推行文化产业的全程管理和协调服务工作机制。武隆区深入挖掘文化资源做强“三大品牌”，即做响旅游招牌、做精文化名片、做特赛事品牌。2012年上映、2016年改版升级的“印象武隆”被评为“重庆市最具观赏价值的旅游重点项目”；结合旅游产业发展，武隆区成功举办了13届国际山地户外运动公开赛，该项赛事成为世界排名第一的国际性户外运动A级赛事。

二、重庆武陵山片区公共文化服务供给存在的问题

（一）公共文化服务供给不足且投入渠道单一

从供需来看，重庆武陵山片区公共文化服务供给仍不能满足群众需求，文化事业建设费在各级财政总支出中占比较低。2015年，重庆武陵山片区各区县文化

体育和传媒建设费支出绝对数为 36929 万元，仅占财政支出的 1.14%。从投入渠道来看，由政府主导的财政资金是公共文化服务建设费支出的绝对主力，但有限的地方财政难以大幅度地提升文化建设费的支出。大多数县和乡镇文化单位的工作经费处于低水平状态，经费不足严重制约着各单位文化服务的影响力和功能的正常发挥，每年除了国家要求的免费开放项目之外，都不能独立举办大中型文化活动。

重庆武陵山片区各区县都建有图书馆，但这些图书馆多建设于 20 世纪 50 年代，馆舍面积较小，藏书量也少，并且馆藏图书更新力度不够，无法满足服务区域内群众的阅读需要。截至 2015 年底，重庆武陵山片区图书馆总藏书量为 98.7 万册，人均藏书量仅为 0.22 册（表 2），远低于全国人均水平（0.46 册）。

表 2　2015 年重庆武陵山片区图书馆馆藏图书情况

区县	总人口 / 万人	图书馆 / 个	藏书量 / 万册	人均图书 / 册
黔江区	55.05	1	30	0.54
丰都县	82.90	1	4	0.05
石柱土家族自治县	54.66	1	12	0.22
秀山土家族苗族自治县	66.21	1	11	0.17
酉阳土家族苗族自治县	85.00	1	8.3	0.10
彭水苗族土家族自治县	69.81	1	30	0.43
武隆区	41.43	1	3.4	0.08
合计	455.06	7	98.7	0.22

注：数据来源于《重庆市统计年鉴（2016 年）》。

2016 年，重庆市文化委员会公布的重庆市博物馆（纪念馆）共 78 个，重庆武陵山片区 7 个区县仅有 4 个博物馆（纪念馆），即重庆民族博物馆（黔江区）、武隆博物馆（武隆区）、赵世炎烈士纪念馆（酉阳土家族苗族自治县）和万涛烈士纪念馆（黔江区），占比 5.13%。区县博物馆的主要功能为收藏文物，很少开展公益性文化服务。

重庆武陵山片区文化服务供给不足且投入渠道单一的根源在于：（1）受政府主导的财政供养制度影响，文化服务供给的主体绝大多数是政府体制内的文化单位，多元供给主体系统尚未建立；（2）各区县地方财政能力有限，虽然每年的文化投入绝对数量一直在增长，但是总体上基数仍然较小，无法满足文化单位开展丰富的文化活动的需求；（3）近年来，虽然各区县政府加大了政府购买公共文化服务的力度，但是仍然没有有效地建立文化服务交易市场。

（二）公共文化服务基础设施薄弱且利用率低

公共文化服务场馆设备设施老化和不足，因公共基础设施建设投入少，场馆设施老化，设备和资源更新不及时，公共物品毁坏严重，开展文化活动往往需要临时租借场地、购置设备，这使文化服务活动受到较大限制，图书馆缺乏图书和电子设备，文化馆缺乏文艺设备，“三馆一站”开放的免费文化项目和活动难以吸引广大群众，现存博物馆馆藏文物量不足，展出单一，通风和空调设施不足，安全监控系统缺乏，不能较好地服务群众，大部分乡镇文化站基本处于空壳状态，尽管“十二五”期间各区县参照国家标准进行了乡镇综合文化站的改造，但仍然没有解决文化站场馆设施少且单一的问题。

公共文化服务基础设施利用率低。一是文化设施服务直达性和便利性差，影响农民使用公共文化服务的意愿和热情，乡村交通不便，人口居住分散，而乡镇综合文化站都处于乡镇集市，其辐射范围远远超出文化设施布局所预期的 0.5 小时可达的直线距离。二是文化设施供给与农村需求脱节。近年来，各区县政府和图书馆系统推行“全民阅读”活动，在县公共图书馆开展读书活动或系列讲座，经常送图书下乡，在乡村建设农家书屋，但乡村实际情况是农民大多忙于农活，很少进书屋阅读学习，政府花大力气建设起来的乡村文化供给系统并没有给农民带来获得感，此外，农民不太喜爱农家书屋的时政和农技书籍，书籍所载内容往往陈旧，某些农村实用技术并不适合在武陵山区推广。

（三）城乡公共文化服务供给不均衡

城乡公共服务基础设施分布和公共服务投入仍然存在较大的差别，城市公共文化设施拥有量占比 50% 以上，乡镇次之，村组更少。以丰都县为例，全县仅有 1 个县级公共图书馆，建筑面积 3425 平方米，馆藏书总量 4 万册，图书馆容量小、图书陈旧、座位有限，无法满足群众阅读的需要，偏远乡村的农民想看书或借书，需要长途跋涉才能到达图书馆，但有时即使到了图书馆，也不能保证找到自己所需要的图书。

文化建设中，人力资源和物质资源很难在城乡之间自由流动，原因在于，政府在制定公共文化政策时习惯地将城市和乡村分开看待，缺乏有效的制度来保障城乡一体化的统筹安排和合理配置，使文化人才、文化项目和文化资源的流动十分困难，政府的文化公共投入也在城乡二元结构的影响下侧重于城市，因为城市人口集中且群众文化水平较高，保障文化权益的话语权伸张较好，公共文化服务设施和项目的利用率也高于农村。而乡村往往地处偏远，人烟稀少，交通不便，再加上乡村群众对公共文化服务的认识缺乏，配合文化服务工作的意愿不足，因此导致公共文化服务在乡村的工作效率低，财政资金投入只能小幅度改善公共文化服务基础设施薄弱的现状。

（四）公共文化服务队伍专业化水平低

一是各乡镇文化站、文化活动中心工作人员队伍不稳定，相对于其他事业单位，文化单位是一个创利少的“清水衙门”，工作人员的工资福利待遇偏低，很难吸引人才。一些基层文化单位机构、编制和经费等问题长期得不到解决，一部分乡镇综合文化站的管理人员是由乡镇行政干部兼职，这都会对基层服务人员的正常工作和服务水平造成影响。二是乡村公共文化服务队伍人员数量少且专业素质低。专职人员及中高级人才总量严重不足，高素质且具领导能力的专业人才尤其匮乏，人员结构不合理，难以适应新时期基层文化服务的需要。三是对乡村公共文化服务队伍的继续教育培训不重视。一直以来，区县政府和文化管理部门都忽视各级文化人才的继续教育培训，基层文化工作人员长期缺乏有效的培训，知识水平就无法与时俱进地提升，直接导致文化机构服务水平不高和服务能力不强。

（五）公共文化服务供需关系不协调

公共文化需求随着人们生活水平的变化而发生改变，对于精神文化和实现自身文化权利的诉求较为强烈，重庆武陵山片区乡村公共文化需求出现了层次化、多样化、生活化和网络化的特征，不同的人群对文化需求有明显差异，近年来，公共文化服务供给在自上而下的层级管理模式下，以僵化和单一的产品和服务供给为主，不能较好地对接农村群众越来越多元化的文化需求，出现供给滞后、无效供给等供需矛盾，主要表现在：一是分众供给措施不足，不能区分不同年龄、不同文化程度等人群的文化需求。二是缺少群众喜闻乐见的文化服务形式，乡村群众更喜欢通俗易懂的、具乡土特色的和贴近自己生活的文化形式，如摆手舞、戏剧、舞狮和唱山歌等民间文艺，而对于图书、体育设施等离自己生活太远的文化形式的兴趣不浓厚。三是公共文化供给与文化消费载体脱节，移动网络终端的推广与普及，使得网络化的休闲活动逐渐成为乡村文化消费热点，QQ 和微信等社交软件是人们交流、休闲娱乐的新方式，而公共文化服务则多以纸质图书和 DVD 等传统载体为主，这在一定程度上削弱了文化供给的有效性。

三、加强重庆武陵山片区公共文化服务供给的建议

（一）加快构建现代公共文化服务体系

继续统筹推进公共文化服务均衡发展，促进基本公共文化服务标准化、均等化。贯彻落实《重庆市基本公共文化服务实施标准（2015—2020）》，完善和合理布局公共文化服务基础设施，整合公共文化服务领域的资源，按照重庆市基本公共文化服务实施标准量化指标，建设“农村（行政村）半小时、城市（社区）十分钟步行距离为半径”的文化服务圈，建设与城乡统筹发展相适应的文化馆、图书馆、博物馆和美术馆等公共文化服务设施，提供读书看报、听广播、看电视、看电影、送演出和开放文化设施等服务，保障群众文化权益，根据人口数量和交通状况，均衡配置城乡公共文化服务资源，促进城乡文化交流。巩固送书、送展览和送电影等公共文化服务下乡常态机制，强化“结对子、种文化”帮扶活动，促进城乡文化一体化发展，坚持为特殊群体提供相应的专题培训、无障碍设施，以及免费开放民营博物馆、赠送图书和乐器等，以体现人文关怀。

优化区县—乡镇（街道）—村（社区）三级公共文化服务体系，配齐编制，确保乡镇（街道）村（社区）有专人负责公共文化服务。丰富公共文化产品和服务供给，在巩固统筹实施文化惠民工程的基础上，结合地方需求，促进文化服务融入群众生活，设立公共读物投放点，推进城乡广播电视公共服务体系均等化、

一体化和标准化建设，办好常设性、专题性和专业性的文化艺术节及公益演出。创新公共文化服务方式和手段，构建互联互通的服务体系和全社会参与的格局，实现公共文化服务数字化和社会化，加快公共文化互联网建设，推进公共文化服务的信息化和标准化。继续开展“流动文化工程”进村，打通公共文化服务“最后一公里”。

（二）实现公共文化服务供给主体多元化

统筹城乡公共文化服务体系建设，在推进城市文化建设的同时，将文化政策、设施建设和财政投入向贫困乡村倾斜。适度引入市场机制，促进公共文化服务供给主体和方式多元化，鼓励党政机关、学校和企事业单位内部文化设施向公众开放，吸纳社会力量通过兴办实体、赞助活动和捐资捐物等方式参与公共文化服务，形成“政府主导、企业赞助、协会承办、部门支持、全民参与”“以城带乡、城乡互动”的格局，不断提升公共文化服务水平，加强与民间团体、企业合作，丰富公共文化产品内容和形式，在市场经济条件下培育民间文化企业，以减轻地方财政压力，乡村要依托自身的特色资源和优势，因地制宜地发展特色文化产业，优化产业结构，提升经济发展水平，适时引导贫困乡村突破自身条件的限制，转变思想观念，强化文化创新，建设具有地方特色的公共文化服务体系来推动本土优势产业发展，满足人民日益增长的物质和精神需求。

（三）挖掘和培育地域特色文化

大力发展地域特色文化，实施重庆武陵山片区文化整理和文化研究工程，建构渝东南“山水”（武陵山、乌江流域）文化谱系；以武陵山、乌江流域的风土人情和人文地理等为题材，积极创作文学、舞蹈、音乐等文艺精品，打造地方文艺品牌。

加强非物质文化遗产保护和利用，加快构建非物质文化遗产活态传承体系，进一步做好区域内非物质文化遗产普查工作，扎实开展非物质文化遗产项目保护、非物质文化遗产展厅和数据库（馆）建设。鼓励传承人结合非物质文化遗产的类型和特点，按照传统习俗开展传承和宣传特色文化，使之融入文化旅游产业，实现“旅游化生存”。引导高校、科研院所、传承人、企业等多方协同创建非物质文化遗产创意研发中心，深入挖掘重庆武陵山片区的乡土文学、民歌、舞蹈和民俗节会等，打造并申报中国“民间文艺”“艺术之乡”，立足渝东南生态文化保护实验区建设，主动融入三峡库区、乌江流域文物保护单位、传统村落和乡土民居等整体保护，形成文化、自然、社会协调发展的生态文明体系。

（四）加快公共文化服务人才队伍建设

营造有利于优秀人才培养的体制、机制和社会环境，推进公共文化服务单位人员结构优化。一是维持基层文化人才队伍的稳定，鼓励广大文化工作者深入乡村群众的实际生活，充分了解群众的文化需求，把握地方文化工作的特点，提升基层文化工作的能力和水平；进一步明确乡镇综合文化站的工作职责和阵地地位，着重解决专职文化站长及村文化活动中心文化管理员的配备、使用和待遇等问题。二是注重基层文化人才队伍的专业能力培养，建立健全在职公共文化服务工作者的业务培训和继续教育制度，针对不同岗位的具体情况来确定培训内容；鼓励文化单位与高等学校通过联合办学、定向培养、在职进修和出国培训等多种途径，培养公共文化服务急需人才；充分发挥基层文化骨干、地方文化名人效应，加强乡村业余文艺演出队、文化中心户等业余队伍建设。三是完善人才选拔和激励机制。公开、平等、择优选拔人才进入乡村公共文化服务队伍，通过提高待遇、政策倾斜等优惠条件吸引高素质人才；同时，大力招募和发展文化志愿者，为乡村公共文化服务队伍注入活力。

博物馆虚拟展览馆的用户体验评价体系研究[①]

许世虎　陈茜朦[②]

博物馆在人们的日常生活中扮演着文化传播及休闲娱乐的重要角色，深受群众的喜爱。但传统博物馆具有很大的时间和空间上的局限性，以及展出方式和内容的单一性。此外，人们为了观看非遗展览，需要到展览所在地进行观看，其中涉及交通、住宿、时间等成本，让人们对其望而却步。在信息技术发展的时代，虚拟现实技术的发展和应用为解决上述困境提供了一种新的途径。利用虚拟现实技术构建的虚拟展览馆，冲击了文物固有的存在形态和静态展出模式，通过数字图像绘制和动画技术，可以使博物馆原貌得到再现。虚拟展览馆可以让人们不出家门就可以走进博物馆，有身临其境的感觉，大大降低了博物馆和观众双方的时间、资金等成本而受到热捧，成为近年来博物馆致力研发的一个方向，有着非常广泛的应用前景。

一、博物馆虚拟展览馆与用户体验现状

法国卢浮宫于2000年建立了卢浮宫虚拟展览，提供卢浮宫内的全景漫游图、参观导航和展品三维模型展示等功能。2011年，美国公司推出了谷歌艺术计划

① 原载于《戏剧之家》2019年第20期总第320期。

② 许世虎（1956—　），重庆市人，毕业于四川美术学院工艺美术系，后留校任教。曾任四川美术学院工业设计系及影视艺术系副主任。现任重庆大学艺术学院院长、教授、重庆大学学术委员会委员，硕士研究生导师。中国美术家协会会员，重庆美术家协会理事，中国工业设计协会理事，重庆工业设计协会副理事长。研究方向：综合绘画技法与工业设计。陈茜朦（1993—　），广西人，重庆大学硕士研究生。研究方向：工业设计与信息交互设计研究。

（Google Art Project）。从最初的 9 个国家 17 家博物馆的 1000 张照片，发展到现在已经收录了 40 个国家 151 家博物馆的三万多张高清照片。2010 年上海世博会召开之际建立了网上世博，作为世博会的引导、补充与延伸，集推介、导引、展示、教育四大功能于一体。故宫博物院、重庆中国三峡博物馆也相继推出虚拟展览馆，让人足不出户就能领略博物馆风采。尽管虚拟展览馆在快速建设中，但是目前存在的问题也显而易见。第一，未充分发挥数字化技术的优势，虚拟展览馆的内容依然保持与传统博物馆一致；第二，用户界面视觉设计简单，缺乏审美和文化寓意；第三，由于技术原因导致操作不流畅，缺乏沉浸感等。

为了改善虚拟展览馆的用户体验，国内外学者进行了许多研究。Ko Dong 开发了基于万维网思维的 PVET（个性化虚拟展览之旅）Java 程序，来试验用户与用户的沟通与合作是否能提升用户的使用兴趣①。Alfonsina Pagano 通过用户对“Keys To Rome”互动虚拟展览的反馈进行研究，探讨如何改善交互行为，从而增强用户体验，并围绕虚拟博物馆传播到文化遗产环境进行富有成效的讨论②。Barneche Naya 描述并评估了在学校中使用虚拟展览馆向孩子们进行教学活动时，三组儿童的体验效果，提出不仅仅是展览区域的探索，博物馆人员的远程讲座、与孩子们的互动、虚拟形式的教育工作均是虚拟展览中不可或缺的一部分③。郭会娟构建了非遗数字化传播用户体验的三个维度：感官层面的审美体验、交互层面的情感体验和反思层面的文化体验④。Nan Wang 将用户体验引入虚拟展览平台的研究和设计，通过眼动追踪实验和用户调查研究，说明用户体验对虚拟展览平台

① Ko，D.I.，et al. Personalized Virtual Exhibition Tour（PVET）: an experiment for Internet collaboration. in IEEE International Conference on Systems，1999.

② Pagano，A.，G. Armone and E.D. Sanctis. Virtual museums and audience studies the case of“Keys To Rome”exhibition. in Digital Heritage，2016.

③ Naya，V.B. and L.A.H. Ibáñez，Evaluating user experience in joint activities between schools and museums in virtual worlds. Universal Access in the Information Society，2014，14（3）：1-10.

④ 郭会娟，庄德红．徽州非物质文化遗产数字传播的用户体验研究［J］．艺术百家，2017，33（6）：239-240.

研究的影响，提出了基于用户体验的虚拟展览平台研究[1]。

二、博物馆虚拟展览馆的用户体验评价体系构建

（一）用户体验评价维度确立

在本研究中，以 Don Norman 提出的用户体验本能层面的体验、行为层面的体验和反思层面的体验为基础[2]，由此展开非遗虚拟展览馆用户体验评价维度的分析。

1. 本能层面。虚拟展览馆的首要任务是通过视觉画面和听觉效果带给用户美的享受和愉悦的心理体验。因此在本能层面下，划分的用户体验维度为审美体验。虚拟展览馆在网络端展示，由于硬件限制，不能让用户感知到味觉、嗅觉和触觉，因此在本能层面只讨论听觉和视觉。

2. 行为层面。虚拟展览馆的可用性体现在用户在界面浏览的过程中是否能准确完成自己的目标，使用起来是否方便有效，操作是否简单快捷，轻松易上手等。另外，用户在交互过程中能够全身心投入，界面所展示的效果能让用户有一种身临其境的感觉。在行为层面下，划分的用户体验为交互体验与沉浸体验两个维度。

3. 反思层面。博物馆虚拟展览馆能让用户在参观时有情绪反应和被激发所产生的喜怒哀乐。并且，博物馆虚拟展览馆承担着一定的教育职能，用户在参观后需要对展示文化形成一定的综合印象和精神认知。在反思层面下，划分的用户体验为情感体验与文化体验两个维度。

（二）用户体验评价指标确立

博物馆虚拟展览馆用户体验评价体系的五个维度确定之后，需要在各个维度下细化评价指标。本研究采用半结构化用户访谈的方式初步获取评价指标。为了避免集中取样带来的同源误差等偏差，提高研究结果的涉及面和说服力，笔者分

---

① Nan, W. and S. Liu. Research on virtual exhibition platform based on user experience. in IEEE International Conference on Computer-aided Industrial Design & Conceptual Design, 2011.

② 诺曼，唐·A. 等 . 设计心理学：情感设计［M］. 北京：中信出版社，2012.

别选择了艺术家、设计专业的学生、设计系教授以及其他职业的人员各两名进行访谈调研，并同时发放100份博物馆虚拟展览馆用户体验调查问卷，初步获取评价指标。访谈和问卷问题主要包括以下几个方面：您参观博物馆虚拟展览馆的原因是什么？参观博物馆虚拟展览馆时，您会看重哪些方面？您对博物馆虚拟展览馆的哪些方面比较感兴趣？您觉得博物馆虚拟展览馆有什么需要改进的地方？您认为哪些因素会影响您对博物馆虚拟展览馆的用户体验评价？

经过分析、整理、归纳、合并之后，删除“设计风格统一”“场景让人感到真实感”“有身临其境的感觉”等概括性指标，最终得到包含五个维度和22个评价指标的非遗虚拟展览馆用户体验评价体系。

1. 审美体验维度：藏品展示美观，纹饰精致；色彩搭配美观、色调符合主题；文字字体美观、字体搭配合理；图标精美富有含义，指引符号清晰；空间布局合理，界面整洁平衡。

2. 交互体验维度：功能模块清晰，层级划分明确；操作易于理解记忆，提供用户引导，图标状态明确；可在移动端查看，界面无卡顿，信息加载迅速；提供多种展示类型；用户可以在线交流。

3. 沉浸体验维度：具有现实展览馆中的元素，界面内容丰富；有透视感；场景切换连续、具有漫游感；随操作发出音效、有相应的背景音乐；光影随位置发生变化。

4. 情感体验维度：新鲜感，交互方式有新意，展示方式创新；展示框架合理；符合预期期望；个性化观展；安全稳定，展示内容具有权威性。

5. 文化体验维度：满足基本需求，有效获取信息，文化传播有效；群众的接受程度高。

根据以上评价指标可以得出博物馆虚拟展览馆的用户体验优化建议。如针对情感体验维度下“个性化观展”，设计出针对不同类型观众的教育资源，博物馆方尤其需要多与学校或教师合作，对少年儿童进行培养教育，使本国儿童从小就开始接触、了解本国乃至世界各国的历史文化和灿烂的文化，培养其对文化遗产的兴趣和艺术鉴赏能力。针对交互体验中的“社会性”，可设置在线交流和讨论，让用户能做到边浏览边留言。同时，虚拟展览馆方面要注重与观众的交互和沟通，并及时解答和吸取观众提出的问题和建议。并且提供新奇有趣的游戏和活动，使观众学习到非遗相关知识的同时，激发对相关领域知识的兴趣，培养观众的创造性思维，从而提升国民的创新性。

（三）用户体验评价体系运用

1. 质化评价法。质化评价法分为两类，一类为直接根据评价指标，逐条提出优化建议。该方法简单方便，但是忽略了实际情况中人力、资源的有限性，因此可行性不高。另一类为研究者根据以上评价指标设计调查问卷，通过平均分的方式得出用户体验程度，但该方法得到的结果主观性大，不具有规律性结果。

2. 量化评价法。量化评价法又分为两类，一类为主成分分析法。首先运用李克特量表，根据评价指标设计调查问卷并发放，对回收到的数据运用 SPSS19.0 进行分析处理，在信度和效度合理的情况下，结合主成分分析法得出各评价指标权重，建立用户体验量化模型①。在面对不同目标时，可以再次根据评价指标设计问卷，获取用户评分，结合各指标平均得分与权重值，获取指标优化的优先级顺序②。另一类为层次分析法。邀请业内专家或者用户对各指标的重要程度进行两两比较，运用层次分析法构建评价指标的比较判断矩阵，通过判断矩阵的一致性，计算其最大特征值和特征向量，从而确定各个指标的权重系数，建立用户体验量化模型③。在评价指标的基础上，结合李克特量表设计调查问卷，得出各评价指标的加权得分。根据分数大小顺序确定评价指标的优先级顺序。

三、结论与展望

本文首先运用质化研究方法，在诺曼理论基础上提出博物馆虚拟展览馆用户体验评价体系的五个维度。为了保证评价的全面性，通过半结构化用户访谈和网络问卷调研，收集用户体验评价指标。对回收结果进行分析和归纳后，删除过于

---

① 方浩等．智能用车 APP 用户体验量化模型构建［J］. 包装工程，2017(20):120–125.

② 梁玲琳，徐琛，林思思．移动阅读应用的用户体验量化评估模型构建研究［J］. 装饰，2015（6）：124–125.

③ 魏群义，李艺亭，姚媛．移动图书馆用户体验评价 指标体系研究——以重庆大学微信图书馆平台为例［J］. 国家图书馆学刊，2018，27（5）：21–31.

概括性的条目，最终得到包含五个维度和22个评价指标的博物馆虚拟展览馆用户体验评价体系。根据该评价体系可以进行用户体验量化或质化研究，根据权重或得分结果提出用户体验评价指标优化的优先级顺序。在后续研究中，将采用构建模型法建立用户体验量化模型，确保评价的客观性和准确性。

我国基层公共图书馆的使命与发展路径研究[①]

王兆辉　唐　红　闫　峰[②]

一、引言

随着中央关于全面建成小康社会目标的战略决胜，到2020年我国西部贫困地区中的“贫困县（区）”必将实现“脱贫摘帽”，所谓“贫困县（区）”称号也将不复存在，全国绝大多数贫困县（区）公共图书馆将回归到相对单一的基层公共图书馆的身份与角色。同时，“文化扶贫”可能将转换为发达地区图书馆对欠发达、相对落后地区基层图书馆的“文化扶助”，以及这些地区基层图书馆对当地城乡居民的“文化扶植”。由此，基于西部贫困县（区）图书馆的时代语境，我们应该注意从图书馆自身的微观和图书馆事业的宏观两个方面来阐述我国基层图书馆乃至公共图书馆事业的发展趋势与战略机遇。

二、基层公共图书馆的使命

基层公共图书馆是我国公共图书馆数量最多、覆盖最广的类型，其既有图书馆普遍性的职能，又体现出服务区域与服务对象的特殊性。总的来说，我国西部地区、贫困地区、民族地区及基层公共图书馆的建设发展，很容易被忽略的核心与关键问题是：定位、职责与使命。

---

① 原载于《图书馆研究与工作》2019年第2期。

② 王兆辉（1982—　），硕士，重庆图书馆副研究馆员，文化部公共文化研究基地西南大学公共文化研究中心研究员，研究方向为民国文献与图书馆事业，已发表论文100多篇。唐红（1976—　），重庆图书馆馆员，研究方向为文献资源建设。闫峰（1981—　），女，硕士，重庆商务职业学院副教授，研究方向为历史文化与思想政治，已发表论文30多篇。

图书馆的使命，即图书馆的定位与职责以及存在意义。对于基层图书馆而言，明确定位，可以为图书馆的管理发展提供依据；基于职责，可以与图书馆的使命对比找到差距。只有坚持以定位、职责与使命为奋斗目标，既不因外在环境变化而追赶时髦、改弦更张，也不因遭遇困难挫折而摇摆、彷徨，基层图书馆才能真正地履行权利与义务，才能保持科学健康可持续发展的良好面貌。为此，各基层公共图书馆应着重注意以下几方面的问题。

（一）基层公共图书馆工作核心是维护城乡居民的平等阅读权

基层图书馆贫困落后局面、政策指导方向、行政架构形式等都可以被改变，但其作为知识中心、文化中心、学习中心的定位、职责是不可替代的，作为保障城乡居民基本公共文化权益的使命是得天独厚的。2013 年 8 月 17 日，国际图书馆协会与机构联合会在《国际图书馆协会联合会图书馆与发展声明》中开宗明义地强调："获取信息是一项基本人权，可以打破贫穷及恶性循环，并支持可持续发展。在许多社区，图书馆是唯一的地方，人们可以在那里访问信息，以求提高教育水平，培养新技能，寻找就业机会，开创事业、做出健康策略或洞察环境问题。图书馆独特的作用使其成为重要发展伙伴，通过提供各种信息、服务和方案，以满足多元化社会对信息的需求。"① 从某种意义上说，保障城乡居民的阅读权利，是基层图书馆工作的立足点和出发点，也是其第一使命。

（二）所有的地方性、区域性图书馆首先是一个地方文献馆

我们现行的公共图书馆评估定级指标体系只是依据图书馆的行政级别进行了"数据压缩"，对于基层图书馆建设指标评价而言，在某种程度上脱离了当地经济、政治，特别是没有顾及当地社会、历史、人文、民族、风俗习惯等客观环境。基层图书馆作为地方性图书馆，必须发挥地方文献馆的功能和作用。地方文献资源建设，是基层图书馆各项业务工作的第一要务。地方文献属于特色文献，是一个地区最具特色的文化载体，是地域文化和乡土文明的载体，是基层图书馆赖以存在的最基本的文献资源，也是图书馆最具优势、最具核心竞争力的文献资

① IFLA Statement on Libraries and Development［EB/OL］.［2018-04-17］.http://www.ifla.org/node/7982.

源。鲁迅曾经指出“只有民族的，才是世界的”。对于基层图书馆而言，“只有本地的，才是中国的”。基层图书馆的地方文献资源，对于全国文献资源建设体系来说，具有不可缺少、甚至是独一无二的价值和意义。为此，基层图书馆一方面要立足于当地经济、政治等现实情况，更要立足于本区域社会、文化、历史发展，致力于建设本区域的历史文化保护、传承与推广中心。

譬如，以重庆为例，国家级非物质文化遗产项目应该是所在重庆贫困县（区）公共图书馆文献资源建设的重要方向。这些国家级非物质文化遗产所承载、所演绎的地方历史文献资源，是当地民族特征的直接表现，是民族凝聚力、民族精神情感的文化符号，蕴藏着中华民族生生不息的文化基因，是中华民族文化生态的独特记忆，甚至能够为中华民族伟大复兴中国梦提供历史文化资源。

（三）基层公共图书馆的工作重点应该是在乡镇、街道与农村

相对于地市与省级图书馆来说，基层图书馆绝大多数地处县级城市，人员编制少、经费有限、规模较小。主要的服务对象是本地的城镇、社区居民和农村农民，其中最广大的读者群应该在农村。因此，基层图书馆在功能上应避免大而全，应将工作重点放在乡镇、街道与农村，着眼于满足城乡人民群众的精神文化需求。要在乡镇、农村、社区人民群众的文化素质提高方面发挥主导作用，将主流文化、主流价值引导成为城乡居民的流行文化。并且，基层图书馆要积极开展去农村送书下乡活动，将展览、讲座、培训、科普及各种阅读推广活动、读者服务活动，延伸到乡镇与农村，让图书馆这所“民众大学”扎根于广大的民众人群，建设于农村农民的身边，使图书馆真正成为农民群众的最佳文化场所。

三、基层公共图书馆的发展路径

随着“贫困（区）县”的“脱贫摘帽”，就整个中国图书馆事业而言，我国西部地区图书馆、贫困地区图书馆、民族地区图书馆、基层图书馆的建设发展，与发达地区的图书馆建设方向呈现出相对一致的趋势，并共同面临大体类似的发展路径。这至少表现为以下 6 个方面。

（一）制度化

制度是图书馆产生的根本原因。“图书馆不仅是一种机构，而且是一种制度。

图书馆制度是为了保障公民知识权利而选择的一种制度。"[①] 制度也是图书馆发展不平衡不充分的根源。马克思曾经指出：贫困的根本原因是制度引起的[②]。同样地，我国西部地区的贫困局面，西部贫困地区图书馆的落后面貌，从根本上说都源自制度层面；而要改变这种现状，则需要我们去改变管理体制。

同时，图书馆的建设发展必须依靠制度。制度化可以使图书馆事业发展有章可循，制度化是图书馆科学可持续发展的根本保障。图书馆的制度化主要体现为几个层面：

其一，法律法规。法律法规是以最高层次的制度形式，来确立图书馆的性质、地位、职能与使命等基本原则，是图书馆事业健康稳定与发展壮大的根本保障，有利于最大限度地保障社会公民使用图书馆的合法权利，有利于最大程度上保护社会公民享受基本公共文化权益。图书馆法律法规建设，包括图书馆专门法，如我国已经实施的《中华人民共和国公共图书馆法》。对此，各级政府应结合地情，制定相应的图书馆发展的法律法规，如《上海市公共图书馆管理办法》《深圳经济特区公共图书馆条例》《北京市图书馆条例》《广西壮族自治区公共图书馆管理办法》。也包括图书馆相关法律或配套法规，如《公共文化服务保障法》等。

其二，政策文件。国家和政府层面的政策文件、规划指导，不仅进一步明确了政府在图书馆建设和发展中的责任，同时对于图书馆科学规划和合理布局，图书馆的规模、人员、经费与考核等作出了相应的规定，对相关法律法规的实施加以细致描述，从而指导和保障了图书馆的发展。

其三，行业规范。我们要借鉴图书馆相关的国际公约、协定、宣言、章程，如《IFLA 公共图书馆标准》《世界版权公约》等，制订适合中国国情和各地省情的行业规范，如《中国图书馆员职业道德准则》《图书馆服务宣言》《数字图书馆安全管理指南》等。更为重要的是，行业规范不要束之高阁，要强化行业规范的执行。

---

① 蒋永福．知识权利与图书馆制度——制度图书馆学研究［J］. 中国图书馆学报，2005（2）：10–14.

② 马克思．资本论［M］. 北京：人民出版社，1975：274.

其四，自身制度。图书馆内部的管理制度，决定了自身发展的兴衰成败。图书馆内部的各项制度规范，可以使得图书馆工作更加科学化、规范化。如建立法人治理与理事会制度，可以优化管理模式，促进图书馆的社会化发展。推行总分馆制、一卡通借通还，有利于实现图书馆服务的无边界化。实施考核评价制度、监督追责制度，可以提升图书馆和谐人文生态。

制度化，是衡量一个国家或地区图书馆事业是否成熟的基本标志。制度化，不仅可以保障图书馆的地位和职能，也有助于提高图书馆的社会地位；不仅有助于巩固现有的图书馆事业发展成果，也有利于规范和引导图书馆事业发展的正确方向，并最终保障和促进图书馆事业改革管理体制和运行机制。其中，特别是法律保障体系的建立完备，更有助于我国图书馆事业与国际接轨。法制化是世界图书馆事业的根本道路。

（二）标准化

对于图书馆而言，标准可以作为评估本地图书馆服务的有效工具，并辅助图书馆为未来的发展制订计划[①]。制定标准可以激励本地范围内的公共图书馆致力于达到标准以促使公众能享受图书馆高质量的服务[②]。

制度化是图书馆科学发展的前提，标准化是图书馆建设规范的基础。近十年来，我国中央与各地政府出台的有关图书馆建设标准规范的文件超过164种[③]。2015年1月，中共中央办公厅、国务院办公厅在印发《关于加快构建现代公共文化服务体系的实施意见》时，并下发了《国家基本公共文化服务指导标准（2015—2020年）》。该标准统领了全国各地图书馆建设的基本标准，包括“县级以上（含县级）在辖区内设立公共图书馆；为每个县配备用于图书借阅等服务的

① The Public Library Standards Committee.Standards for Kansas Public Lihraries［EB/OL］.［2018-04-23］.http：//skyways.1ib.ks.us/ KSL/development/standards2006.html.

② Connecticut State Library.Minimum Standards for Connecticut Principal Public Libraries［EB/OL］.［2018-04-10］.http：//www. cslnet.ststateu.edu/stand.html.

③ 申晓娟，杨凡．从政策语境下的图书馆标准看公共图书馆事业发展（2006—2016）［J］．图书馆，2017（9）：1-8.

流动文化车，开展流动服务”等内容[①]。

标准化的前提在于平等。2011年12月31日，全国公共图书馆服务领域第一个国家标准——《GB/T28220—2011公共图书馆服务规范》由国家标准化管理委员会审查通过并正式颁布。然而，在该标准规范编制的全过程中，中西部图书馆，特别是中西部地市级和县市级图书馆的参与程度很低。在这种情况下，该标准规范虽然在客观上能够代表我国公共图书馆事业发展的先进水平，但是更广大的中西部地区和地市以下基层图书馆的需求很可能没有得到充分表达。并且，《GB/T15624—2011服务标准化工作指南》建议，“服务标准化工作应以顾客需求为导向，在标准的制定、实施过程中，充分吸纳顾客参与”。不过，在该标准规范的实际编制过程中，并没有证据证明用户代表的有效参与。后面有关《规范》内容结构的论述中，也将提及整个标准文本对用户需求的忽略[②]。

标准化的关键在于执行。学界对于图书馆标准规范的阐释框架不尽相同，刘兹恒等借鉴ISO和IFLA的图书馆标准规范体系，将我国图书馆标准规范内容体系分为基础标准、业务工作标准、服务标准、管理标准4个方面[③]。全国各地，特别是西部贫困民族地区的基层图书馆既要根据国家指导标准，更要结合当地政府、群众及社会文化的现实，制订实施符合实际发展的标准规范。现在，全国开展实施的公共图书馆评估定级本身就是一种管理方式的标准化。不过，标准化不等于“一刀切”，同一个标准不可能适用于所有地区或所有类型的图书馆。图书馆的建设发展，没有标准就失去了科学规范性，但是执行不标准，同样将会失去科学规范性。

标准化的完善在于修正。当前我国推行的第六次全国县级以上公共图书馆评估定级指标体系，已经与前五次评估定级指标有了很大不同，这说明我们的图书馆评估定级标准也在不断地进行修订。毕竟，经济、政治、社会、技术及图

① 关于加快构建现代公共文化服务体系的意见［EB/OL］.［2018-04-27］.http://news.xinhuanet.com/politics/2015-01/14/ c-1113996899.htm.

② 李丹.《公共图书馆服务规范》评述［J］.图书馆，2013（1）：10-13.

③ 刘兹恒，孟晨霞.ISO和IFLA的图书馆标准规范体系对我国图书馆标准化工作的启示［J］.图书情报研究，2015（1）：4-11.

书馆事业都在不断发生着变化。根据客观环境的变化对标准进行适时的修正是保证标准能够切实有效发挥作用的前提条件。美国作为世界上图书馆标准规范制订最早、最完善的国家，它的《公共图书馆标准》及各州公共图书馆标准在颁布之后，都会根据情况的变化不断进行修订，甚至有的标准一年中就修订了多次。图书馆标准的连续修订和更新，能够及时地将本地区的变化第一时间准确地反映出来，能更好地指导现实，并起到促进作用。简单地说，只有和现实贴近的标准才更有利于公共图书馆去参照并努力向标准的方向前进[①]。

（三）均等化

均等化是公共图书馆的核心价值，均等化服务是图书馆精神的理性回归，也是图书馆建设发展的终极目标。早在1972年，联合国教科文组织在《公共图书馆宣言》中明确宣称："公共图书馆应当随时都可让人到馆，它的大门应当向社会上一切成员自由地、平等地开放，而不管他们的种族、肤色、国籍、年龄、性别、宗教、语言、地位或教育程度。"

当我国中央政府制定"公共财政配置的重点要转到为全体人民提供均等化基本公共服务"的政策后，就决定了均等化成为图书馆建设发展的实质目标。"在普遍均等服务目标驱动下，我国政府和图书馆界在基层图书馆建设、总分馆建设、区域性服务网络建设等方面开展了一系列创新活动。"[②]这也是构建覆盖全社会现代公共图书馆服务体系的主要工作和发展策略。其中，苏州图书馆是均等化服务的先行者之一，它打造的"苏州图书馆——社区分馆"，实现了从市级馆到社区分馆的扁平服务网络[③]。总体上说，图书馆均等化的基本组织模式为总分馆建设与图书馆联盟；基层图书馆建设的重点是街道、乡镇图书馆和社区、乡村图书馆（室）；区域性服务网络的主要表现为"一卡通借通还"与"分层通借通还"。

① 刘璇．美国公共图书馆标准概况及启示：以《威斯康星公共图书馆标准》为例［J］．图书馆建设，2009（7）：72-76.

② 于良芝，邱冠华，许晓霞．走进普遍均等服务时代：近年来我国公共图书馆服务体系构建研究［J］．中国图书馆学报，2008（3）：32-40.

③ 于良芝．为了普遍均等的图书馆服务——评苏州图书馆的分馆建设［J］．国家图书馆学刊，2007（3）：18-19.

此外，全国各地图书馆开展的“阅览超市”“图书漂流”，讲座、培训、展览、阅读推广活动，“订单式”服务、文化信息资源共享工程、农家书屋工程、送书下乡工程、24小时自助图书馆、流动图书馆以及各种文化休闲娱乐活动等等，都是图书馆推行均等化服务的具体体现。

图书馆均等化的基本特征：一是服务网络的全覆盖，二是服务内容的普遍化，三是服务对象的包容性。市级公共图书馆是实现均等化服务的核心，基层图书馆是图书馆实现均等化目标的骨干。西部地区、贫困地区、民族地区及其基层图书馆建设则是影响中国图书馆事业和谐化与现代公共文化服务均等化的最薄弱环节。因此，构建覆盖全社会、普遍均等、惠及全民的现代公共图书馆服务体系，中国图书馆均等化建设要向西部贫困民族地区的基层图书馆倾斜，基层图书馆文化服务必须向乡镇、街道、社区、企业、农村、行业、社会机构等方方面面进行延伸，让尽可能多的人群都能够享受到免费的无差别的文化服务。

均等化是图书馆以人为本的服务宗旨，是图书馆职业价值的重要体现，推进服务均等化是实现公共图书馆职业价值的有效路径，也是公共图书馆发展的迫切任务[①]。现阶段，我国公共图书馆建设发展不平衡不充分主要表现为：东部地区与中西部地区之间，城市与农村之间，非弱势群体与弱势群体之间的文化服务差距。并且，即便到2020年我国全面建成小康社会，西部贫困民族地区实现了脱贫摘帽，但地区间的信息鸿沟、信息壁垒，各种人群之间的知识文化“贫富差距”将依然长期存在，并成为制约公共图书馆事业发展的重要因素。从这个层面讲，图书馆的均等化服务不仅是图书馆平衡、充分发展的必然要求，实质更是图书馆知识平等的体现，既是对公民文化权益的维护，也是对社会公平正义的伸张。2002年8月国际图联颁布的《格达斯哥宣言》强调：“不受限制地获取、传递信息是人类的基本权利，图书馆与信息服务机构应该为所有用户提供平等服务。”可见，图书馆的均等化服务本质上是权利平等，以保障社会公民平等、自由地享有知识信息的公共权益。

---

① 刘洪辉．以实现均等化为目标　推动城市公共图书馆服务体系建设：有感《广州市公共图书馆条例》颁布［J］．图书馆论坛，2015（8）：9-13.

（四）社会化

公共图书馆本身就是社会化的组织机构，社会化是图书馆建设发展的重要方向。社会是公共图书馆的支撑点，公众是图书馆服务的主要对象。在本质属性上，公共图书馆最显著的特征是公共性。没有社会力量的积极参与，公共图书馆服务体系不能真正地实现。唯有社会力量的广泛参与，才能真正建立起社会化、多元化的公共图书馆服务体系。社会力量参与图书馆建设可以有效弥补“政府不到位”和“市场难作为”所带来的一些瓶颈或缺陷。社会力量“像乡村公共文化建设中的毛细血管，帮助政府把公共文化服务的触角延伸到了乡村的最后一公里”。[①]社会力量参与图书馆建设可以更好地、甚至是直接性地保障人民群众的基本文化权益。引入社会力量是解决现有公共文化服务体制下政府供给机制弊端的途径之一，也是解决图书馆事业发展不平衡不充分的有效路径。

同时，随着社会经济发展水平的提高，人们的公共文化需求越来越呈现出多层次、多样性的迅速增长特征。公共图书馆服务体系建设不仅要保障人民群众基本文化权益，更要满足社会公民日益增长的文化发展需求。因此，图书馆要引入市场竞争机制，积极引入文化企业机构等各种社会力量参与建设，这也是我国市场经济发展下文化繁荣的根本要求和必然结果[②]。

在相当长的一段时期内，图书馆的社会化，主要体现为两大方面：

其一，管理结构的社会化。图书馆推行法人治理与理事会制度，不断推动法人治理结构的转型升级，以社会市场化的竞争机制来增强发展活力与动力。美国著名政治学家威廉·B. 门罗（William B. Munro）曾经指出：“在所有的地方自治体领域里，图书馆部门最适合委员会管理体制。”[③]图书馆理事会制度体现了所有权与管理权分离的新公共管理理念，体现了公共服务供给中“去行政化”的现代公共治理理念，符合政事分开、管办分离的事业单位改革方向[④]。对我国而言，

① 韩业庭 . 社会力量办文化　构建公共文化新格局［N］. 光明日报，2015-01-31（09）.

② 王兆辉，王祝康，王宁远 . 社会力量参与公共文化服务建设的模式研究［J］. 图书馆研究与工作，2016（1）：13-17.

③ 雷登逊 . 美国公共图书馆的管理和经营［J］. 杨华译 . 河北图苑，1992（4）:49-59.

④ 蒋永福 . 论图书馆理事会制度［J］. 图书馆，2011（3）：31-34.

建立和完善图书馆理事会制度，可以推动我国公共图书馆从“人治”走向“法治”①。其二，建设发展的社会化。图书馆的社会化建设发展，是通过培育多元主体，创新参与方式，完善保障措施，改革建设机制，推动社会化的公共文化投入模式；创新运行机制，构建多样化的公共文化服务模式；加强监管机制，实现全民化的公共文化评价模式②。具体而言，当前图书馆的社会化建设基本类型包括：个人、企业及各种社会团体独立创办图书馆，捐资建馆、捐赠文献，合作办馆以及志愿者服务等方式。图书馆的社会化趋势，是以“文化惠民”为中心，构建以“政府指导、市场调节、社会联动、全民参与”为目标的现代公共文化服务体系。

（五）数字化

数字化是图书馆运用大数据、云服务，搭建数字化平台，为社会公众提供数字资源与数字服务。图书馆数字化是“基于文献资源的功能集合到基于信息应用和知识管理的功能架构”。③ 图书馆的数字化建设，以数字图书馆为统领，主要表现为管理办公的自动化、馆藏资源的数字化、服务模式的网络化。

数字化有利于克服传统图书馆各项基础设施的多种不足问题，可以扩大图书馆服务的覆盖面，延长服务时间，提高服务效率。同时，数字化使得图书馆文献资源的存储空间得到极大的提升，方便人们检索、查询、阅览，用户利用更加简单便捷与人性化，它突破了时间、空间的限制，可以为社会公众提供全天候服务。并且，图书馆数字化，涵盖了声音、视频、动画、课件、讲座等丰富多彩的文献格式和资源品种，能够更好地满足城乡各类居民的工作学习和文化休闲需求，使人人都能享受到信息社会的便利，真正实现均等、自由、高效、便捷的公共文化服务。特别是大数据技术的应用推广，以共享工程为平台，搭建起区域性的图书馆大数据服务中心，有利于加强各图书馆信息数据的互通互联和共享共融，有利于解决人民群众的服务痛点，切实提高文化服务的精准度。

---

① 冯佳 . 美国各州图书馆理事会制度研究［J］. 国家图书馆学刊，2017（3）：10–20.

② 王祝康，王兆辉，王宁远 . 社会力量参与公共文化服务建设的价值意义［J］. 江西广播电视大学学报，2016（3）：40–41.

③ 张晓林 . 重新定位研究图书馆的形态、功能和职责：访问美国研究图书馆纪行［J］. 图书情报工作，2006（12）：5–10.

此外，数字化对于西部地区、民族地区、贫困地区、落后地区的基层图书馆建设意义尤其重大。数字化建设可以实现图书馆事业特别是西部贫困地区、民族地区、基层图书馆服务效能的跨越式提升。数字化能够有效弥补这些地区图书馆基础设施建设的薄弱落后。借助于数字网络服务，图书馆在一定程度上打破了对贫困环境的束缚，让贫困地区的人们也能够享受公共文化服务资源。可见，数字化是解决偏远地区广大群众公共文化服务均等化的有效路径，也是缩小城乡之间、人与人之间在移动互联网时代存在的“信息鸿沟”的有效手段。图书馆数字化，甚至可以利用数字网络交流互动方式，实现文化扶贫网络平台的推广，大数据技术则可以助推文化服务的精准化，从而对贫困地区人民群众的生产经营活动起积极作用。

单纯从图书馆的服务角度看，数字化的基本目标是以科技应用创新服务方式，以需求导向提高服务效能。数字图书馆与图书馆的数字化建设仅是图书馆现实发展的基础内容，智能化图书馆、智慧型图书馆，才是世界图书馆的未来发展趋势。“智慧图书馆的基础是信息技术，主要特征为互联、便利，本质为数字惠民、科学发展的理念与实践。”①2004 年，加拿大渥太华的一些公共图书馆、高校图书馆和博物馆建立起了以“智慧图书馆”命名的联盟②。现在的 24 小时自助图书馆、数字图书馆是智慧图书馆的具体表现形态。智慧图书馆核心是智能，源头是技术，基础是网络，它是计算机技术对数字化的智能升级，并将成为全球范围内的数字图书馆、复合图书馆及个人图书馆的发展方向。

（六）时代化

时代化是社会发展进步的基本特性，直接决定了我国的公共文化服务体系、现代公共文化服务体系以及现代化公共文化服务体系的发展历程。图书馆作为社会进步与时代发展的产物，时代化不仅成为图书馆建设的重要特征，也是衡量一个图书馆发展水平的重要标志。

不论是中国特色社会主义新时代，还是“互联网 +”时代、全媒体时代、大

① 王世伟 . 未来图书馆的新模式——智慧图书馆［J］. 图书馆建设，2011（12）：1-5.

② 王世伟 . 论智慧图书馆的三大特点［J］. 中国图书馆学报，2012（6）：22-28.

数据时代，都必然在图书馆身上镌刻下不可磨灭的烙印，都必然对图书馆建设产生深刻长远的影响，甚至给图书馆事业发展带来根本性变革。在时代发展进程中，从藏书楼进步到公共图书馆，从收费服务发展到免费开放，从总分馆制弹跳为24小时自助图书馆，从数字图书馆进化为智慧图书馆，从全民阅读上升为国家战略，从图书馆行政体制过渡到法人治理结构，图书馆整个事业的建设发展轨迹无一不是时代化演绎的结果。

在习近平宣布中国特色社会主义进入新时代后，公共图书馆不仅要围绕“文化强国”“民族复兴中国梦”等政策战略来确立新的发展目标，更要围绕中国特色社会主义新思想的价值取向，培育适宜社会主义核心价值的主流文化。在到2020年期间，作为我国全面建成小康社会的决胜时期，也是脱贫攻坚的关键时期。为此，图书馆需要发挥文化扶贫的职能转变。并且，图书馆还要适应生态扶贫、精准扶贫的政策需要，开展文化生态扶贫、文化精准扶贫活动。随着社会的现代化程度不断提高，贫困已经演变为一个多维度的生存状态与生活状态。而图书馆就要实施有深度、有广度、有效度的精神文化扶贫[①]。总之，图书馆建设事业具有鲜明的时代特征，图书馆活动是时代化产物的写照。

---

① 付耀华，石兴安.“贫困文化”视域下滇西边境片区“贫困加剧、回归、潜伏”精准扶贫研究［J］. 中国名城，2016（9）：32-36.

WENHUA CHANYE

文化产业

用文化产业提升“两江四岸”人文品质[①]

陈　莉　黄亚玲　刘　妤[②]

重庆主城是重庆文化和重庆形象的重要载体，长江、嘉陵江两江交汇所形成的滨江景观，是重庆重要的形象景观，我们这里称之为“两江四岸”。具体讲，上起九龙坡区西彭镇，下至江北区五宝镇的长江段；上起北碚城区，下至渝中区朝天门的嘉陵江路段。其河道中心线长约180公里，两侧岸线长约394公里。重庆市委、市政府提出将这“两江四岸”打造成为重庆重要的人文环境，并且确定了“山清水秀生态带、便捷共享游憩带、人文荟萃风貌带、立体城市景观带”的建设目标。这既是认真落实习近平总书记对重庆提出的要建设内陆开放高地，成为山清水秀美丽之地，努力推动高质量发展、创造高品质生活的重要措施，又是重庆发展的根本需要。本文重点就如何通过文化产业的作用，促进“人文荟萃风貌带”建设谈点意见。

一、用文化产业提升人文品质是一种新的思维

“人文，是人类社会的各种文化现象。”这是《辞海》对人文的解释。人文品质的提升却是一个动态的过程，那么，通过人为的、文化产业所特有的手段，来促进人文的提升，却是一个新的动力源，同时也是一种新的思维。

（一）“两江四岸”具有丰富的人文元素

“两江四岸”涵盖了古重庆城，它的核心地带更是重庆文化的主要发源地之一。从古代巴国的建立到现今的直辖重庆，历经几千年，留下了大量的文化遗存

---

① 原载于《重庆文化研究》己亥夏。

② 陈莉、黄亚玲、刘妤，重庆市文化和旅游研究院。

和人文元素。它的丰富多彩、兼容并蓄，无不体现着这座城市独特的精神内涵和文化价值。古街古巷星罗棋布，古诗古词吟诵至今，古技古法守护传承。“九宫八卦”格局排列的九开八闭十七道城门，记录大禹与涂山氏传说的呼归石、弹子石（诞子石），长江渔猎文明代表地的广阳岛，金碧流香、黄葛晚渡等古巴渝十二景，豪迈、粗放的川江号子、麻辣火锅，技艺精湛、美轮美奂的蜀绣、漆器等，这些承载着巴渝文化、开埠文化、抗战文化，大大小小的有形无形的载体，都是重庆“两江四岸”的重要文化元素，同时也是滋养当代人民，提升重庆人文品质的重要基础。

（二）提升“两江四岸”人文品质具有较大空间

人文是一个动态概念，随着历史的发展和不断的积累、提炼和升华。伴随着人民群众追求美好生活的愿景不断增强，以及重庆城市功能的再回归、城市空间的再更新，城市发展过程中必然会形成新的文化需求、新的文化现象、新的文化产业业态。人们才能按照自身的文化需求，融入各类文化元素中去。“两江四岸”是重庆城市主体，丰厚的文化底蕴构成了一定的人文本色和精神底色，但如何将逐渐作为生活必需品的文化，变成人们高品质生活的标配，使人们在享受不断丰富的文化生活的同时，更要有高品质的文化获得感，还存在着一定的发展空间，尤其是高品质生活的需求，直接推动着高品质文化发展。这空间是自然需求，更是时代赋予。如公共文化服务的新标配，文化艺术产品的生活化，传统文化的再适应，未来文化的科技感、体验感、引领功能等。

（三）文化产业是提升“两江四岸”人文品质的新动力

文化是城市的血脉和灵魂，是城市发展的内在动力。一个地方的人文品质形成要经历一个客观发展的历史进程，需要漫长的文化积淀和演变。它的提升依赖于一定的历史机缘和文化碰撞。而文化产业作为一种新动力，是通过市场化的方式，提供高质量的产品和服务，建立新型高形态的文化消费，突出文化产品的内容创意和价值引领，用最小的物质资源的消耗创造最大的精神体验的价值。它是一个整体的产业思维，一种观念的深化。它不仅有助于培育出促进经济发展的支柱产业，还能让高质量的文化艺术多形式、多渠道地进入公众视野，最大限度地满足人们对于高品质生活的追求，培养人们对文化艺术的新的兴趣，推动人文素养的提升。近年来，文化产业实现较快增长，文化产业规模不断壮大。文化产业的公共服务能力、丰富的业态、融合的特质、不断创新的理念，都为人文品质挖掘、展示和提升提供了新的动力。

（四）文化产业与提升人文品质具有互动作用

文化产业是以生产和提供精神产品、服务以满足人们对文化的需要的系列经济活动。人文品质是文化更深层次的内在展现。人文品质需要依托文化产业如生产与销售图书、报刊、影视、音像制品、艺术产品等这种生产与销售以相对独立的物态形式呈现；需要用戏剧舞蹈的演出、体育、娱乐、策划等以文化服务的方式呈现；需要如装潢、装饰、形象设计、文化旅游等向其他商品和行业提供文化附加值呈现。反过来，文化产业的发展、文化产业生态的构建也会刺激人文品质的不断积累和更迭。文化产业促使人文品质的形成和发展，人文品质决定文化产业发展的方向和进程。它们之间相互促进、互为作用。

二、具有良好的文化产业与提升人文品质基础

（一）文化产业与人文基础比较扎实

重庆“两江四岸”有扎实的文化产业和文化发展基础。第一，重庆文化产业与文化市场发展基础良好。2017 年全市文化产业增加值 662.94 亿元，文化产业增加值占全市 GDP 比重 3.5% 左右。2019 年市委市政府出台了《关于推动文化产业高质量发展的意见》，对于当前和今后一个时期推动全市文化产业提质增效发挥了积极作用。如“两江四岸”的重庆大剧院、国泰艺术中心、国际马戏城、魁星楼艺术区等演艺聚集区和南滨路文化产业示范园区已基本形成。第二，文化产业聚集发展成效显著。重庆市级及以上文化产业聚集区已经有 145 个，“两江四岸”滨江地带涉及的主城 10 个区文化产业聚集园区就达 79 个，占重庆地区的一半以上，是重庆文化产业的核心区域。第三，历史文化资源再利用基础好。我市历史、抗战、革命、工业、自然五大类别的博物馆群基本形成，全市登记备案博物馆总数达到 96 家，非国有博物馆总数达 20 家。建川博物馆聚落、龙美术馆、钢琴博物馆等非国有博物馆分布在“两江四岸”，这些历史文化资源的转化和再利用为文化产业发展和促进人文品质的提高提供了坚实的基础。

（二）文化产业与人文类别丰富

“两江四岸”涉及文化产业和人文类别很多。从文化产业类别上讲，2018 年修订的《文化及相关产业分类》将文化产业分为 9 大类别，“两江四岸”就已经涉及新闻信息服务、内容创作生产、创意设计服务、文化传播渠道、文化投资运营、文化娱乐休闲服务等类别。集聚大量文化生产和内容服务企业，特别是洪崖洞、湖广会馆、磁器口古镇、长江索道等我市著名“网红”景点和人文景观分布“两江四岸”。南滨路烟雨公园、江北嘴中央公园、李子坝抗战遗址公园等供市民休闲娱乐的场所遍布四岸，是重庆山城城市形象和人文形象的重要组成部分。从人文类别上讲，有历史的如古迹、博物馆，有民俗的如古街区、古镇、传统食品，有时尚的如现代城市、现代交通，有工业的如现代制造、科技产品，有山水的如亲水、夜景、立体城市，还有很多历代诗文、名人遗迹、传说故事，总之，是一个文化类别十分丰富、齐全的“两江四岸”。

（三）文化产业与人文融合度高

分析“两江四岸”的文化产业可以看出，其重要资源来自于“两江四岸”的文化元素，而“两江四岸”的文化元素促进着“两江四岸”的文化产业。从另一个角度讲，也就是“两江四岸”的文化产业与其文化元素高度融合，互为补充、相互促进。如都市旅游的核心载体与都市人文精神、都市风貌形象，江北嘴大剧院、科技馆人文演艺与两江风光，朝天门、湖广会馆、磁器口古镇、弹子石老街，南滨路国际马拉松赛、重庆国际音乐啤酒节与现代人文，以及一直以来旅游兴旺的重庆历史文化展馆、文化创意园区等。

（四）文化产业与人文影响力大

重庆是一座历史文化名城，又是西部唯一的直辖市，其本身的知名度和影响力已经蜚声国内外。与之相生的文化产业和人文表现，具有突出的特点和广泛的影响。如重庆报业集团、重庆广电集团、重庆出版集团、重庆新华传媒集团、华龙网集团、两江新区数字产业园区、猪八戒网，以及众多的文化创意产业园区等，都是重庆文化产业的代表性符号，在全国具有一定的影响力。同时，巴渝文化、抗战文化、统战文化所形成的文化矩阵，李白、杜甫等历代文人所留下的美好诗词，巴蔓子、秦良玉所代表的重庆人品格，以及重庆中国三峡博物馆、重庆红岩革命历史博物馆、重庆图书馆这些纯粹性文化符号，和磁器口古镇、洪崖洞、轻轨穿楼、重庆时尚、重庆夜景、重庆立交、重庆现代科技、重庆现代工业等所形成的文化影响，都成为人们所追逐的热点，给人们留下了美好的、久远的印象。

三、文化产业发展注重把握好四个原则

（一）尊重文化特性原则

文化与文化产业具有相关性，没有文化就没有文化产业，没有文化产业的文化就很难得到传承、传播与繁荣。而文化是具有社会性、多样性、时代性的特性。社会性的文化是一种自觉的文化传承、传播，多样性的文化可以大量使用产业的手段，而时尚性则要求我们不能故步自封。就多样性的文化产业而言，我们必须尊重其产业和发展规律，亦即能够市场化则推向市场，能够大规模产业化生产则努力通过现代工业手段来实施。如重庆的历史人文精神，是可以通过文学艺术出版、影视广播游艺、融入文化艺术产品、开发人文景区来实现的。如蜀绣、苗绣、西南卡普、嫁花、夏布、竹帘画等传统手工艺的制作和工业化的衍生产品开发等。但这些产业的发展一定要尊重文化的本体性、社会性、积极性、时代性，特别是重庆人的情感与文化认知。不能戏说，不能庸俗，更不能把时代已经淘汰了的封建迷信、低俗文化弄出来，追求市场猎奇。

（二）强化传统文化再现原则

重庆的历史文化具有3000年历史，巴渝文化是中华优秀传统文化的重要组成部分，如何把重庆历史文化中的传说故事、历史遗迹、自然山水、文学艺术、民俗风情、精美工艺、人文品格等，通过文化产业的经济形态，通过文化市场的传播手段再现出来，丰富人民的精神生活，滋养当代人民的精神修养，是文化产业提升重庆“两江四岸”人文品质的有效创新。党的十九大报告明确指出“文化兴国运兴，文化强民族强。没有高度的文化自信，没有文化的繁荣兴盛，就没有中华民族伟大复兴”。一个民族、一个国家的文化高度如此，一个地区的文化发展也是如此。同时，中共中央办公厅、国务院办公厅印发的《关于实施中华优秀传统文化传承发展工程的意见》要求：要“坚持创造性转化和创新性发展”。对

传统文化要“不断赋予新的时代内涵和现代表达形式”，要“不断补充、拓展、完善，使中华民族最基本的文化基因与当代文化相适应、与现代社会相协调”。这既是再现重庆优秀传统文化的原则，也是通过文化产业再现传统文化的方向。

（三）坚持文化与产业融合原则

产业是经济社会高度发展的结果，也是生产力高度发达的结果。文化与产业融合，可以更快更好地推动文化发展，也可以更加有效地丰富产业内容。所以，文化与产业的融合是相辅相成，共为促进，共同发展的。当前我国文化与产业的融合正处于提升时期，具有广泛的发展空间。尤其重庆的文化与重庆的产业还有巨大的潜力。对此，在提升“两江四岸”人文的过程中，把它们所承载的众多文化元素挖掘出来，通过整理、通过创意、通过现代思维、通过综合传播、通过智能科技、通过产业化，把它呈现出来、传播出去，成为人们认识重庆文化的重要产品，成为滋养人民的文化营养，将是重庆文化与重庆产业发展的有效融合，也将是重庆文化与重庆产业发展的新增手段与新增亮点。

（四）多元产业相互作用原则

现代文化产业已经不是严格意义上的文化产业，它们已经融入各个行业、各个产业、各个类别之中。我们必须树立只求所在，不求所有的理念，大力推进文化与各个产业融合，在各个产业中大力丰富文化元素，在众多产业发展之中体现文化内涵。要充分认识到，现代社会、现代产业、现代文化，它们之间已经相互交织、相互作用，不可分割。所以，“两江四岸”的文化产业与人文提升，必须是多元发展的产业形态，在继续保持发展好文学艺术创作生产、新闻出版、影视电影游艺、文博发展、文化创意产品、文化用品生产的同时，还要积极支持并参与到文化与旅游、与饮食、与时尚、与都市发展、与科学技术、与现代工业的发展过程之中，既是借船出海，也是共同远征。

四、工作实施的主要途径

（一）把直观的标识性符号做大做亮

重庆文化产业已经取得很好的发展，特别是“两江四岸”区域的文化产业已经成为重庆文化产业发展的重要支柱，或者已经成为代表性符号。当前和今后一个时期重点是要把这些产业、这些符号做强做大做成亮点。

1. 下功夫提升产业业态。要进一步把重庆、全国、全世界文化元素集中起来，进行深度创意和系列化研究，然后转化成文学艺术创作生产、广播影视作品、新闻出版产业、演艺游艺市场、历史文博旅游、文化创意产品等。特别是一定要站在世界的高度、时代的前列来进行策划，生产出一批既具有重庆特色又具有全社会共同认识、既影响当代又影响未来的产品，使你长期立于重庆的“两江四岸”，使不朽的文化产业代表性符号，如同曾经已有的作品一样，让我们长期记忆、长期消费。

2. 下功夫融入旅游产业。重庆“两江四岸”的旅游业十分发达，朝天门、洪涯洞、湖广会馆、解放碑、红岩村、渣滓洞、白公馆、磁器口古镇、三峡博物馆、两江游、南山观景、南滨路、九龙滩等，已经成为世界客人的旅游之地。当前和今后一个时期，要重点将重庆的历史文化资源、地方特色文化挖掘出来，丰富进去，直接展示。要进一步提升旅游服务质量，在吃、住、行、游、购、娱各大要素中展示重庆人文精神、人文修养。要进一步改善旅游环境，清除脏、乱、差，治理低俗、庸俗产品和服务习气。要进一步开发新的旅游产品，如山城步道旅游、轻轨观光体验、两江亲水休闲、视觉感知欣赏等。

3. 下功夫融合多业发展。文化从来就不是孤立的、文化产业从来就是多元的。我们应当尊重文化产业与促进人文发展的特性，在“两江四岸”人文品质的过程中，发挥好各种业态的积极作用，除打造好文化产业、旅游产业外，还要进一步改善城市环境形象，精致展示重庆人文精神。进一步丰富地方特色产品，提供丰富的文化传递内容。进一步提升人文修养，影响和感知当代人民。

4. 下功夫宣传标识符号。习近平总书记对重庆提出要建设成为“山清水秀，美丽之地”，市委市政府提出要“行千里、致广大”，要把坚韧顽强、开放包容、豪爽耿直的重庆人文品格展示出来，这既是对全市层面的要求，也是“两江四岸”应当突出宣传的重点，既是重庆文化的核心要义，也是重庆对外宣传的标识性符号。我们应当紧紧围绕这三个层面的内容，在“两江四岸”的每一个文化产业类别、每一处文化业态平台、每一个文化元素因子，全方位地展示出来、宣传出去。同时，要高度重视提炼自己的文化符号，把每个业态、每个企业、每个产品的文化符号都精准地宣传出来，形成富有文化气息的文化产业体系。

（二）进一步提升文化产业园区品质

近年来，重庆文化创意产业十分发达，目前就“两江四岸”区域内就拥有贰厂文创公园、N18 文化创意产业园、北仓文创街区、黄桷坪艺术园区、艺度创·文化创意园等市级文化产业示范园区 13 个，其中位于长江南岸的南滨路文化产业园 2017 年已获得第一批国家级文化产业示范园区的创建资格。文化产业园区从兴起之初，就被赋予了文化经济化和文明复兴的双重功能。文化产业园区是文化聚集核心地，也是文化产业的集聚地，是文化产业发展的载体和平台，是体现“两江四岸”文化品质提升的重要场所。

1. 大力发展文化创意产业园区。文化创意产业园区是近年来发展起来的一种新型文化产业形态，同时也是文化和产业发展快速的前沿载体，重庆的文化创意产业园区随着重庆经济社会的快速发展，也很快地成长起来。2018 年全市申报文化创意产业园区共计 18 家，而且业态丰富、模式多样，经营效果良好。同时还有一些创意产业园区正在建设过程之中。对此，要进一步出台鼓励政策，充分利用政府资源，支持创意产业更快更好发展；要着力挖掘重庆地方文化资源，把传统的人文精神再现出来；要大力引导智能化、时尚化、人文化产品开发，着力体现文化科技的前沿性；要加强载体的模式创意，引入多种经营主体，丰富更多的发展形式；要努力于主体创新，向主题化方向发展，防止同质化、虚拟化、低层次、杂芜性。

2. 突出主导产业特色，构建产业链条。每个文创园区应有特色主导产业，发挥集聚效应，形成园区产业链。文创园区的下一阶段的竞争实际上是产业链的形成，这种产业链可能是与区域内与行业相关的整体产业链打造，也可能是与园区自身融合相通的产业链形成，这将是文化创意产业发展以及文化创意园区发展的终极目标。园区在推进过程之中需要真正地将上下游的产业结合起来。园区物理空间的改造、增值配套服务的提升、新经济增长点的开拓，均服务于此。在此基础上综合考虑产业政策、资源禀赋、环境承载能力、经济发展潜力、区位优势等各方面因素，明确园区自身发展定位、文化主题和主导产业。文化产业园区应具有其他园区无法仿制的个性特质，具有避免项目重复建设和产业同构的特点，应

“小而美”而非“大而全”。

3. 文化创意园区业态和布局配合“两江四岸”旅游发展。文化创意园区既是文化产业，也是旅游产业，在“两江四岸”布局文化创意园区，既是文化产业发展的需要，也是旅游业发展的需要，所以，应当强调把两者更好地结合起来，形成新的经济增长力。特别是文化创意园区聚集了大量的文化创意产品、商业零售实体、打造了独具特色的文化环境、提供了休闲娱乐的平台、具有丰富的传统和前沿文化形态等，这些产品和载体，都是当前和今后一个时期新增的文化旅游景点。特别是把这些文化创意园区布局在“两江四岸”的区域内，与重庆历史文化、现代文化融为一体，与现在的文化产业、旅游产业融为一体，既是一个有益补充，更是一种新的文化创造。

4. 创新园区服务项目，提升创新能力。文化创意园区是文创企业和创意人才的空间集聚地，不断提升物理空间与个性化发展，打造足量的硬件配套与公共空间。建设适合创意人才工作和生活的基础设施和环境，如生活、娱乐、健身、交流、社交等设施和平台。提供全面而高效的服务，不断创新增值服务项目。一方面，要为文创企业提供好服务。作为园区的运营方，既承担基本的物业管家功能，又需完善园区的增值服务功能。园区可以发挥管理上的灵活优势和服务优势，实现竞争力的提升，尤其要发展为企业品牌推广的服务。另一方面，要为文创人才提供好服务，组织各种经验交流、分享文创发展成果、建立人才社交平台等。

（三）开发视觉文化产业潜能

人类获取外部信息 78% 以上来自眼睛，以眼睛为感知对象的视觉文化产业成为一种新的文化现象。旅游影像、视觉表演、文物古建、都市风光等视觉形象逐渐居于文化消费结构的主导地位，推动着文化产业生产活动的发展。

1. 以旅游为核心开发视觉文化产业。视觉文化在很大程度上是一种视觉快感的满足，是一种自我认同的满足感，是一种社会意义实现的愉悦目的。“两江四岸”拥有众多体现重庆山水之城的旅游景点，朝天门观两江、南山观山城、过江索道观江水、解放碑观时尚文化等。如“重庆两江夜游”，近年来人气激增，2019 年携程官网统计，位列全国夜间旅游前十景区第 4 名。

2. 加强公共文化设施中视觉文化的构成。视觉文化产业具有在特定的文化空间和氛围中进行文化活动的特点。作为公共文化有的不具有文化产业特性，但它可能提升人文品质。对于具有文化产业特性的公共文化更应重视视觉文化这一产业方向，尤其是“两江四岸”区域内的大剧院、国际马戏城、国泰艺术剧院、施光南大剧院，以及众多的图书馆、博物馆、文物点等公共文化设施在设施配套和消费服务中应注重视觉文化产业的价值取向，给社会以更多的视觉文化产品。还有如重庆中国三峡博物馆开发的“老地图 · 老重庆”体验项目、三峡大坝数字沙盘、互动展示魔墙等，既展示了重庆特色，又让观众有了更为直观的感受。

3. 开发利用 VR 技术等科技促进视觉文化产业发展。2019 年 3 月，长江索道景区创新推出 5G+VR 超感体验项目，让游客在排队间隙，通过接入的 5G 网络和摄像头，以 360° 全景高清 VR，将实时拍摄到的全景画面通过核心网传输到体验区，在短短两三分钟时间内，饱览两岸美景，使游客获得更快捷和炫酷的实时沉浸式体验。信息通信技术、交互体验技术的发展正催生出新的视觉文化样式，视觉产品类型、服务模式、产业结构和消费结构也必将随之发生改变，成为文化产业建设升级的源泉。对此，我们应当开发更多的类似产品，在各个产业平台、产业园区、景区、景点或者专业剧场进行立体式视觉文化传播，成为一种新的文化产业发展业态。

（四）注重智能化文化产业新业态

2018 年实施以大数据智能化为引领的创新驱动发展战略行动计划正在渝州大地遍地开花。大数据智能化正在深刻改变着人们的生产生活，重构经济结构和社会形态。移动互联网、移动智能终端、物联网、云计算等新技术的飞速发展，极大地激活了文化市场，为以技术和内容生产传播为核心的文化产业快速发展创造了良好条件。并且重庆已经具有发展智能文化产业的良好基础。

1. 以“智能 + 文化”为核心，深化文化科技融合新方位。科技发展是重庆发展的优势，重庆文化应当与科技发展相融合，在科技领域注入文化内涵、创造新的产品。这些新产品有的是文化的，有的是非文化的，有的具有实用性，有的具有观赏性，有的可能吸收了传统文化，有的可能吸收了现代文化。这些新产品具有丰富的创造性、前沿性。总之，应当把文化的物质化、精神化，与科学技术的研究和生产结合起来，并大力发展。

2. 以“新媒体 + 文化”为平台，深化文化信息传播新通道。以新媒体为主体，带动相关文化科技产业发展，并且在此基础上催生新兴文化业态的诞生，如抖音的产生，根据金融机构估算，2018 年抖音信息流广告年收入达到 95 亿元以上。而当前应当把重庆的文化，特别是“两江四岸”的文化元素系统化挖掘、系统化整理、系统化研究、系统化开发，把内容变成产业。形成图、文、声、像并举、形态丰富的、适合现代人欣赏的文化产品。如重庆日报报业集团开发的“上游云”平台项目，通过云计算、大数据技术，整合传统媒体与新型媒体资源，以联动共赢模式助力重庆区域全媒体融合发展，已经成为行业翘楚。

3. 以“多元融合 + 文化”为导向，深化跨界发展新思维。2018 年重庆市文化和旅游发展委员会开展了市级文化产业发展专项资金的申报，其中涉及智能文化产业的项目占比 50% 以上，主要是数字文化技术与装备研发和产业化项目、数字艺术展示产业发展项目、数字文化产业前沿发展项目、文化内容数字资源平台建设项目等，这说明以智能化为主体的跨界业态融合正在成为文化产业发展的新趋势。当前和今后一个时期，还要加大这方面的支持、培育、发展力度。同时，“多元整合 + 文化”的理念，也不仅仅在智能化上，还应当着力于智慧化，即不完全与科学技术有关，但与科学思维、科学创造、科学发明有关，以此生成一种新的文化产品。

（五）加强传统人文的时尚化产业开发

发展文化产业，着力中华优秀传统文化的现代转换，把先辈智慧所凝结的传统文化通过创造性开发转变为产业优势和竞争优势，是我们的重要任务。“两江四岸”具有丰富的传统文化积淀，是我们当前和今后一个时期产业化开发、产业化应用的重要资源。

1. 着力从传统文化元素中汲取创新内容。世界上任何文化的创新都离不开传统文化的积淀，没有积淀的文化创新是不存在的。“两江四岸”拥有 100 多项突出的文化元素，这些文化元素都是文化产业内容创新、技术创新、思维创新的重要基础，我们应当深入地挖掘出来，丰富到创新的文化产业之中。重庆是一个时尚化的大都会，无论创造力、生产力、消费力都具有良好的基础，应当更加充分地发挥这一特点，形成一种氛围，走在时代前列。特别是把这些传统文化与现代生活、现代欣赏、现代文化结合起来，开发成新的产品。

2. 着力支持传统文化生产企业。传统文化生产企业是时尚化转化传统文化的重要载体，目前“两江四岸”已经拥有丰富的、多业态的传统文化生产企业，它们为丰富、传播“两江四岸”传统文化做出了贡献。一是要进一步提升品质、丰富内容，提供更多更好的优秀产品。如新闻出版产品、影视演艺业态、文化旅游融合、文创产品丰富、整体环境提升等。二是要发展新的企业、新的业态，特别是还有很多文化资源有待开发，如优秀的传统诗文、优秀的历史名人、优秀的民间工艺、丰富的历史典故、悠久的历史古迹等。

3. 着力引导传统文化消费市场。随着民族的伟大复兴，随着中国梦实现的进程，随着对中国文化的深入认识，中华传统文化存在成为文化追逐和文化消费热点，以“两江四岸”为核心的传统文化也已经成为人民认识重庆、热爱重庆、奋斗重庆的重要内容。要进一步通过宣传引导、丰富产品、举办活动为人们提供更多更好的传统文化产品。要进一步开发平台、提供阵地、开通渠道，提供更多更好的传统文化载体。如近年来举办的文化旅游博览会、文化消费季等，都发挥了很好的积极作用。

（六）坚持系统化发展思维

“两江四岸”作为重庆主城的核心区，具有悠久的发展历史和丰富的人文资源，为发展文化产业提供了先天的基础和内在根基。在文化产业结构、布局、资源配置等诸方面要重视系统化思维。

1. 按照资源类别分类发展。文化产业九大类别依照所包含的产业内容可以分为资源型文化产业，包括文化旅游业、文博业、民俗文化产业等；创意型文化产业即以知识创造为基础的产业，包括演艺业、音像业、游戏业、广播电视业、报业、广告业等；制造型文化产业即以生产技术和产品制造为基础的产业，包括各类文化产品的制造及经营部门。根据重庆独特的地域文化资源如巴渝文化、抗战文化、少数民族文化、民俗文化、饮食文化等，制定发展规划、扶持计划、形成完善的政策体系，有计划、有阶段、有重点地引导资本流向，去深入挖掘开发重庆的特色文化资源。资源型文化产业可以以旅游业带动文化创意业、民俗演艺业。在创意型文化产业发展上，需要为创意产业的发展创造良好的环境，吸引创意产业发展所急需的人才、资本、技术，做大做强已有的重点行业，特别是大力发展动漫、游戏、影视、创意设计等新兴创意产业。在制造型文化产业发展上，要充分利用重庆制造业的优势，鼓励企业根据市场需求积极转型，将文化、科技的因素融入产品的制造之中，大力发展文化旅游用品、纪念品、文化工艺品等。

2. 积极引导产业空间布局。按照文化产业九大分类积极引导优化文化产业企业、园区的合理空间布局。设立文化产业核心发展区及文化产业集聚区等。可以在“两江四岸”区域内，以朝天门、洪崖洞、湖广会馆、十八梯、磁器口等为传统文化消费区，以解放碑、观音桥、江北嘴、滨江路等为时尚文化消费区，以二厂、北仓、喵儿石等为创意文化消费区，以国有六大文化集团为文化产品生产核心区，以两江游、过江索道游、南山观景游等为视角文化消费区等，这里只是提出一个初步的思路，真正的落地发展还需要认真规划。

3. 依靠自身地域条件差异化发展文化产业。“两江四岸”区域内囊括重庆主城渝中区、南岸区、巴南区、九龙坡区、大渡口区、江北区、渝北区、沙坪坝区、北碚区等，要针对各区经济发展、文化资源、地理环境等进行综合思考，提炼独特的文化元素，进行差异化发展。以渝中区为例，作为重庆母城，渝中区是全市的行政、文化、商贸中心，具有得天独厚的资源禀赋、不可替代的母城底蕴和完善成熟的综合配套。近年来，渝中区致力于发展文化旅游业、互联网服务业等产业，区内第三产业增加值占地区生产总值的97.1%，每平方公里经济产出超过50亿元。如九龙坡区着力打造的游戏动漫、艺术创作、艺术教育、博物馆群等，具有很强的市场效应。

4. 打造产业链“金字塔”模式，扶持区域内龙头、创新企业。根据文化产业发展趋势，加大“两江四岸”区域内文化企业培育和招商力度，让更多更强的文化企业涌现出来。要给予重点企业、新兴企业、创新企业不同的支持政策，特别是已经形成发展势态的文化企业，要加大支持力度，让企业优上更优，尽快形成品牌。特别是要大力培育数字文化产业企业、生产原创型文化产品企业、文化创意园区企业、文旅融合企业等，使“两江四岸”文化产业在内部和外延良性循环和可持续发展。

传媒集团整合媒体优势转型文化产业的现状及模式研究[①]

杨　晓　黄　薇　陈　楠[②]

本研究采取座谈讨论、征求意见建议、实地调研及书面访谈等调研形式，对《四川日报》报业集团、《浙江日报》报业集团、《重庆日报》报业集团、《广州日报》报业集团、成都传媒集团等国内传媒集团进行了实地调研、书面调研和电话访谈，聚焦各传媒集团充分发挥传媒优势、做好文化产业发展大文章进行研究。

一、“传媒＋文化”产业融合发展的背景趋势

（一）传媒集团发展文化产业面临的机遇：文旅产业政策性空间大、产业关联性高、资源聚合力强

传媒集团的产业发展既有传媒产业的显著特征，也是文化旅游经济的一部分，发展文化旅游有基础、有潜力、有载体、有空间。目前，国内传媒企业在转型文化产业的发展过程中，都把“传媒＋文旅”融合发展作为重要的转型方向。传媒力量的加入，不仅能促进“传媒＋文旅”的融合发展，还能为各地文化旅游资源的挖掘、文化内涵的传承、文旅活动的发展提供重要发展支撑。一直以来，传媒企业擅长调动丰富的宣传资源，发挥媒体优势，为文旅项目和产品提供强有力的、持续的传播和美誉度塑造，在文旅产业布局中，深度挖掘资源的文化内涵，对文创产品的推陈出新，对项目文化品位的包装提升，对消费者的传播覆盖，乃至形成具有深厚文化传播功底的文化人才团队，都具有非常独特的优势。

---

① 原载于《西部广播电视》2019 年 11 月。

② 杨晓、黄薇、陈楠，四川日报报业集团。

（二）传媒集团发展文化产业面临的制约：对产业发展规律性认识不够、资金投入相对不足、管理制约较多

传媒集团转型文化产业发展，不是简单的传媒人转型做产业，需要把握文化产业发展的内在规律，科学布局，对传媒企业自身的资金实力、风险投资能力和运营管理能力都提出了很高的要求。目前，传媒企业的管理机制，还主要围绕传媒企业自身的特点来设置。文旅产业发展具有不同的特点和发展方式，现行的考核、管理理念和方式都需要创新突破，才能让项目具有市场竞争力和人才吸附能力。

二、国内传媒集团转型“传媒＋文旅”发展案例分析

（一）调研案例概况

1.《四川日报》报业集团：资源整合、平台布局有力

川报集团作为省级重点文化单位和文旅发展龙头企业，从着力广告、发行、印刷、物流等传统产业板块到结合传媒实际，发挥连接功能、文创内容、品牌资源的优势，在文旅小镇开发、文化园区建设打造、文传文创产业平台建设、文化酒店运营、文化产业投资平台布局等方面均进行了融合发展的重要实践，安仁项目、四川文传、川报上行等一批文化产业项目公司正在加快整合资源、聚集优势，集团产业结构中新兴产业占比已近40%。

2.《浙江日报》报业集团：产业布局轻重并举

为拓展文旅产业发展，2012年浙报集团联合社会资源成立了股份制的浙报理想文化发展有限公司，先后在杭州开发营运了6个文创园区，总面积7万余平方米。2013年后，提出“轻重并举”发展文化产业的要求，启动乐清蝴蝶广场、浙报舟山国际传媒文化交流中心、海宁“志摩故里”项目。2018年底，提出以轻资产营运管理为主要模式，做大做深文旅项目运营和文创展览产品线。

3.《重庆日报》报业集团：全面开花，形成支柱

目前，重报集团已成功打造重庆国家级广告产业园一批文旅示范项目，每年主办承办的文旅活动1000多场，对江津四面山、华侨城欢乐谷、马桑溪古镇等文旅项目进行全域推广营销。依托重报集团旗下的重庆新闻国际旅行社积极开拓

国际航线。重报集团文旅产业收入占集团总收入的50%。

4. 成都传媒集团：打造亮点品牌项目

成传集团按“资产整合集团化、资源配置市场化”原则，打造产业发展龙头企业博瑞投资集团，通过控股参股梦工厂网游企业、户外广告公司等实现快速扩张。按照园区化、楼宇化思路，打造“东郊记忆”、大魔方文化创意产业品牌项目。此外，还积极拓展会展、旅游、酒店、文化地产等多元文化产业，推进集团产业转型。

（二）主要发展模式

1. 成立文旅媒体联盟

在国内传媒业陆续向文旅产业多元化发展的背景下，战略联盟应运而生。近几年，中国报业旅游联盟、中国文旅媒体智库的成立，以主流媒体的公信力和影响力致力于“传媒 + 文旅”融合发展。河北省内11家媒体成立河北报业旅游联盟，吸纳了省内15家大型旅行社的加盟。河南省报业旅游联盟由省内十余家报社共同发起。

2. 达成战略合作关系

传媒集团与旅游景区、文旅企业乃至地方政府签订战略合作协议，提供针对文旅产业的全媒体营销推广、客户拓展、活动组织、文旅资源开发等服务是较为常规的合作模式之一。如川报集团与四川省旅投集团签订战略合作协议；《哈尔滨日报》报业集团与依兰县、方正县签署旅游开发协议；《黑龙江日报》报业集团与大兴安岭地委签订战略合作框架协议等。

3. 搭建文旅服务平台

随着“互联网 +”战略的普及，许多报业集团凭借自身独特的网络资源和品牌影响力，开创性地探索了文旅服务平台，以契合移动互联网的发展趋势。比如浙报传媒集团推出区域化文旅电商服务平台“悠游浙江”，将文旅服务平台从线下调整到线上。

4. 组建专业运营公司

不少传媒集团与旅游景区开展投融资合作，参与当地文化旅游市场开发，独立或与相关机构合作成立专业运营公司。如川报集团成立了四川安仁镇老公馆文化发展有限公司，在“中国博物馆小镇”大邑县安仁镇深度拓展文化旅游、旅游地产、精品酒店等项目；贵阳日报传媒集团旗下贵州新闻旅业投资管理公司，已发展成为贵州省第三大旅行社，年营收近亿元；《河南日报》报业集团旗下的省文化产业投资有限公司与焦作市政府、无锡灵山文化旅游集团三方共同开发云台山道家太极文化项目；等等。

5. 发起文旅产业基金

不少传媒集团发起设立了专项文旅产业基金，从资本、资源入手，挖掘与培育文旅产业中的潜力明星企业或投资项目。如《湖南日报》报业集团参股湖南文化旅游投资基金，该基金由湖南省财政厅作为引导基金，总规模 30 亿元；新华报业传媒集团与淮安区政府达成合作，由江苏《新华日报》资产管理有限公司发起成立淮安文化旅游产业基金，总规模 20 亿元。

（三）分析与启示

1. 发挥传媒特点，奠定文化产业发展基础

影响力是传媒单位的立身之本，文化产业、文旅产业同样是影响力经济，根基扎实，发展才能行稳致远。近年来，传媒集团围绕中心服务大局，唱响主旋律，凝聚正能量；积极推进媒体融合，依托报、刊、网、端、微等多种媒介，切实发挥好传媒集团的舆论主阵地、主渠道、主力军作用，提升传播力、影响力、引导力。在筑牢壮大主流舆论阵地的同时，为传媒集团推进转型发展奠定了坚实基础。

2. 内部资源整合，打通传媒资源变现新渠道

媒体传播是集团最核心也是最优质的资源。以传媒为核心聚集政经资源和市场要素，在文旅项目的机会发现、政策获取、传播整合上发挥积极作用，是传媒集团竞争文旅项目的加分项。传媒企业在内部形成有效的利益联结机制，才能使媒体影响力转变为服务力和生产力。传媒资源对文化项目运营有显著的聚合效应。如：川报集团与成都博物馆 2019 年 7 月合作从英国引进、展出的“万物熙攘——第 54 届全球野生动物摄影展”，40 余天累计参观人数为 47 万人次，令“传媒 + 文博”合作走出实质性运作的一步。加强战略布局、做好顶层设计，才能五指攥成拳。《重庆日报》报业集团目前将文旅产业作为重要的支柱进行规划，形

成以重资产投入为重点的文旅项目投资、以内部资源整合为特点的节庆活动营销、以深入渠道经营为突破的旅行社经营等各大板块相互支撑的文旅产业布局。

3. 专业运营和考核管理是转型发展的基础保障

“传媒＋文旅”融合发展，首先要专业运营、明晰盈利模式。传媒企业投入的重资产文旅项目，靠自身经营实现项目盈利的难度较大，文旅产业虽然前景广阔，但投入大，单一项目短时很难实现平衡，在项目布局之初，就需要对盈利模式进行充分评估。

文旅项目的成功与团队的专业化能力息息相关，传媒企业涉足文旅产业，如何优化管理机制、建立符合市场实际的考核体系至关重要。如：浙报集团已经在非媒体公司试点推广经营团队职业化改革，按照市场化、职业化、专业化、契约化方式选聘管理经营团队，按市场化标准取酬，按市场化机制考核与管理。同时，由于文旅项目具有的周期性特征，对考核的精细化也提出了要求，以保证团队的积极性。

重庆动漫产业供给侧改革拓新之路[①]

闫　国[②]

目前，我国动漫产业主要集中于经济发达的城市，由此而形成动漫产业区域分布格局和梯队结构，围绕各大城市设置的动漫产业基地是推动动漫产业发展和支撑的重要力量。在国家转型政策和国内市场需求调配下，2014—2015 年我国动画产品逐步由生产数量向生产质量转变，这体现在国内电视动画行业的总体发展中，即为调控与市场作用下作品数量的理性回落。从重庆电视动画片生产趋势来看，2007—2009 年重庆因较高的产量成为全国原创电视动画片十大生产城市。2007 年共生产电视动画片 10 部（4699 分钟），排名第六；2008 年共生产电视动画片 6 部（3510 分钟），排名第 10 位；2009 年共生产电视动画片 12 部（5267 分钟），排名第 10 位[③]。2010 年为重庆原创电视动画的调控转折期，以年产 12 部 4805 分钟的数量位居全国第 10 位，随后的 2011—2014 年间，重庆原创动画逐年由 7 部 3340 分钟到 4 部 2398 分钟再到 1 部 780 分钟，2014—2015 年重庆电视动画片备案数量共 8 部，分别占全国产量的 0.3% 和 3%，重庆已然成为西部各省区中最主要的原创电视动画片生产地区。

重庆原创动画 2005—2016 年在生产量和电视动画获得较大发展的同时，处于探索阶段的重庆动漫游戏开发、动漫衍生开发、漫画图书出版也不断发展。

① 基金项目：本文系重庆市 2016 年度高校创新团队“四川美术学院动画产学研一体化运营创新”团队（编号：CXTDG201602016）研究成果。原载于《电影评介》2019 年第 13 期。

② 闫国，山东淄博人，四川美术学院影视动画学院科研秘书。

③ 卢斌等．中国动漫产业发展报告（2011）［M］．北京：社会科学文献出版社，2011：39.

2012年重庆首个动漫产业版权服务工作站——华岩动漫产业园版权服务工作站在华岩动漫产业园正式设立，推动动漫产业的孵化、许可、交易和使用，推动实现版权对增强动漫企业核心竞争力的推动作用。至2016年重庆已有国内知名动漫展示、交易、交流、合作、融资平台——中国西部动漫文化节，国家级动漫产业基地1个，直辖市（省）级动漫产业基地3个，重庆市文化产业示范基地（两批，动漫类）5个。2016年重庆本土原创动画《嘻哈游记》入选文化部2016年动漫品牌建设和保护计划，作为重庆本土动漫品牌“嘻哈游记”从制作国内首部三维原创科普探索动画片《嘻哈游记》到发掘幼儿教育优质资源，形成以“嘻哈游记”自主知识产权为核心的动漫文化教育品牌，实现了从区域品牌到全国品牌的跨越。

一、供给侧改革下重庆动漫产业的发展趋向

当下，重庆动漫产业架构日渐丰富和多元，动漫产业链条各环节衔接逐渐展开，在供给侧改革推动下，重庆动漫发展逐渐向打造动漫品牌精品、发展复合式动漫高级人才培养、优化动漫文化业态供给、加强动漫产业业态整合凝聚等方向发展，动漫文化与新媒介、科技融合探索趋势明显，本土品牌经营下的授权作为重庆动漫产业链发展的关键部分也在完善。

（一）由注重数量发展转向强化动漫品牌精品供给的建设和发展

在新时期动漫产业供给侧发展框架下，国内动漫更加注重由数量发展型向质量加强型转变，为了适应国内动漫产业供给转向的发展需求，在2011年重庆文化产业“十二五”规划中提出了加强传统内容与数字技术融合，鼓励和扶持动漫等文化品牌，支持重点文化品牌做大做强。在重庆文化产业“十三五”发展规划中明确将文化精品创作体系的发展列入规划，并促进文化产业与其他产业的融合发展。在2011年至2016年的供给侧改革和发展阶段，重庆动画片制作的分钟数量呈明显下降趋势，逐步转向对动漫品牌精品供给的建设和发展。由重庆本土动漫起步发展的电视动画《麻辣小冤家》到当下全国动漫品牌建设与保护计划的重庆精品动漫《荷包蛋》和《嘻哈游记》，重庆动漫产业发展由注重产量的播出转为注重精品品牌的涵养式建设，并呈现出向动漫上下游产业链快速拓展的发展

趋势。

（二）动漫产业规模性发展趋势明显，动漫产品类型多样化

20 世纪 90 年代，重庆第一家动漫企业易动影像公司成立，历经 20 余年的发展，重庆本土动漫和游戏企业达到 313 家（动漫 255 家、游戏 58 家），仅 2012 年当年重庆动漫企业数量就由 65 家发展到了 100 家，整体翻了一番，“2011 年到 2013 年，重庆动漫产业整体产值从 3000 多万元增加至近 6000 万元”①。

在国家“十一五”后期对动漫产业进行调整和转变影响下，地区转型升级、媒介融合、文化精品打造及拉动文化消费为要旨的重庆文化产业转型，动漫产业在全产业链的供给发展也形成了围绕动漫全产业链形态以本土企业为主体、本土品牌为核心不断拓展的区位特色。（1）以本土品牌动漫创意的制作生产，如《麻辣小冤家》《嘻哈游记》《乐乐熊》等；（2）以本土游戏 IP 研发、授权、运营的游戏产品生产，如重庆祥维科技的《完美农场》《魔神战纪》、重庆隆讯科技的《圣殿之门 3D》、重庆迅游科技的《大航海 mini》等；（3）以本土原创品牌为核心的动漫教育、主题园区等文化产品运营板块，如以“嘻哈游记”为 IP 运营的儿童幼儿园、乐园，以“TICO”为 IP 运营的儿童玩具店、艺术学校、童装店、购物中心等。

（三）本土动漫发展模式多元化，地域特色明显

党的十八大将优化产业结构作为转变经济发展方式的重点任务，产业模式优化升级将国内动漫产业发展由“量变”竞争引入“质变”竞争。在国家和地方扶持政策双重作用下，重庆动漫企业不断实现多元、多层次的发展模式并逐步扩大，形成了“内容 IP 授权创作制作 +IP 开发投资 + 代工；传统文化精品打造 + 贴片广告 + 创新资本运作 + 海外发行；自主知识产权 + 跨界整合延伸 + 区域品牌提升等多元化的动漫企业发展模式”②。

1. 重庆广播电视集团与四川美术学院在重庆国有资产管理公司的主导下，联

① 重庆动漫：难以做大做强，渴望形成完整产业链［EB/OL］.（2014-07-03）［2017-06-08］http：//comic.people.com.cn/n/2014/0703/c122366-25232941.html.

② 闫国．供给侧视域下重庆动漫产业协同创新与转型发展［C］. 南京：江苏凤凰美术出版社，2018：290.

合组建了重庆视美动画公司，创造性地建立了“媒”“校”资源整合＋原创的动漫发展模式，依托重庆广电集团的媒介力量和四川美术学院动画专业在动漫人才输送上的有力支撑，“媒”“校”资源整合＋原创的全新动漫企业运营取得显著效果，2008年重庆视美动画公司成为重庆少儿频道的主体运营代理机构，并积极探索由传统的向电视频道售卖动画产品到平台开放合作＋品牌营销＋衍生的协作延伸产业链模式，2009年至2013年视美动画与天贝动漫玩具有限公司联合将动漫形象打造成动画片《弹珠传说》，与广东奥飞动漫联合推出动画片《神魄》并依托频道收视带动其后续动漫玩具衍生产品销售，使视美动画的运作模式由“原创＋频道售卖＋频道品牌平台打造＋品牌营销”进一步拓展为“原创＋频道售卖＋频道品牌平台打造＋品牌营销＋衍生”的发展模式。2014年我国二次元文化从亚文化状态进入主流文化范畴，视美动画再次拓展运营模式将动漫市场从儿童动漫向成人动漫拓展，发展“内容IP授权创作制作+IP开发投资”的多元模式。

2. 以民营资本主导组建的享弘影视股份有限公司创新性地发展了本土动漫企业以版权质押获得资金资本的运作机制。在国家鼓励金融资本注入文化产业的政策支持下，重庆动漫企业享弘数字影视有限公司通过打造自主动漫版权“乐乐熊”，以版权质押获得资金资本的方式应对本土民营动漫企业的高风险和高投入，形成以原创作品＋版权运营为核心的“动漫创意版权化＋优秀动漫品牌版权资源化（贴片广告）+优秀动漫品牌资源资本化（版权质押）+优秀品牌知识产权金融”发展模式，并通过资金链的延续确保了持续投入产生附加值。

除国有资产为主导的视美动画和民营动画企业享弘影视以外，重庆本土动漫企业，如帝华广告传媒借助“校”“企”优势联合开发动画品牌，建构动画品牌＋动漫教育＋主题游乐园的延伸产业链；重庆柠色动漫发展有限公司通过动漫童装品牌形象授权开发“小猪班纳”动漫，逐步发展为“形象资源授权创作制作＋开发＋产业链延伸”的模式。

（四）形成了校企联合＋基地＋会展营销的区域动漫发展支撑架构

企业主体与动漫人才培育主体联合使重庆动漫在资源凝聚和运作拓展等方面建立了基础，2005年由校企合作的视美动画成立借助于四川美术学院的动画研究、人才资源储备以及在艺术创意方面的优势支撑使视美动画迅速发展，拥有年产3000分钟以上动画片的制作能力，成为西部最具实力的动漫研发、生产基地。在2007年作为西南地区突出的动画产业基地视美动画成为国家级动漫产业基地，支撑视美动画进行动画研发及人才资源储备的四川美术学院影视动画学院，也成为教育部授予的动漫人才培养创新实验区和高校动漫特色专业建设点，由地方学校＋地方企业强强联合形成的“产学研”助力地方动漫产业发展的重庆模式成为全国最具特色的动漫发展模式，对重庆区域动漫企业和区域动漫产业的运作模式产生深刻的影响。

在国家《关于推动我国动漫产业发展的若干意见》和《重庆市人民政府关于加快创意产业发展的意见》政策支持下，截至2016年，重庆已落成国家级动漫产业基地1个，市（省）级动漫类创意产业基地2个，市（省）级文化产业示范（动漫类）基地4个，以及国家级动漫人才培养创新实验区等动漫产业集群发展和人才培养平台。此外还包括：重庆北部新区国家数字出版基地等7个动漫及人才培养（或包含动漫类）集聚实体基地，以及重庆打造的区域性动漫会展品牌——“西部动漫文化节”。“校企联合＋基地＋会展营销”的区域动漫发展支撑架构使重庆动漫的发展在资源平台、人才与技术平台、推广交流平台等方面形成一定优势，推动了重庆动漫以动画为核心衍生产业链的发展。

二、供给侧与文化业态创新下重庆动漫产业的局限

尽管重庆动漫产业在规模发展中呈现出了较快的发展态势和本地区的特色，但从当下和未来文化供给侧的发展和要求来看，还存在着明显的不足和局限性。

（一）动漫精品不足，且品牌影响较弱

在动漫产业发展初期，重庆本土动漫凭借着独特的发展模式，在以电视原创动画和代加工、低成本为本土优势下，制作的具有地域风土人情特色的原创动画《麻辣小冤家》和以代表中国符号的“乐乐熊”一度在央视少儿频道播出，但整体来看，重庆动漫仍然缺乏具有民族文化基因和普世价值观的动漫故事形象。由于在形象设计、故事剧本、视听语言风格上带有很强的模仿和复制，使得重庆创作的动漫缺少经过市场检验且深入人心的知名动画形象和精品。

（二）大型动漫企业较少，企业品牌影响力较弱

动漫产业的规模化发展不仅仅是企业的数量集聚效应，还包括了企业的规模效应和产业链上下游合理化分工的集群化。当下，重庆动漫产业规模虽然有300余家企业支撑，但是这些动漫企业绝大多数定位于代加工的动漫产业上游发展，且从本地区在全国认定的动漫企业数据（截至2015年，国家备案认定企业8家，重点动漫企业1家）来看，依然与中部地区以及四川省有一定差距。同时，作为仅有的几个大（中）型动漫企业在国内的品牌影响力较弱。

（三）动漫创意人才的自主培养和引入，不足以支撑区域动漫产业的发展

国内自2004年动画产业化发展以来便存在人才缺口大难以满足产业发展需求的问题，根据2015年相关数据，我国动漫人才缺口达40万[①]，远远满足不了产业发展需求。重庆作为西部地区的重要省市，正式设置动画专业的院校有四川美术学院、重庆邮电大学、重庆大学、重庆工商大学等7所本科院校以及3所高职院校，平均每年培养动画专业本科生800余人、动画专业高职高专生140余人，除以上正式设置动画专业的院校外，还有像重庆师范大学、重庆工程学院、重庆工业职业技术学院等也设有动画方向的专业培养动漫人才。尽管重庆本地绝大多数本科及部分高职院校在培养动漫产业人才，但是由于其深入内陆地区且开放起步较晚，对于新兴文化产业创意人才的吸引力较弱，导致在新时期动漫产业供给侧发展的当下，重庆动漫产业发展面临人才培养有效供给不足、本土动漫人才外流和高端动漫创意人才缺少、引入不足的问题。

（四）动漫基地和动漫园区集聚力量不足

“动漫及其相关企业的集聚集群化发展是动漫产业发展的有效途径，有利于企业在聚合效应下实现资源、技术、设施的共享，形成互惠互利的协作关系降低各项成本，动漫产业园区和基地作为动漫产业集群的具体载体是各地区推进动漫产业发展的方式”[②]。在国家和地方对动漫产业园区和基地建设推动下，重庆目前企业型动漫产业园有重庆视美动画公司、重庆享弘数字影视公司、重庆正大动梦

① 卢斌等．中国动漫产业发展报告（2011）［M］．北京：社会科学文献出版社，2011：39.

② 闫国．供给侧视域下重庆动漫产业协同创新与转型发展［C］．南京：江苏凤凰美术出版社，2018：292.

科技公司；基地型动漫园区有：重庆南岸茶园新区动画产业基地、金渠软件及动漫创业基地；以及与动漫产业密切关联的综合类企业集聚产业园及基地等。虽然历经十多年的发展，重庆在国家、省市级动漫基地、园区布局上取得较快的发展。但是，从当下对这些基地和园区的考察来看，绝大多数园区和基地区域集聚效应不足，难以支撑未来重庆动漫的发展。

作为目前重庆入驻率较好的国家数字和软件基地，重庆渝北水星科技大厦和海王星科技大厦集聚了企业200多家，其中动漫企业不足10家，既不能形成规模化，更难以形成协作化的产业联系与分工。因此，虽然重庆动画、漫画、游戏企业在纵向产业链上逐渐延伸发展，但是，缺少专门针对产业链某环节深度加工的动漫企业，同时动画、漫画、游戏企业间横向产业延伸效果也不明显。

三、文化产业供给侧视域下重庆动漫的发展路径

2016年重庆市颁布的《关于发挥新消费引领作用加快培育形成新供给新动力的实施意见》中，将动漫游戏、创意设计、影视艺术、网络文化、数字内容等新兴文化消费列为新消费重点领域和主导方向，且将以建设国家文化消费试点城市为契机，把带动市民文化消费的增长列为“十三五”文化消费规划内容。从动漫文化产品生产和有效供给看，动漫产品结构性过剩与公众对动漫文化优质产品多元化、多层次有效供给需求间的矛盾，使得重庆动漫若要实现从规模生产到转型品牌建设，还必须依赖于动漫产品在质量、动漫产业核心要素的供给性调整和动漫产业生态环境、集聚发展的转型调整。

（一）立足于区域动漫产业现有特点，推动动漫产品由供给数量向供给质量转型

国内动漫产业的发展自2010年以来逐步从规模发展的初级阶段走向品牌发展的高级阶段[①]，在计划政策和市场调控作用下，2012年国内动漫生产企业出现逆增长,2014年由数量增长转向质量提升的趋势更加明显，动漫产业进入以精品、

① 卢斌等．中国动漫产业发展报告（2011）［M］．北京：社会科学文献出版社,2011：228.

品牌、内容为主导的供给数量向供给质量转型发展轨道。重庆动漫当立足于本区域动漫供给结构现状以精品、品牌、内容为主导转型发展。

1. 实现盈利模式单一向多元的转变必须走多元化差异化发展道路。当下，重庆动漫产业的主体力量为中小型企业，本地区动漫企业力量的布局区别于国内以大型企业为主导动漫产业发达区域的成规模发展布局。因此，由创意研究 + 设计制作 + 推广播出 +IP 品牌授权 + 衍生品组成的动漫全产业链发展模式并不完全适用于分散中小企业为主导的产业品牌、规模效应的形成，特别是照搬套用美、日动漫产业发展模式。因此，要实现盈利模式单一向多元的转变必须走多元化差异化发展道路，探索发掘与区域传统产业相关联的动漫精品形象，避免全产业链发展模式的高风险、长链条，推动资金分散、人力分散、产业集聚力低的中小型动漫企业集中财力、物力、人力资本涵育优质区域动漫品牌，并以此为出发点培育重庆动漫龙头企业。

2. 打造富于文化创意元素的符合普世价值观的原创动漫精品。内容是动漫的生命力所在，内容为王创意制胜是国内外动漫品牌获得成功的不变法则，文化元素的创造性运用是原创动漫的核心所在，缺少文化特色资源的创造性发掘带来的文化思想性元素的缺失，和制作中创造性借鉴与抽象性文化意识改造的缺失，使得重庆制作的动漫产品缺乏文化基因和内化力量，难以形成深入人心的动漫形象和精品作品。因此，打造富有文化创意元素的符合普世价值观的原创动漫精品才能推动重庆动漫由供给数量向供给质量的转型发展，具体要在具备稀缺性、重复使用性文化资源特质的动漫创意领域，发挥政府对动漫企业和个人进行精品文化打造的引导作用，推动无形文化资源向有形动漫精品的转化。

3. 转变区域动漫“低幼化”，培育全龄化动漫消费需求，提升动漫文化创意内容对于公众消费的吸引力。应将“泛动漫”理念运用于城市社会发展，将动漫文化与区域产业、行业有效融合。重庆动漫消费在文化产品和服务消费领域具有较大的发展空间和需求。首先，重庆具有较大数量的动漫消费人群，据统计，约有 12 万的动漫消费人群活跃在重庆，占全市常住人口的 0.4%（2015 年全市人口 3016.6 万人）；其次，在全国动漫产业格局的构成中，重庆利用自身移动互联网、数字传媒和新兴游戏产业优势，推进多元化新型动漫创意产业的融合发展，使文化创意和设计服务与工业制造、数字内容、人居环境、旅游产业充分融合，文化创意与设计类企业占文化企业总数的25.55%，远大于新闻出版发行服务企业的8.47%和广播电视电影服务企业的1.53%[①]，极大地促进了数字动漫产品、新媒体传播技术与文化消费的融合，使动漫产品在向数字化生产转化中，凭借网络的普及和网络化消费进一步拓展了重庆动漫的消费力量，根据2016年国内最大的独立原创漫画网络平台“有妖气”（u17.com）数据，重庆主城区网络漫画消费者19.8万人，占大陆主要网络漫画消费十大城市人数的7%，紧跟北京、上海、广州、深圳之后[②]。因此，提高动漫在城市社会发展中的文化带动作用，促进动漫文化业态创新是提升重庆动漫产业发展的内动力，也是实现重庆动漫由供给数量向供给质量转型的有效手段。

（二）改进动漫专业生源选拔机制和人才培养机制，以适应文化产业供给侧发展需求

人才作为动漫产业基本要素之一，在动漫产业发展中居于核心地位，其中复合式高层次人才是包括动漫在内的文化创意产业顺利发展的重要力量，动漫高级复合式从业人才的缺乏是阻碍国内动漫产业转型发展的共识性因素，包括重庆在内的国内各地区动漫产业人才呈现金字塔结构。综合国内对动漫高端人才的分析来看，居于金字塔顶层的复合式动漫高级从业人才缺乏成为动漫产业发展的瓶颈。

复合式动漫高级从业人才具有创意性、技术性、人文性、跨学科性、管理性等特性，人才类型包括编剧、导演、策划、高级原画、营销管理、设计开发等。在当前动漫教育优质资源集中于东部沿海区域的形势下，推动重庆动漫产业核心要素供给升级转型包含两方面内容：调整人才培养选拔与培育机制，优化创意产业人才凝聚环境。

1. 改进动漫及相关专业生源选拔机制。高校作为人才培育主体在复合式动漫

① 重庆文化产业平稳增长［EB/OL］.（2015-01-08）［2017-06-08］http://news.163.com/15/0108/05/AFDPR9HS00014AED.html.

② 卢斌等 . 中国动漫产业发展报告（2016）［M］. 北京：社会科学文献出版社,2016:29.

高端人才的塑造上具有引领作用，逐步改进以对学生造型能力考察为主的单一生源选拔机制①，在本科（尤其是研究生）层次的动漫生源选拔上探索以综合素质和创造力考核为主的自主灵活选拔制度，转变艺术统考、美术联考造型能力作为动漫类院校生源的单一来源，扩大优质生源渠道。

2. 改进动漫人才培养机制。逐步转变以院校、行业机构独立培养动漫人才的单一培养机制。一方面，集中重庆动漫高校自身优势特色与资源；另一方面，探索学校协同社会联合培育动漫高端人才的培养机制。通过“引进来、送出去”等方式加强重庆在动漫创意人才方面的国际交流与合作，借鉴国外动漫教育机构、品牌动漫企业的培养方式和理念，推动重庆动漫编剧、导演、策划、高级原画、营销管理、设计开发类人才培育理念的国际视野形成，通过引导高校、科研院所、动漫企业合作办学，形成“产学研”一体化培育机制，以拓展培育人才的综合素质及实践服务动漫产业的能力。

（三）优化动漫产业基地和园区业态环境，促进集群化、规模化发展

在以中小型企业为主的重庆动漫产业结构中，“规模小、分布散、力量弱”成为影响区域动漫发展的因素，推动形成“整合、凝聚、融合”集群化发展的结构布局，有利于实现区域内动漫企业专业化分工协作、有效配置社会生产要素。在协同动漫产业核心要素供给转型中，重庆动漫园区和基地集群效应的有效实现还包括：

1. 培育打造动漫龙头企业，以实现龙头企业的引领作用凝聚产业力。在政策引导与产业布局中坚持“扶强扶精”的原则，着重给予具备自主创新能力的骨干动漫企业和具有品牌特色的动漫企业以重点培育，在资金、税收、人才、市场配套等方面重点扶持，推动重点培育动漫企业向规模化、精品化、国际化方向发展，发挥其在产业中的凝聚力量，促使其他中小企业在产业链的各个环节合理分工和产业技术升级。

2. 完善动漫园区和基地社会化公共服务环境建设，提高产业园区公共服务能

---

① 光明日报 . 复合型动漫高端人才培养难题如何破解［EB/OL］.（2011-11-30）［2017-06-08］http：//news.xinhuanet.com/edu/2011-11/30/c_122353704.htm.

力。对当前布局的动漫及与动漫相关联的文化产业园区、基地进行区位优势和产业定位特色展开评估，建立分类、分层差异化管理机制，对于区位优势和产业特色明显的园区与基地在社会化公共服务环境配套上予以重点支持，通过整合政府、社会、企业等多元资源帮助优势及特色园区和基地建设辖区内孵化、融资技术、交易等社会共享公共服务平台，实现低成本的信息、技术、人才、交易展示、成果转化、创业孵化、知识产权、融资等公共服务，形成优势、特色突出的良好产业园区公共服务环境，吸引并推动国内外高端动漫创意人才资源和企业资源集聚的形成。

四、结语

重庆作为长江上游重要城市在成为直辖市以后社会经济不断发展，重庆地区消费水平的提升、消费领域需求的多样化、产业结构的调整与布局，促使重庆社会经济的有效增长较为明显。居民可支配收入增长下消费观念、消费支出结构的变化和五大功能区的文化产业结构调整下文化消费和服务供给的发展，一方面使重庆文化消费由数量消费转向质量消费，由单一满足生存发展向满足多样化的娱乐享受消费结构转变；另一方面，重庆文化消费缺口扩大及发展潜力不断增长，进一步促使地区政策对文化消费的重视和投入。近年来随着创投和 IP 与二次元文化消费、产业的融合，动漫展会成为与以数字网络为平台的动漫线上消费社区互补的二次元文化线下消费的主要场所，据《中国会展行业市场前瞻与投资战略规划分析报告》统计，2015 年我国共举办各类动漫会展 1000 余个，观众 5000 人次以上规模的 90 个，重庆动漫会展达 20 万人次以上，成为与上海、杭州、广州、深圳等并列的动漫会展消费主要城市[①]，且作为在西部地区主办的动漫文化节，重庆西部动漫文化节从 2009 年到 2015 年实现参展企业 2005 家、观展人次 84 万人次、门票收入 1434 万元，项目签约金额 285 亿元。重庆动漫文化在受众群体、以数码媒体为代表的新媒体动漫消费力量、线下动漫消费方面在西南地区

① 动漫会展成动漫产业亮点，行业发展势头向好 [EB/OL].(2016-09-02) [2017-06-08] http：//mt.sohu.com/20160902/n467374724.shtml.

具有无可比拟的优势。

综上，从动漫产业系统综合发展的角度来看，西南动漫产区中的重庆动漫及生产已经逐步走出原有门类结构单一、产业内部门类不完整对动漫整体发展支持失衡的状况，重庆动漫的生产已经在原创电视动画、精品动画、动漫游戏开发、动漫衍生产品设计和制作、漫画图书及版权等动漫产业门类中基本铺开，涉及动漫资本运营、内容创作与制作加工、媒介传播、衍生开发和销售系统等领域，区域结构中的重庆动漫生产已经迈入多元并进的阶段。

重庆动漫产业在由规模性发展进入优化供给的精品品牌建设转型发展阶段，仍需不断在发展模式、融资、运营方式上实现多元化，推动动漫与金融以及实体产业融合，推动文化产业供给和业态创新，尤其是作为“一带一路”和“长江经济带”战略发展规划重要位置的直辖市，在长江文化产业带的布局下，要实现文化 + 对社会发展的引领，促进文化创意新业态的不断生成，为重庆动漫的发展注入不竭动力。

重庆文化消费现状及其发展路径研究①

——基于重庆文化产业博览会的调查

刘 容②

要提振重庆文化消费，促进文化产业发展，当务之急是弄清重庆文化消费现状、特点及趋势。课题组开展了重庆市民文化消费问卷调查，共收回301份问卷，其中有效问卷290份。课题组用SPSS和问卷网等统计工具，对有效问卷进行了数据统计与数据分析，基本掌握了重庆文化消费的现状。

一、重庆文化消费的现状

（一）传统文化消费项目兴盛，新兴网络文化消费项目遇冷

课题组针对目前市民惯常的文化消费项目：电影、文艺演出、网络付费小说（影视剧）、工艺美术品、音像书报刊、艺体培训、网络付费游戏、歌舞厅（KTV、网吧、游乐园等）、付费电视节目、旅游观光、网络付费软件、图书馆（博物馆、纪念馆）等进行统计（表1，多选）。

在市民惯常的12项文化消费中，最受青睐的前6项文化消费项目依次为电影、旅游观光、图书馆（博物馆、纪念馆）、歌舞厅（KTV、网吧、游乐园等）、付费电视节目、音像书报刊；最不受青睐的依次为：网络付费软件、艺体培训、网络付费游戏、网络付费小说（影视剧）。市民对最受欢迎的文化消费项目电影的喜爱程度是“网络付费软件”的7.45倍。由此可见，市民文化消费主要倾向于

---

① 基金项目：2017年重庆哲学社会科学规划重点应用项目（2017ZDYY004）。原载于《重庆三峡学院学报》2019年第1期第35卷（179期）。

② 刘容（1975— ），女，重庆人，重庆社会科学院研究员，博士，主要研究文化创意城市、文化创意产业与文化遗产。

传统文化消费项目，基于互联网和移动网络的新兴文化消费相对偏少。课题组认为造成这种现象的原因不一定是新兴文化消费项目本身的问题，可能是市民常年形成的文化消费习惯所致。

表 1　市民喜爱的文化消费项目表

项目选项	累计回复情况	项目选项	累计回复情况
电影	231	网络付费游戏	34
文艺演出	68	歌舞厅、网吧、游乐园等	129
网络付费小说、影视剧	65	付费电视节目	108
工艺美术品	69	旅游观光	194
音像书报刊	106	网络付费软件	31
艺体培训	31	图书馆、博物馆、纪念馆	144

（二）市民文化消费习惯稳定，文化消费能力两极分化严重

调查统计数据显示，市民每年用于以上惯常文化消费项目的支出截尾数据集1000—35000 元，截尾均值为 5664 元，平均占市民当年总支出的 19%。说明目前我市市民有较稳定的文化消费能力和习惯，并且年均 19% 的文化消费支出比例，为文化产业的发展提供了源源不断的动力。但文化消费能力和水平两极分化严重，差值达 35 倍。这种消费能力的差异与收入水平正相关，正是收入水平的两极分化所致。

（三）年轻市民更喜欢新兴网络文化消费，年老市民更喜欢传统文化消费

调查数据如表 2 所示（多选），各个年龄层普遍对电影、旅游观光和图书馆（博物馆、纪念馆）感兴趣。年轻的市民更喜欢新兴的网络文化消费，诸如网络付费小说（影视剧）、网络付费游戏、网络付费软件等；年老的市民更喜欢传统的文化消费，诸如图书馆（博物馆、纪念馆）、音像书报刊、工艺美术品、艺体培训和文艺演出等。相对而言，10—50 岁的市民是电影的消费主力；20—50 岁的市民是文艺演出的消费主力；10—50 岁的市民是网络付费小说（影视剧）的消费主力；20—60 岁的市民是工艺美术品、音像书报刊的消费主力；20—50 岁的

市民是艺体培训的消费主力；20—30岁的市民是网络付费游戏的消费主力；10—50岁的市民是歌舞厅（KTV、网吧、游乐园等）的消费主力；20—60岁以上的市民是付费电视的消费主力；旅游观光几乎受到各年龄层的普遍欢迎；20—50岁的市民是网络付费软件的消费主力；图书馆（博物馆、纪念馆）也几乎受到各年龄层的欢迎。

表2 “年龄”与“文化消费领域”之间的关系表

年龄段/岁	电影	文艺演出	网络付费小说、影视剧	工艺美术品	音像、书报刊	艺体培训	网络付费游戏	歌舞厅、网吧、游乐园等	付费电视节目	旅游观光	网络付费软件	图书馆、博物馆、纪念馆	受访总人数
10—20	21	3	5	1	4	2	2	10	1	10	1	13	21
20—30	96	21	25	17	30	6	25	64	32	70	14	50	101
30—40	64	15	20	20	36	6	6	33	41	58	12	47	84
40—50	31	14	13	17	18	11	1	18	31	32	6	33	50
50—60	11	8	1	10	10	4	1	6	10	16	2	15	22
60—70	1	1	0	3	3	0	0	1	3	3	0	3	5
70—80	1	0	0	0	1	0	0	0	1	1	0	1	1
受访总人次	225	62	64	68	102	29	35	132	119	190	35	162	284

（四）年收入5万—20万元的市民是文化消费主力军

调查数据如表3所示（多选），各收入层次的市民按照喜欢程度排序，普遍对电影、旅游观光和图书馆（博物馆、纪念馆）感兴趣。市民文化消费受年收入影响较大，但不完全成正相关。其中，年收入5万元以下和5万—10万元的市民占大多数，他们最喜欢电影、旅游观光和图书馆（博物馆、纪念馆）；年收入10万—15万元的市民最喜欢电影、图书馆（博物馆、纪念馆）和旅游观光；年收入15万—20

万元的市民最喜欢电影、图书馆（博物馆、纪念馆）和音像书报刊；年收入20万—80万元的市民最喜欢电影、旅游观光和图书馆（博物馆、纪念馆）。

表3 “年收入”与“文化消费领域”之间的关系

年收入/万元	电影	文艺演出	网络付费小说、影视剧	工艺美术品	音像、书报刊	艺体培训	网络付费游戏	歌舞厅、网吧、游乐园等	付费电视节目	旅游观光	网络付费软件	图书馆、博物馆、纪念馆	受访总人数
≤5	141	42	35	38	62	13	22	85	75	121	20	99	183
5—10	46	10	12	15	23	11	4	25	28	42	6	31	56
10—15	20	2	10	10	9	4	4	12	10	15	5	17	22
15—20	8	5	4	5	6	0	1	5	3	4	3	8	12
20—50	2	0	1	0	1	0	0	1	0	2	0	2	2
50—80	3	0	2	0	0	0	2	2	2	3	0	0	3
受访总人次	220	59	64	68	101	28	33	130	118	187	34	157	278

（五）学生和公职人员是文化消费主力军

调查统计如表4所示，不同职业的市民文化消费习惯各异。其中，学生群体总体文化消费热情高，最受学生喜爱的文化消费是电影、歌舞厅（KTV、网吧、游乐园等）等，其中值得注意的是普遍遭到冷遇的网络付费游戏、网络付费小说（影视剧）、网络付费软件受到学生群体的喜爱；公职人员文化消费热情较高，公职人员文化消费的热点主要集中于传统文化消费项目，如图书馆（博物馆、纪念馆）、文艺演出、工艺美术品、艺体培训、音像书报刊等，他们是这类文化消费的主体人群；公司职员文化消费热情一般，文化消费热点主要集中于休闲类文化消费项目，包括旅游观光、歌舞厅（KTV、网吧、游乐园等）；自由职业人员文化消费热情一般，这类人群时间充裕，具有创意和文艺潜能，他们文化消费热点主要集中于文艺休闲类文化消费项目，包括音像书报刊、文艺演出、旅游观光、歌舞厅等。

表 4 “职业”与“文化消费领域”间的关系

职业	电影	旅游观光	网络付费软件	图书馆、博物馆、纪念馆	文艺演出	网络付费小说、影视剧	工艺美术品	音像、书报刊	艺体培训	网络付费游戏	歌舞厅、网吧、游乐园等	付费电视节目	受访总人数
学生	50	31	8	26	9	16	8	10	4	12	26	10	52
公职人员	22	16	3	17	10	5	9	12	7	2	11	9	28
公司职员	82	71	10	47	20	21	25	37	8	14	49	34	100
自由职业	40	36	8	27	18	13	11	26	6	4	25	25	55
其他	35	38	2	25	10	10	14	20	6	2	17	28	51
受访总次数	231	194	31	144	68	65	69	106	31	34	129	108	

（六）市民学历越高，文化消费热情越高

调查统计数据如表 5 所示，学历与市民文化消费之间基本呈正相关关系。文化消费热情最高的是本科群体，消费占比有 11 项居各类文化消费的首位，通过必要的引导和刺激，这类受教育程度高的人群很容易成为文化消费的主力军；文化消费热情最低的是高中及以下群体，其消费占比有 5 项居各类文化消费主体末位；值得注意的是大专人群比较喜爱音像书报刊类文化消费，而本科人群喜爱电影类文化消费。

表5 “学历”与“文化消费领域”之间的关系

学历	电影	旅游观光	网络付费软件	图书馆、博物馆、纪念馆	文艺演出	网络付费小说、影视剧	工艺美术品	音像书报刊	艺体培训	网络付费游戏	歌舞厅、网吧、游乐园等	付费电视节目	受访总人数
高中及以下	49	43	6	31	22	18	23	30	9	5	31	38	77
大专	49	41	9	32	14	13	16	30	5	8	33	23	63
本科	111	90	13	57	23	24	19	34	9	15	52	35	121
硕士	16	13	2	18	5	8	6	9	6	6	9	7	21
博士	6	6	1	5	4	2	4	3	2	0	4	4	7
受访总人次	231	194	31	144	68	65	69	106	31	34	129	108	

二、市民对文化消费的满意度

（一）市民对提供以下文化消费项目的商家的满意度

调查统计数据如表6所示，市民对提供文化消费项目的商家基本满意。12项文化消费中有8项平均分在6分（及格）以上，而网络付费小说（影视剧）、网络付费游戏、付费电视节目、网络付费软件4项文化消费项目平均分不及格。平均分最高的是电影，但也还未突破8分（良好）以上，说明市民对文化消费商家提供的产品和服务还存在不满意的地方。从4项不及格的文化消费来看，市民打分最低的项目基本与前述最不受市民青睐的文化消费一致，可能文化企业提供的产品和服务的质量不高，也有可能市民对这类文化消费了解较少，因此此类企业除了提高产品和服务的质量以外，还应做好新兴文化消费的宣传。

表 6 市民对商家满意度得分

	1分	2分	3分	4分	5分	6分	7分	8分	9分	10分	平均分数
电影	5	1	0	7	1	63	0	151	3	39	7.57
文艺演出	5	2	0	39	1	82	3	84	2	12	6.49
网络付费小说影视剧	9	5	0	50	1	85	3	55	1	4	5.84
工艺美术品	6	8	1	45	0	83	1	65	1	17	6.21
音像书报刊	9	3	1	20	0	97	1	75	1	21	6.61
艺体培训	10	7	0	37	0	79	1	65	0	7	6.03
网络付费游戏	10	15	1	58	1	69	2	44	2	4	5.43
歌舞厅、网吧等	11	3	0	36	1	92	1	78	1	8	6.23
付费电视节目	15	4	0	40	0	87	0	68	0	6	5.95
旅游观光	7	3	0	29	1	84	5	109	0	20	6.76
网络付费软件	9	14	0	54	1	86	1	37	2	4	5.46
图书馆、博物馆、纪念馆	11	3	0	26	0	85	2	75	1	40	6.81

（二）市民对政府管理各类文化领域的满意度

市民对政府管理各类文化领域的措施和满意度调查统计数据如表 7 所示。12 项文化消费中有 7 项平均分在 6 分以上，而网络付费小说（影视剧）、网络付费游戏、付费电视节目、网络付费软件、歌舞厅（KTV、网吧、游乐园等）5 项文化消费项目平均分不及格。平均分最高的仍然是电影，但也未突破 8 分。从 5 项不及格的文化消费来看，除歌舞厅（KTV、网吧、游乐园等）外，市民打分最低的项目基本与前述市民最不满意的商家提供的文化消费项目一致，说明网络付费小说（影视剧）、网络付费游戏、付费电视节目、网络付费软件方面的文化消费，从政府的规划引导，到企业的研发、生产、销售等环节都存在诸多问题。

表7　市民对政府满意度评价

	1分	2分	3分	4分	5分	6分	7分	8分	9分	10分	平均分数
电影	3	6	0	15	0	106	0	97	3	41	7.10
文艺演出	7	7	0	38	0	100	2	61	0	14	6.18
网络付费小说、影视剧	8	9	0	69	1	77	1	47	0	5	5.54
工艺美术品	7	4	0	56	0	79	1	68	1	16	6.18
音像书报刊	7	5	0	43	0	87	1	73	0	17	6.32
艺体培训	10	5	0	47	0	75	1	65	0	10	6.03
网络付费游戏	9	12	0	60	0	76	2	48	0	6	5.57
歌舞厅、网吧等	5	12	0	66	0	90	1	48	1	13	5.78
付费电视节目	11	8	0	53	0	81	1	60	0	9	5.84
旅游观光	7	5	0	38	0	106	0	75	1	24	6.46
网络付费软件	10	16	0	54	0	76	0	51	0	7	5.57
图书馆、博物馆、纪念馆	8	5	0	20	0	86	0	89	0	40	6.96

（三）市民期待的新文化消费服务

一些热心的市民也进一步提出了他们希望未来大力发展的文化消费，包括Cosplay、旅游推荐、陶艺、本土文化展示、文艺演出、免费图书馆、免费博物馆、书画展览、美食宴会、免费讲座、免费社区文化活动、新文化服务项目、培训优惠、教育宣传活动等。

三、提振重庆文化消费亟待解决的问题

（一）文化消费环境急需改善

目前，重庆文化消费总体情况不容乐观。主要表现在：文化消费宣传引导力度不够，市民消费潜力未能释放；文化消费与其他消费融合度不高，文化产业的渗透力和乘数效应未能发挥；面对市民和企业的文化消费平台缺位，未激发市民消费活力和企业协同发展的积极性；与文化消费相关的法律法规、金融、财税、统计、评估和人力资源的政策滞后。

（二）急需建立文化消费市场系统

目前，重庆文化消费市场还未建立，处于小、散、乱的自发状态，急需政府“扶上马，送一程”。文化消费市场需要平台，政府要整合各要素的积极合力，促使文化消费各流程的有效运转，促进文化消费供需平衡，激励文化消费需求快速增长。

（三）文化消费理念和习惯急需培养

重庆市民文化消费理念还需加强，不少市民特别是中低收入市民的恩格尔系数偏高，更倾向于免费（或单位集体出资）的文化消费，不注重文化消费的品质。文化消费习惯和理念较为陈旧，不了解也不愿意尝试新兴文化消费项目。

（四）文化消费预期受收入水平和闲暇时间制约

调查显示，年收入在 5 万及以下的市民文化消费较疲软，年收入 5 万—20 万元的市民文化消费较活跃。据重庆市统计局数据，2014 年全市城镇常住居民人均可支配收入 25133 元，农村常住居民人均可支配收入 9470 元。这意味着大多数市民受收入水平限制，文化消费热情不高。除了收入不高的状况之外，还存在闲暇时间不够的问题。对低收入人群来说，两种情况兼而有之；对许多高收入人群来说，主要是闲暇时间不够的问题。因此，调查数据显示，年收入 5 万—20 万元的市民以及学生和公职人员是文化消费的主力军。

四、促进重庆文化消费发展的路径

（一）构筑文化消费专门指导机构，出台专门文件促进文化消费增长

促进文化消费增长，提升文化消费水平对增强我市文化产业内生动力意义重大。这是综合性系统工程，涉及面广，协调整合任务重，急需成立相关平台，出组合拳强力推进。设置推进文化消费快速增长的专门指导机构，尽快出台促进文化消费的综合性文件。

（二）启动重庆文化消费季，推出重庆文化消费卡，激活重庆文化消费市场

今年 5 月我市出台的《重庆市人民政府关于进一步促进消费的意见》，为进一步扩大消费、促进增长指明了方向。建议推出重庆文化消费季活动，为重庆文化消费宣传造势，并将其作为每年的常态化活动，制定规划，明确每年的主题和重点，持续深入开展，使重庆文化消费升温。联合发行集文化信息交流、文化公共服务、文化消费促销监控、文化企业联动发展等功能于一身的重庆文化消费卡，着重通过线上渠道搞活文化消费流通，与线下重庆文化消费季形成互动，构筑重庆文化消费流通平台。北京于 2013 年启动了北京文化消费季，发行了北京文化消费卡，成效显著。建议推动重庆文化消费季，发行重庆文化消费卡，重点在培养消费习惯，对一般受众可以打折低价消费，以利用杠杆乘数效应撬动消费，但不宜免费。以文化消费季和文化消费卡为抓手，打造“重庆文化消费”类 O2O 服务平台，建立统计和监控系统，促进重庆文化消费持续快速增长。

（三）加大文化基础设施投入，增强文化消费便利性

在当前重庆整体文化消费环境未上档次的情况下，政府还应继续做好基础设施建设，营造良好的市场消费环境。建议采取 PPP 模式筹建一批急需的重庆自有的文化基础设施等。加大偏远城区和农村地区的公共文化设施建设力度，提高该地区公共文化设施的硬件水平，增强文化消费的便利性，使偏远城区和农村地区的市民也能享有平等文化权益。

（四）加大文化产业引导扶持和公共文化服务购买力度

根据重庆文化消费的特点，加强对文化产业的引导扶持力度。通过文化产业

引导资金、文化产品交易转化、文化特色龙头企业培育、文化产业链培育打造来引导扶持文化产业。通过加大对公共文化服务购买力度、营造文化消费的市场氛围、提高文化服务产品质量和文艺工作者积极性。建立公共文化服务项目产品库，根据项目和产品的盈利情况，加大对具体项目和产品的购买或补贴力度，营造良好的文化消费环境。

（五）促进传统文化消费项目的提档升级

调研发现，市民最喜爱电影电视、旅游观光、图书阅读等传统文化消费项目，这说明传统文化消费项目具有较稳定的消费人群和习惯，更容易在现阶段拉动重庆文化消费。但传统文化消费项目在互联网和移动网普及的现状下，消费模式滞后，盈利缓慢。要改变这种现状，需要建立诸如 B2C、O2O 的线上支付、线下活动的全方位重庆自有文化消费营销平台，加强与在线售票平台的合作与接入，培养与互联网相关的文化消费习惯，促进传统文化消费项目的改造升级。

（六）培养新兴文化消费习惯

新兴文化消费习惯的培养，重点在引导，从产业链的上游着手。应利用大数据建立重庆文化消费大数据库，通过对大数据库的监测和分析，梳理重庆文化消费发展趋势，从中选取亮点，培养新兴文化消费习惯。在此基础上，根据大数据分析，以“文化＋科技”“文化＋金融”为导向，对重庆现有文化产品供应结构进行整合和提升，培养新兴文化消费习惯，打造新兴文化消费热点。

参考文献

［1］王志标，杨盼盼．文化消费的结构与影响因素分析——基于郑汴两地的调查数据［J］．消费经济，2018（2）：59-65.

［2］傅有明．浅谈政策效应对居民消费空间差异性的影响［J］．重庆三峡学院学报，2013（2）：37-41.

旅游产业与文化产业融合发展态势测度与评价①

——以重庆市为例

王　琴　黄大勇②

以低耗能、低污染、高附加值为特点的文化产业成为众多国家经济转型的首选，也顺应了21世纪绿色发展的潮流。当前，我国经济在转向高质量发展阶段大力推进文化产业的发展，力争于2020年使文化产业成为国民经济发展的支柱性产业。同样，作为现代服务业中的朝阳产业，旅游产业因综合性强、关联度高，对经济发展的拉动作用日益突出，已成为国民经济的战略性支柱产业。与此同时，我国先后颁布《关于推进文化创意和设计服务与相关产业融合发展的若干意见》（国发〔2014〕10号）、《关于推动特色文化产业发展的指导意见》（文产发〔2014〕28号）、《“十三五”时期文化旅游提升工程实施方案》（发改社会〔2017〕245号）等系列政策，并于2018年组建文化和旅游部，积极引导和大力推进旅游产业与文化产业融合发展。从本质属性来看，旅游若无文化感觉像是缺少灵魂，文化没有旅游是魂不附体，两者互融互生不可分割。从产业经济角度来看，文化是旅游最重要的资源，旅游是文化最大的市场，[1]两大产业相互交融、相得益彰。随着大众消费时代的到来，“文化＋旅游”成为人们追求的新方式，因此探讨文旅融合如何有效发展，催生文旅新业态以增强消费市场活跃度，已成为当前学术界研究的热点之一。

① 基金项目：教育部人文社会科学重点研究基地重大项目“长江上游地区典型民族文化与旅游产业融合发展研究”（17XMZ029）。原载于《广西经济管理干部学院学报》2019年第2期。

② 王琴，重庆工商大学经济学硕士研究生，研究方向：旅游产业结构布局。黄大勇，长江师范学院教授，研究方向：旅游经济与管理。

重庆市是我国重要的文化旅游区，旅游产业和文化产业发展的主要经济指标均保持了高速增长态势。2017 年重庆市接待游客 5.4 亿人次，实现旅游收入 3300 亿元，同比分别增长 20%、25%；入境游客量增幅、国内游客量增幅、本地游客量增幅分别达到 100.93%、53.91%、222.95%，三项增速指标均居全国前列。[2] 另外，重庆市文化产业处于走出深度调整阶段，回升明显，2017 年实现营业收入 1993.44 亿元、增加值 662.94 亿元，同比分别增长 26.11%、11.86%。[3] 基于该地区的旅游产业和文化产业融合研究，对当地乃至全国的产业融合研究将起着重要的影响与推动作用。因此，本文以重庆市为研究对象，构建其旅游产业和文化产业的评价指标体系，利用熵值法确定各指标权重、借鉴耦合协调度模型来构建融合发展模型，对重庆市 2004—2017 年旅游产业和文化产业融合发展态势进行测度与评价。

一、文献回顾

20 世纪 70 年代以来，新兴信息产业的出现推动了不同产业间的相互交叉、融合渗透，产生了产业融合。[4] 这种不同于古典分工理论强调分化和产业部门细化，而是要求突破行业限制进行资源整合的新产业策略更具有明显的绩效。[5] 旅游产业和文化产业的融合具有天然的优势，[6] 两者的融合发展催生了大量新产品、新业态与产业综合体，这引起了学术界的密切关注，并对该领域的相关问题展开了深入探讨。国外学者对于旅游产业与文化产业融合发展的研究主要集中在旅游产业与单一类型文化产业融合而形成的具体业态，比如旅游演艺[7]、影视旅游[8]、节事旅游[9] 等，多数研究文献的核心观点认为旅游产业与文化产业的有机融合有利于增强旅游目的地的吸引力及提升旅游产品品质和内涵，同时也有利于提高文化资源优势向文化产业优势的转化率，尤其以文化为根基的宗教旅游、遗产旅游为代表。[10] 国内学者则主要是基于产业融合理论视角，研究了旅游产业与文化产业的融合模式、融合机理、融合路径。从文旅融合模式来说，有学者基于产业自组织演化机理，提出了渗透型、延伸型、重组型三种文旅融合模式，[11] 也有学者根据文化资源的表现形态不同，提出了开发型、体验型、再现型、创造型四种文旅融合模式。[12] 从文旅融合机理来说，除了旅游产业与文化产业自身的特性决定了两者进行融合的内在动因外，还需要由市场机制、创意型人才、政府部门三方力量形成有效共振，以形成由“市场需求拉动—文化创意驱动—制度设计推动”的外在推动力，[13-14]内在动因与外在推动力共同构成促进两大产业融合发展的动力机制。从文旅融合路径来说，虽然学者们从不同角度或研究区域提出了略有差异的具体融合路径，但大多都符合要素融合、业务融合、管理融合、产品融合、市场融合、业态融合的逐级递进关系，以便推进不同产业设计、生产、销售等环节的渗透和交叉，形成创新性的融合型产品。同时也有一些文章从灰色系统理论[15]、游客购物行为[16]、新增长理论[17]、信息化视角[18]等多理论视角分析两者融合的实现原因及发展对策。

通过对文旅融合相关文献的梳理可知，两者的互动发展问题受到了国内外学者的充分关注与重视，大多数的研究文献是以案例地的实践为背景直接提炼模式、机理、发展路径等，可称之为案例式研究。但是从研究方法来说，绝大多数文献偏重于文献研究，在分析方法上也多为定性分析法，定量研究不足。本文在相关研究的基础上，借鉴耦合协调度模型对重庆市旅游产业与文化产业融合发展态势进行定量测度，探讨重庆市文旅融合发展。

二、旅游产业与文化产业融合评价模型

（一）评价前提

产业耦合与产业融合是既有区别又有联系的一对概念。现有理论对产业融合的界定通常认为是以技术融合、业务融合和市场融合为前提，不同产业或同一产业内部不同行业通过渗透、交叉或重组方式而产生的产业边界模糊化的经济现象。[19-21]产业耦合是指产业之间通过相互作用，在信息、技术、人力资源等方面进行交换、渗透与循环，并在业态发展进程中进行竞合联动，进而使之形成良性共振。[22]与产业融合一样，产业耦合能够提升产业绩效和产业价值、推动产业创新、优化产业结构与提高产业竞争力，还能推进产业融合，并确保主要联结部分的融合与子系统时时紧密相连，能在更大范围内优化系统功能。[23]以高关联性、强渗透性、边界模糊性为特点的旅游产业与文化产业进行互融互动具有天然的优势。一方面，文化产业能够为旅游产业提供丰富的内容产品，提高旅游市

场竞争力与吸引力；另一方面，旅游产业也能为文化消费创造巨大的市场空间，实现文化资源的保值增值与社会共享，彼此互通、相互融合的动态过程可以运用耦合协调度来测度与评价。

（二）耦合协调度模型构建

首先，为消除指标数据间的量纲关系，从而使数据具有可比性，采用极差标准化方法对其进行无量纲化处理：

正向指标：$y_{ij}=\dfrac{x_{ij}-x_{j\min}}{x_{j\max}-x_{j\min}}$

负向指标：$y_{ij}=\dfrac{x_{j\max}-x_{ij}}{x_{j\max}-x_{j\min}}$ （1）

式（1）中，x_{ij} 表示第 i 年第 j 项指标的原始数值，$x_{j\min}$、$x_{j\max}$ 分别表示2004—2017年间第 j 项指标的最小值与最大值，y_{ij} 表示经过无量纲化处理后的新数据。为避免下列公式（3）中求信息熵出现无意义的情况，借鉴相关文献对 y_{ij} 统一加上0.01，即 $y_{ij}=y_{ij}+0.01$。

其次，通过比较客观的熵值法赋予指标权重：

第 i 年第 j 项指标的比重为：$P_{ij}=\dfrac{y_{ij}}{\sum_{i=1}^{m} y_{ij}}$ （2）

第 j 项指标的信息熵为：$E_j=-(\ln m)^{-1}\sum_{i=1}^{m}(p_{ij}\times \ln p_{ij})$ （3）

第 j 项指标的效用值为：$D_j=1-E_j$ （4）

第 j 项指标的权重为：$W_j=\dfrac{D_j}{\sum_{j=1}^{m} D_j}$ （5）

再次，计算旅游产业与文化产业的耦合度：

旅游产业综合评价函数： $z(x)=\sum_{j=1}^{m} w_i x'_{ij}$ （6）

旅游产业综合评价函数： $h(y)=\sum_{i=1}^{m} w_i y'_{ij}$ （7）

式（6）（7）中，m 表示两个产业系统的指标数量，w_j 表示产业系统里各项指标的权重，x'_{ij}、y'_{ij} 分别表示旅游产业指标和文化产业指标经过无量纲化处理后的新数据。

旅游产业与文化产业两系统间耦合度为：

$$R=\sqrt{\frac{z(x)\times h(y)}{[z(x)+h(y)]^2}} \quad (8)$$

最后，计算旅游产业与文化产业两系统间耦合协调度：

两系统间综合评价指数为：$P=a\times z(x)+\beta\times h(y)$ （9）

两系统间耦合协调度为：$D=\sqrt{R\times P}$ （10）

式（9）中，P 表示旅游产业与文化产业两系统间的综合协调指数，描述的是旅游产业与文化产业的总体发展水平对其耦合协调度的贡献，其中 α 和 β 为待定参数，且 $\alpha+\beta=1$ [24]，认为旅游产业和文化产业同等重要，设定 $\alpha=\beta=0.5$。在式（10）中，R 表示旅游产业和文化产业两系统间耦合度，描述的是系统间互相影响的强弱，D 表示旅游产业和文化产业两系统耦合协调度。由于耦合协调度能够克服耦合度无法比较客观地反映系统间良性耦合程度的缺陷，因此，本文采用使用要求更高、适应范围更广的耦合协调度，以便更准确地反映旅游产业和文化产业这两个系统间的耦合协调发展程度（融合发展水平）。D 的区间取值为 [0，1]，D 的值越接近 1，表示旅游产业与文化产业两系统间的耦合协调发展程度（融合发展水平）越高，反之，耦合协调发展程度（融合发展水平）越差。

（三）评价指标的选取

旅游业与文化产业融合评价指标既需要反映旅游产业发展水平的变化，又需要反映文化产业发展水平的变化，同时在选择指标时应遵循整体对应性、科学性和代表性原则。本文借鉴已有的评价指标研究，[25]分别从产业绩效、产业要素两个层面构建了重庆市旅游产业与文化产业发展水平评价指标体系。旅游产业系统指标体系包括国内旅游收入、国际创汇、国内旅游人次等 12 项（见表 1）。在确定旅游产业与文化产业评价指标的基础上，根据公式（1）—（5）对各指标赋予了相应的权重（见表 1）。本文选择了 2005—2018 年《中国文化文物统计年鉴》、2005—2018 年《中国旅游统计年鉴副本》、2005—2018 年《重庆经济年鉴》与 2005—2018 年《重庆统计年鉴》作为主要数据来源，以《重庆市国民经济与社会发展统计公报》相关年份数据为必要补充。

表 1　重庆市旅游产业与文化产业系统评价指标及其权重

系统类型	一级指标	指标体系	属性	权重
旅游产业	旅游产业绩效水平	国内旅游收入（亿元）	+	0.1136
		国际创汇（亿美元）	+	0.0949
		国内旅游人次（亿人次）	+	0.1145
		国际旅游人次（万人次）	+	0.0982
		接待入境过夜游客人次（万人次）	+	0.0768
		入境游客平均每人逗留天数（天 / 人）	+	0.1827
	旅游产业要素水平	旅行社数量（家）	+	0.0871
		3 星级以上饭店数（家）	+	0.0519
		4A 及以上景区总数（个）	+	0.0755
		旅游业从业人员（万人）	+	0.0575
		高等旅游院校学生数（人）	+	0.0473
文化产业	文化产业绩效水平	文化产业增加值占比（%）	+	0.0391
		文化、文物事业费（亿元）	+	0.0727
		文化产业单位总收入（千元）	+	0.0559
		文化市场经营机构营业收入（千元）	+	0.1824
		艺术表演团体演出收入（万元）	+	0.1083
		博物馆参观人次（千人次）	+	0.0559

续表

系统类型	一级指标	指标体系	属性	权重
文化产业	文化产业要素水平	文物机构数量（个）	+	0.0858
		公共图书馆数量（个）	+	0.0148
		群众文化事业机构数量（个）	+	0.1375
		艺术表演团体数（个）	+	0.0834
		艺术表演场馆数（个）	+	0.0942
		文化市场经营机构数（个）	+	0.0564

注："+" 表示该指标为正向指标；群众文化事业机构包括群众艺术馆、文化馆（站）。

（四）耦合度及耦合协调度等级划分标准

为了科学有效地对比不同时期旅游产业与文化产业两系统间的耦合协调发展程度（融合发展水平），需要对两系统间的耦合协调度进行等级划分。依据上述模型测算，旅游产业与文化产业两系统间的耦合度 R 和耦合协调度 D 的取值范围在［0，1］区间，在参考其他学者研究的基础上[26-27]采用均匀分布函数法将旅游产业与文化产业耦合度、耦合协调度分别划分为 6 个阶段、10 个等级（见表 2）。

表 2　耦合度及耦合协调度等级划分标准

序号	耦合度区间	耦合阶段	序号	耦合协调度区间	协调度等级	类型
1	$R=0.00$	耦合度极低	1	$0.00 \leqslant D \leqslant 0.09$	极度失调	失调衰退类型
2	$0.00<R \leqslant 0.29$	低水平耦合阶段	2	$0.10 \leqslant D \leqslant 0.19$	严重失调	
			3	$0.20 \leqslant D \leqslant 0.29$	中度失调	
3	$0.29 \leqslant R<0.49$	拮抗阶段	4	$0.30 \leqslant D \leqslant 0.39$	轻度失调	过渡类型
			5	$0.40 \leqslant D \leqslant 0.49$	濒临失调	
4	$0.49 \leqslant R<0.79$	磨合阶段	6	$0.50 \leqslant D \leqslant 0.59$	勉强协调	
			7	$0.60 \leqslant D \leqslant 0.69$	初级协调	

续表

序号	耦合度区间	耦合阶段	序号	耦合协调度区间	协调度等级	类型
5	$0.79 \leqslant R<0.99$	高水平耦合阶段	8	$0.60 \leqslant D \leqslant 0.69$	中级协调	协调上升类型
			9	$0.80 \leqslant D \leqslant 0.89$	良好协调	
6	$0.99 \leqslant R \leqslant 1.00$	耦合度极高	10	$0.90 \leqslant D \leqslant 1.00$	优质协调	

三、实证结果及其分析

首先根据公式（1）对重庆市旅游产业与文化产业评价指标原始数据进行无量纲化处理，其次根据公式（2）—（5）对各指标赋予权重，再根据公式（6）和（7）计算其旅游产业、文化产业综合发展水平指数 U_1、U_2，最后根据公式（8）—（10）计算两系统间耦合度 R 和耦合协调度 D，并分别进行等级划分（见表 3 及图 1）。

（一）旅游产业与文化产业发展水平分析

由表 3 可知，2004—2017 年期间重庆市旅游产业与文化产业发展水平总体均呈上升态势。从旅游产业发展状况来看，发展水平指数历年平均值为 0.4375，最大值为 0.9574，最小值为 0.0195，年均增长率为 34.92%。因 SARS 负面影响的延后效应，2004 年重庆市旅游产业发展水平指数只占到 2005 年的 25.39%，而且旅游产业发展评价体系里的 11 项指标数值均为历年最小值。随后，受国内经济增速下降、外需不足等环境影响，除 2013 年出现轻微波动外，重庆市旅游产业发展水平基本呈直线增长态势。《关于促进旅游业改革发展的若干意见》《重庆市建设国际知名旅游目的地“十三五”规划》（渝府办发〔2017〕138 号）文件及“渝新欧”国际铁路联运大通道、“渝桂新”南向通道、“一带一路”和长江经济带的联结点等释放的巨大发展机遇，给重庆旅游业大发展营造了利好的时代环境。同时积极借助 2016 世界旅游城市联合会重庆香山旅游峰会户外宣传、重庆江北国际机场 T3A 航站楼和重庆西站开通等时机，有力地促进了重庆市近年来旅游业的快速发展。从文化产业发展状况来看，2004—2017 年期间重庆文化产业发展水平指数总体也呈上升态势，历年发展水平指数平均值为 0.3676，最大值为 0.8165，最小值为 0.1413，年均增长率为 11.28%，但文化产业发展水平增长速度远低于旅游产业发展水平增长速度。

（二）旅游产业与文化产业耦合度与耦合协调度分析

从表 3 和图 1 可知，2004—2017 年期间重庆市旅游产业与文化产业这两个系统之间的耦合度、耦合协调度分别处于区间［0.2824，0.5000］与［0.1775，0.6649］。从旅游产业与文化产业耦合度来看，耦合度总体呈上升态势，旅游产业与文化产业两系统间的相互影响不断增强，耦合阶段也由低水平耦合阶段过渡到拮抗阶段。但耦合度始终无法冲破 0.5 的水平，表明重庆市旅游产业与文化产业两系统间的作用强度仅能进入良性耦合阶段，还未走向有序发展阶段，旅游产业与文化产业两系统间的作用强度有待进一步释放和提升。从旅游产业与文化产业耦合协调度来看，耦合协调度呈现随年份增加而递增的态势，耦合协调等级于 2014 年实现了从失调阶段向协调阶段的转变。虽耦合协调度在不断提升，但是其耦合发展程度（融合发展水平）状况尚未发生明显飞跃，仅实现了初级协调发展水平，距离中高级协调发展阶段还有较大差距，表明重庆旅游产业与文化产业两系统间的协调发展状况仍是一种较低水平的协调，要实现两系统良性互动发展，任重而道远。

通过对比重庆市旅游产业和文化产业这两个系统发展水平的大小，可进一步把二者之间的耦合协调度等级再细分为 3 种类型：一是 $z(x)$ 大于 $h(y)$，表明文化产业发展水平明显滞后于旅游产业发展水平，属于文化滞后型；二是 $z(x)$ 等于 $h(y)$，表明旅游产业与文化产业处于同步发展水平，属于旅游—文化产业同步型；三是 $z(x)$ 小于 $h(y)$，表明旅游产业发展水平明显滞后于文化产业发展水平，属于旅游滞后型。从表 3 和图 1 也可知，除了 2004 和 2005 年、2007 和 2008 年旅游产业发展主要分别受到 SARS 负面影响的延后效应、波及全球的金融危机影响，旅游产业发展水平低于文化产业发展水平，属于旅游滞后型。随后其他年份的旅游产业发展水平又呈现出爆发式增长，远远高于文化产业发展水平，属于文化滞后型，表明旅游产业兼具脆弱性与恢复能力强的双重属性。总体来说，重庆文化产业发展水平明显滞后于旅游产业发展水平，说明此期间文化产业对旅游产业的支撑作用有限、旅游产业对文化产业的驱动作用不明显，而且文化产业滞后在一定程度上会阻碍旅游产业的进一步发展，亟须采取有针对性的举措推动重庆市文化产业发展，使文化产业既能满足旅游产业发展的需要，又可借助旅游产业扩展文化市场的空间，提升重庆市文化“软实力”。

表 3　重庆市旅游产业与文化产业两系统发展水平、耦合度及耦合协调度（2004—2017）

年份	U_1	U_2	滞后类型（U_1/U_2）	耦合度 C	耦合协调度 D	耦合协调等级
2004	0.0195	0.2036	旅游滞后型	0.2824	0.1775	严重失调
2005	0.0780	0.1721	旅游滞后型	0.4633	0.2407	中度失调
2006	0.1438	0.1413	文化滞后型	0.5000	0.2670	中度失调
2007	0.1881	0.2031	旅游滞后型	0.4996	0.3126	中度失调
2008	0.1904	0.2454	旅游滞后型	0.4960	0.3288	轻度失调
2009	0.2873	0.2174	文化滞后型	0.4952	0.3535	轻度失调
2010	0.3725	0.3170	文化滞后型	0.4984	0.4145	轻度失调
2011	0.4711	0.3431	文化滞后型	0.4938	0.4484	轻度失调
2012	0.5964	0.3400	文化滞后型	0.4809	0.4745	濒临失调
2013	0.5823	0.3871	文化滞后型	0.4898	0.4872	濒临失调
2014	0.6234	0.4011	文化滞后型	0.4881	0.5000	勉强协调
2015	0.7678	0.5719	文化滞后型	0.4946	0.5756	勉强协调
2016	0.8467	0.7867	文化滞后型	0.4997	0.6388	初级协调
2017	0.9574	0.8165	文化滞后型	0.4984	0.6649	初级协调

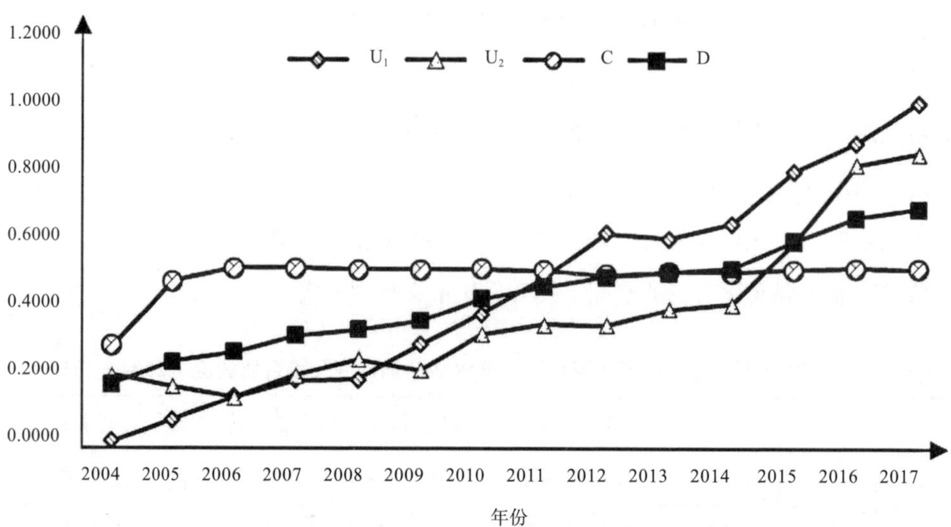

图 1　重庆市旅游产业与文化产业两系统发展水平、耦合度及耦合协调度（2004—2017）

四、结论与建议

文旅融合不是一个新问题，但对重庆市旅游产业发展赋予了新的内涵。从上文可知，2004—2017 年这 14 年间，绝大部分年份里重庆市文化产业发展水平滞后于旅游产业发展水平，且两大产业的融合发展水平较低，耦合协调度最高仅为 0.6649，这说明重庆市旅游产业与文化产业的融合发展还具有广阔的发展空间，应加大力度推进文化产业发展，发挥好对旅游产业的支撑作用。因此，重庆市旅游产业和文化产业要形成一种相互支撑、互融提升的正相关效应，需在厘清现有的文旅资源开发秩序的基础上，加强科技的融入、兼顾经济价值和社会价值以及促进一二三产业界域的联动，进一步推动重庆市旅游产业和文化产业融合发展。

第一，厘清文化资源开发秩序，循序渐进地推进文旅融合。资源融合是旅游产业与文化产业融合发展的基础条件，重庆市地域文化资源十分丰富，但不是所有的文化资源都具有资本属性，能够快速融入旅游产业进行产业化经营。鉴于此，当前的一项基础性工作就是要组织实施文化资源普查，明晰文化资源类型并厘清文旅资源开发的经济秩序，循序渐进地推进文旅融合发展，绝不能一哄而上地开发，以实现对文旅资源的有效开发利用。同时，要注重差异化发展，避免同类资源的重复建设和雷同开发。

第二，融入现代高科技手段，充分发挥重庆文化资源的旅游价值。技术融合是旅游产业与文化产业融合发展的核心要素，重庆市文化旅游开发急需加强高科技手段的融入。在供给层面，融入现代高科技元素，对重庆文化资源加以提升与再创造，使“地下的东西走上来、书本上的东西走出来、死的东西活起来、静的东西动起来”。在需求层面，利用大数据进行统计与分析，科学预测市场需求。通过在供需层面融入现代高科技手段，以便充分发挥文化资源的旅游价值。比如深圳天际云数字技术有限公司通过“文化＋旅游＋科技”，将数字科技与景区的游览体验项目开发结合在一起，展现出“沉浸式互动体验”的文旅新趋势。

第三，兼顾经济价值和社会价值，实现居民与游客共享资源。功能融合是旅游产业与文化产业融合发展的重要保障，推进重庆市文旅融合发展不只是一个经济问题，还要思考如何与重庆地区社会功能、居民生活需求相结合。换言之，文旅融合要兼顾经济价值和社会价值，既要让游客享受到独具特色的重庆文化旅游资源，也要保证当地居民对这些资源的享有和利用，通过两者有机结合不仅能够增强文旅融合发展的生命力，还能夯实民众基础。

第四，通过一二三产业界域联动，促进文化旅游与重庆经济共同发展。界域融合是旅游产业与文化产业融合发展的深化，一二三产业界域的联动是重庆旅游经济发展的必然趋势，尤其是在新型城镇化、美丽乡村、农业农村现代化等新时代背景下，文化旅游应与新城镇化建设、美丽乡村建设、农业农村现代化建设融为一体，不断催生新业态、新服务、新产品，以达到文化旅游与地区经济的共同发展。

第五，扬长补短，破解不充分不均衡的新矛盾。重庆民俗、历史、建筑、山水等独具特色，因开发条件的限制很多特色资源没有得到充分的开发，“保守”式、“跟风”式的现象明显，同质产品竞争激烈，区域内旅游差距明显。应立足本土特色，注重因地制宜引进人才和技术，打造特色文化旅游经济带，构建差异化格局，实现区域协调发展。

参考文献

［1］姚军．文旅融合的4大趋势与机遇［J］．市场观察，2018（5）：54-55.

［2］韩毅．重庆日报、携程集团联合发布《2017年重庆旅游大数据报告》［EB/OL］．［2018-02-05］.http：//www.cqrb.cn/content/2018-02/05/content_140763.html.

［3］重庆市旅游和文化发展委员会.2017年重庆文化产业运行情况［EB/OL］．［2018-03-14］.https：//www.cqwhw.gov. cn/content-2551-8912-1.html.

［4］赵珏，张士引．产业融合的效应、动因和难点分析——以中国推进“三网融合”为例［J］．宏观经济研究，2015（11）：56-62.

［5］Gambardella A，Torrisi S. Does technological convergence imply convergence in markets？ Evidence from the electronics industry［J］.Research Policy，1998，27（5）：445-463.

［6］兰苑，陈艳珍．文化产业与旅游产业融合的机制与路径——以山西省文化旅游业发展为例［J］．经济问题，2014（9）：126-129.

［7］Richards G，Wilson J.Developing creativity in tourist experiences：A solution to the serial reproduction of culture［J］.Tourism Management，2006，27（6）：1209-1212.

［8］Kole S K.Dance，representation，and politics of bodies：“thick description” of Tahitian dance in Hawaiian tourism industry［J］.Journal of tourism and cultural chance，2010，8（3）：183-205.

［9］Connell J.Film tourism-Evolution，progress and prospects［J］.Tourism Management，2012，33（5）：1007-1029.

［10］Reinhard B，Andreas H Z. Cultural Tourism in Rural Communities：the Residents’Perspective［J］.Journal of Business Research，1999，44（3）：199-200.

［11］程晓丽，祝亚雯．安徽省旅游产业与文化产业融合发展研究［J］．经济地理，2012，32（9）：161-165.

［12］黄细嘉，周青．基于产业融合论的旅游与文化产业协调发展对策［J］.

企业经济，2012，31（9）：131–133.

［13］陈瑾．文化产业与旅游业融合发展机理及政策选择——以江西省为例［J］．企业经济，2014（5）：122–126.

［14］张海燕，王忠云．旅游产业与文化产业融合运作模式研究［J］．山东社会科学，2013（1）：169–172.

［15］张振鹏，栾晓平．大运河沿线区域产业结构升级路径及启示［J］．山东社会科学，2018（7）：150–157，164.

［16］周叶．基于灰色系统理论的江西文化产业与旅游产业耦合发展［J］．江西社会科学，2014，34（3）：41–45.

［17］杨卫武，徐乃卿．基于游客购物行为的上海旅游与文化产业融合研究［J］．经济论坛，2012（3）：19–24.

［18］陈红玲，陈文捷．基于新增长理论的广西民族文化产业与旅游产业融合发展研究［J］．广西社会科学，2013（4）：173–176.

［19］张琰飞，朱海英．信息化视角下文化与旅游产业融合发展的机理与途径——以武陵山片区为例［J］．江西社会科学，2013，33（5）：72–76.

［20］Greenstein S，Khanna T.Competing in the age of digital onvergence［J］. Boston，1997，25（6）：201–226.

［21］［日］植草益．产业组织论［M］．北京：人民大学出版社，1988：19.

［22］厉无畏．中国产业发展前沿问题［M］．上海：上海人民出版社，2003.

［23］方忠，张华荣．文化产业与旅游产业耦合发展的实证研究——以福建省为例［J］．福建师范大学学报（哲学社会科学版），2018（1）：39–45，169.

［24］周蕾，段龙龙，王冲．农业与旅游产业融合发展的耦合机制——以四川省为例［J］．农村经济，2016（10）：40–45.

［25］翁钢民，李凌雁．中国旅游与文化产业融合发展的耦合协调度及空间相关分析［J］．长沙：经济地理，2016（1）：178–185.

［26］侯兵，周晓倩．长三角地区文化产业与旅游产业融合态势测度与评价［J］．经济地理，2015（11）：211–217.

［27］李扬，张建军．中国“新四化”融合发展水平的测度与评价［J］．统计与决策，2017（7）：129–133.

SWOT分析视角下的重庆网络电影产业发展研究[①]

陈佳生[②]

随着互联网技术的不断发展和进步，互联网普及率也在逐年上升，截至2018年6月，我国互联网普及率已达到57.7%，互联网用户总数达8.02亿人，位居全球网民数量首位，超过印度（排名第二）和美国（排名第三）网民总和[③]。随着互联网使用人数的与日俱增，用户创造内容（UGC）成为互联网发展的一个新态势，其中，网络视频已经成为中国互联网业务中最能争夺网民“睡眠时间”的娱乐服务之一。截至去年，网络视频用户规模达6.09亿人，与去年相比增加3014万人，占网民总体的76%；手机网络视频用户规模达到5.78亿人，比上一年增加2929万人，占手机网民的73.4%[④]，可见网络电影的影响力正在逐渐扩大。重庆本土的网络电影也紧跟时代步伐，从2013年开始陆陆续续发布了一系列带有重庆印记的网络电影，例如《陌路狂欢》《窃道》《寄居少女》《守护》《白夜最长时》等均在网络电影市场上占有一席之地。

网络电影指的是在互联网传播时代，以网络作为主要媒介，兼具艺术性、叙事性和动态发展的影视化作品。网络电影属于电影门类的一种新形式，判断它是否有艺术性是将其与充斥在网络视频中的大量家庭录像相区别的首要条件，其次

---

① 基金项目：本文为重庆大学科研计划项目“互联网+”背景下重庆影视产业发展策略探析（编号：CYS18072）阶段性成果。原载于《文化与传播》2019年4月，第8卷第2期。

② 陈佳生，重庆大学美视电影学院电影专业研究生。

③ 艾瑞咨询:《2018年中国互联网流量年度数据报告》，http://www.iresearch.com.cn/Detail/report？ id=3332&isfree=0.

④ 中国互联网信息中心:《中国互联网发展状况统计报告》，http://www.cnnic.net.cn/hlwfzyj/.

网络电影具备的叙事性便于将其和网络广告、宣传片区分开来，最后网络电影的动态发展指的是对影片时长没有固定限制，基本满足30分钟以上就属于中长篇分类，其内容、质量和其他规范等方面正在逐渐发展当中[①]。随着网络时代中人们对个性化需求剧增，网络电影潜在的市场前景不容小觑，它正在影响并改变着中国传统电影的生产传播方式。本文立足于重庆本地的网络电影研究，从产业角度而言，借助SWOT分析方法，深入探讨重庆网络电影发展过程中存在的优势、劣势、机会和威胁等[②]，为重庆未来的网络电影发展提供一个可行的参考方案和建议。

一、重庆网络电影产业的SWOT分析

（一）优势（Strengths）

重庆网络电影依托重庆当地的有形资源和无形资源为自己添砖加瓦，省下不少生产制作的成本。又因重庆拍摄的网络电影多数选择投放在网络行业中的三巨头，所以发行方式不受限制，其面对的电影受众也不受限制且数量庞大。

1. 成本可控

重庆有得天独厚的山城文化，其作为影视素材在网络电影中已经屡见不鲜。重庆网络电影可就地取材，在本地组建团队进行拍摄，省下前期去外地勘察和调研的各项费用支出。重庆本地有专门的影视院校，演员资源和技术资源丰富，为重庆网络电影的发展起到了一定的推动作用。例如2017年9月15日开机的网络电影《重庆崽》是一部反映重庆青年在追梦过程中执着不息的青春励志片，编剧和演员皆是从当地的影视院校里挑选出来的大学生。这部网络电影的剧本创作时间为一周，拍摄历时20天，整个剧的创作时间大致为一个月，简短的制作周期极大地节省了成本。

2. 发行渠道多样化

网络电影的发行方式解决了以往传统电影制片、发行、放映三方相互制衡的

① 杨晓茹，范玉明．网络电影研究［M］．中国传媒大学，2015：12–16.

② 范玉明．基于SWOT分析的网络电影产业发展研究［J］．电影文学，2014（2）：8.

结构性问题，院线电影有时还会受到院线排片数量的限制，而网络电影仅仅通过互联网这一端口，为观众的观影提供了极大的便利性和快捷性。重庆网络电影立足于对网民的观看习惯研究，决定投放哪家网络平台。例如笔者对从2014年开始至今已制作四部网络电影的重庆星制作影业公司进行调查访问，了解到该公司选择投放影视平台的依据。星制作影业公司发布的前三部网络电影《黑车》《养魂计划》《下半城风云》选择的是专业的视频网站——M1905电影网和爱奇艺进行播映，但由于没有拿到公映许可证，三部片子皆在放映不久以后被影视平台下架处理。在该公司进行第四部影片《白夜最长时》的放映平台考虑时，就选择了以娱乐内容为主打的芒果TV，一是基于对芒果卫视的“年轻化”受众的看重，二是因为芒果卫视开始进行传统媒体的网络延伸，大力推陈出新创造网络电影的新域地，对于重庆本地的影视公司来说未尝不是一次好的合作尝试。所以，重庆网络电影在发行渠道上，有多种选择模式可以考虑，既有以内容为王的专业视频网站，例如优酷网、爱奇艺网、M1905电影网、酷6网等等，又有以门户网站的建立来扩充流量的视频频道，例如腾讯视频、新浪视频和搜狐视频等，还有以品牌化打造媒体营销的后起之秀，例如芒果卫视和bilibili网站等。

3. 电影受众人数多

我国网络视频用户规模一直呈现稳定增长的趋势，从2007年底的1.61亿人逐年增长至2018年中的8.02亿人，视频用户网民由2017年的57892万人增加至2018年的60906万人[①]。这些数据可以从一定程度上反映出我国网民观看在线视频的习惯已经养成，互联网已经成为广大消费者除了电影院之外观看影视化作品的必要选择，如此庞大的目标市场群体数量已经成为网络电影产业发展的坚实磐石。笔者对重庆本地的网络电影进行调研发现，大多数重庆网络电影的制作者都会选择在爱奇艺的平台上进行播放，例如由重庆女婿钱泳辰主演的都市悬疑犯罪网络电影《窃道》、由重庆能源集团南桐煤矿拍摄的公益微电影《守护》、由重庆明文影业制作的网络电影《血戒》、由剧组全主创都是重庆人拍摄的网络电影

① 中国互联网信息中心:《中国互联网发展状况统计报告》，http://www.cnnic.net.cn/hlwfzyj/.

《寄生大脑》等都选择在爱奇艺进行独家播放。其原因在于爱奇艺网站有专门的网络电影专栏和庞大的网民浏览量，在艾瑞数据报告中，2018 年全年中，爱奇艺的在线视频观看量有 8 个月位居第一，有 4 个月位居第二，其目标受众数量极其可观[①]。

（二）劣势（Weakness）

网络电影在呈现一片欣欣向荣之势时，其快速发展的背后仍然存在着双刃剑的劣势问题。重庆网络电影与东西部地区网络电影一样存在着难以回避的通病，即影视内容缺乏深度，导致质量参差不齐，版权问题亟待解决，盈利模式的固化导致资本运转周期过长等。

1.“手工作坊”成品质量堪忧

在传统电影时期，电影是由具备一定艺术修养的专业人士拍摄完成的，它反映了艺术家对现实生活的思考和提炼，作品里渗透了艺术家的个人气息。而随着网络技术和数码设备的不断更新，越来越多的普通大众也能参与到电影制作中来；又因为视频网站上传视频的门槛低，更促进了业余爱好者组队成立“手工作坊”式拍摄团队的步伐。往往两三个人用一部手机或者相机就可以拍摄完成一网络电影，这使得在快消费时代出现了不少粗制滥造、逻辑混乱的烂片，更有一些在法律边缘试探的网络电影极大地危害了青少年身心健康和和谐社会的构建。例如一部讲述重庆美食的网络电影取名《食·色》，用无厘头喜剧风格来掩盖片中美食和美女之间的暧昧关系，以极低的营销手法博取眼球，实不可取。

2. 版权问题

版权问题一直是视频网站在发展过程中难以解决的一个重大难题。网络电影的版权问题主要突出体现在两方面：一个是网络电影的制作者存在一定程度的抄袭等侵权行为；另一个是网络电影在传播过程中很难对视频版权进行监控[②]。在经济快消费时代，重庆网络电影的剧本大多数都是“攒掇”出来的，由于经费紧张、时间短促，很难确保剧本能完全无嫌疑地没有“借鉴”或“挪用”他人的成

① 艾瑞咨询：《2018 年中国互联网流量年度数据报告》，http：//www.iresearch.com.cn/Detail/report？ id=3332&isfree=0.

② 杨晓茹，范玉明 . 网络电影研究［M］. 中国传媒大学，2015：83.

果。再者，基于网络传播自身的缺点，网站用户可自行下载视频，再上传至其他视频平台，这种对海量视频内容进行搜索式的监管，难度实在太大。

3. 盈利模式固化

盈利模式就是探求企业利润来源、生产过程、产出方法和管理控制的系统架构和方法[①]。简而言之，盈利模式就是探寻如何获取利润的方式。对重庆网络电影的发展而言，对盈利模式的更新思考有着极为重要的意义。免费观看网络电影是中国绝大多数网民的习惯和心理趋向，而随着各大视频平台的 VIP 付费制的出现，网络电影的浏览量下降近一半，VIP 专区观众更愿意收看已在影院下线的院线电影，其质量和观看体验均高出网络电影。重庆网络电影制作者想改变这一现状，唯有投入更多生产成本，例如加入知名演员、知名导演等等，使其影片质量直逼传统电影。但网络电影在增加成本的情况下还是唯有出售内容给视频平台、在片中加进植入式广告两种方法来获取盈利，与影院电影的票房盈利和广告盈利仍然相差甚远。例如，重庆星制作影业公司自己出资拍摄的网络电影《白夜最长时》耗费 200 万元，在将内容和版权出售给芒果 TV 时仅仅回收了成本。由此可见，重庆网络电影急需开展扩窗盈利模式，应打破只在网络这一个窗口上播放的现状。

（三）机会（Opportunities）

网络电影异军突起，已经形成了一种新的电影生产模式，并逐渐构建了自己的产业链。重庆网络电影有政府的鼓励和重庆当地举办的影视文化节两项法宝作为发展的助推之力，再加上重庆各高校开设的影视专业众多，人才辈出，所以重庆网络电影相较于其他地区有强劲的产业优势。

1. 社会文化环境良好

电影产业是引领我国文化建设的有力工具，可以促进精神文明的建设和经济社会协调发展。作为电影产业中新兴发展起来的网络电影，基于其数量众多的受众群体和越来越大的社会影响力，所以迎来了发展的春天。2010 年，国务院办公厅发布《关于促进电影产业繁荣发展的指导意见》，提出大力发展电影产业，增

① 杨晓茹，范玉明．网络电影研究［M］．中国传媒大学，2015：145.

强国家文化软实力。重庆市电视艺术家协会响应号召，已经连续举办了好几届“中国文联青年文艺创作扶持计划项目申报”的征集工作，对影视作品进行极大的鼓励和支持。2018 年，由重庆市文化旅和重庆美电传媒进行首届“重庆创客剧本扶持计划”，通过公开征集、评选优秀剧本项目促进影视创作繁荣，并为优秀获奖者提供免费的摄影器材使用、技术培训和其他相关支持等。由重庆南岸区的先锋艺术影院承办的第一届“先锋艺术电影展映季”，邀请了张会军、张国立等著名人士为重庆地区优秀的影视人才及其投稿的获奖作品进行颁奖，这一举措极大地鼓舞了本地区从事影视制作的人的信心。

2. 技术突破带来新机遇

随着 P2P 与流媒体技术的结合，实现了“用户越多，播放越流畅越稳定”的性能，它能够支持数万人同时在线大规模访问[①]。这种技术大大提高了视频和音频的传输速率，进一步为网络电影的传播打下了起飞的基础。同时，5G 时代即将到来，网络电影能够满足观众在手机客户端进行“浅阅读”的娱乐需求。据数据显示，2018 年中，手机用量在所有互联网接入设备中占据最大份额，这说明网络电影可以更便捷地和大众进行互动和沟通，也可以使观众随时随地参与网络电影的制作和点评。例如，重庆网络电影《食·色》和《陌路狂欢》在未开拍前，通过招募演员进行第一轮的广告宣传，便可以通过手机端进行在线的视频面试和访问。

3. 创作主体结构变化

随着电影制作技术的发展，网络电影制作向平民化、大众化方向迈进，随之而来的网络电影创作主体也从由专业人士构成到由专业人士和业余爱好者共同构成，因为他们各自不同的生活经历和家庭背景创作出来的影视作品有所不同，从而使得重庆网络电影产业题材丰富，百花齐放。例如，在 2006 年，一部由重庆与外地网友合作拍摄的剧情片《花开滋味》，讲述了一段美好的爱情故事。该片除专业摄影师李柏秋外，制作班底都是非专业人士，连导演起航邀月都是半路出家的业余爱好家。

① 杨晓茹，范玉明 . 网络电影研究［M］. 中国传媒大学，2015：136.

（四）威胁（Threats）

重庆网络电影在近几年的稳步发展中稍有成就，当前已有一个良好的开端，但同时依然面临一些严峻的问题，例如内容监管的力度加大以及短视频行业的异军突起给网络电影市场带来了不可估量的损失。

1. 监管问题

初期的网络电影多以恶搞、自拍类的短片为主，发展至今的网络电影需要政府部门对其生产过程和发行销售进行有力的监管，才能避免电影内容的粗俗和资源的浪费。2012 年国家广电总局和国家互联网信息办公室联合下发《关于进一步加强网络剧、微电影等网络视听节目管理的通知》，要求视频网站在审核的时候需要有 3 人以上通过后才可播出，且电影团队需要持证上岗①。严格的管理是把双刃剑，既可以促进网络电影产业的良性发展，也可能会制约网络电影生长的速度。比如，《下半城风云》这部讲述重庆外来务工人员被卷入江湖争斗的犯罪悬疑片由于没有获得公映许可证，故而在网络平台上播放几个月后便被下架。

2. 短视频行业带来的竞争压力

2018 年中国视频服务行业月独立设备数达到 2.3 亿台，同比增长 11.7%，归功于短视频用户激增，继 2017 年视频服务行业快速发展后，2018 年进入成熟阶段，行业渗透率达 92.2%，成为视频服务行业的主要成长领域。这些数据说明了短视频成为如今炙手可热的流量媒介，它以其“短、快、小”和互动性极强的优势给网络电影带来了难以想象的竞争压力。重庆作为抖音平台上的网红城市，如何将本地的网络电影作为一个特色项目推送出去是一个值得认真思考的问题。

二、重庆网络电影产业发展策略

在重庆网络电影的 SWOT 战略分析基础上，通过对其发展进程中的优势、劣势、机会和威胁等加以综合评估与分析可知重庆网络电影有巨大的市场潜力。结合重庆内部资源、外部环境能够清晰地给出优势—机会组合（SO）、优势—威胁组合（ST）、劣势—机会组合（WO）、劣势—威胁组合（WT）这四套“组合

① 范玉明．基于 SWOT 分析的网络电影产业发展研究［J］．电影文学，2014（2）：9.

拳”，从而在战略与战术两个层面对重庆网络电影的发展方法进行调整。

（一）SO：依靠本地优势资源，解决内容质量堪忧和政策把控严格的问题

从网络电影产业链的角度来说，该产业主要涉及三个主体：内容制造者、产品运营者和终端用户。内容制造者指的是处在产业上游的专业影视公司和自媒体网民，产品运营者是处于核心阶段的各大视频网站，终端用户就是观看网络电影的网民群体[①]。采用“三位一体”的整合营销方式优化重庆网络电影的制片、发行和放映三个环节，使观众信息反馈能及时传递给制作者，结合重庆本地特色文化，例如陪都文化、三峡文化、火锅文化、码头文化、袍哥文化等，拍摄网民最想看到的题材，在内容上进行整体提升和改变，这样在进行重庆当地的文化营销的同时也体现了以消费者价值为导向的营销理念。另在进行重庆本土文化影视作品创作时，应积极申请国家电影局的公映许可证书，使影片获得“龙标”，避免被视频平台处理下架。其次是整合重庆的人力资源，本地有数家高校开设影视类专业，且抖音培养了一部分草根视频制作人，生产主体多样化造就创作题材新颖化。可借鉴重庆电视协会创办的模式，建立网络电影人才协会或举办相关培训，优化创作人员的综合素质，调整主创人员的政治思想，使其素质发展迎合政治环境的要求，保证重庆网络电影作品融入当下社会文化大环境的氛围。而且在重庆两江影视城和民国影视街等地都累积了大量影视爱好者，可以就地取材和拍摄，打造属于重庆的 IP。最后是整合重庆网络电影营销发行的渠道，在搭乘各大视频网站进行独家播放的版权之争和开创自制剧的便车之时，可以进行连锁式非银幕营销，即“先网后台”，具体可以表现为网络营销、重庆本地电视台营销、车载电视营销和其他相关产品开发的营销体系[②]。

（二）ST：利用市场细分进行精准营销，化解短视频分流带来的压力

现阶段的网络电影发展遇到的最大的竞争对手是短视频。在我国网民中，以中等教育水平的群体为主，截至 2018 年 6 月的数据显示，受过大专、大学本科

① 杨晓茹，范玉明．网络电影研究［M］．中国传媒大学，2015：141.

② 刘贝琳．以 4C 为基础的电影品牌整合营销传播特点［J］．中国电影市场，2018（12）：20.

及以上教育的网民占比分别为10%和10.6%，初中、高中/中专/技校等网民占比总和为62.8%。要想和短视频打赢这场分流之争，就要采用以消费者为中心的4C理论，即考虑消费者需求（Customer）、愿意付出的购买成本（Cost）、购买的便利性（Convenience）和沟通（Communication）这四个方面①。网络电影受众摆脱了传统电影被动、单一的接受模式转而变成快速主动的寻求。在“浅阅读”的智能时代，重庆网络电影可以做到上下分集或是挑选出精彩片段进行预告片花的轮番轰炸，进行曝光式营销，引起观众注意。在内容方面，更加注重中等教育水平的网民接受程度，多倾向于进行喜剧、悬疑、恐怖等夺人眼球的题材拍摄。各大视频网站皆是付费会员制，重庆可以自创本地APP，例如重庆网络广播电视台的视界网，可以在该软件或是微信公众号上进行网络电影的出售，可以进一步调整观众愿意接受的观看价格，也解决了本地居民购买的便利性问题。对于网络电影而言，口碑营销直接决定了点击率和好评率，也是广告商衡量广告投放的重要参考点。所以，重庆网络电影就应该找好“把关人”，如媒体记者、自媒体大V和专业人士等，时刻关注网民的反馈意见，做到评论正向引导和适时把控负面影响。

（三）WO：采用自制剧的方式化解版权压力

在网络视频飞速发展的今天，版权已经成为网络视频发展环节中最稀缺的资源。因此重庆网络电影的发展应着手向电影产业的上游发展，以制片方或投资方的角色进入自制网络电影的领域，这其中最关键的是剧本独创和版权保护。网络电影的前进在于用户的良好体验，其突破口就是内容创意。随着技术的进步，网民对影片故事内容的差异化、画面质量的要求是越来越高。重庆政府和其他相关单位大力进行剧本选拔，目的也就是为影视创作提供一个良好的故事基础。2018年重庆大学美视电影学院开设了国家艺术基金——网络视频人才的培养班，进行了为期60多天的教学，其目的就在于提高网络视频人才的素质和修养，为不断推出有创意的剧本打下基础。同时，重庆相关部门还应为网络电影提供政策上的支持和引领，为本地网络电影的发展提供法律法规上的保驾护航，在版权保护问

① 翁翩.基于4C理论的电影口碑营销策略［J］.青年记者，2010（4）：62.

题上进行大力度的监控和惩治，例如由重庆法制频道自制的普法栏目剧《莲花闹海棠》就是一个很好的例子，这样的影视作品创作手法也同样可以运用在本土的网络电影中。另外，重庆网络电影制片人还应该将零散的电影制作者聚合起来，借用各种民间力量，整合重庆网络电影的生产资源，打造网络电影品牌，创作出类似于《傻儿司令》《王保长》《生活麻辣烫》等一系列有重庆印记的影视作品，使其独特的创作特点（重庆话和火锅等）成为人尽皆知的品牌标志，可以培养忠实和固定的消费群体，最终往规模化的方向靠拢。

（四）WT：采用吸引广告主的关注、进行扩窗放映两种方式，转变盈利模式

目前，网络电影的商业价值逐渐被广告主认可，更多的广告主将注意力集中在更具创意的网络电影表现形式上。例如，在著名的“11度青春”网络电影营销中，优酷、中影和雪佛兰联手打造了10部青春电影，创造了收视高潮。所以，重庆星制作影业公司受到“11度青春”的启发，欲与重庆段记服饰企业进行联合拍摄，将剧中主人公设置为该企业员工并身穿有公司Logo的西装，集合品牌、创意和营销元素三位一体的合作模式为重庆网络电影开展出一条新的融资渠道。所以吸引广告主以投资方的角色参与到制作过程中是重庆网络电影转变盈利模式的不二法宝，但与此同时，扩展新的放映窗口也是影响重庆网络电影未来发展的一个重要因素。这就要求重庆网络电影在发展中要对目标群体进行细化分类，采取精准营销的方式对不同地区的消费者进行不同的定价策略和放映制度。重庆网络电影的投放点应瞄准被忽略的二三线城市，乃至四五线城市，进行“首轮”影院和“二轮”影院的建设，实行多级售卖机制，因为有数据显示，这些地区的网民占比数达到50%以上，是一片市场价值极大的网络电影处女地。重庆网络电影也可以对这些城市乃至乡镇采取先网络后地方电视台的扩窗放映，公交车、长途大巴甚至广场LED也是可以纳入考虑范围的传播途径，通过人为的扩大市场范围和制造价格极差来创造新的利益增收点。

三、结语

本文主要从SWOT的分析视角系统阐释了重庆网络电影在发展中面临的各项

挑战和威胁，以及自身具备的优势和机会，通过组合每项要素进行匹配性的战略规划，从产业文化的角度综合分析了重庆网络电影创收增收的营销方式。重庆网络电影作为重庆展示自身文化软实力和经济实力的一张名片，应积极改变现有的不足，调整盈利模式，结合整合营销、精准营销、口碑营销等方式提高网民对重庆网络电影的认可度，使这项可以让草根积极参与的大众通俗文化作为展示重庆风土人情和民俗文化的一个有力窗口。

WENLV RONGHE

文旅融合

从重庆旅游经济热看旅游新趋势[①]

王会颖

随着国民消费水平的不断提高，旅游的市场规模日益扩大。从文化和旅游部的数据可以看出，2018 年全国旅游业对 GDP 的综合贡献为 9.94 万亿元，占国内 GDP 总量的 11.04%。旅游业的兴盛可作为一个天然的宣传窗口，有利于联动发展第二和第三产业。旅游业发展不仅仅促进经济发展，也为我国就业情况做出了贡献。数据显示，全年全国旅游直接和间接就业 7991 万人，占全国就业总人口的 10.29%。因此，各城市均把发展旅游业提上了重要日程。国庆长假，重庆以 3859.61 万人次的入境人数跃居 2019 年十大国庆旅游城市的榜首。这虽然已经不是重庆第一次名列前茅，但在各大城市积极竞争旅游业的情况下，重庆入境游客居然高出第二名武汉近百分之七十，说明其在城市管理和旅游规划方面愈加成熟。

一、重庆发展特色旅游的成功经验

1. 网上流量转化为真实客流量

如今的网红城市再不是意外的昙花一现，而是从大数据分析开始，各地扎实开展的整套营销策划的结果。其中不仅包括创意，网红达人的参与，更重要的是得到了政府部门的高度重视和市民的广泛支持。重庆的洪崖洞，以其与《千与千寻》的夜景相似成为卖点。在灯光点缀下的洪崖洞，充满时尚感和镜头感，符合年轻游客追逐的“打卡型旅游”特点。即使努力彰显个性的照片开始变得千篇一律，游客也仍旧乐此不疲。另外，火锅是聚餐提议永远不会被否决的一项。像奶

① 原载于《上海企业》2019 年 12 月。

茶、螺蛳粉一样，在社交媒体中，它们代表的已经不仅仅是食物，而是一种时尚，是一种流行文化。以火锅为主角的重庆美食，逐渐开始坐上“C位”，并联动重庆其他特色小吃，给重庆贴上了最简单也最容易吸引流量的美食标签。重庆找到了城市独特又吸引年轻人的文化符号，在“抖音”等热门短视频平台以及综艺电影等大众传媒平台利用明星网红达人效应扩大宣传，使这些文化符号成为热议对象。打通各渠道的全面宣传使“去看看”的心理暗示已经种在具有购买力和购买欲的年青一代心里。此外，重庆出入境交通发达，城内物价较低，对于各个消费阶层都十分友好，这些元素均构成了这一成功营销闭环。

2. 夜游经济成为新的消费选择

以往的旅游市场往往关注游客的日间活动。随着城市景观建设的升级与旅游方式的多样化，夜间旅游业态日益丰富，激活了城市空间，为游客提供了新的消费选择。夜晚的休闲调性更有助于游客对当地文化的感知与生活方式的体验。夜间旅游成为文化和旅游融合发展的需求新潜力，中国的夜间消费实力如今已不可忽视。在重庆，三分之二的餐饮营业额都是在夜间实现的。以江北九街为例，作为重庆夜间旅游的典型，节假日高峰超过6万人次，年营业收入突破30亿元，并带动一万余人就业。与其说是重庆商业氛围带动了夜间消费，不如说是重庆恰好符合了现代游客崇尚且习惯的生活方式。夜游经济的收益不围绕门票，而是围绕关联消费，包括餐饮、娱乐、演出等，甚至包括对于“夜拍”效果更好的手机的需求。在城市之间餐饮娱乐逐渐趋同的当下，重庆自身的巴渝文化、美食文化和建筑文化是在流光溢彩的照片视频背后真正吸引游客的内涵。当然，夜间街区拥挤，人员构成复杂会加大城市安保的管理难度。此次十一长假期间，重庆警方多次发短信提醒市民错峰出行，市民也纷纷热情配合，对于外地游客的友好程度可见一斑。夜间旅游是文化和旅游融合发展的结果。一直以来，夜间的繁华程度显示了一个城市，甚至一个国家的富裕程度。如今的夜游趋势，彰显了我国居民生活幸福，安居乐业。而重庆，搭着这班“夜游”的快车，城市发展更是迅速上了一个台阶。

3. 红色旅游为游客带来新体验

正值中华人民共和国成立70周年之际，今年红色旅游更加火爆。重庆有400

多处保存良好的抗战遗址和名人故居。此次国庆期间，全市 20 处红色旅游的景点景区共接待游客 85.63 万人次。红色游客中以学生和老人为主，而这二者都会以家庭为单位出游，注重旅游路线的连贯性和深度。从大环境看，大部分重庆的红色景区和山水风景融为一体，细分下来有沙坪坝歌乐山抗战风景一条街以及著名的“红岩联线”等具体旅游线路，延展开来这些红色旅游能与重庆市区的时尚感城景和烟火气夜市构成更加丰富的旅游体验。这些都是历来走红色旅游路线的老城所不具备的。不到一周的短暂出游，既能符合老人怀旧的情怀，又能对中小学生起到教育作用，还能迎合年轻人追求的热度。重庆能成为国庆期间最受欢迎的旅游城市，理由不言而喻。

二、发展特色旅游的启示

旅游经济是一种综合性的服务行业，从重庆国庆期间旅游热度看，要加快旅游业态的发展，就要不断适应时代需求，依据城市发展的特点，发展特色旅游，加强自身优势的打造，提高市场竞争力。

1. 打造网络经济产业新业态，推动新时尚旅游消费

“互联网 + 旅游”使旅游经济进入一个新的时代。随着年轻消费者作为旅游市场新格局的主力军到来，其消费偏好逐渐推动旅游市场发生深刻变革。一是以数据技术为支撑，基于“旅游 + 文化、体育、时尚业”的整合营销，为城市提供了新的宣传渠道。二是以数字智能技术为触媒。纵观当前智慧文旅发展趋势，数字技术已经扎根到文旅产业的各个方面。其中，远程 VR 旅游或将成为一个爆点。区别于传统的讲解员模式，基于 AR 技术，可以将景区故事背景立体呈现在游客面前，从而提升游客旅游体验，促使智慧城市创新实践与城市独特的产业生态平台进行重构，实现城市旅游文化大发展。三是发展健康网红经济，构筑正能量网红生态圈。借助网络短视频和网红的力量打造旅游新亮点，依托庞大的粉丝群体进行定向营销。自媒体将传统媒体环境中的受众推向主舞台，以他们的需求和审美倒逼公共事务管理机构在旅游创新上不断提升水准。重庆市就是借助抖音短视频的巨大流量，将重庆的旅游资源进一步扩大知名度，结合景区情况与网红联合产生内容，扩大营销效果。千里奔赴网红景点，拍照发布，自发宣传，实现

在网络上的广泛传播，打造网红城市，这背后需要利用网红达人推动。如今网红的“带货能力”已经不容小觑，背后可观的经济收益也正待发掘与规整。

2. 培育夜间经济，映射城市文化与活力

如今夜间经济成了城市经济发展的重要组成部分，然而尚处于市场导入期和产业培育期，需要政府主动作为以及社会各界的精心呵护。一是塑造城市夜间经济特色，培养地方特色的夜间文化生活。发展夜间经济是一场生活方式变革与文化创新，如今的夜间经济在城市间相对趋同，缺乏自己的特色品牌。各地只有充分挖掘地区特色，依托地方文化增强区域夜间经济的吸引力，才能形成独具风格的夜间文化生活，以此推动夜间消费平民化，培育夜间经济市场。二是建设夜间经济特色集聚区，丰富夜间经济业态。重点街区的商超、餐饮、娱乐逐渐延长营业时间，使夜间产品更加多元，培育较为独立的商业生态。三是增强公共设施，优化夜游的环境。改善夜间照明，延长夜间交通，营造夜间城市的安全夜游的氛围。四是政府需要建立完整的夜间经济治理制度，尽量减少夜间经济消极影响。一方面要加强业务许可，从政策上给予扶持，鼓励夜市经营活动并加强指导培训。另一方面要倡导夜间文明旅游，实行政府、市民与游客三方共管机制，让夜间经济建立在安全可持续的基础上。以开放的思维汲取各地发展夜间旅游的经验，推动夜间旅游健康可持续发展，推进文化事业、文化产业和旅游业的深度融合。

3. 推动红色旅游经济，实现转型发展

红色旅游作为旅游的一个重要组成部分，是对旅游业发展的一大重要补充。其寓教于乐的特性，赋予了它除经济功能以外的社会意义。我国红色旅游资源丰富，仍有较多主题等待被挖掘。为了推动红色旅游经济的发展，仍需更多实际有效且与商业结合的发展模式。一是进一步强化红色旅游的教育功能。教育功能的发挥依赖旅游资源的开发程度，要深挖区域特色，结合历史文化，让红色旅游不再是参观博物馆式的浅尝辄止，而是游客可参与的深度体验，逐步推动完整的红色旅游生态链建设。二是推动红色旅游产业链建设。依托当地资源，充分挖掘红色旅游资源潜在经济效应，拓宽红色旅游资源，延展出除传统的收入模式外的新型商业模式，不断满足多样化旅游体验需求，实现红色旅游经济与其他行业的协同发展。三是加强旅游管理人才队伍建设。红色旅游的开展不仅需要地理资源符合红色旅游的需求，更需要相关从业人员的参与，如背景讲解和路线设计等。加强对当地旅游从业人员的培训，不仅可以深化游客的旅游体验，而且对于拉动就业也有一定的帮助。

旅游业已成为国民经济发展不可替代的产业和人民幸福生活的刚需。未来，我国文化旅游消费市场要坚持供给侧结构性改革，不仅要依托自然资源和历史文化资源，还需要面向当代生活创新产品和业态，从网红旅游经济、夜游经济和红色旅游经济着手，强化市场的力量，迎合市场的需求，进一步增加多元化和高品质旅游产品供给，在亲民、便民、惠民上面下功夫，不断增加公众旅游的获得感和满意度。

我国文旅融合研究学术态势[①]

——基于（2009—2019）国家社科、教育部人文社科基金立项数据

巫程成　朱倩倩[②]

一、引言

“文化 +”产业与“旅游 +”产业不断整合，为缓解新时代人民日益增长的美好生活需要和不平衡不充分的发展之间的矛盾提供了产业基础和实现路径。产业的发展整合，需要国家政策指引和科学理论支撑[1]。2009 年，文化部与国家旅游局联合发布《关于促进文化与旅游结合发展的指导意见》指出：文化是旅游的灵魂，旅游是文化的重要载体，既给文旅融合提出了理论要求，又给了明确指向。2018 年，文化部和国家旅游局职责整合，正式组建文化和旅游部。党的十九大报告也提到“没有高度的文化自信，没有文化的繁荣兴盛，就没有中华民族伟大复兴”。文旅融合，从来没有像现在这个时代，让一批批研究者向往。文旅融合研究也逐渐成为旅游和文化研究的新热点[2]。回应文化和旅游融合发展的时代之问，需要扎根实践的理论探索[3]。

---

① 基金项目：本文系教育部人文社科基金项目“乡村振兴战略下乡村旅游者环境责任行为研究：测量、形成机制、影响后效及柔性政策”（19YJC630131）、浙江省高等教育“十三五”教学改革研究项目“创业学习视角下的创新创业教育驱动与调节机制探究”（jg20180595）的研究成果。原载于《旅游论坛》2019 年 11 月第 12 卷第 6 期。

② 巫程成（1989—　），甘肃泾川人，浙江旅游职业学院科研处处长助理，讲师，研究方向为旅游产教融合。朱倩倩（1969—　），女，浙江义乌人，浙江旅游职业学院科研处处长，教授，研究方向为旅游高等教育。

二、文旅融合研究现状

2011年，文化与旅游发展报告中指出，目前文旅产业主要表现为旅游节庆风起云涌、主题公园如火如荼、特色餐饮铺天盖地、旅游商品争奇斗艳、旅游演艺方兴未艾、主题酒店风生水起、文化旅游生机勃勃、品牌城市成为时尚[4]。文旅融合研究当为产业谋发展，为人民谋福祉。目前文旅融合研究，更多表现为“重旅游，轻文化”的路径依赖，存在很多亟待解决的问题。明确研究方向和研究内容，对整个学科的发展起着导向和引领作用[5]，既是文化和旅游研究的理论出发点，也是国家解决人民精神物质相关问题的政策支持点。而对研究项目本身的研究，尤其是国家重大社科基金项目的研究，更能为文旅融合研究提供理论参考、方法路径和学术方向。文旅融合研究几十年来，一直吸引着研究者从不同角度就中国文化与旅游融合概况进行探讨与分析。基本理论主要集中在概念辨析[6, 7]、研究方法[8, 9]、体系建构[10, 11]、要素创新[12, 13]，跨时间维度的综述类研究主要集中在学术影响[14-16]、改革开放40年[17, 18]、基金支持[19-22]，内容研究主要集中在乡村旅游与乡村振兴[23, 24]、民族文化旅游研究[25, 26]、中国节事活动[27, 28]、全域旅游[29,30]、文化遗产[31,32]、文化旅游景观[33]、文化旅游者及市场研究[34]、文化旅游资源[35]、文化旅游环境[36]、文化旅游管理[37]、精准扶贫[38]。

以上主要从文献分析、研究概况和专家展望等角度来讨论中国文旅融合研究，而较少研究项目的分析。与一般研究相比，国家社会科学基金项目和教育部人文社会科学基金项目（以下简称国家社科、教社科）是我国社会科学领域最高级别的研究课题，侧重于重大社会发展问题、理论前沿问题和政策性问题研究，最能反映我国文旅融合研究态势，因国家自然科学基金主要反映我国自然科学的发展态势，文旅融合研究主要来自社会科学研究范畴，故不在其列[4]。最早政策性提出文化与旅游融合发展的年份为2009年，且2009年前的社科基金项目研究也已经丰富[4, 5, 19-22]，因此，本研究统计数据时间为2009—2019年。探索10年来中国文旅研究的学术态势，为文化和旅游研究工作者产业发展、研究选题及申请项目提供参考。

三、文旅融合研究立项总体样态及分析

本文中关于国家社科项目数据是通过对全国哲学社会科学规划办公室网站发布的相关课题立项数据重新整理统计得出（http：//www.npopss-cn.gov.cn/），本文中的关于教育部人文社科项目的数据是通过对中国高校人文社会科学信息网发布的相关课题立项数据重新整理统计得出（https：//www.sinoss.net/）。主要方式是以“文旅”为关键词和以“旅游、游憩、休闲、游客、景区、景观、遗产、节事”关键词筛查出包括文化主题的项目，分别在两个数据库中逐年进行检索。需要说明的是，因为准确确定一个项目是否属于文旅融合研究项目并不容易，因此在界定时参照了课题的名称、立项者工作单位和研究方向以及最终成果，并在知网上搜索该基金支持的文章内容是否体现“吃、住、行、游、购、娱”旅游六要素与文化的融合。经过检索、筛查2009—2019国家社科和教社科基金的项目，体现文旅融合理念的有效项目数为713项，其中国家社科项目为104项，教社科项目为609项。按照“学科、项日负责人所在单位、项目类型、项目名称、项目编号、项目负责人、立项年份、单位所在省份”等条目在EXCEL表格中进行分类汇总，然后数据处理后输入到SPSS22和“图悦”热词分析工具进行描述性统计分析和类别分析、词频分析。

（一）空间分布

从1993年国家社科基金开始资助旅游类项目，2009年以后，旅游与文化在政策层面大融合，国家社科、教社科文旅融合相关研究立项数量在不断增长，递增趋势基本一致，2012年为最高点，国家社科项目增量更加明显，教社科项目更具有体量优势，总体增长曲线呈M型（见图1），其中，2012年为最高点。国家社科项目增量明显，说明具有我国文化特色的旅游市场需求越来越大，通过旅游展现文化属性的价值需求也不断激增，宏观政策层面越来越重视文旅融合发展。教社科项目更具有体量优势，说明我国大力推进文旅融合政策，具体实施层面越来越细微考究。2012年是我国文旅融合研究的热潮，与我国文化产业总产值2012年破4万亿，其中旅游业占比近五成有很大关联，说明产业发展会对理论研究具有一定导向。项目数量增长曲线呈M型，数量变化存在周期性高低谷，

隔一年增长一次，也在提醒文旅融合具体操作层面，可能存在一个 2 年的成长周期，或者存在一个 1 年的补偿效应。为更直接地了解文旅融合研究时空发展变化，按照“单位、负责人、学科”情况进行描述性统计（见表 1）。

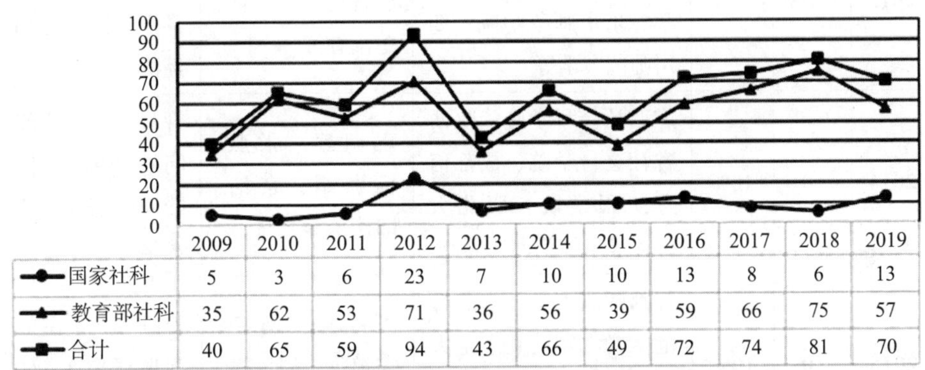

图 1　2009—2019 年文旅融合研究国家社科、教社科基金项目年度统计

表 1　2009—2019 年文旅融合研究国家社科（上）、教社科（下）基金项目立项空间分布一览表

年份	数量	比率	单位（国家社科项目）	负责人	学科
2009	5	5%	吉首大学、北方民族大学、云南师范大学、四川师范大学、广西民族大学	张琰飞、沙爱霞、赵红梅、刘旺、韦复生	民族问题研究 3、理论经济、应用经济
2010	3	3%	兰州商学院、福州大学、安徽师范大学	窦开龙、陈章旺、路幸福	民族问题研究、体育学、社会学
2011	6	6%	福建师范大学、曲阜师范大学、重庆交通大学、西藏大学、青海大学财经学院、贵阳学院	郑耀星、刘庆余、张玉蓉、巴桑吉巴、边世平、杨山青	管理学 4、应用经济、语言学
2012	23	22%	云南民族大学 3、北京第二外国语学院、广东技术师范学院、广东商学院、广州大学等	唐晓云、张述林、杨春宇、光映炯、宋梅等	民族问题研究 9、应用经济 9、管理学 3、理论经济、宗教学

续表

年份	数量	比率	单位（国家社科项目）	负责人	学科
2013	7	7%	桂林理工大学、西安财经学院、江西财经大学、乐山师范学院、四川师范大学等	傅广生、姚宏、史言信、邓明艳、王汝辉等	管理学3、民族问题研究2、世界历史、应用经济
2014	10	10%	广西社会科学院、陕西省社会科学院、成都信息工程学院、西北大学、华东师范大学等	袁珈玲、张燕、杨丽娟、余洁、邱扶东等	管理学5、民族问题研究3、国际问题研究、艺术学
2015	10	10%	首都师范大学、西北师范大学、山西财经大学、伊犁师范学院、宁波大学等	张胜男、南宇、宋鹏飞、周风祥、周春波等	管理学5、民族问题研究3、体育学2
2016	13	13%	西藏大学2、佳木斯大学、青海民族大学、湖南科技大学、中国旅游研究院等	谢维光、多杰、杨洪、杨丽琼、王克岭等	体育学5、管理学4、民族问题研究2、法学、应用经济
2017	8	8%	中国社会科学院、四川外国语大学、梧州学院、重庆交通大学、南开大学等	时雨晴、林移刚、方昌敢、张玉蓉、陈纪等	民族问题研究4、管理学2、社会学、应用经济
2018	6	6%	华侨大学、西北师范大学、桂林理工大学、内蒙古师范大学、商丘师范学院等	黄远水、欧阳正宇、徐云、秦兆祥、牛森等	民族学3、管理学、社会学、体育学
2019	13	13%	华东师范大学、中山大学、新疆大学、桂林旅游学院、新疆财经大学等	冯学钢、保继刚、乌拉尔·沙尔赛开、钟泓、李翠林等	民族学6、艺术学2、应用经济2、管理学、国际问题研究、社会学

年份	数量	比率	单位（教育部人文社科项目）	负责人	学科
2009	35	6%	三峡大学2、华南师范大学2、云南大学2、中山大学等	黄佛君、杨永德、周传发、肖佑兴、郑绍江、邹统钎等	交叉学科/综合研究13、经济学7、艺术学5、管理学2、民族学2
2010	62	10%	东南大学3、北京理工大学2、贵州财经学院2、浙江工商大学2等	赵玫、卞显红、车震宇、陈静梅、陈又林等	交叉学科/综合研究17、民族学与文化学13、艺术学11、经济学7、管理学6、法学2
2011	53	9%	华侨大学2、江南大学2、浙江工商大学2、安徽财经大学等	陈刚、陈娟、程乾、崔峰、笪玲等	交叉学科/综合研究20、管理学8、民族学与文化学8、艺术学7、经济学4、法学2
2012	71	12%	浙江师范大学3、贵州大学2、西安石油大学2、西北大学2、安徽大学等	陈修岭、成竹、崔丽丽、戴旸、党永杰等	交叉学科/综合研究28、艺术学18、经济学7、管理学5、民族学与文化学2、社会学2
2013	36	6%	广西艺术学院2、武汉理工大学2、浙江工商大学2、北京第二外国语学院等	安登贤、蔡萌、陈玲玲、陈玉茜、郭清霞等	交叉学科/综合研究11、艺术学8、经济学5、管理学4、民族学与文化学3、社会学2、体育科学2

续表

年份	数量	比率	单位（教育部人文社科项目）	负责人	学科
2014	56	9%	深圳大学3、杭州师范大学2、南京财经大学2、安徽大学等	曹芳东、陈华、陈佳、陈丽坤、陈麦池等	交叉学科/综合研究18、艺术学13、经济学6、管理学5、体育科学5、民族学与文化学3
2015	39	6%	华南师范大学2、安徽工程大学等	包蓉、曾梦宇、陈坤、陈文苑、初冬等	艺术学11、交叉学科/综合研究8、经济学5、体育科学4、管理学3、民族学与文化学3
2016	59	10%	华中师范大学3、华东师范大学2、武汉大学2、中山大学2、北方民族大学等	曾丽、柴颂华、陈修岭、单晓杰、邓运员等	艺术学13、交叉学科/综合研究11、管理学9、民族学与文化学7、经济学4、体育科学3、新闻学与传播学2
2017	66	11%	广州大学3、衡阳师范学院3、四川大学3、兰州大学2、上海师范大学2、天水师范学院2	陈晨、陈芳芳、付予、高红斌、高玉珍等	交叉学科/综合研究20、艺术学14、体育科学10、管理学7、经济学6、民族学与文化学5、图书馆、情报与文献学2

续表

年份	数量	比率	单位（教育部人文社科项目）	负责人	学科
2018	75	12%	暨南大学3、湖州师范学院2、江苏师范大学2、山东大学2、石河子大学2、四川师范大学2、浙江大学城市学院2、中山大学2	扈军、曾宇容、查瑞波、陈玲、陈玲玲等	交叉学科/综合研究22、艺术学15、管理学13、体育科学8、经济学6、民族学与文化学4、法学2、社会学2
2019	57	9%	桂林理工大学3、淮阴师范学院2、安徽财经大学、安徽师范大学、东南大学等	陈佳、陈连朋、陈岩英、陈玉萍、陈芸等	交叉学科/综合研究16、管理学9、经济学7、体育科学7、艺术学7、民族学与文化学4、新闻学与传播学2
总计	609	100%			

注：表中文字后面的数字代表该年份该类型的项目频数，频数为“1”，则略去不写。项目负责人所在单位和项目负责人只列出前5位。

立项地区和单位分布是文旅政策与先天自然条件均衡互补的结果，总体上，10年来国家社科文旅融合研究项目，广西、四川、云南立项9项，湖南立项6项，广东、青海、新疆立项5项，集中在这些具有我国民族特色的西南和西北区域，以及江苏、广东、浙江等这些经济发达与自然风光融合的经济要市，桂林理工大学立项5项，云南民族大学立项4项，青海民族大学立项3项，青海大学立项2项。教社科文旅融合研究项目主要集中在文旅学科相对领先的学校，立项数量前三名为中山大学立项10项，广州大学、西北大学立项8项。这说明文旅融合研究既需要“天时地利”，也需要“人和”。先天的特有自然条件给了文旅融合研究的基础，学者扎实的研究水准是文旅融合研究的内核。

学科归属分布是文旅融合研究的技术途径和学理支撑相互作用的结果。国家社科学文旅融合研究主要集中在管理学、民族问题研究立项 27 项，应用经济学立项 16 项，民族学、体育学立项 9 项。教社科文旅融合研究项目立项 50 项以上的为，交叉学科 / 综合研究类立项 184 项、艺术学立项 122 项、管理学立项 71 项、经济学立项 64 项、民族学与文化学立项 52 项。这说明文旅融合宏观研究依然聚焦在经济发展和民族复兴的管理体制机制层面，而文旅融合微观研究更多聚焦在跨学科、跨领域、新兴业态、新技术层面，尤其是以人民群众喜闻乐见的方式体现我国文化要义的新项目。

项目负责人分布是文旅融合研究者的学术专长和情怀坚守相互作用的结果。国家社科文旅融合研究项目，除重庆交通大学张玉蓉负责过 2 个项目外，其他负责人只立项过 1 个项目，呈现出研究人员众多而分散的状态。张玉蓉（2011）《创意经济背景下旅游业与文化创意产业融合发展机制及实证研究》,《长江经济带视域下长江国际黄金旅游带生态与文化遗产廊道构建研究》（2017），都属于应用经济学科，聚焦经济学背景下的文旅研究。教社科文旅融合研究项目负责人主要为陈佳、陈玲玲、陈修岭等 19 个负责人主持过 2 个项目，其他负责人立项 1 项，呈现出研究人员总量众多，核心相对集中但仍然相对分散的状态。其中吉林大学陈佳（2009）《北方民族萨满艺术中美术类非物质文化遗产研究》,《城镇化进程中北方少数民族美术类非物质文化遗产的保护利用及其创意产业开发研究》（2014），都聚焦民族文化遗产保护研究。这说明文旅融合宏观研究需要学者长期的耕耘，也印证了国家社科更注重经济建设等宏观发展，10 年及以内可能是一个国家社科文旅融合项目的研究周期，而文旅融合微观层面研究可以更快速地跳跃发展，也印证了教社科更注重快速有成效的发展，5 年及以内可能是一个教社科文旅融合项目的研究周期。

文旅融合相关社科 10 年立项情况，总体纵向来看，由少数特色院校、少数专业研究人员、传统学科向综合性院校、广大研究人员、多样性学科发展。

（二）项目类别

重大级别课题的项目类别分布，可以反映文旅融合的学术研究与现实需要的契合性。2009—2019 年，总体纵向来看（见表 2），跟图 1 中立项总体数量变化一致。总体横向来看，国家社科文旅融合研究主要集中在一般项目 50 项、西部项目 27 项、青年项目 22 项，教社科文旅融合研究主要集中在青年项目 367 项、规划项目 211 项、重大项目 22 项，两类社科项目都比较集中在一般项目和青年项目。青年项目的总申报人数最多，有此态势，说明大量的青年学者正在不断进入文旅融合研究领域，以科研工作服务我国的文旅事业。

表 2　2009—2019 年文旅融合研究国家社科（上）、教社科（下）基金项目立项类型表

年份	青年项目	重大项目	一般项目	后期资助项目	西部项目	合计（国家）
2009			1		4	5
2010	1		1		1	3
2011	2		1		3	6
2012	5		11	1	6	23
2013	3		3	1		7
2014	2		6		2	10
2015	3		4		3	10
2016	3		9	1		13
2017	1		4		3	8
2018			5		1	6
2019	2	2	5		4	13
总计	22	2	50	3	27	104

年份	重大项目	规划项目	青年项目	其他项目	合计
2009	2	18	14	1	35
2010	3	25	33	1	62
2011	2	21	30		53
2012	6	26	39		71

续表

年份	重大项目	规划项目	青年项目	其他项目	合计
2013		12	24		36
2014	3	17	35	1	56
2015	1	11	26	1	39
2016	4	16	38	1	59
2017		22	44		66
2018	1	23	48	3	75
2019		30	26	1	57
总计	22	211	367	9	609

（三）研究主题

国家级别课题的研究主题分布，可以反映文旅融合的学术研究重点热点趋势与研究内容动态变化。把713项文旅融合立项课题名称汇总成“2009—2019年国家社科课题文旅融合项目名称”“2009—2019年教社科基金课题文旅融合项目名称”，打开“图悦”词频分析工具，点击“热词权重图”获取国家社科文旅融合项目名称高频关键词云图，获取教社科基金文旅融合项目名称高频关键词云图。

对比国家社科和教社科文旅融合研究主题关键词的变化，可以给我们这两类项目的研究指明方向。国家社科文旅融合研究主题主要集中在文化、旅游、丝绸之路、文化旅游、文化遗产、遗产、民族、产业、保护、融合、开发、模式、旅游开发、旅游产业、旅游发展、物质、传统这17个频次10次以上的关键词。教社科基金文旅融合研究主题主要集中在文化、旅游、遗产、文化遗产、景观、保护、物质、乡村、研究基于、机制研究、视角、生态、休闲、空间、城市、民族16个频次40次以上的关键词（见表3）。

研究发现国家社科和教社科关键词数量排名第一的都是文化，总体上数量排名前五的关键词是文化、旅游、遗产、文化遗产、景观。这侧面反映了文旅融合研究中的文化第一要义，旅游第二要义。我国文旅融合研究和文旅产业发展越来越关注民族优秀传统文化遗产，越来越关注旅游内在价值创新，包括通过物质景观和人文景观，这也展现了我国文旅融合研究注重中国情境。去掉重复主题，形成文化、旅游、遗产、景观四类研究主题。

表 3　2009—2019 年文旅融合研究国家社科、教社科基金项目研究主题统计表

研究主题	文化	旅游	遗产	文化遗产	民族	景观	保护	物质	乡村
国家社科立项数	103	93	12	23	22	2	19	12	5
国家社科立项比例	99.0%	89.4%	11.5%	22.1%	21.2%	1.9%	18.3%	11.5%	4.8%
教社科立项数	239	223	173	158	41	126	98	93	51
教社科立项比例	39.2%	36.6%	28.4%	25.9%	6.7%	20.7%	16.1%	15.3%	8.4%
立项总数	342	316	185	181	63	128	117	105	56
立项总数比例	48.0%	44.3%	25.9%	25.4%	8.8%	18.0%	16.4%	14.7%	7.9%

注：表中第三和第四行比例值表示该主题关键词占该类型社科项目总数的概率，第六行比例表示两类社科该主题关键词之和占两类社科总数的概率，因此各关键词的比例存在交叉重复计算。

1. 文化研究融合旅游载体，注重价值认同属性

教社科基金文旅融合研究主题的项目中包含“文化”的项目有 103 个，比率达到 99.0%，国家社科文旅融合研究主题的项目中包含“文化”的项目有 239 个，比率达到 39.2%。“文化”主体的文旅融合研究，主要表现为以优秀传统文化强化文化载体，提升民族认同。其一，文化旅游传承促进研究，谢维光（2016，国家社科）从族群地区传统文化与旅游传承角度，李檄（2019，教社科）研究了少数民族文化传承研究等。其二，民族族群文化认同研究，赵红梅（2009，国家社科）基于人类学探究族群认同，吴其付（2011，教社科）基于羌族旅游开发探究民族文化认同等。其三，旅游文化产业开发研究，许丽

君（2015，国家社科）以“一带一路”倡议为背景探究穆斯林旅游文化产业开发，朱桂凤（2011，教社科）从满族民俗文化旅游开发为研究方向等。其四，历史文化进程梳理研究，傅广生（2013，国家社科）钟情英国旅游文化史，余达忠（2013，教社科）从重构历史角度研究客家符号构建等。其五，民族文化创新创意研究，韦复生（2009，国家社科）从西南边疆民族地区研究旅游创意，周彬（2010，教社科）探究浙江沿海和海岛地区民俗文化创意等。

2. 旅游研究融合文化内涵，注重产业经济属性

“旅游”主体的文旅融合研究，主要表现为以旅游产业资源弘扬优秀文化，提升旅游经济。其一，文化融入旅游产品研究，宋鹏飞（2015，国家社科）研究旅游产品创新系统，周峰（2009，教社科）以楚玩具设计为例研究等。其二，文化融入旅游演艺研究，王克岭（2016，国家社科）从经济效益角度探究演艺产业，郑绍江（2009，教社科）以云南乡村旅游艺术展演为例研究等。其三，文化带动区域旅游研究，李天翼（2017，国家社科）从民族文化旅游“西江模式”出发，黄大勇（2018、教社科）从长江上游地区文旅产业融合出发等。其四，红色历史文化旅游研究，史言信（2013，国家社科）探索我国革命老区文化旅游产业，刘红梅（2011，教社科）探索红色旅游文化传承等。其五，文化融入旅游经济研究，单纬东（2012，国家社科）以民族文化旅游经济竞争为视角，董志文（2019，教社科）以中国海洋旅游经济发展为视角等。

3. 遗产研究融合旅游场域，注重民族情境属性

“遗产”主体的文旅融合研究，主要表现为以文化遗产打造旅游场景，凸显民族瑰宝。其一，文化遗产基本理论研究，彭丹（2016，国家社科）研究文化遗产旅游地，顾军（2010）聚焦文化遗产学基本理论等。其二，遗产管理方法手段研究，姚宏（2013，国家社科）从遗产地旅游成长波动研究管理动因，吴鸿雅（2011，教社科）从科学管理方法研究文化遗产。其三，遗产保护传承机制研究，郑耀星（2011，国家社科）探究非物质文化遗产的旅游利用，彭国华（2016，教社科）基于陕西关中唐陵文化遗产探索数字动画保护与传播途径等。其四，民族遗产特色旅游研究，贺剑武（2018，国家社科）基于大数据技术寻找桂滇黔少数民族非物质文化遗产旅游产业路径，孙晓勇（2014，教社科）基于西辽河流域

人面岩画探究民族文化旅游开发策略等。其五，融合智慧情境平台研究，王小根（2012，国家社科）基于感知和虚拟仿真技术探究吴地文化遗产，昝胜锋（2016，教社科）探究云经济时代多产业融合等。

4. 景观研究融合文化体验，注重历史变迁属性

“景观”主体的文旅融合研究，主要表现为以设计思维打造旅游产业，凸显时代基因。其一，文化景观开发建设研究，任萍（2012，国家社科）从人类学视角探究灾后羌族社区文化景观重建，周振鹤（2014，教社科）探究上海市城区景观重建等。其二，生态景观风险管理研究，吴芳梅（2019，国家社科）从西南民族地区旅游文化景观探究风险监测，杨曦（2015，教社科）以四川九寨沟为例探究土地利用过程生态风险防范等。其三，村落景观变迁保护研究，邱云美（2012，国家社科）以畲族村落为研究对象探究传统文化变迁，赵军（2009，教社科）研究了上海城市河网景观的变迁与保护等。其四，符号景观文化体验研究，马天（2019，国家社科）基于内蒙古牧区区域探究草原文化符号，罗小燕（2017，教社科）从海上丝路视角探究视觉符号等。其五，历史景观民族文化研究，秦兆祥（2018，国家社科）从历史社会视野探究草原旅游地牧民民族文化，袁运福（2011，教社科）以关公等传统民族军事文化景观为例探究历史军事文化景观等。

四、文旅融合研究历史脉络

文旅融合研究十年来的变化，上面的讨论分析更多属于总体维度和横向维度，纵向维度观察打破了地理位置限制，能呈现出研究的时间效应，能表现出研究发展的过去、现在、未来的动态关系与峰谷变化。文旅融合研究，以文化为方向，以旅游为载体，有学者概述了文化研究40年的历史脉络，1980—1990年，激进西方文化特征研究与传统文化批判性研究，1990—2000年，回归国学古典研究与传统文化研究，2000年至今，文化价值系统构建研究与文化自信实践研究[39]。也有学者对1978—2009年中国旅游研究做过论述，认为可分为三个阶段，1978—1987年的探索与奠基阶段，1988—1997年的发展与深化阶段，1998—2008年的繁荣与困惑阶段[40]。《旅游学刊》在2019年专栏总结中国旅游

研究四十年，其中1978—1990年属于本土旅游理论未充分建立与国外旅游理论未充分吸收，1990—2000年属于西方旅游理论渗透时期，2000年至今属于学科理论的旅游知识争鸣[41]。综上，基于2009—2019国家社科基金和教社科基金文旅融合研究主题的713项立项数据，文旅融合研究也大致经历了三个阶段。

（一）2009—2011年：文旅融合市场研究“百业待举”的探索阶段

科学问题是特殊情境的产物，情境和实践判断决定了科学问题的提出方式及解答方向[42-43]。虽然受2008年全国金融危机影响，2009年全球旅游业呈现“总需求疲软”，包括中国在内的亚洲地区旅游业发展依然表现出一定的韧劲。这一年，我国旅游服务首次出现逆差，国民出境旅游消费大于入境游客消费，且呈现逐年扩大趋势。2009年国家文化部与旅游局发布文化与旅游结合发展的指导意见，同年年底国务院发布《国务院关于加快发展旅游业的意见》，强调要丰富旅游文化内涵，集中力量塑造中国国家旅游整体形象，提升文化软实力。2010年旅游消费对社会消费的贡献超过10%，2011年将5月19日确定为“中国旅游日”，建党90周年召开全国红色旅游工作会议，完成《国民旅游休闲纲要》。文旅融合产业不断探索有效途径，为市场注入活力，文旅融合研究也顺应国民生活需求，不断研究国内外旅游经济调整手段，探索有效的市场调节机制。2009—2011年，文旅融合研究项目总数不断增长，从40项增加到60项左右。国家社科项目表现在，张琰飞（2009）研究文化旅游创意产业发展，窦开龙（2010）研究民族文化旅游产业发展，张玉蓉（2011）研究创意经济背景下文旅产业发展机制。教社科基金项目重在具体探索，罗华（2009）探究生态旅游的成本—收益分析方法，王兆峰（2010）和单纬东（2010）探究区域旅游带来的居民经济收入问题，笪玲（2011）探究了水利对旅游的调适机制。

（二）2012—2015年：文旅融合产业研究“百花齐放”深化阶段

国家政策是文旅产业发展的助推剂，也是文旅融合研究的现实基础。2012年，党的十八大开局之年，提出建设“文化强国”战略，要促进文化和科技融合，发展新型文化业态。2013年提出“一带一路”倡议，国务院办公厅印发了《国民旅游休闲纲要》，《中华人民共和国旅游法》颁布实施。中国旅游业发展报告发现，2014年国务院印发《关于促进旅游业改革发展的若干意见》，我国文化创意产业呈全面爆发态势，所占GDP比例和绝对利润值快速增长，中国是全球最大的国内旅游市场国。2015年，中国旅游“515战略”开局之年，我国旅游投资已进入“黄金时代”，我国旅游投资历史上首次突破万亿元大关。2012年开始，文旅融合产业以“文化+”发展战略，不断满足人民日益增长的美好生活需要，在人民生活中越来越重要，文旅融合研究呈现“百花齐放”的形势，并在2012年达到顶点94项，接下来受各种规范性政策的影响，产业发展开始重质量轻数量，文旅融合研究也伴随着呈低谷和高峰交替性“W”曲线发展趋势。国家社科项目表现在，杨春宇（2012）探究了文化旅游产业创新演化，史言信（2013）探究了革命老区文化旅游产业发展模式，李永乐（2014）探究文化遗产资源群旅游开发，许丽君（2015）探究“一带一路”倡议与少数民族文化旅游产业的发展。教社科基金项目注重产业融合机制机理研究，金颖若（2012）通过消费场景探究旅游和文化产业融合发展机理，饶远（2013）从文化生态视域研究民族民间体育旅游协同发展体系，叶志良（2014）从国内旅游演艺的视角研究文化大发展大繁荣，张宇（2015）从乡村聚落演变角度研究旅游产业。

（三）2016年至今：文旅融合路径研究“百川赴海”繁荣阶段

2016年是“十三五”开启之年，也是国家旅游局“515战略”攻坚之年，文化产业在国家“十三五”国民经济发展规划中明确为支柱性产业，创新中国文化产业，并进行深度结构性调整，现代旅游理论体系搭建，高端智库平台推进。2017年，一号文件《中共中央、国务院关于深入推进农业供给侧结构性改革加快培育农业农村发展新动能的若干意见》，首次提出“旅游+”概念和乡村振兴战略，推进文旅产业融合发展，2017文化旅游产业研究报告指出2017年是文旅地产大爆发的一年，十九大提出要“坚定文化自信”。紧接着，2018年文化和旅游部成立后，国务院出台第一个关于旅游的文件《关于促进全域旅游发展的指导意见》，为文化和旅游搭建融合发展平台，涉及旅游融合发展4条13个领域，“（旅游+文化）+”成为推进全域旅游最核心推手。2019年，中共中央、国务院发布一号文件《关于坚持农业农村优先发展　做好“三农”工作的若干意见》，提出文旅振兴乡村战略。至此，文旅融合国家战略布局不断升级，不断推进。理论的深化，可以为战略布局寻找抓手和实施方向，文旅融合研究项目数量总体不断增长，2019 年有所下滑，但依然跟 2016 年持平，项目质量不断靠近方向更加深入融合路径。国家社科项目表现为，昝胜锋（2016）从云经济时代背景探究文化旅游多产业融合途径，林移刚（2017）从旅游精准扶贫视角探究乡土文化传承机制研究，欧阳正宇（2018）探究旅游对社会文化变迁的影响，张海云（2019）从“一带一路”背景下寻找我国旅游文化对国家形象建构的影响。教社科基金将文旅融合战略研究进一步细化，刘书安（2016）基于旅游文化共同体探究协同进化机制，杨飞飞（2017）从文化旅游开发视角探究江南古镇文化资源优化策略，李坚（2018）从乡村振兴战略出发探究乡村旅游协调发展机制，齐荣军（2019）基于国际游客认知探究儒家文化传播路径。

五、总结与展望

通过计量分析 713 项 2009—2019 年文旅融合研究国家社科基金、教社科基金项目，总体增长曲线呈 M 型。文旅融合研究逐渐转向综合性院校、广大研究人员、多样性学科发展。主题主要聚焦在文化、旅游、遗产、文化遗产、景观。目前正处于文旅融合路径研究“百川赴海”繁荣阶段，正是可为之时。

当下，市场效益不断强化，产业结构不断优化，文旅需求不断深化 ge，文旅融合科学研究更为迫切。结合联合国世界旅游组织 2017 年提出的文化旅游目录内容，包括艺术形式、特色建筑、历史遗产、文化遗产、文学人物、创意产品、生活态度、价值观念等。目前我国文旅融合研究，正在不断融合我国人民需求与国际可持续发展格局。研究的路线是实践理性的整合，未来研究方向，一方面紧跟国家战略政策不断深入，如乡村振兴对乡村社区和精准扶贫机制融合，雄安新区建设、粤港澳大湾区建设、长三角一体化、黄河流域经济带等对区域文化与旅游融合发展提出了新挑战，“一带一路”等国际趋势对文化与经济协调发展具有生态要求。另一方面，注重文旅融合的本质探讨，尤其是对我国本土文化和中国情境的研究，从理论与实践融合的哲学基础、理论界定、文旅职业教育、文旅产业深度融合、文旅融合政策、文旅融合质量度量等不断推进，使文旅融合研究这个“百年之业”真的成为“百世之利”。

参考文献

[1] 张凌云.中国旅游发展笔谈——"一带一路"与中国旅游业发展(一)[J].旅游学刊，2017，32(5)：1.

[2] 中国旅游研究院.2018中国国内旅游发展年度报告[M].北京：旅游教育出版社，2018：35.

[3] 戴斌.文旅融合时代：大数据、商业化与美好生活[J].人民论坛·学术前沿，2019(11)：6-15.

[4] 刘为民.文化与旅游融合发展报告[M].济南：山东大学出版社，2011：50.

[5] 郑柳青，邱云志.国家社科基金旅游项目研究的回顾与展望[J].旅游论坛，2010，3(3)：258-264.

[6] 张国洪.中国文化旅游——理论、战略、实践[M].天津：南开大学出版社，2001：50-60.

[7] 徐菊凤.旅游文化与文化旅游：理论与实践的若干问题[J].旅游学刊，2005(4)：67-72.

[8] Buhalis D.Tourism and trails：cultural，ecological and management issues[J].Tourism Management，2015，50(2)：97.

[9] Wijngaarden V.Q method and ethnography in tourism research：enhancing insights，comparability and reflexivity[J].Current Issues in Tourism，2016，20(8)：1-14.

[10] 宋振春，纪晓君，吕璐颖，李允强.文化旅游创新体系的结构与性质研究[J].旅游学刊，2012，27(2)：80-87.

[11] Mccann M.Identity and intercultural exchange in travel and tourism[J].European Journal of English Studies，2017，21(2)：1-2.

[12] 左冰，保继刚.1992—2005年中国旅游业全要素生产率及省际差异[J].地理学报，2008(4)：417-427.

[13] Qiu X P，Fang Y P，Yang X T，et a1.Tourism eco-efficiency measurement，characteristics，and its influence factors in China[J].

Sustainability，2017，9（9）：1634.

［14］Zhou Z.Problematization and de-problematization-30 years of cultural studies and cultural criticism in mainland China［J］.Cultural Studies，2017，31（6）：764-784.

［15］张凌云，张丹，张燕雪，周晓莹，汪才静 . 中国旅游学术论文国际影响力研究——基于 2001—2017 年旅游类 SSCI 论文统计［J］. 旅游学刊，2018，33（12）：121-133.

［16］朱桃杏，陆林 . 近 10 年文化旅游研究进展——《Tourism Management》《Annals of Tourism Research》和《旅游学刊》研究评述［J］. 旅游学刊，2005（6）：82-88.

［17］高静，王志章 . 改革开放 40 年：中国乡村文化的变迁逻辑、振兴路径与制度构建［J］. 农业经济问题，2019（3）：49-60.

［18］把多勋 . 改革开放 40 年：中国文化旅游融合发展的价值与趋势［J］. 甘肃社会科学，2018（5）：10-20.

［19］杜芳娟，朱竑 . 中国民族文化研究态势与审思——基于国家社会科学基金资助角度［J］. 人文地理，2010，25（4）：72-76，71.

［20］李经龙，付吉娟 . 我国旅游研究 20 年（1993—2013 年）——基于 NSSFC 旅游项目反映的学术态势［J］. 资源开发与市场，2014，30（7）：847-851.

［21］徐俊，风笑天 . 近十年来中国社会学研究进展——基于国家社科基金立项的统计分析［J］. 北京社会科学，2014（9）：118-124.

［22］刘庆余 .20 年来中国旅游研究进展——国家自然、社科基金旅游项目反映的学术态势［J］. 旅游学刊，2008（3）：78-84.

［23］Su B.Rural tourism in China［J］.Tourism Management，2011，32（6）：1438-1441.

［24］Chen X.A phenomenological explication of guanxi in rural tourism management：A case study of a village in China［J］.Tourism Management，2017，63（3）：383-394.

［25］吴必虎，余青．中国民族文化旅游开发研究综述［J］．民族研究，2000（4）：85–94，110.

［26］Wu J.Ethnic Tourism and the Big Song：Public Pedagogies and the Ambiguity of Environmental Discourse in Southwest China［J］. Educational Philosophy & Theory，2017，49（5）：1–2.

［27］Funk D C，Bruun T J.The role of socio-psychological and culture-education motives in marketing international sport tourism：A cross-cultural perspective［J］.Tourism Management，2007，28（3）：806–819.

［28］戴光全，保继刚．西方事件及事件旅游研究的概念、内容、方法与启发（下）［J］．旅游学刊，2003，18（6）：111–119.

［29］Shepherd R.Global Tourism Flows，Social Change and China［J］. Anthropology News，2010，51（8）：13.

［30］厉新建，张凌云，崔莉．全域旅游：建设世界一流旅游目的地的理念创新——以北京为例［J］．人文地理，2013，28（3）：130–134.

［31］Timothy D J，Boyd S W.Heritage tourism in the 21st century：valued traditions and new perspectives［J］. Journal of Heritage Tourism，2006，1（1）：1–16.

［32］Timothy D J，BoydS W.Heritage Tourism［M］. Harlow：Prentice Hall，2003：19–85.

［33］Jim C Y，Chen S.Comprehensive green space planning based on landscape ecology principles in compact Nanjing city，China［J］.Landscape and Urban Planning，2003，65（3）：1–22.

［34］董晓莉，吴必虎，钟栎娜．基于《旅游学刊》关键词分析的中国旅游研究知识体系解析［J］．旅游学刊，2011，26（8）：26–31.

［35］陈钢华，保继刚．国外中国旅游研究进展：学术贡献视角的述评［J］．旅游学刊，2011，26（2）：28–35.

［36］Yan G D，Kang J C，Wang G D，et a1.Bottleneck at Promoting Strengths of Tourism—Culture Integration in Ancient Town Cicheng and Enlightenments for Development［J］.Applied Mechanics & Materials，2013，

291–294：1586–1589.

［37］Ryan C，Sun M，Zhang X，et a1.Illustrations of Chinese tourism research［J］.Tourism Management，2017，58：229–234.

［38］Yang X，Hung K.Poverty alleviation via tourism cooperatives in China：the story of Yuhu［J］. International Journal of Contemporary Hospitality Management，2014，26（6）：879–906.

［39］李宗桂.40年文化研究的反思和前景展望［J］.社会科学战线，2018（10）：1–25，281.

［40］石培华，冯凌.中国旅游研究30年：阶段、特征与规律［J］.旅游科学，2009，23（6）：1–8.

［41］谢彦君，那梦帆.中国旅游40年研究中的理论发育及其角色演变［J］.旅游学刊，2019，34（2）：13–15.

［42］刘敏，董华.问题蕴含与情境关涉——杜威探究理论的科学实践哲学意义［J］.自然辩证法研究，2019，35（7）：28–33.

［43］托马斯·库恩.科学革命的结构［M］.金吾伦，胡新和，译.北京：北京大学出版社，2003：52–53.

文旅融合释放公路新活力[①]

——重庆交通大学、云南路景公路文化咨询有限公司公路建设创新探索

魏　巍　向倩玮　程翠平　孙从飞[②]

在当前国家文旅融合发展战略大背景下，谋求公路与文旅的融合发展是推动公路文化建设的关键。为此，2008 年至今，重庆交通大学校长唐伯明领衔的研究团队（简称“研究团队”），依托重庆交通大学交通文化产业研究院和“中国第一家公路文化企业”云南路景公路文化咨询有限公司，围绕“公路建设文旅融合发展”的核心理念，针对文化旅游因子，挖掘创意设计、艺术展示及示范推广等系列关键技术，实现了“从无到有”的跨越。

十几年间，研究团队共承担了国家社科基金项目、交通运输部西部交通建设科技项目、云南省交通运输厅科技项目等 28 项科研项目，在云南、四川、甘肃、海南、江西、西藏、重庆等省市，完成了中铁、中交、中国电建、云南交投等投资的 65 项公路文旅融合项目，取得一批重要成果，不仅提升了公路品质品位、助推了“四好农村路”建设，还促进了路域经济与当地社会的发展。

截至目前，研究团队的创新成果共获得国家优质工程金奖、中国公路学会科学技术奖、云南省科技进步奖等多项奖励，其中，江西萍乡旅游公路亮相《人民日报》头条，武易高速公路易门收费站的文化景观工程更被中央电视台誉为“中国高速公路的新理念、新飞跃”。

① 原载于《中国公路》2019 年第 21 期。

② 魏巍、向倩玮，重庆交通大学。程翠平、孙从飞，云南路景公路文化咨询有限公司。

中国公路学会组织国内知名专家对团队的创新研发成果

《公路工程建设中文旅融合集成技术研究及应用》进行评审

一、农村公路上的科技攻关

为了更好地发挥科技服务“四好农村路”的重要作用，研究团队基于“道路等级多标准，路面结构多形式，安保设施多样化，资金筹措多渠道”的农村公路建设“四多”创新理念，根据农村公路所处地理环境特点，结合农村公路建设实际情况，在云南省交通运输厅立项研究了“多功能农村公路建设集成技术及工程示范研究”“山区农村公路安保措施多样化技术及应用示范研究”“农村公路生态文化示范建设研究”等课题，着重在路面结构多形式、安保设施多样化、边坡生态化处治、路基开挖时的原石及树木作为绿化景观再利用、因地制宜打造旅游休闲设施等方面开展科技攻关，其研发成果在云南昆明市西山区明和路、乐律武公路、宝花公路等农村公路上应用，在全国范围产生了较大的示范作用。

（一）明和路：“人、车、路”和谐共生

明和路是云南昆明市西山区的一条农村公路，研究团队经过现场勘查、试点试验，研究、应用了桶装集料护栏、降温加水池、报废汽车标志等 30 余种安保措施和结构形式；实施了集路侧多样防护、标志标线应用、边坡边沟融合、人性

化服务设施打造的综合安保举措；建成了云南省第一条复合式碾压混凝土路面，第一次在农村公路上使用了避险车道、机械治超、栽石护栏、网石护栏等安保技术；通过就地取材和变废为宝等，节约造价500余万元，实现了保安全、低成本、低物耗、低污染的安保工程建设目标，构建了“人、车、路”和谐共生的生态系统。该条路被评为云南省安保建设科技示范路，研发成果获得云南省科技进步奖三等奖。

（二）乐律武公路：应用云南“十大科技创新成果”

位于昆明市西山区的乐律武公路，是连接昆明市西山区乐居—律则—武家箐地区的重要公路。研究团队与昆明市西山区交通运输局联合研发了“生态景观公路系统建设技术”。该技术基于农村公路建设的基本规律和实际需求，采取“统筹设计—概念方案—模拟应用—现场施工—验收评估”工程建设流程，实现了“降低建设成本，提升安全效度，打造生态景观，拓展公路功能，带动乡村旅游，助推经济发展”的建设目标，被云南省科学技术厅、交通运输厅联合授予“农村公路生态科技示范路”，研发成果被评为云南省“十大科技创新成果”。

二、公路与文化双重“复活”

公路一旦注入文化，便有了灵魂，可以实现公路与文化的双重“复活”。研究团队创新提出了“公路＋文化＋旅游”和谐共生的新理念，研发了路域文化特色因子提炼筛选技术、特色文化因子植入公路主要构筑物及附属交通设施设计与施工技术、路域特色文旅资源系统展示技术，把公路沿线具有特色的民族文化元素、生态文化元素与旅游景观营造有机结合，生动展示了路域文化风貌，使公路会讲故事、可传承文化，让冰冷的公路具有鲜活的生命力。研发成果在云南大丽高速公路、保龙高速公路及海南、重庆、西藏等50余条高速公路和农村公路上推广应用，提升了公路的品质、品位，取得了显著的经济社会效益。

（一）大丽高速公路：轻轻放在两个国际知名旅游城市之间

大丽高速公路是连接大理与丽江两个国际知名旅游城市之间的一条高速公路，路域文化旅游资源富集，如何把这些资源融入公路建设，让公路品质与国际旅游城市的形象相匹配，是需要重点解决的问题。

经过现场调查走访，并通过文化资源收集分析，研究团队确定了“把高速公路轻轻放在两个城市之间”的理念，在确保生态环保、安全畅通的基础上，实现了道路、景观、文化的相互融合，将路域特色文化元素有机植入隧道洞门、桥梁、收费站、观景台、服务区，在全线构成了“一洞一幅画、一桥一铭石、一站一风貌、一区一景观”的亮丽风景线。沿线的双廊服务区及镜海观景台、剑湖观景台已成为网红打卡地，每逢节假日车辆、游客川流不息。凭借丰厚的文化底蕴、特色鲜明的路域景观，大丽高速公路被评为“国家AA级旅游景区”，并斩获国家优质工程奖金奖的殊荣。

大丽高速公路双廊服务区设置了“滇藏路魂”文化墙，展现了滇藏公路“边修路、边打仗”的悲壮历史

（二）保龙高速公路：云南公路馆坐落在这里

保龙高速公路是云南保山至腾冲的一条重要高速公路，公路沿抗战血线——滇缅史迪威公路的走向修建。研究团队依据该路所处的地理位置及文化资源特点，研究提出以滇西抗战文化、沿线民族文化及高黎贡山生态文化为主要展示内容，通过设置滇西抗战文化墙、松山血战观景台、佛掌山观景台，以及用珍稀动植物命名隧道等举措，全面提升了保龙高速公路的文化品位，被中国财经报誉为

"一条文化穿越的公路"。

在保龙高速公路潞江坝服务区里，研究团队还打造了云南公路馆。云南公路馆内采用声、光、电等技术，分为"三大国际通道""历史回眸""云路弦歌""云南交通六个一百""筑路设备实物展览""互动体验"等8个展区，至今已有数十万游客前往参观。

截至目前，保龙高速公路已被评为亚行"以人为本、和谐高速公路"示范项目，潞江坝服务区被评为"全国百佳服务区"，云南公路馆则被评为"国家AA级旅游景区"和首批"全国公路科普教育基地"。

在保龙高速公路潞江坝服务区建成了以"展览滇路历程，馆藏交通人文"为主题的云南公路馆，它是我国第一个主题公路文化馆，被授予"全国首批公路科普教育基地"称号

（三）武易高速公路：系统展示沿线的文化资源

武易高速公路是云南武定至易门的一条重要通道，沿线分布有彝族、苗族、傣族等20余个少数民族和狮子山、禄丰侏罗纪公园、易门森林公园等旅游景点。研究团队以"充分植入地域特色文化因子，系统展示路域旅游文化资源，全面提升武易高速公路品质、品位，着力打造绿色示范公路"的指导思想为引领，结合沿线丰富而独特的文化资源，系统展示了沿线民族文化、野生菌文化、水文化等特色元素。2017年6月10日，中央电视台新闻联播在《砥砺奋进的五年·重大工程——中国高速公路：新理念、新飞跃》专题报道中，播出了云南武易高速公路易门收费站的文化景观工程，武易高速公路已入选交通运输部第二批“绿色公路建设典型示范工程”。

（四）蒙文砚高速公路：融入丰富的民族文化元素

蒙文砚高速公路是连接云南红河哈尼族彝族自治州与文山苗族壮族自治州的第一条高速公路，是滇南、滇东经广西出海的运输通道。为了提升该条高速公路的文化形象，研究团队在方案中融入了民族文化元素，在文山管理中心、收费站、隧道口设计了哈尼族、黎族、壮族、苗族等少数民族符号和当地特产图案，既彰显了独特的民族文化，又为当地三七、石榴等农特产品打开了销路。其中，具有民族文化特色的文山东收费站，登上了中央电视台的新闻联播。

三、文化植入公路带动旅游的建设新路径

融合带来新模式、新动能、新机遇。研究团队以云南为起点开始探索文化植入公路，公路带动旅游的新路径。十几年间，先后研发出旅游廊道立体打造及路域景点有机串联、服务区旅游功能多维拓展、地域特色文旅资源分段展示、观景台合理设置、特色旅游标识标牌系统设置等技术，把路域文化旅游景点营造与旅游廊道建设统筹设计，把公路服务区品质、品位提升与旅游功能拓展紧密结合，有重点、有主题地集中展示路域特色文化旅游资源，并通过系统设置具有文化内涵、亲和力及感染力的特色旅游标识标牌，引导旅游者由“浅层旅游”进入“深度旅游”。

其研发成果在云南、四川、甘肃等地20余条公路推广应用，促进了交旅深度融合，助推了路域经济发展，使公路成了名副其实的惠民之路、致富之路、发展之路。

（一）怒江美丽公路：让老百姓极具获得感的公路

怒江美丽公路是云南省省长挂帅建设的滇西大旅游环线、助力怒江州脱贫攻坚的重要廊道。研究团队以“天境怒江之美丽公路”为设计主题，沿怒江峡谷布设，在起点和止点适宜位置分别设置主题突出、特色鲜明、视觉冲击力强的主题形象雕塑景观小品、特色旅游标识标牌；汲取怒江生态文化、民族文化等元

素，在服务区、驿站、观景台设置雕塑小品，将景观融入自然，充分体现怒江山、水、树、石、人、寨、桥、路的“八美”公路文化旅游立体景观，极大地带动了沿线民族地区的旅游产业发展，这条路也被称为“让老百姓极具获得感的美丽公路”。

怒江美丽公路融入地域民族文化元素的特色旅游标识标牌

（二）元阳哈尼梯田美丽公路：一条通往世遗景点的农村公路

云南元阳哈尼梯田美丽公路是通往世界遗产哈尼梯田的一条重要农村公路。公路沿线有代表千年农耕文明、被誉为“大地雕刻板”的绝美梯田景观，还有丰富的少数民族文化、生态自然资源。研究团队以“穿越哈尼梯田，寻梦云上乡愁”为主题，围绕“一条美丽公路、三种文化形态、四个旅游分区、五大寻秘之地、六个绿化丛、十二个重要节点”的主线，通过串珍联珠的造景手法，进行文化与绿化景观营造。在哈尼哈巴观景台上，“千年古歌”组雕、“刻木分水”景点等，已成为游客的必到打卡地。元阳哈尼梯田美丽公路正以“一步一景、步移景变、逐步深入、渐入佳景”的亮丽身姿，呈现在中外游客面前。该条农村公路建成通车后，以前籍籍无名的稻田红米成了深受游客青睐的网红特产。

元阳哈尼梯田

（三）江西萍乡旅游公路：登上《人民日报》头版的网红路

江西萍乡旅游公路全长34.2公里，是芦溪县连接武功山风景名胜区的主要道路之一。公路沿途风光旖旎，途经仁里水库、万龙山温泉度假村、羊狮幕风景区、红岩谷风景区、武功山风景区等景点，并设有仁里、三勤、小佛岭、白鹭天堂4个公路驿站。研究团队通过规划设计策划，将该条路建成了黑色的路面、红色的路肩、白色的路肩标线、黄色的分道标线、绿色的边坡，因此被誉为“五彩公路”，成为通往武功山风景名胜区的又一道亮丽风景线，实现了“旅游公路”向“公路旅游”的华丽转身，2019年4月14日，该条农村公路被《人民日报》头版报道。

研究团队核心成员重庆交通大学教授王成平向视察及参观者介绍反映千年哈尼农耕文明的景观小品设计创意

江西萍乡旅游公路

（四）柳关荒漠奇游扶贫路：拥有六大奇游景观

柳关荒漠奇游旅游产业扶贫路是甘肃临夏州柳泉至关山的一条重要旅游扶贫公路。研究团队以“荒漠奇游”为主题，以建设一条交旅深度融合的荒漠奇游扶贫路为主线，在公路沿线重点策划设计了六大奇特旅游开发项目：鸟瞰西固城——荒漠鸟瞰现代新城，远眺抱龙山——荒漠远眺青山绿水，体验特色产业——荒漠体验绿色产业，荒漠玫瑰园——荒漠体验特色饮食文化，荒漠民宿村——走进荒漠特色民宿，慢游荒漠峡谷——荒漠峡谷慢行旅游，为实现“旅行观光奇游路、产业发展扶贫路”两大功能提供了重要的创意策划设计。

甘肃临夏州柳泉至关山旅游扶贫公路“柳关荒漠奇游”
关山观景台，利用当地特色产业百合元素设计景观小品

全媒体传播下的文旅融合宣传策略①

姜万川②

中国互联网络信息中心（CNNIC）发布的第43次《中国互联网络发展状况统计报告》显示，③截至2018年12月底，中国网民规模达8.29亿，手机网民规模达8.17亿，全年新增网民5653万，互联网普及率为59.6%，农村网民规模达2.22亿，占整体网民的26.7%，农村地区互联网普及率为38.4%。建立在信息技术革命和制度创新基础上的新经济与每个人的生活息息相关，来一场说走就走的旅行对于具有14亿庞大基数的中国国民来说已经是越来越可行的事情，如何让旅行更有意义、如何留得住游客？文旅融合是一个理想的选项。推动文化和旅游融合发展是近年来全国各地推进社会经济和文化事业发展的重要方式，是新经济形态发展中引领方向的一种潮流，对此笔者认为，它顺应了我国经济高质量的发展态势，更好地体现了新经济发展的理念要求，可以更好地满足人民对日益增长的美好生活需要，对于传播优秀文化、增强国民文化自信心具有重要意义。

一、文旅融合与全媒体传播的互相促进

文旅融合是近年来全国各地推进社会经济发展的有效模式，文化是旅游的灵魂、旅游是文化的载体已成为近年来文旅融合理念中的共识，并指导着各地的实践。伴随着休闲旅游的兴起，游客更加注重旅途中的文化体验，文化景观、主题

---

① 原载于《新闻传播》2019年第10期。

② 姜万川，重庆广播电视集团（总台）主任记者；研究方向：宣传规划管理、文艺创作规划管理。

③ 中国互联网络信息中心．第44次《中国互联网络发展状况统计报告》[EB/OL]. http://www.cnnic.com.cn/hlwfzyj/hlwxzbg/hlwtjbg/201908/t20190830_70800.htm.

公园、城市周边的休闲度假景区成为热门的旅游目的地，中国旅游产业正向着多元化、个性化方向发展，文旅融合在推动社会经济发展中发挥着越来越重要的引领作用。

在文旅融合发展的大趋势中，全媒体传播成为信息传递最有效的手段。[①]全媒体传播指采用文字、声音、影像、动画、网页等多种信息表现手段，利用广播、电视、音像、电影、出版、报纸、杂志、网站等不同媒介形态，通过融合的广电网络、电信网络以及互联网络进行的传播，用户可以以电视、电脑、手机等多种终端完成融合信息的接收，达到了任何人、任何时间、任何地点、以任何终端获得任何想要信息的目的。传统媒体和新兴媒体的融合发展推动着媒体的发展与进步，传统的广播电视台做起了互联网站，铅字印刷的纸媒播起了音视频节目，一条信息可以在大屏、小屏、手机等多个终端纵览，各种媒体相互借鉴并发挥各自的优势传播手段，在融合发展中全力抢占信息传播的先机和制高点。笔者认为，全媒体传播不仅是指信息传播的形态，更是一种发展理念，随着社会生产力的进步，各种最新技术手段都可以随时加入信息传播中来。

文化是国家与民族的灵魂，深入推进文旅融合发展、不断提升旅游质量和文化内涵，需要立足于本国、本民族的文化资源和发展基础，加强对地方特色文化的挖掘、保护和传承，创新开发出更多的贴近人民群众需求的文旅产品。文旅融合为媒体的内容生产注入了新鲜的血液，推进了媒体的融合发展。2019 年国庆期间，成都市准备了一系列“大动作”：48 条精品文旅线路和 1000 余场展览展示、演艺演出、文化活动，包含金沙遗址博物馆“读城——首都与成都”、“发现·中山国”、武侯祠“武·戏——汉晋三国体育文物展”、第七届中国成都国际非物质文化遗产节的非遗专题联展等，其丰富的文化旅游资源为媒体传播提供了多姿多彩的可生产内容，当地既注重报刊、广播、电视等传统宣传渠道，也积极运用微博微信、社交媒体、视频网站、手机客户端等传播平台，运用虚拟现实、增强现实、混合现实等多种新技术、新产品，多渠道全方位立体式地开展全媒体传播，

① 搜狗百科词条全媒体［EB/OL］.https://baike.sogou.com/v6365208.htm？ fromTitle=全媒体##s2.

为成都城市营销打赢了一场漂亮的公关仗。

全媒体传播是媒介形态大变革中最为崭新的一种信息传播形态。文化兴则国运兴，文化强则民族强，因此我们可以把文旅融合看作是引领新经济形态发展方向的一种良好趋势。

二、全媒体传播中文旅融合宣传的特点

笔者认为，应通过全媒体传播做好文旅融合，再利用文旅融合推进媒体融合发展，让二者相加产生“化学反应”，产生重大的社会效益和经济效益。在新经济蓬勃发展的形势下，文旅融合与全媒体的共生互动，无疑具有重要的文化价值与经济价值。

关于文旅融合的全媒体传播，各地有各具特色的实践。近年来，重庆奉节县围绕山水人文打造全域旅游，文旅融合效果日益显现。奉节县的文旅融合宣传，既有国内各级广播电视广泛播出的中国诗词大赛、国际诗歌节、“才子佳人”诗词挑战赛，又有新媒体不断推介的大型诗词文化实景演艺《归来三峡》、奉节山水摄影全国大展等各种内容，通过多种方式展现中华诗词文化和“诗城”的自然人文魅力，传统媒体、新媒体多媒介共同关注，音视频、文稿多形式齐发声，中央和地方的各类媒体集体关注，形成了宣传推介奉节旅游新闻轰炸效应。在类似的文旅融合全媒体传播中，笔者归纳出这样一些特征：

一是文旅融合为媒体源源不断地注入新鲜内容，让宣传工作拥有新高度，为全媒体传播提供了新的发展机遇。如重庆奉节县古称夔州，李白、杜甫、刘禹锡等一批伟大诗人曾在此浅吟低唱，奉节由此成为中国诗歌文化的一座历史地标，如何唤醒沉睡千年的文旅资源，如何做好宣传工作，让文化融入旅游，让旅游成为文化传播的载体同时赋予旅游以文化灵魂，实现优秀传统文化创新性发展？这些都没有现成的模式和经验，文旅融合与媒体传播相结合，必然激发媒体想方设法丰富其内容与表达方式，客观上不断推动了媒体融合发展的深度和广度。

二是文旅融合的全媒体传播注重发挥传统媒体与新兴媒体各自的传播优势，注重针对受众个体细分服务以达到最佳传播效果，就重庆奉节县参与中国诗词大赛这件事来说，全媒体平台有广播、电视、网络等多种传播形式，可同时根据不

同受众的个性化需求以及信息表现的侧重点，对所采用的媒体形式进行取舍和调整，如电视传播注重比赛的激烈、三峡风光的优美，突出视觉审美，而网络传播更注意故事性、戏剧性的内容，突出短小精悍、穿透力的特点。文旅融合的全媒体传播，不是为了大而全，而是根据个体和经济方面的需求，综合运用各种表现形式和传播渠道的一种运作形式。文旅融合的全媒体传播追求的方向应该是，超越了跨媒体的简单传播，通过更经济、更高效率的取向进行媒体间的综合运用，以求得投入最小而传播效果最优。

三是在文旅融合的全媒体传播中，传统媒体与新兴媒体互相促进，在不平衡中走向深度融合。全媒体传播突破了地理与时间的限制，可以将各地产生的多种信息随时随地传遍世界各地，随着自媒体的大量涌现，微博、微信、今日头条、抖音、快手短视频等信息资讯新型传播平台强势崛起，在这里，文旅融合信息传播可以在短时间得到迅速传递。而相比于短、平、快的网络媒体或网络平台，传统媒体具有人才、资源和品牌优势，也更能够承担起整合优势内容、拓展传播渠道、推进技术创新、引领舆论格局的任务，因此在信息传递时、度、效的综合竞争中，传统媒体与新兴媒体必须互相追赶互相促进，在不平衡中走向深度融合。

三、全媒体传播下的文旅融合宣传策略

全媒体时代，人们获取信息的方式从未像今天这样便捷与快速，信息传播也从未如此的全程与全效，文旅融合的全媒体传播需要面向市场、面向受众，注重传播的方式、方法、手段和效果。

一是要注重广播电视等大众媒体对文旅融合面上的覆盖和传播。目前，纸质报刊相对偏弱，但广播、电视依然是对受众实现有效传播的最有效方式之一，在广播、电视、频率、频道传播资源丰富的当下，各地可以考虑设置专业的文旅电台和文旅频道，如重庆对现有的文艺频率实施全面转型，深度对接重庆文化旅游事业，笔者认为，广播媒体还可以参照贵阳等地成功的运作经验，与专业机构合作，建设重庆旅游服务热线平台，实现多种实用功能和信息集中管理和运用，提高全市文化旅游综合服务能力，支撑转型后的文旅调频正常运行，宣传当地的文化、旅游资源，推介文旅产品、发现文旅内涵、拓展文旅空间。

二是要注重影视文化作品对文旅融合传播的内在浸润助推作用。以重庆为例，据不完全统计，从 1933 年起到 2018 年，在重庆拍摄过的影视作品共计 316 部，各地观众通过大银幕，从《疯狂的石头》认识重庆，从《火锅英雄》《从你的全世界路过》体味重庆美食、美景，从《中国机长》看到重庆人的英雄气概，还有《日照重庆》《十面埋伏》《一九四二》《少年的你》《受益人》等电影，让观众看到了立体化的重庆，众多的影视文化作品正推动重庆成为全国热门旅游打卡地。结合地方文旅融合特色，大力发展影视文化传媒产业，是城市营销经济环保高效的发展途径。

三是要注重发挥新媒体、新平台、新形式对文旅融合传播格局的穿透力。一方面，要注重发挥综合性大众媒体的平台和渠道优势，如重庆可利用广电集团以电视 + 广播 + 网络 + 新媒体的全媒体全覆盖传播力量，利用融媒体云平台等新技术手段，整合多种宣传方式，以广播、电视为主干、以“第 1 眼”新闻 APP 等新媒体、新平台为主阵地，对重庆文化旅游事业产业进行全媒体融合传播。另一方面，高度重视以抖音、快手为代表的短视频，以微博、微信公众号、今日头条等为载体的文字图片视频信息传播。此外，要特别注重音乐传播的推广，通过量身打造适合网络传播的数字音乐作品，对文旅融合产品及所在地进行广泛推介。在全媒体的传播格局中，各类信息的搜集、反馈与互动可以细化到点、细化到人，先进的技术手段为这项工作的高效开展提供了支撑。

民族地区居民感知旅游扶贫价值概念模型与实证研究①

李　莉　陈雪钧②

一、引言

十三五时期，党中央和国务院将扶贫攻坚纳入国家战略；民族地区扶贫是我国扶贫攻坚的难点和主战场，是全面建成小康社会必须解决的难题。《中国农村扶贫开发纲要》（2011—2020）确定了592个扶贫开发工作重点县，其中民族地区有232个，占比达到39.19%，主要集中在云南、贵州、广西、湖北、甘肃、四川、青海等省份。这些民族贫困地区同时又是旅游资源高度富集区，旅游扶贫成为民族地区脱贫致富的重要途径。多年来，民族地区旅游扶贫开发结合当地的实际情况，形成了政府主导型旅游扶贫、政府+企业+移民旅游扶贫、景区旅游扶贫、包容性旅游发展（ITD）、旅游扶贫共同参与等多种模式，加快了当地脱贫致富的步伐，也极大地促进了民族团结、社会稳定。重庆渝东南的贫困问题与民族问题相互叠加，使得重庆民族地区扶贫的复杂性和难度更大，旅游扶贫是民族

① 基金项目：重庆市社会科学规划项目“重庆渝东南民族地区旅游精准扶贫研究”（批准号：2016QNSH22）；重庆市教育委员会科学技术研究项目《感知价值视角的重庆儿童旅游开发研究》（项目编号：KJ1714360）；重庆第二师范学院校级平台自设项目《体验经济时代的儿童旅游消费偏好及产品创新研究》（项目编号：17PTXM102）；重庆第二师范学院校级工作室《儿童主题酒店产品与服务研发工作室》（批准编号：JDGZS201615）资助。原载于《社会科学家》2019年9月第9期总第269期。

② 李莉（1983—　），女，湖北武汉人，副教授，硕士研究生，研究方向为旅游产业经济。陈雪钧（1978—　），湖北蕲春人，教授，博士研究生，研究方向为旅游产业经济、旅游企业管理。

地区扶贫成效最显著的方式之一。当前，重庆民族地区大多也已开展旅游扶贫，取得了良好的经济效益和社会效益；但是，大多数研究从宏观角度研究旅游扶贫对地方经济的影响，而缺乏从微观视角研究当地居民对旅游扶贫所带来影响的评价，从而无法精准评价民族地区居民在旅游扶贫中的实际受益效果。居民对旅游影响的感知和态度是影响民族地区旅游可持续发展的重要因素。民族地区旅游扶贫应以旅游开发惠及当地民生为重点，需要重视当地居民的主观感知。因此，本研究从感知价值理论视角研究民族地区居民感知旅游扶贫价值，探索民族地区居民感知旅游扶贫价值的概念模型并进行实证研究，提出提升民族地区居民感知旅游扶贫价值的对策建议，对于指导民族地区打赢扶贫攻坚战以及完成全面建成小康社会目标具有重要的现实意义。

二、文献回顾

随着社区增权理论的兴起，旅游地（社区）居民的扶贫影响感知研究成为国内外学术研究的热点之一。早期学术界主要关注旅游地居民对旅游的经济影响的感知（Getz，1986[①]）。随着研究的深入，学术界逐渐关注旅游地居民对旅游的文化影响、社会影响和环境影响感知。目前，有关旅游地居民对旅游的综合影响的研究成果较丰富，如社会和环境影响（Courtney，1999[②]）、文化影响（Besculides et al，2002[③]）。Spenceley（2010）提出贫困人口的受益包括经济利益和非经济利益，而非经济利益比经济利益更加重要[④]。Scheyvens（2012）提出居民感知的旅游影响包括经济效益、生态环境效益、社会文化效

① Getz D.Models in Tourism Planning toward Integration of Theory and Practice［J］. Tourism Management，1986（7）.

② Brunt P，P Courtney.Host Perceptions of Sociocultural Impacts［J］.Annals of Tourism Research，1999（26）.

③ Besculides A，M Lee，P.Mc Cormick.Residents Perceptions of the Cultural Benefits of Tourism［J］.Annals of Tourism Research，2002（29）.

④ Spenceley A，Habyalimana S，Tusabe R.Benefits to the poor from gorilla tourism in Rwanda［J］.Development Southern Africa，2010（5）.

益。国内学者唐建兵（2007）系统研究了旅游扶贫的正效应和负效应[①]。一些学者总结居民对旅游扶贫感知价值体现在经济效益、社会效益、生态效益（陈袁丁，2014[②]；李伯华，2017[③]）。一些学者从不同的理论视角总结了旅游地居民感知的多种旅游扶贫效应，包括：实际效应、感知效应和效应的可持续性（张伟等，2005[④]）；社会文化影响、经济影响（李志飞，2006）[⑤]；经济影响、环境影响、社会影响、传统文化影响（陈燕，2012[⑥]）；经济获益、环境效应、形象提升、社会文化效应（张俊英、马耀峰，2012[⑦]）；经济影响、社会影响、文化影响、环境影响（吴丽敏，2015[⑧]）；经济、生态、社会绩效（吴国琴，2017[⑨]）。

综上，国内外旅游影响感知研究虽然取得了较大进展，但仍存在着诸多不足：已有研究关于居民感知旅游扶贫价值的结构维度划分尚不全面、系统，尚未形成得到普遍共识的规范评论体系和模型，特别是缺乏针对民族地区居民感知旅游扶贫价值的构成维度和实证研究。

---

① 唐建兵．旅游扶贫效应研究［J］．成都大学学报（社会科学版），2007（2）．

② 陈袁丁．武陵山片区旅游扶贫研究［D］．恩施：湖北民族学院，2014.

③ 李伯华，陈佳，刘沛林．欠发达地区农户贫困脆弱性评价及其治理策略——以湘西自治州少数民族贫困地区为例［J］．中国农学通报，2013（23）．

④ 张伟，张建春，魏鸿雁．基于贫困人口发展的旅游扶贫效应评估——以安徽省铜锣寨风景区为例［J］．旅游学刊，2005（5）．

⑤ 李志飞．少数民族山区居民对旅游影响的感知和态度——以柴埠溪国家森林公园为例［J］．旅游学刊，2006（2）．

⑥ 陈燕．不同生命周期阶段民族旅游地居民对旅游影响的感知与态度——基于傣族、哈尼族村寨的比较研究［J］．黑龙江民族丛刊，2012（4）．

⑦ 张俊英，马耀峰．少数民族居民对乡村旅游影响的感知与态度研究——以互助土族小庄村为例［J］．青海社会科学，2012（2）．

⑧ 吴丽敏，黄震方，谈志娟．江南文化古镇居民旅游影响感知及其形成机理——以同里为例［J］．人文地理，2015（4）．

⑨ 吴国琴．基于居民感知的贫困山区旅游扶贫绩效研究——以信阳市郝堂村为例［J］．信阳师范学院学报（哲学社会科学版），2017（4）．

三、民族地区居民感知旅游扶贫价值的概念模型构建

Zeithaml（1988）是最早提出顾客感知价值（Customer Perceived Value，CPV）概念的学者，她从顾客心理的角度定义顾客感知价值，即顾客对获取的产品或服务所能感知到的利益和付出的成本进行权衡后对产品或服务效用的总体评价[①]。借鉴以上概念，对民族地区居民感知旅游扶贫价值界定为：民族地区居民在地区旅游业发展中所感知的旅游业影响扶贫工作效用的总体评价。民族地区居民感知旅游扶贫价值是一个复杂的多维度变量。合理划分民族地区居民感知旅游扶贫价值的构成维度是研究民族地区居民感知旅游扶贫价值的首要问题。

（一）民族地区居民感知旅游扶贫价值的量表题项

民族地区居民感知旅游扶贫价值是一个复杂的多维度抽象变量。学术界关于居民感知旅游价值的构成维度研究成果丰富，由于学者们从不同的理论视角和划分标准对旅游价值的构成维度进行划分，关于居民感知旅游价值的构成维度尚未达成统一的认识。综合国内外学者的研究成果，结合对民族地区居民的访谈调研，本文提出民族地区居民感知旅游扶贫价值包含6个构成维度，即经济收益价值、成长机会价值、成就尊重价值、社会交际价值、环境优化价值和文化传承价值（见表1）。

表1　民族地区居民感知旅游扶贫价值的构成维度

维度	操作性定义	测量指标	文献支持
经济收益价值	民族地区居民在旅游扶贫中获得的金钱与物质收益。	经济收入；工作岗位（谋生机会）；物质生活质量。	Kayoko Ishii，2011；Butler & Curran，2013；张建春，2016；卢冲、耿宝江，2017

① 陈雪钧，郑向敏．饭店新生代员工感知价值的概念模型与实证研究［J］．旅游科学，2017（2）．

续表

维度	操作性定义	测量指标	文献支持
成长机会价值	民族地区居民在旅游扶贫中增进其知识、能力，从而获得未来个人（家庭）发展的机会。	知识、技能、能力的提升；发展的机会；思想观念和意识的进步；生活生产方式的进步；地方发展前景。	K. Lengefeld，2004；Michael Mauganda，Mondher Sahli & Karen A Smith，2010；陈友莲，2011；陈袁丁，2014；秦远好，2016
成就尊重价值	民族地区居民在旅游扶贫中获得的成就感、受尊重感和主人翁自豪感。	家乡的知名度；地方与文化的自豪感及受尊重感；成就感；居民（社区）影响力。	David Jamison，1999；刘岩，2014；刘永丽，2014；张建春，2016
社会交际价值	民族地区居民在旅游扶贫中扩大社会交际活动和人际交往而获得的情感需求满足。	社会交际圈；人际关系；与外部交流的机会。	Perdue，Long and Allen，1990；McCool，Marin，1994；余勇、钟永德，2009；陈友莲，2011；刘岩，2014；秦远好，2016
环境优化价值	民族地区居民在旅游扶贫中感受到的环境优化与基础设施的便利。	基础设施；生态环境；人文与精神环境；居民环保意识。	Andrew Lepp，2006；Butler & Curran，2013；张俊英、马耀峰，2012；刘春莲、李茂林，2012；陈袁丁，2014；李佳、田里，2016
文化传承价值	民族地区居民在旅游扶贫中为实现民族文化保护与传承所做的贡献。	民族文化的保护；民族文化传播与弘扬。	Maurizio，2005；Dyer，2007；杨阿莉、把多勋，2012；王泽荣，2015；张建春，2016

（二）民族地区居民感知旅游扶贫价值的概念模型构建

综合以上文献研究，系统构建民族地区居民感知旅游扶贫价值的概念模型（见图 1）。民族地区居民感知旅游扶贫价值是一个多维变量，包含经济收益价值、成长机会价值、成就尊重价值、社会交际价值、环境优化价值和文化传承价值 6 个维度。

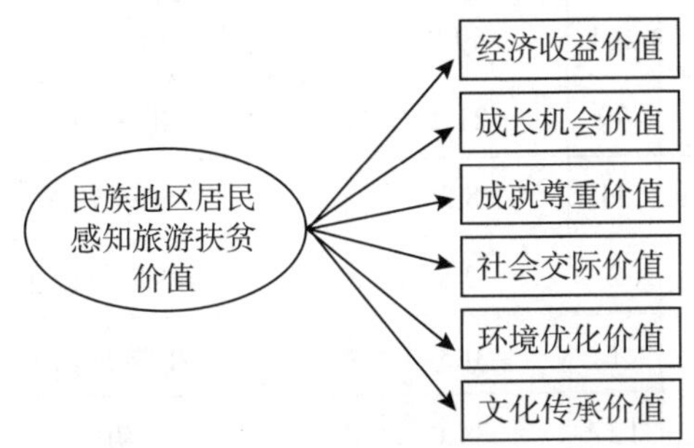

图 1　民族地区居民感知旅游扶贫价值的概念模型

四、实证分析

（一）数据收集

本研究的调查对象为重庆市的石柱、彭水、酉阳、秀山、黔江等渝东南民族地区的当地居民。正式调查的时间从 2018 年 1 月至 3 月，研究者通过现场调查和委托旅游局人员调查两种方式进行；调研之前对调研人员进行调研程序、调研方法等介绍说明。本次调研共发放问卷 495 份，回收问卷 420 份，问卷回收率为 84.8%。经过对问卷的筛选，回收的问卷中有 46 份存在题项填写不完整、真实性较低等问题而被剔除，最终得到有效问卷共 374 份，有效问卷率为 89%。不同研究方法对问卷样本的数量要求有所不同。本研究对问卷数据的处理方法主要使用因子分析法。对于因子分析法，样本数要求为量表题项的 5 倍以上（Stevens，2002①）；本研究的调查问卷有 22 个量表题项，样本数的最低标准为 110 个。本研究的有效问卷数量为 374 份，有效问卷数量符合相关研究方法的样本数要求。

① Stevens，J.Applied Multivariate Statistics for the Social Science（4th Ed.）[M]. Mahwah，NJ：Lawrence Erllbaum，2002（7）.

调查样本的基本情况如表 2 所示。

表 2　调查样本的基本情况（N = 374）

变量	类别	频数	百分比（%）	变量	类别	频数	百分比（%）
性别	女	208	55.6	年龄	17 岁及以下	27	7.2
	男	166	44.4		18—29 岁	99	26.5
民族	汉族	261	69.8		30—39 岁	52	13.9
	土家族	79	21.1		40—49 岁	71	19.0
	苗族	31	8.3		50—59 岁	63	16.8
	回族	2	0.5		60 岁及以上	62	16.6
	其他	1	0.3	受教育程度	小学及以下	141	37.7
职业	农民	127	34.0		初中	84	22.5
	旅游业经营者	23	6.1		高中、中专	51	13.6
	商贸经营者	23	6.1		大专	34	9.1
	进城务工者	43	11.5		本科	54	14.4
	工人	33	8.8		硕士	10	2.7
	企业管理者	12	3.2	家庭人口数	2 人及以下	18	4.8
	公务员事业单位职员	19	5.1		3—4 人	185	49.5
	学生	70	18.7		5—6 人	149	39.8
	其他	24	6.4		7 人及以上	22	5.9

（二）数据分析结果

1. 信效度检验

运用 SPSS19.0 统计软件对民族地区居民感知旅游扶贫价值量表进行因子分析。结果显示：民族地区居民感知旅游扶贫价值量表的 KMO 检验值为 0.901 > 0.8，表示因子分析适合性是好的；Bartlett 球体检验 p 值为 0.000，表示民族地区居民感知旅游扶贫价值量表适合做因子分析。因子分析结果显示，民族地区居民感知旅游扶贫价值量表可以提取6个因子，每一个项目的因子负荷均在0.60以上，总体方差的解释率达到85.315%。以上结果说明民族地区居民感知旅游扶贫价值量表的建构效度良好。运用SPSS19.0软件对民族地区居民感知旅游扶贫价值量表的题项进行信度分析，结果显示Cronbach'a为0.933 > 0.80，说明民族地区居民感知旅游扶贫价值量表的信度高，该测量工具的内部一致性信度符合要求。

2. 因子分析

对民族地区居民感知旅游扶贫价值量表进行因子分析；采用主成分分析方法抽取因素，用正交方差极大法进行因素旋转，并输出旋转后的因子负荷矩阵；因子萃取标准遵循Kaiser准则，即选取特征值大于1的因素。

表3 民族地区居民感知旅游扶贫价值量表因子分析结果（N = 374）

项目	因子1	因子2	因子3	因子4	因子5	因子6
PV1	0.055	0.300	0.173	0.103	0.889	0.126
PV2	0.094	0.277	0.176	0.099	0.884	0.157
PV3	0.090	0.321	0.181	0.083	0.849	0.183
PV4	0.099	0.812	0.112	0.153	0.295	0.231
PV5	0.081	0.845	0.073	0.183	0.242	0.215
PV6	0.050	0.863	0.169	0.132	0.269	0.166
PV7	0.160	0.826	0.229	0.137	0.169	0.104
PV8	0.165	0.121	0.867	0.158	0.090	0.106
PV9	0.131	0.166	0.882	0.167	0.129	0.185
PV10	0.113	0.139	0.829	0.209	0.170	0.220
PV11	0.107	0.160	0.649	0.101	0.249	0.385
PV12	0.115	0.216	0.263	0.246	0.195	0.830
PV13	0.108	0.231	0.268	0.222	0.149	0.850
PV14	0.093	0.243	0.235	0.206	0.149	0.862

续表

项目	因子 1	因子 2	因子 3	因子 4	因子 5	因子 6
PV15	0.860	0.117	0.070	–0.067	0.060	0.040
PV16	0.858	0.106	0.084	–0.031	0.038	0.023
PV17	0.880	0.064	0.151	0.029	0.038	0.015
PV18	0.833	0.044	0.064	0.226	0.015	0.091
PV19	0.765	0.016	0.096	0.176	0.096	0.144
PV20	0.119	0.167	0.197	0.892	0.093	0.168
PV21	0.090	0.154	0.180	0.910	0.090	0.211
PV22	0.066	0.196	0.184	0.898	0.093	0.197

因子提取方法：主成分分析法

因子旋转方法：具有 Kaiser 标准化的正交旋转法

KMO ＝ 0.901

Sig. ＝ 0.000

6 个因子累计解释的方差百分比＝ 85.315%

对于萃取因子载荷的标准，学者们有不同观点；Kaiser（1974）、吴明隆（2010）、邱皓政（2013）等认为因子载荷在 0.45 以上较佳，因子载荷在 0.32 及以下则不理想。本研究采用因子载荷在 0.45 以上标准。民族地区居民感知旅游扶贫价值量表的正式调研数据经因子分析，结果见表 3 所示；民族地区居民感知旅游扶贫价值量表的 22 个项目可以提取 6 个因子，分别为经济收益价值（PV1—PV3）、成长机会价值（PV4—PV7）、成就尊重价值（PV8—PV11）、社会交际价值（PV12—PV14）、环境优化价值（PV15—PV19）、文化传承价值（PV20—PV22）。

3. 因子得分评价

根据因子分析结果分别测算调研样本的经济收益价值（IV）、成长机会价值（DV）、成就尊重价值（RV）、社会交际价值（SCV）、环境优化价值（EV）、文化传承价值（CV），并对数据进行统计分析（见表 4）。

表 4　民族地区居民感知旅游扶贫价值因子描述性统计分析表

	N	极小值	极大值	均值	标准差	方差
IV	374	1.00	5.00	3.3637	1.17055	1.370
DV	374	1.00	5.00	3.4617	0.96385	0.929
RV	374	1.00	5.00	3.6168	0.88396	0.781
SCV	374	1.00	5.00	3.2749	1.07619	1.158
EV	374	1.00	5.00	4.0092	0.64201	0.412
CV	374	1.00	5.00	3.5054	0.72598	0.527

数据分析结果显示：整体来看，重庆民族地区居民感知旅游扶贫价值处于中等水平，各因子排序依次为环境优化价值（4.0092）、成就尊重价值（3.6168）、文化传承价值（3.5054）、成长机会价值（3.4617）、经济收益价值（3.3637）、社会交际价值（3.2749）。从 6 个因子得分比较来看，环境优化价值处于良好水平，反映出重庆民族地区居民对旅游扶贫的环境优化价值获得感高；而经济收益价值和社会交际价值排序靠后且与其他四个指标存在较大差距，反映出重庆民族地区居民对旅游扶贫的经济收益价值和社会交际价值获得感较低。

五、结果与讨论

（一）结果

1. 民族地区居民感知旅游扶贫价值是一个复杂的多维度抽象变量。理论研究与实证研究结果显示，民族地区居民感知旅游扶贫价值包含 6 个构成维度，即经济收益价值、成长机会价值、成就尊重价值、社会交际价值、环境优化价值和文化传承价值。

2. 重庆民族地区居民感知旅游扶贫价值处于良好水平。对重庆市渝东南民族地区 374 名当地居民的调研数据显示：整体来看，重庆民族地区居民感知旅游扶贫价值处于良好水平，各因子排序依次为环境优化价值（4.0092）、成就尊重价值（3.6168）、文化传承价值（3.5054）、成长机会价值（3.4617）、经济收益价值

（3.3637）、社会交际价值（3.2749）。从6个因子得分比较来看，环境优化价值处于优秀水平，反映出重庆民族地区居民对旅游扶贫的环境优化价值获得感高；成就尊重价值、文化传承价值、成长机会价值、经济收益价值、社会交际价值处于良好水平，但仍有很大提升空间；尤其是经济收益价值和社会交际价值排序靠后且与其他四个指标存在较大差距，反映出重庆民族地区居民对旅游扶贫的经济收益价值和社会交际价值获得感较低。

（二）讨论

基于以上研究结果，重庆民族地区提升居民感知旅游扶贫价值应重点采取以下措施：

第一，构建以贫困居民受益为基础的旅游扶贫利益分配机制，以提升民族地区居民感知旅游扶贫的经济收益价值。在直接分配制度上，政府部门可从政策制度上保障贫困居民获得经济利益的权利。政府部门在招商引资中对引进的企业提出“为贫困居民提供就业岗位”“为贫困居民参与旅游开发提供场地、指导便利”“改善当地基础设施”等附加条件。同时，政府可以在税费减免、贷款优惠、资金奖励、荣誉奖励等方面对积极承担旅游扶贫责任的企业给予奖励，以激发企业参与旅游精准扶贫的积极性。重庆民族地区村寨可组建集体经济合作社、集体小微企业，其在吸收就业、业务指导、生产资料帮扶等方面给予贫困居民更直接、有效的支持。在间接分配制度上，政府部门应建立民族地区旅游收入的二次分配制度，其作为福利型分配主要惠及不能从旅游业受益的贫困人口[①]。间接分配的资金来源于民族地区旅游税收、国有和集体企业的利润、旅游收益的集体分成等。二次分配制度应主要向贫困居民倾斜，通过最低生活保障金、贫困补贴等形式让贫困居民获得最大收益，同时兼顾其他收入阶层人口也共享红利，以实现旅游扶贫利益分配的效率和公平。

第二，完善民族地区旅游基础设施，以提升民族地区居民感知旅游扶贫的社会交际价值。重庆民族地区政府应借助于信息化技术建设旅游扶贫网络平台，并

① 洪京．乡村地区旅游扶贫中贫困人口受益机制的实证研究［D］．长沙：湖南师范大学，2009.

不断优化网络平台功能，使其具备旅游扶贫信息与政策查询、旅游扶贫网络交易、旅游扶贫管理系统、旅游扶贫网络教育与培训、旅游扶贫项目招商、旅游扶贫服务保障、旅游扶贫资讯与成果宣传等多种功能，为重庆民族地区旅游扶贫提供全方位的信息交流与沟通服务。同时，政府主管部门应策划节事活动以加强对外交流和营销推广。民族地区旅游主管部门应以节庆活动为载体，有计划地策划、组织、实施系列节庆营销活动，吸引媒体、社会公众和目标市场的兴趣与关注，以旅游品牌形象，提高民族地区的旅游知名度、美誉度。通过节庆活动平台，搭建民族地区当地居民与其他地区企业、民众进行经济、文化交流的平台和渠道，将当地居民纳入旅游经济活动范畴，为当地居民创造更多的外部交流机会，增强当地居民对当地的情感归属感和获得感，运用情感联系手段提升当地居民感知的社会交际价值。

第三，实施贫困居民受益的旅游精准扶贫模式，以提升民族地区居民整体感知旅游扶贫价值。“贫困居民受益”是旅游精准扶贫的核心，贫困居民在民族地区旅游发展过程中广泛参与旅游经济活动，公平获取旅游发展带来的经济利益和发展机会，最终实现消除民族地区贫困和可持续发展目标，这是提升民族地区居民整体感知旅游扶贫价值的重要方式。重庆民族地区应实施以贫困人口为重心的旅游精准扶贫模式，根据地区实际因地制宜选择政府部门 + 贫困居民参与旅游精准扶贫模式、旅游企业 + 贫困居民参与旅游精准扶贫模式、村寨农户 + 贫困居民参与旅游精准扶贫模式、扶贫共同体 + 贫困居民参与旅游精准扶贫模式。

重庆市非物质文化遗产的空间格局及旅游开发模式①

江娟丽　杨庆媛　张忠训　苏康传②

非物质文化遗产（以下简称非遗）作为现代“活态”传统文化表征，是各民族历史的见证和传统文化的重要载体，蕴含着特有而丰富的价值，积淀着各民族最深沉的精神追求，具有鲜明的民众色彩、浓郁的乡土气息、高度的活动性[1]。各国和各民族都希望通过独特的文化身份立足于世界文化之中，非遗成为文化认同的重要标准，成为民族和国家人文精神的重要载体[2]。

国际上对非遗保护已逾二百年的历史，目前非遗保护的理念和经验也日趋成熟。非遗研究也取得了丰硕的成果，主要集中于非遗的内涵及演化和保护体系，提供一个历史性、渐变性与关系性的立体型概念体系[3-5]以及非遗理论的建构和探讨[6-7]。在多元社会背景下，非遗保护涉及有形遗产、知识产权、文化权利等方面的关系性主题，学者们从经验性研究中提出了相应的实施对策与保护意见，对知识产权保护与文化遗产的关系保护[8]，对非遗的迁移现象及所造成的遗产流失、衰亡以及促进遗产传承与创新的现象等提出针对性建议[9-10]，政策制定与执行对非遗保护与管理的经验性研究[11]，从注重“物”的保护理念向以“人”为主导保护理念的转变，例如对非遗资源的旅游化利用及非遗的被认知度和增强社

① 基金项目：国家民委民族研究项目（2018-GMG-010）。原载于《经济地理》2019年6月第39卷第6期。

② 江娟丽（1975—　），女，湖南娄底人，西南大学经济管理学院博士研究生，讲师。主要研究方向为区域经济与旅游地理、国土资源与区域规划等。杨庆媛（1966—　），女，云南腾冲人，西南大学地理科学学院教授，博士生导师。主要研究方向为国土资源与区域规划、土地经济与政策等。张忠训、苏康传，西南大学地理科学学院。

区成员的身份意识进行了研究[12]，补充和完善了非遗保护体系框架。

我国的非遗研究始于2002年，这一阶段主要着眼于非遗概念、非遗特征和非遗保护[13-14]，随着中国入选联合国教科文组织保护非遗政府间委员会成员，非遗的研究得到了进一步的深入，研究领域聚焦于非遗保护的相关理论、路径及政策解读[15-17]。随着非遗研究更多地向实践过渡，不仅重视非遗本身概念的界定和保护传承，也开始偏重于用数字方法解决非遗保护中的问题，研究领域聚焦于资源描述、资源聚合、资源服务及非遗的传播和开发利用研究，如文化空间、文化旅游、文化教育、文化产业[18-24]，而对非遗类型和空间结构研究着重于全国尺度[25-26]、部分省份等[27-29]。尽管重庆市非遗种类、内容都十分丰富，其开发与保护也得到了国家的大力支持，但对非遗空间格局及旅游开发模式研究甚少，非遗研究主要集中于精神内涵和城市精神培育的相关性[30]、产业化发展及私法保护模式[31-32]等方面。而研究非遗空间格局及旅游开发模式是提高非遗管理和保护水平的重要途径。基于此，本文在查阅文献资料和实地调查的基础上，借助空间分析方法重点分析重庆市非遗的分布特征及旅游开发模式，以期为重庆市非遗的传承和保护提供参考。

一、研究区概况

重庆市地处西南内陆，古巴国地，全市有26个市辖区、8个县、4个自治县，总面积8.24×10^4平方公里，由于天然封闭的环境、严重阻隔的交通及远离中原经济文化中心的区位，造成了巴渝文化相对滞后与神秘模糊的复杂定式。长江自西向东横贯全境，地势呈南北向朝长江河谷倾斜，地貌以丘陵、山地为主，山地占76%。以汉族、土家族、苗族为主体形成了多民族聚居区，形成了巴渝文化、抗战陪都文化、红岩革命文化、三峡天人文化等丰富多彩的区域文化。两江贯穿和多山地貌使重庆的大多数城市和历史文化区都沿江分布，例如主城19个历史文化风貌区中有11个沿江分布，马桑溪老街、米市街、慈云寺老街、弹子石老街、寸滩老街、鱼洞老街沿长江分布，金刚碑历史文化风貌区、磁器口历史文化风貌区沿嘉陵江分布。多民族聚居、沿江而居，使重庆非遗具有强烈的地域性和民族性特征，如川江号子、南溪号子、抬工号子、新津号子等非遗都是重庆地貌特征的典型体现。而位于西南内陆，为重庆非遗的发展和传承提供了土壤和环境。根据自然地理环境、人文地理环境及经济环境的明显差异，重庆市大致分为主城区（主城九区）、主城周边地区、渝东南地区、渝东北地区。

二、数据来源和研究方法

（一）数据来源

本研究涉及的非遗数据主要从重庆市文化遗产研究院和实地调研获得。截至2018 年 1 月，据重庆市文化研究院统计，重庆市共有国家级非遗 44 项，涉及非遗的 9 个门类（表 1）。重庆市级（省级）非遗共计 511 项（表 1），涉及非遗的 10 个门类。但由于其中部分非遗是由若干县和单位联合申请并被授予的，如金钱板（九龙坡区、万州区、铜梁县）、黄杨木雕刻工艺（沙坪坝区、渝中区）、巴渝民间泥塑（万州区、合川区、大足区、忠县）、渝州竹雕（万州竹雕、大足竹雕）、薅草锣鼓（黔江区、城口县）、土法造纸技艺（忠县、城口县、梁平县）、打绕棺（石柱县、酉阳县、秀山县）等同一非遗项目往往存在于不同地区，本文在各区数量统计时将分布于不同地区的非遗进行拆分，共计 523 项，因区县级非遗项目数量庞大，所以本研究不涉及区县级非遗项目。

表 1　重庆市国家级、市级非物质文化遗产数量

重庆市国家级非遗项目		重庆市市级非遗项目	
类别	数量 / 项	类别	数量 / 项
民间文学	2	民间文学	21
传统音乐	15	传统音乐	95
传统舞蹈	4	传统舞蹈	50
传统戏剧	2	传统戏剧	26
曲艺	6	曲艺	16
民俗	3	民俗	42
传统美术	3	传统美术	45
传统手工技艺	7	传统手工技艺	172
传统医药	2	传统医药	20
体育游艺竞技	0	体育游艺竞技	24
合计	44	合计	511

（二）研究方法

本文运用ArcGIS10.4软件的空间分析工具，对重庆市非遗文化的分布特征进行分析，运用核密度分析方法测算其分布密度，进而分析非遗的空间分布格局。

1. 最邻近点指数

非遗在宏观空间上为点状分布，点状要素有均匀、随机和凝聚3种形态。最邻近点指数表示点状要素在地理空间上相互邻近程度的地理指标，其公式如下：

$$R = \frac{\bar{r}}{r}, r = \frac{1}{2}\sqrt{\frac{n}{s}} \tag{1}$$

式中：R为最邻近距离指数；$\bar{r}$是平均实际最邻近距离；r为理论最邻近距离；n为点数；s为区域面积。当R=1时，则为随机分布，R>1为均匀分布，R<1为凝聚分布。

2. 核密度估计

核密度估计是热点和冷点识别与分析的一种有益的探索性工具，它能反映一个核对周边的影响强度，公式为：

$$f(x) = \frac{1}{nh_i}\sum_{i=1}^{n} k\left(\frac{x - x_i}{h}\right) \tag{2}$$

式中：$k\left(\frac{x - x_i}{h}\right)$为核函数；$h$>0为宽带；（$x$–$x_i$）表示估值点$x$到$x_i$的距离。$f(x)$值越大，表示点越密集。

3. Moran's I 指数

Moran's I指数又称为空间相关指数，通常反映的是空间权重矩阵或空间邻近区域空间单元属性值的似然程度，用以分析区域空间单元的属性在空间上分布现象的特征。公式如下：

$$I = \frac{n\sum_{i=1}^{n}\sum_{j=1}^{n} W_{ij}\left(x_i - \bar{x}\right)\left(x_j - \bar{x}\right)}{S^2 \sum_{j=1}^{n} W_{ij}} \quad (3)$$

式中：I 为 Moran 指数；x_i、x_j 表示在第 i、j 区域单元上的观测值；w_{ij} 为空间权重矩阵，当空间区域相邻时为 1，不相邻时为 0。Moran's I 指数取值范围在［-1,1］。Moran's I 指数 >0，表明非遗数目多或少的区域即高值区（或低值区）在空间上呈聚集态势，当 I 值越趋近 1 时，表示研究单元空间集聚性越显著，当 I<0，表明观测区域非遗数目与周边区域之间存在显著差异，越趋近 -1，表示单元与周边区域趋异性越显著，即高值（或低值）空间呈随机分布的格局[33]。

三、结果与分析

（一）重庆市非物质文化遗产结构类型分析

全国共有国家级非遗 1372 项，第一批 518 项，第二批 510 项，第三批 191 项，第四批 153 项，共计 1372 项，而重庆市有 44 项国家级非遗，第一批 13 项，第二批 16 项，第三批 10 项，第四批 5 项，总计占全国国家级非遗的 3.2%（表 2）。由此可见，重庆市国家级非遗在全国所占比例较少。重庆市国家级非遗中，传统音乐占 34.1%，传统手工技艺占 15.9%，曲艺占 13.6%，舞蹈占 9.1%，此四类合计占 72.7%，传统美术、民俗、传统医药、传统戏剧、民间文学所占比例较少，体育游艺竞技比例为 0。重庆市级非遗 511 项，第一批 62 项，第二批 97 项，第三批 119 项，第四批 110 项，第五批 123 项，其中传统音乐占 18.6%，传统手工艺占 33.7%，传统舞蹈占 9.8%，传统美术占 8.8%，民俗占 8.2%，此五类共占 71.1%，而传统医药占 3.9%、民间文学占 3.9%、曲艺占 3.1%，传统戏剧占 5.1%，所占比例较少。由此可见，重庆市非遗中国家级非遗比例较少，主体是市级非遗项目。在国家级非遗项目中，传统手工技艺、传统音乐、曲艺、传统舞蹈占主体地位，传统体育竞技非遗为 0；市级非遗中占主体的是传统手工技艺、传统音乐、传统舞蹈、传统美术、民俗，而医药、曲艺、民间文学、传统戏剧所占比例较少。传统手工技艺、传统音乐、曲艺、传统舞蹈、传统美术、民俗都具有较强的展示性、参与性、体验性，这为重庆市非遗旅游开发奠定了物质基础条件。

表 2　重庆市非物质文化遗产的批次数量

级别	第一批	第二批	第三批	第四批	第五批	合计
重庆国家级（项）	13	16	10	5	0	44
全国国家级（项）	518	510	191	153		1372
所占比例（%）	2.5	3.1	5.2	3.2		3.2

（二）重庆市非物质文化遗产空间特征分布

1. 国家级非物质文化遗产分布格局

从图 1 得出，17 项国家级非遗分布在主城区，占 38.6%，超过总数的 1/3；主城周边区县共 8 项，占 18.2%；渝东北 8 项，占 18.2%；渝东南 11 项，占 25%。按密度来分，可以分为三个层次：区域的平均密度为 5.24 项 / 万平方公里，主城以 31.07 项 / 万平方公里居首位，远远高于平均密度，居第一层次；渝东南地区以 5.54 项 / 万平方公里略高于平均密度，居第二层次；主城周边地区和渝东北地区低于平均密度，处于第三层次。国家级非遗以主城为中心，呈现向外围—两翼显著递减的趋势。各区内分布又极不均匀，渝东南地区集中分布在四大少数民族自治县内，渝东北地区集中分布在梁平、万州、丰都、巫山；仅有巫山县的龙骨坡抬工号子、丰都县的庙会、万州区的四川竹琴和金钱板，以及梁平县的癞子锣鼓、抬儿调、梁山灯戏、木板年画和梁平竹帘等 9 项非遗位于重庆的北部地区，占 20.5%，其他 35 项非遗都位于重庆的南部地区，占 79.5%。由此可见，重庆国家级非遗呈南多北少的分布格局，且形成了以主城为中心，向外围—两翼呈显著递减的趋势。

表 3　重庆市国家级非遗区域分布

区域	数量（项）	比例（%）	面积（万平方公里）	密度（项 / 万平方公里）
主城区	17	38.6	0.5472	31.07
主城周边地区	8	18.2	2.1190	3.78
渝东南地区	11	25.0	1.9853	5.54
渝东北地区	8	18.2	3.7523	2.13
总计	44	100.0	8.4039	5.24

2. 市级非物质文化遗产分布格局

重庆市 511 项（拆分为 523 项）市级非遗项目可见（表 3），总体上分散在四大区域（图 1），呈现典型的“中心—外围—两翼”的格局。其中主城区 134 项，占 25.6%；主城周边区县 142 项，占 27.2%；渝东北区域 132 项，占 25.2%；渝东南区域 115 项，占 22%，仅从数量上来看每区所占比例均衡；但按密度来看，分为 2 个层次，区域的平均密度为 116.81 项 / 万平方公里，主城区以 244.88 项 / 万平方公里居首位，涵盖了传统音乐、传统戏剧、传统美术、曲艺、传统舞蹈、传统手工技艺和民俗等七大类。由此可见，主城区是重庆市级非遗集中分布的地区，且非遗类型主要是参与性、展示性、体验性强的项目。主城周边地区、渝东南地区、渝东北地区均低于平均密度，且呈依次递减的趋势，形成了从中心到外围、两翼递减的分布格局。外围地区即主城周边地区，处于市级非遗分布的第二层次，涵盖了传统音乐、传统戏剧、传统美术、曲艺、传统舞蹈、传统手工技艺、民俗和体育游艺竞技、民间文学等类别。

两翼为渝东南地区（石柱、秀山、酉阳、彭水、黔江和武隆）和渝东北地区（梁平、万州、丰都等），渝东南地区涵盖了传统音乐、传统舞蹈、传统戏剧、传统手工技艺和民俗等五大类；而梁平、万州、丰都市级数量分布也较多。可见，市级非遗集中分布在主城、主城周边及两翼地区，涵盖了传统手工技艺、传统音乐、传统戏剧、传统舞蹈、民俗和传统美术、体育游艺竞技等七个大类，这些地区非遗具有强烈的参与性、体验性和展示性特征，具有较强的旅游开发价值。

表 4　重庆市市级非物质文化遗产区域分布

区域	数量（项）	比例（%）	面积（万平方公里）	密度（项/万平方公里）
主城区	134	25.6	0.5472	244.88
主城周边地区	142	27.2	2.1190	67.01
渝东南地区	115	22.0	1.9853	57.93
渝东北地区	132	25.2	3.7523	35.18
总计	523	100.0	8.4039	116.81

3. 重庆市非物质文化遗产的核密度和邻近点指数分析

运用 ArcGIS 10.4 软件核密度分析工具，可得出重庆市级不同类型“非遗”的分布特征：1. 民间文学类非遗在主城及邻近主城的周边地区（江津和大足地区）形成一个高密度分布区，在渝东北地区的巫山、巫溪及渝东南地区的石柱、酉阳、黔江及相邻的丰都、忠县形成了三个次高密度区。2. 传统音乐类非遗相对来说分布较为广泛，四大区域均有分布，在主城区、渝东南地区四个少数民族自治县、梁平和綦江形成了三个高密度分布区；在渝东南地区的黔江、武隆；渝东北地区的云阳、巫山形成次高密度分布区。3. 市级舞蹈类非遗在重庆西南部的潼南、铜梁、大足地区及主城地区形成高密度分布区，渝东北地区的万州、开县、忠县地区和渝东南的酉阳、秀山、黔江是次高密度分布区。4. 重庆市传统美术类非遗在主城区形成高密度分布区，密集分布于北碚、大渡口、渝中区；而渝东北地区的万州区和主城周边区的大足也是次高密度分布区。5. 市级传统手工技艺类非遗各区域内都有分布，也形成了几个高密度分布区，其中主城是传统手工技艺类非遗分布的高密度区，主要密集分布在渝中区、北碚区。其次主城周边地区荣昌、合川、永川，渝东南的酉阳、彭水、黔江、武隆；渝东北地区的开县、梁平和忠县等属于次高密度分布区。6. 曲艺类非遗在主城区、万州形成两个高密度分布区，其次长寿区、涪陵、铜梁、荣昌是次密度分布区。7. 传统戏剧类非遗在主城区和四个少数民族自治县形成两个高密度分布核心区，在梁平、巫山、万州、云阳形成四个次高密度分布区。8. 市级民俗类非遗在主城、主城周边地区的江津和万盛形成高密度分布区；在渝东北地区的梁平和丰都、渝西南地区的荣昌、铜梁和大足、渝东南的四大少数民族自治县形成次密度分布区。9. 医药类非遗在主城形成一个高密集分布区，集中分布在渝中区；在主城周边地区的涪陵、渝东南地区的彭水和黔江、渝东北的奉节形成三个次密度分布区。10. 体育游艺竞技类非遗在西南地区（主城周边地区的荣昌、江津、大足）和主城地区形成一个高密度分布区，在万州、梁平形成次密度分布区。

在此，笔者运用 ArcGIS 软件中最邻近距离分析工具分析重庆非遗的空间格局。经计算，重庆市级非遗求 R 值，计算结果 R 为 0.8006，Z 值为 –8.662，表明重庆市级非遗在地理空间上呈现显著的凝聚状态。

（三）重庆市非物质文化遗产空间相关性分析

通过 GeoDa 软件，以重庆各地的非遗项目数为基础，计算其空间相关指数为 0.126179，Moran's $I>0$，表明重庆市非遗项目数在不同地域空间单元存在正空间自相关。从图 1 得出，四象限均有分布，但是一、三象限的非遗数目较多，低值与高值在空间上集聚分布趋势明显，非遗项目形成多核与组团分布形式，区域之间差异显著，地域性凸显。

总体上，重庆市非遗呈“中心—外围—两翼”递减的总体空间格局，各区非遗分布地域性明显。这些地方旅游业发展势态良好，有完善的旅游基础设施和旅游产业发展平台，为非遗旅游开发搭建了良好的物质基础和产业发展平台。

四、重庆市非物质文化遗产的旅游开发模式

进行非遗空间格局研究是非遗旅游开发模式选择的基础和前提。重庆市非遗呈中心（主城）—外围（主城周边）—两翼地区的分布格局，部分非遗呈团状分布，且大多数非遗具有参与性强、展示性强、体验性强的特征，为非遗旅游开发奠定了空间基础和物质基础。同时有数据显示，2017 年重庆市接待游客 5.4 亿人次，实现旅游总收入 3300 亿元，而重庆都市旅游共实现游客接待总量达 2.43 亿

人次，实现旅游总收入 1522.24 亿元[34]。由此可见，重庆市旅游和都市旅游发展势态良好，这也为重庆非遗旅游开发奠定了很好的产业基础和开发平台。

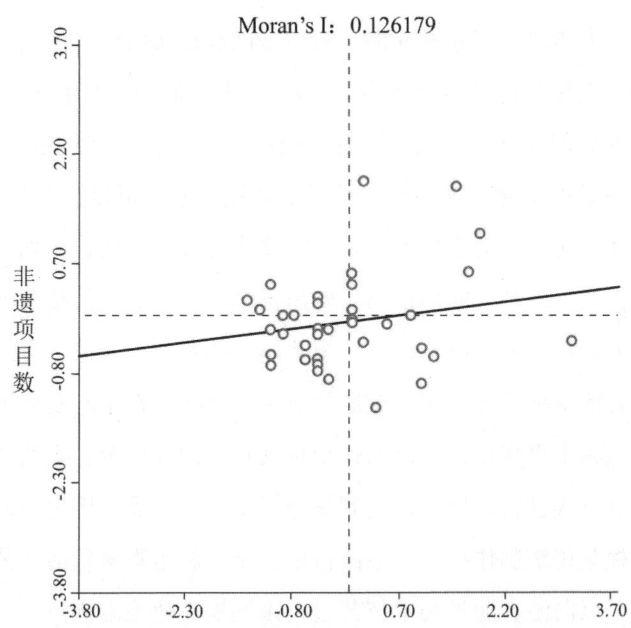

图 1　重庆市非物质文化遗产空间分布 Moran's *I* 指数散点

（一）中心—外围—两翼“基础 + 发展 + 提高”不同组合模式

重庆市非遗形成“中心—外围—两翼”的空间格局，因传承群体分布规模集中，吸引力越强，越容易形成旅游聚合效应和培育旅游发展极。而中心地区、外围地区、两翼地区的非遗资源属性、数量、影响力不一样，且每一个区域非遗的类型也具有差异性，各区域的经济发展水平与产业基础亦不同，所以在不同的区域适合采用不同的组合方式进行开发。有学者认为非遗旅游资源可以开发成基础型、提高型、发展型产品[2]等三个层次的产品，其中基础型产品以博物馆、展示馆形式进行开发；提高型产品适合以实景舞台剧和表演形式开发；而发展型产品宜以艺术节、主题公园的形式展示。所以在主城及主城周边地区、渝东南地区、渝东北地区非遗聚集区可以推进“基础 + 发展 + 提高”不同的组合模式，通过非遗 + 乡村旅游 + 工业等产业深度融合，构建旅游 + 非遗文化为引领的复合型产业链。

1. 中心地区及外围区的开发模式

该区非遗的数量多、类型齐、级别高，具有经济发展和旅游产业基础好、交通便捷的优势，为非遗旅游开发提供了物质基础和现实条件。因此，首先在主城和外围地区的非遗聚集区的城市阳台、山城步道、特色街区等增加以“基础型”非遗文化表达的休闲元素。其次，可将“提高”+“发展”型非遗与当地的实体景观相结合，在景观中融入这些参与性强的非遗元素，可以让产品具有观赏性、娱乐性、参与性，向游客动态地展示重庆的文化与人文风情，例如川剧、川江号子、木洞山歌、四川竹琴、四川评书、四川扬琴、四川清音、接龙吹打、金钱板等参与性强和展示性强的传统音乐、传统戏剧、曲艺类等非遗，可以开发成参与型或体验型旅游活动项目融入实景旅游景点中。再次，在中心及外围地区的传统手工技艺类非遗集中聚集区，可以通过现场展示、图片展示、实物展示、过程解说、互动交流等方式进行，展示包括制作过程、手工成品、历史作品、遗产文化等。例如涪陵榨菜传统制作技艺、荣昌折扇、土家族吊脚楼营造技艺和荣昌陶器制作技艺，都可以向游客通过展示技艺过程来发展工业旅游项目。因为遗产展示方式和展示内容的多样性影响旅游体验，展示方式多样、内容丰富，有助于激发游客对遗产的兴趣。在主城及周边地区展示性强的传统手工技艺类非遗，可开发成旅游商品或工业旅游活动项目，或者可以通过博物馆模式进行展示。综此，中心外围地区适合采用非遗元素展示 + 实景表演展示 + 传统手工技艺类非遗的静态和动态展示相结合的开发模式。

2. 两翼地区的开发模式

渝东南地区以舞蹈、传统音乐、民俗、传统手工技艺类非遗为主，大多属于“提高 + 发展”型非遗，可以在大仙女山、乌江山峡、酉阳桃花源、黔江濯水、秀山洪安边城、石柱黄水等精品旅游区通过舞台体验、生活体验、活动体验与旅游活动结合来开发表演类非遗，在洪安、龚滩、濯水、西沱、郁山等古镇进行手工业类非遗文化展示厅。此外在土家族和苗族聚落地开发土家文化主题公园、苗族文化生态村，增加土家啰儿调、土家摆手舞、苗族山歌号子、面具阳滩戏等演出，把渝东南地区非遗特色工艺品、土特产开发成主题会展、老字号等文旅融合的新型业态，同时可以把一些非遗开发成艺术节，例如开展秀山花灯文化艺术节、酉阳桃花源土家摆手舞节。此外加强非遗旅游与民俗旅游、生态旅游、乡村旅游的融合和协作，以此来促进产品升级，丰富旅游体验。综上，渝东南地区适合采用舞台展示 + 节庆演出 + 手工业展示 + 产业融合的开发模式。

渝东北地区非遗以民俗、传统音乐、传统手工技艺、传统舞蹈、传统戏剧等为主，集中在梁平、万州、忠县、丰都等地，该区可以在旅游景区添加非遗文化元素，在市级特色小镇完善和发展梁平竹帘、梁平木版年画、渝州泥塑、渝州竹雕等非遗文化展示厅，这些传统手工技艺和美术作品不仅能反映梁平、万州、忠县的民风民俗，具有独特的艺术风格，以此种产品为重点进行开发，配合现阶段电子商务发展，将有利于促进和共同塑造渝东北地区非遗旅游品牌。此外梁平、万州、丰都等地的狮舞、吹打、戏牛舞、金家功、梁平傩戏、双桂堂庙会、丰都庙会、水龙祈雨等对游客具有一定的吸引力，每年在旅游旺季时可以增加此类非遗的表演，也可以结合本地的节庆活动，推广非遗节庆旅游活动。综上，渝东北地区适合采用非遗元素展示 + 工业展示 + 电子商务 + 节庆演出的开发模式。

（二）国家级文化生态保护区 + 省级文化生态保护区相结合的开发模式

非遗的保护与传承及旅游开发，历来是学术界和国家关注的重点，如何找到好的结合点、平衡点也是学者们关注的热点。20 世纪 90 年代，文化生态保护模式在非遗的旅游开发中实现了双赢，得到了社会各界的肯定。文化生态保护实验区是以“遗产丰富，氛围浓厚，特色鲜明，民众受益”为目标，把“见人见物见生活”作为非遗保护的一个重要理念。这一目标和理念符合非遗的特征且有利于非遗的保护与传承，对于推动非遗的整体性保护和传承发展，维护文化生态系统的平衡和完整；对于提高民族文化自觉和建设人民的美好精神家园，增进民族团结，增强民族自信心和凝聚力；对于促进经济社会全面协调和持续发展，具有重要意义[35]。国家生态文化保护区也取得了很大的发展，为重庆市生态文化保护区建设提供成功经验和借鉴的起点。截至 2014 年底，我国已申报成功的国家级文化生态保护实验区共有 18 家。2014 年 9 月，国家级武陵山区（渝东南）土家族苗族文化生态保护实验区申报成功。重庆作为非遗富集的地区，绝大多数非遗集中分布在主城、主城周边区域、两翼等地区，且重庆市非遗有强烈的地域性特征和集聚性特征，具有建设生态文化保护区的文化基础和地域基础。除了建立国家级文化生态保护实验区，还可以考虑建设市级文化生态保护区，一方面可以使非遗得到较好的传承，另外又可以通过文化生态保护区开发促进当地居民的文化认同感和自豪感，促进当地居民参与到非遗的旅游开发中来，使非遗的传承更具有可持续性。而重庆市非遗中占主体部分的是传统手工技艺、传统音乐、传统舞蹈、传统戏剧等，这些可以通过艺术表现形式再现非遗的实景表演，而且具有高效而艺术震撼力的特征，有较高的互动性和娱乐性的特征，为生态文化保护试验区开发提供了物质基础和现实条件。

（三）政府主导＋市场运作相结合的旅游开发模式

政府在非遗保护运动中的作用有目共睹，“文化遗产是极具近代性的概念，不以国家为顶点的公共机构来做后盾，其成立是不可能”[36]。政府主导型模式，是指政府凭借其行政权力和财政实力，通过制度和政策的制定、规划的编制和实施、资金的投入和支持等等，从而促进旅游业发展的一种模式[37]。非遗的传承和保护不仅缺失资金，同时欠缺政策等支持。即使是处于经济发达地区的非遗，同样因为资金的欠缺而处于保护和传承的困境。笔者于2017年1月对重庆堰兴剪纸和北碚剪纸进行实地调研，虽然这两地位于经济发达地区，但“剪纸”非遗的传承面临相当严重的资金欠缺局面，而处于少数民族地区和偏远地区的非遗的传承资金欠缺的形势则更为严峻，这样势必导致非遗传承濒危。笔者在重庆非遗集聚地调研中得知，这些地区不仅社会资本进入障碍比较大，金融资本和产业资本之间也缺少合作，非遗产业化难以形成规模。这就需要政府主导，通过政策引导和政策支持等，促进社会资本和金融资本进入非遗旅游开发领域，同时通过非遗的旅游开发进而促进地区经济的发展和非遗的传承与保护。

（四）社区参与旅游开发模式

社区参与已成为旅游发展的一种思想，在发达国家早已被认为是减少旅游负面影响并为地方社区创造更为良好环境的重要途径[38]。笔者曾经在重庆北碚和堰兴等地调研，发现当地百姓对本地的非遗了解很少，对非遗的保护、开发表现出很漠然的态度。大部分居民对非遗概念都认知不足，诸多实际无疑不利于非遗的保护与传承。因为居民是社区的主体，也是非遗存在的原生文化空间。有学者认为非遗的保护应由“物”的抢救发展为对“人”的抢救[39]，而非遗的保护与传承是当地居民的共同问题，需要全体居民的共同参与和智力支持，尤其是歌谣、表演、礼仪、技能等非遗不同于有形的物质文化遗产，人的因素在非遗的保护过程中更加重要。它们的传承、创新、发展都离不开传承人自身的技巧与素质[40]。所以在重庆市非遗的旅游开发中需要遵循社区参与、信息与资源共享的原则。这就需要政府鼓励当地社区参与非遗的保护与传承，教育和普及非遗知识及本地非遗传承的重要意义；同时政府应当给予当地居民非遗保护和开发的信息、非遗旅游开发的政策咨询；在可能的情况下引导当地精英作为合作伙伴、赋权给本地公民，引导公民逐渐地、完全地参与非遗的旅游开发。

五、结论与讨论

本文研究了重庆市非遗的空间分布及旅游开发模式，研究表明：

1. 重庆市国家级非遗比例较少，市级非遗占主体。在国家级非遗项目中，传统手工艺、传统音乐、曲艺、传统舞蹈类占主体地位，体育游艺竞技类非遗为0；而市级非遗中占主体的是传统手工艺、传统音乐、传统舞蹈、传统美术、民俗，而医药、曲艺、民间文学、传统戏剧所占比例较少。

2. 重庆市国家级非遗呈南多北少的分布格局，形成了以主城为中心，向外围—两翼显著递减的趋势。重庆市级非遗呈总体分散，集中分布在主城地区，向主城周边地区、渝东南地区、渝东北地区呈依次递减的趋势，形成了从中心到外围、两翼递减的分布格局。非遗在空间上呈集聚态势，不同类型的非遗形成多核和组团分布态势，区域间差异显著，地域性凸显。

3. 结合重庆市非遗的空间分异特征及非遗结构特征，提出中心外围区、两翼地区“基础 + 发展 + 提高”不同组合；国家级 + 省级文化生态保护区相结合、政府主导 + 市场运作相结合、社区参与旅游等开发模式。

基于空间格局的非遗旅游模式研究是学界极少涉及的领域，本文就此作管窥性探索。通过对重庆市非遗的空间特征分析，进而掌握重庆非遗的空间分布规律，为重庆非遗旅游开发寻找理论的逻辑起点。重庆非遗传承和传播过程中受到自然地理环境、社会经济、本土文化与移民文化、江河文化等共同作用而演变形成的特征，为非遗的保护、继承、开发提供重要的参考依据；在实践层面上，将对区域非遗保护和旅游开发的协同发展产生一定的现实指导作用。非遗传承与旅游开发，有利于提高民族自信，同时也有利于促进民间文化振兴，但非遗传承与旅游开发需要国家、社区、企业的共同参与。且不可忽视的是，非遗开发和非遗保护诉求不同，在通过旅游开发为非遗提供保护和展示时，要增强保护资金投入，培育社区群众基础，因为如果开发不当，其商业性质又可能使得非遗的本来面貌扭曲变形。这既是当前非遗研究工作的难点，也是未来深入研究重庆市非遗旅游开发的重点。

参考文献

[1] 贾鸿雁 . 论我国非物质文化遗产的保护性旅游开发 [J] . 改革与战略，2007，23（11）：119-122.

[2] 欧阳正宇 . 非物质文化遗产旅游开发研究——以莲花山“花儿”为例 [D] . 兰州：兰州大学，2012.

[3] Blake Janet. On Defining the Cultural Heritage [J] . International and Comparative Law Quarterly，2000，49（1）：61-85.

[4] Munjeri Dawson. The reunification of a national symbol [J] . Museum International，2009，61（1-2）：12-21.

[5] Arizpe Lourdes. Intangible Cultural Heritage，Diversity and Co-herence [J] . Museum International，2004，56（1-2）：130-136.

[6] Bunten，Alexis Celeste. Sharing culture or selling out ？ Developing the commodified persona in the heritage industry[J]. American Ethnologist，2008，35(3)：380-395.

[7] Svensson Tom G. Knowledge and Artifacts：People and Objects [J] . Museum Anthropology，2008，31（2）：85-104.

[8] Young C. Heritage：Management，Interpretation，Identity [J] . European Journal of Archaeology Archive，2003，7（3）：326- 328.

[9] Ranasinghe Ruwan，Cheng Li. Tourism-induced mobilities and

transformation of indigenous cultures：where is the Vedda community in Sri Lanka heading to？［J］. Journal of Tourism and Cultural Change，2018，16（5）：521-538.

［10］Ramos Nogueira A G. The registration of cordel literature as intangible heritage and the popular culture preservation policies in Brazil［J］. Anos，2018，90（25）：181-212.

［11］Ababneh Abdelkader. Heritage Management and Interpretation：Challenges to Heritage Site-Based Values，Reflections from the Heritage Site of Umm Qais，Jordan［J］. Archaeologies-journal of the World Archaeological Congress，2016，12（1）：38-72.

［12］Hiroyuki，Hashimoto. Between Preservation and Tourism：Folk Performing Arts in Contemporary Japan［J］. Asian Folklore Studies，2003，62（2）：225-236.

［13］向云驹 . 论"口头和非物质遗产"的概念与范畴［J］. 民间文化论坛，2004（3）：69-73.

［14］吴馨萍 . 无形文化遗产概念初探［J］. 中国博物馆，2004（1）：66-70.

［15］刘魁立 . 关于非物质文化遗产保护的若干理论反思［J］. 民间文化论坛，2004（4）：51-54.

［16］牟延林，谭宏，刘壮 . 非物质文化遗产概论［M］. 北京：北京师范大学出版社，2010：25-33.

［17］田阡 . 论西部非物质文化遗产保护工作中的一般性与特殊性——以《非物质文化遗产法》为出发点［J］. 中央民族大学学报，2012，39（2）：95-101.

［18］戴其文，刘俊杰，吴玉鸣，等 . 基于区域视角探讨广西非物质文化遗产的保护［J］. 资源科学，2013，35（5）：1104-1112.

［19］张希月，陈田 . 基于游客视角的非物质文化遗产旅游开发影响机理研究—— 以传统手工艺苏绣为例［J］. 地理研究，2016，35（3）：590-604.

［20］曹诗图，鲁莉 . 非物质文化遗产旅游开发探析［J］. 地理与地理信息科

学，2009，25（4）：75-78.

［21］汪宇明，马木兰．非物质文化遗产转型为旅游产品的路径研究——以大型天然溶洞实景舞台剧《夷水丽川》为例［J］．旅游科学，2007，21（4）：31-35.

［22］胡最，刘沛林，邓运员，等．汝城非物质文化遗产的景观基因识别——以香火龙为例［J］．人文地理，2015，141（1）：64-69.

［23］阚如良，王桂琴，周军，等．主题村落再造：非物质文化遗产旅游开发模式研究［J］．地域研究与开发，2014，33（6）：108- 112.

［24］尹华光，赵丽霞，彭小舟，等．张家界非物质文化遗产旅游居民感知差异分析［J］．经济地理，2012，32（5）：160-164.

［25］吴清，李细归，张明．中国不同类型非物质文化遗产的空间分布与成因［J］．经济地理，2015，35（6）：175-183.

［26］徐柏翠，潘竟虎．中国国家级非物质文化遗产的空间分布特征及影响因素［J］．经济地理，2018，38（5）：188-196.

［27］李蕊蕊，赵伟，陈静．福建省非物质文化遗产结构及地理空间分布特征［J］．地域研究与开发，2014，33（6）：97-102.

［28］袁少雄，陈波．广东省非物质文化遗产结构及地理空间分布［J］．热带地理，2012，32（1）：94-97.

［29］张建忠，温娟娟，刘家明，等．山西省非物质文化遗产时空分布特征及旅游响应［J］．地理科学，2017，37（7）：1104-1111.

［30］牟延林．重庆非物质文化遗产的地域风貌、精神内涵及城市精神的培育［J］．重庆社会科学，2008（3）：73-77.

［31］江娟丽，董思言，郭磊．重庆剪纸非物质文化遗产产业化发展困境及开发模式［J］．云南民族大学学报（哲学社会科学版），2017，34（2）：42-47.

［32］张耕．非物质文化遗产私法保护模式研究——以重庆市非物质文化遗产保护为例［J］．西南民族大学学报（人文社科版），2010（8）：105-110.

［33］刘娜，石培基，李博．甘肃省人口经济空间分异与关联研究［J］．干旱区地理，2014，37（1）：179-187.

[34] 张奥然．探寻重庆优质旅游的升级之路，将都市打造成重庆旅游“第一客厅”[N]．重庆日报，2018-03-23.

[35] 本报评论员．全面推进国家级文化生态保护区建设[N]．中国文化报，2017-06-07(1).

[36] 樱井龙彦，陈爱国．应如何思考民间信仰与文化遗产的关系[J]．文化遗产，2010(2)：115-123.

[37] Wang Y，Wang G. Administrative arramgements and displacement compensation in top-down tourism planning：A case from Hainan province，China [J]. Tourism Management，2007，28(1)：70-82.

[38] 熊元斌，朱静．论旅游业发展中的有限政府主导模式[J]．商业经济与管理，2006(11)：73-76.

[39] 宋俊华．中国非物质文化遗产保护发展报告[M]．北京：社会科学文献出版社，2016.

[40] 王瑞．论我国非物质文化遗产的保护战略[J]．法制与社会，2017(2)：216-217.

文旅融合发展中的资源共享与产业边界[①]

刘安全　黄大勇[②]

改革开放40年来中国文化与旅游相辅相成、同步发展，“不仅成为结构优化、动能转换和新发展方式的重要产业载体，而且成为传播社会主义核心价值观、推动中国文化软实力提升、中国文化‘走出去’和大国外交的重要渠道”[③]。在实践上，旅游需要文化增添底蕴，文化需要旅游拓宽市场；但政府主导下的文旅融合发展受到行政管理体制、产业发展传统策略、资本博弈和创新能力的制约；一些文旅资源丰富的地方，特别是文化与旅游产业基础薄弱的中小城市和少数民族地区，依然陷入了产业发展的“资源魔咒”怪圈。本文从资源共享角度寻找文旅产业边界出发，探究文旅融合在传统的产业运行和行政管理规则下的产业发展困境，阐明清晰的产业边界在产业融合中的重要机理与作用。

一、资源共享与产业边界的融合论解释

产业融合是基于产业间分工转变为产业内分工的过程和结果，需要关联性产业壁垒的降低、技术进步和政府管制放松[④]。这意味着不同产业对应的资源体系将

---

① 基金项目：教育部人文社会科学重点研究基地重大项目“长江上游地区典型民族文化与旅游产业融合发展研究”（18JJD790017）。原载于《长江师范学院学报》2019年12月第35卷第6期。

② 刘安全，土家族，湖北来凤人，博士，副教授，硕士生导师，主要从事南方少数民族文化与旅游研究。黄大勇，四川内江人，教授，硕士生导师，长江师范学院党委书记。

③ 把多勋．改革开放40年：中国文化旅游融合发展的价值与趋势［J］. 甘肃社会科学，2018（5）：10–20.

④ 厉无畏．产业融合与产业创新［J］．上海管理科学，2004（4）：4–6.

实现互通与兼容，突破行业限制，实现资源整合型配置[①]，引发“纵向一体化的市场结构”变革，形成“横向水平的新型市场结构”[②]。文旅融合是文化与旅游的结合、协同与创新，在旅游需求提高、资源观改变、技术创新和政府管制放松等多重要素全力推动下迅速发展。文旅融合不仅仅限于“产业＋产业”的单一领域，还涉及公共文化服务、传统文化传承、行政与事业管理等多个维度[③]。其发展是基于某一个社会系统或区域系统，以文化、旅游和创意产业参与者为主体，在实践过程中形成新关系网络；以要素协同、联动、创新为手段，进而构成新的结构体系。其目标固然是文化与旅游产业间的资源互惠和相互依赖，但在政府、企业等利益相关主体及其不同诉求目标下，引发了各行为者的自利本性、行业惯性以及产业共同体之间的利益冲突。文旅融合要求关系密切的产业模糊产业边界，形成良好的资源竞争和转换关系。

可以把文旅产业资源定义为在文化旅游产品和服务供给过程中所使用的投入，例如山川水木、民众文化习俗和文旅产品等自然之物、道德之物或商品。随着科学技术发展，产业资源边界将无限扩张，其大小取决于产业技术和企事业核心能力的强弱，而非物质[④]。尽管可以将能为消费者创造价值的一切要素都作为资源进行利用，但资源相对于人的需求总是稀缺的，因而在“私有化”和“政府管制”策略中必须清晰界定其资源边界，即强调抑制需求并节制使用，观照社会边界的流动性、延展性、梯度性及协商性[⑤]。文旅融合暗示了文化与旅游资源互惠和互相依赖的关系，但产业融合与资源升值仍需要产业集群、技术进步以及政策放松作为支撑。基于文化与旅游各自的事业性，文旅产业融合需要厘清公共资源

① 胡永佳．产业融合的经济学分析［D］．北京：中共中央党校，2007.

② 周振华．产业融合：产业发展及经济增长的新动力［J］．中国工业经济，2003（4）：46-52.

③ 宋振春，纪晓君，吕璐颖，等．文化旅游创新体系的结构与性质研究［J］．旅游学刊，2012，27（2）：80-87.

④ 李海舰，原磊．论无边界企业［J］．中国工业经济，2005（4）：94-102.

⑤ COX M，ARNOLD G，TOMÁS S V. A review of design principles for community-based natural resource management［J/OL］. Ecology and society，2010，15（4）.https：//www.ecologyandsociety.org/vol15/iss4/art38.

性质，而“公地悲剧”产权视角仍无法完全解释文旅产业共有资源的完整性，例如“资本上山”在很大程度上导致公共资源集中于实体企业或少数人手中[①]。而另一方面，政策准许行业“画地为牢”仍在短期内造成产业融合的资源壁垒[②]。文化创意旅游产业发展并不必然导致资源进入或退出的壁垒；但是，基于自己的行业惯性、产业习俗和资源利用史，不同产业主体会随着外部因素的变化各自做出调整，从而形成产业系统新的资源关系和社会关系，并固守各自边界；这势必涉及长久互惠、再分配、新习俗等原则，并兼顾动态历史过程和国家视角[③]。原因在于“资源关系是深嵌在整体性和历史性的社会关系中的”[④]，可以把资源权利分解为多重层次，每一层次都有不同的管理实践，在文旅产业融合发展的市场习惯下，产权及行政变革并不能排除各自产业对传统资源、产品、惯例和历史的灵活运用。

在文旅产业融合中，资源丰厚度并不直接与产业健康发展程度成正比[⑤]，满足文旅产业发展的丰富资源不一定能快速有效形成产业。在产业融合的初级阶段，“厘清文旅资源开发的经济秩序和空间秩序”才是文旅产业融合发展的基础与当务之急。本文以涪陵为例对文旅融合发展中的资源共享与产业边界进行了讨论。

二、文旅资源的景观特征及其意义

涪陵地处北纬30度之世界奇观纬度上，坐拥长江、乌江，素有“巴国故都、乌江门户、榨菜之乡”的美誉。涪陵的人文历史与山水自然风光交相辉映，以涪陵城区为中心，沿长江、乌江四岸呈扇形分布，点线相连。人文资源涵盖了社会历史遗迹、地方非遗文化、民间文艺等多种类型，在涪陵文化体系中代表着不同

---

① 朱冬亮．集体林权制度改革中的社会排斥机制分析［J］．厦门大学学报（哲学社会科学版），2007（3）：122-128.

② 张鑫．政策与资源壁垒短期难以解除“双向进入”将压缩互联网市场份额［J］．通信世界，2012（17）：41.

③ 张佩国．“共有地”的制度发明［J］．社会学研究，2012，27（5）：204-223，245.

④ 郑少雄．非正式制度与流动的公共资源边界——以甘孜东部虫草与松茸采集的社区管理为例［J］．学海，2015（6）：88-93.

⑤ 熊正贤．文旅融合的特征分析与实践路径研究——以重庆涪陵为例［J］．长江师范学院学报，2017，33（6）：38-45，141.

历史时期的文化特征与形式，如表 1 所示。

2300 多年的历史，让涪陵积淀和传承了以江河为特色的地域文化，产生了枳巴、易理、白鹤梁题刻、榨菜、乌江航运、“三线工业”遗产等鲜明的文化标志，造就了以白鹤梁、榨菜和 816 地下核军工洞“三大世界之最”和点易洞、武陵山大裂谷“两个国内罕见”为代表的高品位旅游资源。位于涪陵白涛镇陈家嘴村小田溪的巴王墓葬遗址是巴文化代表，出土了大量的纯金宝剑、玉佩、玉璧等珍贵的国家级文物；北宋理学家程颐在涪陵北山坪点易洞点校易经，著述《伊川易传》，讲授“理学”，开易理涪陵学派；世界水文奇观——水下碑林白鹤梁，记载了长达 1200 多年的长江水文资料，以及大量唐、宋、元、明、清时期的各类石刻；涪陵榨菜品牌始创于公元 1898 年，经过 120 多年的发展，逐渐形成了“诚信至善、精益求精”的榨菜文化核心内涵；816 核军工洞是新中国“三线建设”时期遗留下来的重要工业遗产，展示着新中国建设的时代风貌；优秀民居陈万宝庄园代表着晚清时期重庆民居建筑的最高水准。其他如周煌文化、涪陵御锣、焦石山歌、涪州川剧、龙潭八牌锣鼓等都是涪陵文化和旅游产业可以开发利用的优质资源。

表 1　涪陵代表性文旅资源类型及其文化特征

	资源类型	文化特征	资源属性
小田溪巴人墓葬	旧葬地	古巴人文化	公共资源 / 文物
白鹤梁水下石刻	历史遗迹	长江古代水文科技文化	公共资源 / 文物
点易洞	历史遗迹	传统国学文化	公共资源 / 文物
陈万宝庄园	传统民居建筑	重庆地方民居建筑文化	公共资源 / 文物
李蔚如旧居	红色革命遗址	红色革命文化	公共资源 / 文物
816 核军工洞体	现代工业遗址	新中国工业建设文化	企业资源
武陵山乡	原乡居住地	乡村社区文化	公共资源
榨菜、油醪糟	饮食类非遗文化	民间生活文化	公共资源
涪陵御锣、焦石山歌、龙潭八牌锣鼓	文艺类非遗文化	民间生活文化	公共资源

资料来源：作者整理。

三、文旅资源的分层与再组织

（一）文旅资源的分配及其表征

涪陵地处重庆市中部、三峡库区，处于长江经济带、乌江开发区与武陵山特困连片地区的结合部，是“一带一路”倡议支点、节点城市，也是长江经济带重要门户城市。从旅游布局形势看，涪陵处于重庆主城一小时环城休憩带，拥有特大城市旅游消费群体；又是渝东南和渝东北旅游结合点，拥有汇聚重庆旅游流的天然区位优势。但是，在有着极其丰富且质量优良的文旅资源、区位优势、产业政策支持、经济基础，以及优秀文化创意人才的涪陵，文化与旅游产业仍走不上深度融合的同一条道路。

从实践上看，政府主导的文旅产业开发对文化与旅游产业的区隔是明显的。文化与旅游产业有着各自的发展轨迹，分属于不同行政区域和产业领域。20 世纪 80 年代，旅游产业管理从外事接待事务中脱离，走上一条纯经济之路，而文化产业管理迟至 2002 年才从文化事业中分离出来。虽然文化旅游使文化与旅游产业有了融合的基础和创新目标，但文旅产业仍然各有其行业核心资源。涪陵文旅资源如表 2 所示。“文化旅游两张皮”的现象依然存在。

表 2　涪陵区文旅产业及其资源对应关系

产业	资源	产业业态
文化产业	大剧院、白鹤梁水下博物馆、涪陵区博物馆、文化馆、图书馆、邱家大院历史文化街区、演艺娱乐业、影院、新华书城、涪陵印刷包装产业园、长美动漫基地、大唐文化创意园、凯高动漫城、“重报”创意文化产业园、涪陵在线网站	演艺娱乐、广播影视、新闻出版、广告创意、文化会展、印刷包装、网络服务、群众文化服务
旅游产业	乌江画廊、816 核军工洞、武陵山大裂谷、武陵山国家森林公园、大木花谷、沙溪温泉、巴山夜雨休闲旅游区、法雨寺、蔺市美心红酒小镇	自然观光游、乡村旅游、研学旅游、避暑旅游、康养旅游

资料来源：根据 2018 年涪陵区文化委和涪陵区旅游局工作总结整理。

作为传统的工业大区，涪陵旅游开发起步较晚。在1998年之前，涪陵行政区划设置分别为专区、地区和地级市，有涪陵、南川、酆（丰）都、石柱、武隆、长寿、彭水等辖区，在当时以“工业立市、工业兴市”的产业发展战略下，涪陵成为核心工业区，区内无景区规划与布局，旅游产业重点发展金佛山、名山和仙女山，分别位于南川、丰都和武隆县。1998年，国家正式撤销地级涪陵市和枳城区、李渡区后，涪陵没有旅游产业。2013年涪陵才成立旅游经济产业领导小组，设立武陵山和江北2个旅游区管委会；2014年出台《关于加快旅游产业发展的意见》，召开了首届旅游产业发展大会，重点打造武陵山旅游区、江北旅游区和白鹤梁水下博物馆3个核心景区。至2018年，涪陵共建成开放武陵山大裂谷、武陵山国家森林公园、白鹤梁水下博物馆、816核军工洞和武陵山大木花谷、武陵山大木林下花园等8个国家A级品质景区（其中4A级景区4个），形成了“各有特色、互补性强、内连外延”的金三角旅游格局。2018年涪陵接待游客1931.65万人次，收入122.91亿元[①]。旅游业态齐全，形成景区、旅行社、住宿、餐饮和特色文化产品全面发展格局，旅游企业生产、研发、竞争与合作和营销行为规范完善，但在生产和研发方面存在滞后性[②]。

2002年，伴随着文化体制改革，涪陵文化产业作为独立的经济产业被纳入国民经济和社会发展统计的范围。在2008年，涪陵有文化产业经营企业476家，文化产业产值达8.1亿元[③]，主要包括印刷、传媒、体育和网络等4个领域，其中印刷业是文化产业支柱。2018年，涪陵文化产业经营单位达1200余家，新增文化市场主体47家，其中规模以上企业2家[④]；文化产业营业收入约120亿元，文

① 重庆市涪陵区统计局．重庆市涪陵区2018年国民经济和社会发展统计公报［EB/OL］（2019-04-03）［2019-05-23］.http：//www.fulingwx.com/show-73-50717.html.

② 王志标，黄大勇，杨盼盼．涪陵旅游业结构—行为—绩效分析［J］. 长江师范学院学报，2018，34（6）：36-45.

③ 汪永忠，李欣，颜晓梅．重庆市涪陵区文化产业发展研究［J］. 经济研究导刊，2010（4）：143-146.

④ 洪华莺，何乾健.2018年涪陵区社会事业发展亮点纷呈［EB/OL］.（2019-01-14）［2019-05-23］.http：//www.fulingwx.com/show-73-49558.html.

化产业增加值29.3亿元，占GDP比重2.7%[①]；文化服务业成为文化产业重心。脆弱性是涪陵文化产业发展的最主要特征。涪陵文化产业仍属于起步阶段，还没有形成较有影响力的企业和产品体系。首先，传统文化产业受产业界限影响和现代技术冲击，其产品创新、经营模式转换均跟不上市场的发展速度，出版、新闻、图书等产业发展空间受限。涪陵文化虽然存量较多，但较大一部分文化有名称无内容，如涪陵“四大文化”——枳巴文化、白鹤梁题刻文化、易理文化、榨菜文化，虽然一直是涪陵的文化名片，但真正可以作为产业化开发的文化内容则寥寥无几。其次，涪陵文化产业的微观基础在逐渐发育和成长，但文化产业组织形式还存在一定的局限性，往往处于产业供销链条的最低端。长美动漫、“重报”创意文化产业园等产业实体，也因市场狭窄、企业微小等原因而举步维艰。第三，优秀文化产品市场化经营渠道不畅。经长期积累，涪陵文化事业发展、文艺创作已经拥有了大量的优秀作品。而这些作品目前只是出现在公益性或事业性的展演中，没有真正走进市场，接受市场检验。如大型情景舞蹈诗《飘香·涪陵记忆》、舞蹈《蜕变》《菜香欢歌》《青疙瘩 疙瘩青》、微电影《忤逆》、话剧《那一双温暖的手》等，在获奖后，均未能及时地进行商业运作，也未能收到良好的经济效益。

（二）文旅产业融合及其资源再组织

2017年全国旅游工作会提出推进全域旅游发展，在“旅游+”策略下，深化旅游综合体制和供给侧结构性改革。在“一带一路”倡议、发展“全域旅游”、建设“美丽中国”等政策引领下，政府及其职能部门理所当然地承担起全区文旅产业发展的责任。《重庆市涪陵区旅游业发展“十三五”规划》中强调了“促进旅游跨界融合”，“加快旅游业与其他产业的融合，延展产业链条，‘旅游+’的多元融合发展格局”[②]，文旅产业正在成为涪陵区国民经济和社会发展的战略性支柱产业。通过制订文旅产业发展规划、优惠政策，强化文旅产业基础设施和公共

① 重庆市涪陵区统计局.涪陵统计年鉴［M］.涪陵：内部资料性图书准印证〔2019〕涪内字第154号：240.

② 重庆市涪陵区旅游局.重庆市涪陵区旅游业发展“十三五”规划［Z］.重庆市涪陵区旅游局内部资料，2016-09-12.

服务，依法维护文旅产业秩序，构建旅游供给、配套服务、多元消费、城乡功能、客源市场和创新发展的体系，对文旅产业进行新一轮优化组合与资源配置。2018 年 2 月，涪陵区旅游发展委员会正式挂牌，这标志着涪陵旅游开启了全域旅游、优质旅游的新征程。借武陵山大裂谷景区创“5A”的契机，以实施“旅游兴区”战略为主线，以打造特色品牌为抓手，以增加供给、提升品质为目的，推进“旅游 +”多产业融合的不断深入，大力推动旅游与农业、工业、教育、卫生等各领域的相加相融，谋划全产业链、全要素的文旅产业发展，一批投资规模巨大的文旅重大项目陆续启动，如表 3 所示。这样就形成了休闲旅游、健康旅游、工业旅游、研学旅游等竞相发展的新格局。

表 3　涪陵文旅产业重大项目

项目名称	主要内容	投资单位	产业形式	主导者
蔺市美心红酒小镇	以法国红酒文化为主题，集生态动感旅游、休闲度假、户外运动、游乐为一体的文化体验旅游小镇	美心集团	文化主题公园 + 游乐	企业
1898 榨菜文化小镇	以传承和弘扬涪陵榨菜文化为核心，集传统技艺保护、观光体验、商业娱乐、特色餐饮、休闲度假于一体，建设具有重庆地域文化特色的非文化展示园	重庆万正集团、辣妹子集团	非遗文化传习所 + 商务 + 游乐	地方政府 + 龙头企业
816 地下核工程遗址	以三线军工工业遗址旅游为主题，发展文物观光体验、健康养生、生态旅游和军旅文化等多元文旅产品支撑的中国三线军工特色小镇	重庆旅投集团	工业遗址 + 文化主题公园 + 旅游	龙头企业
大顺中药材康养特色小镇	以 20000 亩高品质花材基地和红枫湖 60 亩旅游地产为核心的养生健康休闲原乡	太极集团	现代特色农业产业园 + 地产 + 旅游	龙头企业 + 地方政府

续表

项目名称	主要内容	投资单位	产业形式	主导者
北山爻里文化旅游小镇	以北山风景区为依托，建设约1000亩的爻里文化旅游小镇和约1000亩的北山康养度假小镇，以易脉相承为文化主题，构筑“爻里之象”的景观主轴和“爻里之理”的易理文脉故事主线	伟光汇通旅游产业发展公司	国学文化遗址+文化社区+养生+休闲游乐	旅游企业+地方政府

资料来源：根据2019年5月对涪陵区北山坪、武陵山度假旅游区和816地下核工程遗址的实地调研，以及2018年涪陵区文化旅游委工作总结整理。

另外，龙头企业推动了文旅资源的开发利用与再组织。文旅产业的发展离不开企业这个市场主体。一是来自本土的重点企业集团，依托于各自的企业资源与传统经营领域，以实体经济开发等模式逐步融入文旅产业，实现对所属文旅资源的再组织和再利用。例如，建峰集团积极开发原国营816厂三线核军工遗址，论证启动打造816军工文化小镇；医药太极集团利用中药材基地建设大顺中医药特色小镇，举办大健康论坛；涪陵榨菜产业龙头企业辣妹子集团打造1898榨菜文化小镇，举办涪陵榨菜嘉年华等节会活动。二是外来企业以资本投资、建设文旅实体项目，实现传统文化资源与工商资本的对接。例如，美心集团和伟光汇通对蔺市古镇和北山风景区的文旅资源开发，打造美心红酒小镇和爻里文化小镇，其投资规模均在百亿元以上。

四、资源共享、文旅产业边界扩展及清晰化

（一）文旅产业融合下的资源共享

文旅产业融合是一种产业发展趋势，一般认为，资源、技术、功能和界域等4个要素决定产业融合的深度。资源融合则是文旅产业融合的基础与核心，就如数字技术对于电信、广播电视与出版产业的融合那样重要。随着泛旅游时代的到来，“全员、全时、全行业、全要素”旅游不再局限于自然风光、人文风情，其

边界已被极力扩大，“凡是能够直接激发人们的旅游动机，由此产生旅游行为，并能为旅游业所利用，产生一定经济、社会与环境三方面效益的任何地域性吸引因素”[①]。旅游产业竞争日益激烈，资源同质化迫使旅游业扩展资源边界，利用技术手段创造新的旅游吸引物。被誉为“旅游之灵魂”的文化及其衍生形态，成为旅游资源创新的重要领域。文旅资源的品质和易用性在一定程度上决定了文旅产业竞争力的强弱。当旅游资源丰富而文化内涵不足，或文化资源丰富而旅游资源缺乏时，则需要共享产业资源，以创造出新的资源，推动产业的发展。事实上，文化创意通过旅游得以展现，而旅游则让文化传播更为深远。

涪陵丰富的自然资源、人文资源以及多种公共资源，都可以与旅游进行融合共享，成为文旅产业发展的重要内容。例如，可以将枳巴文化嵌入武陵山大裂谷游览线路中，在云梦溪、古乐坊和情人谷等景点进行驻场表演，在旅游旺季时，巴人古乐、山歌和巴人婚嫁民俗表演每天可达 21 场次。挖掘整理陈万宝庄园、施家祠堂、周煌故里、邱寿安故居、李蔚如旧居等文物古迹，将其作为文旅产业的重要载体，进行“非遗 + 文物 + 红色文化遗产 + 旅游”的产业开发。以太极集团、美心集团、辣妹子集团、伟光汇通、方特集团的投资或创意技术，助力涪陵开发全域旅游，推进 1898 榨菜文化小镇、涪州古城、武陵山度假区、乌江画廊大溪河、雪峰山度假区、爻里文化小镇和方特“熊出没”文化主题公园等重大文旅项目的发展。随着文旅融合发展深度与广度的增加，城乡公共文体设施和一些大中小型企业提供的专业配套设备，如艺术中心、博物馆、图书馆、文化馆、大剧院、城市公园、城市商圈等设施，都将有助于创造一种深厚的创新氛围和消费氛围，从而成为以信息化平台为内核的文旅创意产业发展所必不可少的内容。

但是，总的来说，涪陵文旅融合发展还处于初级阶段，对于资源的利用仍停留在浅表层面，还未能形成具有明显文旅 IP 性质的产业形态。例如，武陵山大裂谷“英雄武陵 · 王者归来”仪式巡演的形式简单且内涵不足；文创产品以白鹤梁题刻拓片、印章、织锦和大木花谷花木染丝巾、邮票及武陵山大裂谷吉祥物“武陵猴”与折扇为主，类型少且工艺精细度不高；“生态人文之旅”“红酒小镇之

① 罗兹柏，杨国胜．中国旅游地理［M］．天津：南开大学出版社，2005：2.

旅”“浪漫花乡之旅”以及“巴渝原乡之旅”等虽有不少创意亮点，但其产业仍没有脱离传统旅游形态。

（二）文旅产业边界扩展

产业融合理论认为，在技术成熟、政策管制消失等条件下，产业边界模糊化，进而实现产业融合。数字技术使电影胶片、磁带、书籍和图册都可以转换为数字格式，网络传播促成了电信、广播电视与出版产业的融合。但产业边界模糊化只存在于“产品的存在形态和使用方式方面”，在“产品的经济用途”和“产品主要原材料”等方面并未引起产业边界的模糊①。产业融合所导致的产业边界模糊是相对的、局部的。文化产业、旅游产业同属于第三产业，在需求结构上有着相似或重叠之处，但又有明显的区分。文化产业除了包括文化旅游外，还包括新闻、出版和广播电视等。旅游产业则包括旅游出行、旅游住宿、旅游餐饮、旅游游览、旅游购物、旅游娱乐以及旅游综合服务等。

文旅产业融合必须在解决资源、技术、功能和界域等方面的现实问题后，才能真正实现融合。在泛旅游时代，游客、旅游资源和旅游活动泛化，旅游产业呈现综合化发展趋势，从而使旅游产业链得以延伸，旅游产业边界得以扩张。文化与旅游产业链的延伸与产业边界的扩张，使得原本关系亲密的两个产业拥有更大的融合空间，但从产业产品、企业以及工艺过程角度来看，两者的边界与区隔依然明显。旅游产业以景区景点建设、旅游游览服务产品供给为主，文化产业则以艺术品销售、文艺演出供给为主，在产品供给、交易空间以及消费模式等方面存在较大差异。两者的融合则以文化资源作为连接点，两产业链的不断延伸推动了产业边界的拓展。因此，文化与旅游产业融合发展并不意味着文旅产业边界的模糊与消融，而是在文旅产业间形成重叠层。

涪陵文化产业发展需要与市场接轨，以优秀文化作品作为旅游开发的重要资源，通过文化旅游的创意改造、包装，与旅游景区、景点融合。但是，目前涪陵文化与旅游产业的边界扩展仍不明显。如涪陵武陵山旅游度假区以武陵山镇和大

① 陈家海．产业融合：狭义概念的内涵及其广义化［J］．上海经济研究，2009（11）：35-41，96.

木乡辖区为主体，区内包括武陵山大裂谷、武陵山国家森林公园、武陵山大木花谷、武陵山金山寺和武陵山角邦寨等 5 个景区，以及武陵山镇和大木乡 2 个场镇，面积约 213 平方千米。旅游度假区定位为“具有浓郁特色的巴国故都游览胜地”，是体现涪陵旅游“山城、两江、人文、乡土、产业”特色的重要文旅工程。尽管武陵山大裂谷于 2018 年入选首届重庆市文化旅游新地标 40 强，但文化旅游项目的经济收益和社会收益均没有鲜明地显现，其产业仍以门票、交通、住宿、餐饮为主要收益来源。

（三）文旅产业边界的清晰化

初级阶段的文旅产业融合不取决于技术前提，而在于文化与旅游产业的“关联性因素”，比如资源、市场和部分产品，这个阶段的融合属于斯蒂格利茨（Joseph Stieglitz）提出的具有不同技术替代性或互补性的产品相互融合的类型[①]。从实践上看，产业融合的发生必须首先满足市场需求关联、产业聚集两个前提。文旅融合取决于文化与旅游产业的互补性，即文化利于旅游向特色化、品质化、效益化方向发展，旅游则可以扩大文化吸引力、竞争力和影响力。从发展过程看，文旅融合必须经历 3 个具体的动态过程，该过程如图 1 所示。在第 1 阶段，文化产业 A 与旅游产业 B 按照各自行业规则独立发展；在第 2 阶段，文化产业 A 与旅游产业 B 在共享资源和市场的过程中不断扩大各自的产业边界，在以文化为消费对象的文化旅游环节中重叠，产生文化旅游产业 C；在第 3 阶段，随着产业向纵深发展，以及创意技术的成熟与强化，从文化旅游产业 C 中孕育出新的产业形态，即创意产业 D。

---

① 单元媛，赵玉林．国外产业融合若干理论问题研究新进展［J］．经济评论，2012（5）：152–160.

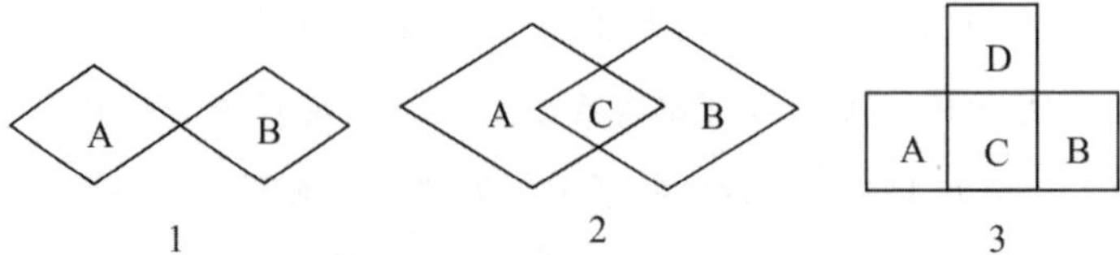

图1　文旅产业融合发展过程示意图

注释：A表示文化产业，B表示旅游产业，C表示文化旅游产业，D表示创意产业

资料来源：作者自制。

文旅产业边界的清晰化在另一方面又源于企业多角化经营战略。多角化经营战略是企业发展多品种或多种经营的长期策略，主要表现在两个方面：一是企业通过建新厂或兼并其他企业扩大原有产品生产规模；二是沿产业链向前或向后扩张以扩大规模。企业多角化经营推动了跨行业生产经营多种多样的产品或业务，在客观上促进了产业融合。涪陵以工业立区，域内培育和产生了诸如太极集团、乌江榨菜集团等大型企业，进入2000年以后，这些企业致力于“集成型多样化”的发展模式探索，其经营领域由单一产品逐渐向多元领域扩张。从其产品的经济用途看，多产品经营条件下的产业边界仍然十分清晰。例如，太极集团经营以制药为主导产品，同时经营保健品、食品、康养产品与旅游；武陵山国家森林公园主打的是休闲康养及国际会议中心。企业集成化发展虽然在内部解决了资源、资金与人才的配置，高效地推进了专门产业的单线发展，但又造成企业的各自为战，企业各自掌握的文旅资源很难在企业间畅通配置，从而形成了产业壁垒。

五、结论

本文以涪陵文化旅游产业发展为例，讨论了文旅产业的资源共享和产业边界扩大及其清晰化过程，意在对当前文旅产业融合发展的现状提出新的认识。涪陵地处我国长江三峡生态脆弱地区，环境保护与经济发展的矛盾迫使涪陵经济社会发展必然选择一条生态优先、绿色发展的道路。文化产业、旅游产业以及文旅融合而成的文化创意产业以其较高附加值、污染排放少、资源消耗低等特点，契合涪陵经济发展与生态环境保护的内在需求。但是，涪陵文旅产业发展明显滞后于其他产业。从涪陵案例看，在资源丰富、经济底蕴深厚的现象背后，文旅资源管理与利用存在着明显的边界与区隔，文化与旅游产业的发展仍按传统模式缓慢发展，产业融合存在着巨大壁垒。

研究发现，文旅资源的关联性和紧密性才是文旅融合发展的基础，现代化技术和其他通用技术的进步并不是引发文旅产业融合的核心。事实上，涪陵文旅融合也非“条块式”的拼装，而是基于产业重叠部分的“线性”或“渗透式”的衔接。文化和旅游都在各自的法律、法规、政策和管制规则框架内独立发展，虽然文旅“应该融合”在一定层面达成共识，但体制机制改革仍停留在“浅尝试”阶段。在实际操作中，行政垄断、部门分割、产业边界等各因素都制约着文旅融合发展。因此，高质量发展文旅产业，必须重构资源管理与开发秩序，理顺文旅产业集群关系。一是破解体制壁垒，淡化文化与旅游资源的产业归属。以市场需求和文化产权为基础，发挥市场配置资源的作用，以此推动文旅产业的自我重组与创新。二是明确知识产权，建立有效的企业制度。按传统模式进行文旅资源分层与再组织，无法满足高级形态的文旅产业融合需求，必须参照文旅产业融合发展进程，不断调整文旅资源管理与利用策略，保证其开发利用的有效性。三是理顺文旅产业集群关系，筑实文化、旅游及其融合产业体系。构建文旅产业发展载体平台，做强做精旅游景区和文化创意产品体系，强化产业规划整合，形成文化旅游产业群集态势，加强文旅城、文旅农、文旅商等模式落地的研究、规划与实施，构成旅游区、旅游线路、旅游节会、特色旅游城镇（街区）、文化主题公园、文旅演艺、特色文旅商品等文旅产品体系。完善文化与旅游产品链接与互通，以旅游景区、旅游节庆为载体，为文化产品提供更加广阔和生动的舞台，从而提高旅游景区的艺术性、创意感与体验性。

WENHUA CHUANMEI
文化传媒

媒体宣传效果评估方式简析[①]

——以重庆广播电视集团（总台）综合评价工作为例

姜万川[②]

媒体宣传效果是媒体传播或媒体作品对受众及社会生活所产生的影响。媒体宣传效果的评估，主要就是指媒体传播达到既定目标的程度评价，还包含了心理效果和社会效果的评价。广播电视节目综合评价体系，就是为全面提高广播电视频率、频道和栏目的引导力、影响力和传播力，促进节目品质有效提升，更好地满足人民群众日益增长的精神文化需求，防止和纠正一些节目为片面追求收视（听）率而产生的导向偏离、价值缺失、责任失守等问题而设定的。根据《广电总局关于建立广播电视节目综合评价体系的指导意见（试行）》的要求，结合广播电视频率、频道和栏目生产实际，重庆广播电视集团（总台）于2012年制订了《广播电视节目综合评价体系（试行）》，确定了综合评价的评价原则、评价对象以及评价内容等，在广播电视工作中进行了初步运用。近年来，集团（总台）开展了包括但不仅限于综合评价等相关工作，在媒体宣传效果评估方面进行了一些积极的探索实践。

一、广播电视节目综合评价体系概况

（一）评价目的和原则

通过建立和完善广播电视节目综合评价体系，引导广播电视媒体进一步坚持正确导向，坚守社会责任，不断提高节目质量，努力打造核心品牌，提升广播

---

① 原载于《新闻传播》2019年第9期。

② 姜万川，重庆广播电视集团（总台）主任记者；研究方向：宣传规划管理、文艺创作规划管理。

竞争力。评价原则是把社会效益放在首位，以量化分析为基础，以品质评价为核心，对节目的社会效果、市场效果、专业品质进行全面分析，综合评价；把受众评价、专家评价和市场检验统一起来，多方参与，建立科学合理、操作性强的评价规则，规范运作程序。由于广播电视频率、频道在运行和节目生产、评价上存在差异，重庆广电集团（总台）综合评价体系分为广播和电视两个子体系分类制定。

（二）广播板块

评价小组现场集中评议主要实施综合评价；竞争力指标主要考量栏目的知名度、市场价值、广告吸附力，由广播传媒中心根据各栏目年度广告创收情况，结合各栏目的播出平台、节目类型、播出时段及时长等因素打分；收听率及市场份额指标由广播传媒中心根据央视—索福瑞提供的收听数据，按照绝对值排序、完成任务量、与上一年度同比、时段排名等多维度计分。

（三）电视板块

一是由专家现场对“思想性”“创新性”“专业性”三项指标评分并填写书面意见和建议；二是根据央视—索福瑞的收视率数据加权（频道、时段、类型）处理，测算参加评审节目的“收视率”指标得分；三是通过百度和微博提及量测算参加评审节目的“融合力”得分。

二、节目综合评价体系在媒体宣传效果评估方面的应用实践

依据综合评价体系要求，从2012年起，重庆广播电视集团（总台）每年根据实际情况，在上下半年分别组织两次评审会，对广播频率、电视频道及其在播栏目节目进行质量评审效果评价，形成综合评价报告，在广播电视节目宣传效果评估方面进行了初步的探索。

（一）如2017年广播节目综合评价工作

评价对象为广播6个频率和113个在播自办栏目。此次综合评价的一级指标及权重采用品质评价60%，收听指标40%。综合评价工作采取分级评价的方法进行，以频率为主体进行初评，对甲级以下栏目进行品质评价。频率推荐甲级栏目，由评价小组对其品质评价部分复评，同时在栏目评价的基础上分别对各专业

频率进行品质评价，最终评出甲级栏目和甲级频率。

（二）如2017年度电视频道及自制节目的综合评价工作

此次综合评价分为四大部分：一是组织评委对集团（总台）电视各频道及各频道2017年在播常态重点自制节目进行集中评审，要求评委现场对“思想性”“创新性”“专业性”三项指标进行评分并填写书面意见和建议；二是根据央视—索福瑞的收视率数据经过加权（频道、时段、类型）处理，统计参加评审频道及节目的“收视率”指标得分；三是通过百度和微博提及量，统计出参加评审频道及节目的“融合力”得分；四是委托专业调查公司组织专门的调查，得出“满意度”和“竞争力”得分。此次综合评价共评出甲级频道3个、乙级频道4个、丙级频道3个；甲级栏目7个、乙级栏目17个、丙级栏目16个。新闻频道《天天630》《重庆新闻联播》，卫视频道《谢谢你来》《财经壹资讯》等品牌节目得分领先。

（三）综合评价结果在工作中的初步运用

广播方面，评价结果作为集团（总台）评优评先及最佳专业人才评选的重要参考条件，待评价体系逐步完善、稳定运行后，再考虑与频率、栏目的考核奖惩挂钩及其他综合应用。电视方面，评价等级作为参与集团（总台）各类评优评先和最佳专业人才评定的资格条件。每年，集团（总台）要将广播电视综合评价结果报市文化委，作为各类创优创新扶持的优先参考对象加以推荐。

从集团（总台）开展的综合评价工作的评价对象以及内容来看，主要为广播频率、电视频道建设和栏目质量，对媒体宣传实践中的重大活动、主题报道、重要宣传这些具体内容没有细化量化的对应评价，对媒体宣传中的重要节点的覆盖还不够全面。因此节目综合评价体系并不简单等同于媒体宣传效果评估体系，节目综合评价体系只涵盖了媒体宣传效果评估体系中的部分内容。

三、融合传播中媒体宣传效果评估的探索

近年来，为积极应对媒体发展的新变化新挑战，重庆广播电视集团（总台）围绕提升媒体核心竞争力开展众多工作，力求对广播电视宣传工作进行科学全面的效果评估，在建立完善全面的媒体宣传效果评估体系方面做出了一些有益探

索。如举办年度最佳评选活动、开展年度特别贡献奖（云帆奖）评选，经广泛推荐、严格审核、会议审定、公示，评选出结果，获奖团队与个人都得到较高的精神和物质奖励。

每次年度最佳评选活动和云帆奖评选，尤其是涉及内容生产和传播方面的评选，都是对集团广播电视融合发展宣传效果的一次集体评估。这些内容生产传播都具有鲜明的时代特质，在完善媒体宣传效果评估要素等诸多方面具有一定的参考样本意义。如 2016 年度特别贡献奖（云帆奖）银奖获得者集团《逐梦他乡重庆人》团队，逐梦故事被国内重点网站转载，点击量超 1.32 亿人次。又如 2017 年度特别贡献奖（云帆奖）金奖获得者集团十九大报道团队，对十九大盛况进行全景式呈现，充分体现全媒体传播特点，受到广泛好评。2018 年度金奖获得者为重庆首届智博会宣传报道团队、改革开放 40 周年融媒体宣传报道团队、《幸福马上来》宣传发行团队、“感动重庆十大人物”评选和制作团队等，这些团队都在融合传播中具有典型意义。

在融合传播中媒体宣传效果评估，融合发展评估要点有机构媒体平台、传播渠道实现多元化，广播频率与电视频道之间、广播电视媒体与新媒体之间实现融合发展。其中，业务流程、媒体内容、专业队伍、传播渠道、互动反馈等符合融合媒体运行规律。传播效能评估上，要求注重适应媒体融合发展要求，通过有线广播电视网络、地面数字电视、卫星电视、互联网和移动互联网等各种传播渠道和方式，实现内容产品和服务对包括广播电视终端和 PC 终端、移动终端在内的有效综合传播覆盖。发展理念评估上，要求团队具有前瞻性，管理具有创新性，管理团队和员工具有良好的精神状态，发展潜力好。这些评价要点和指标，都是具有积极意义的评估探索。

四、对建立完善媒体宣传效果评估体系的几点建议

重庆广播电视集团（总台）开展综合评价相关工作，在媒体宣传效果评估方面进行了一些积极的探索实践，也为广播电视媒体宣传效果评估提供了一个参考样本。在广播电视媒体宣传效果评估中，个人认为需要继续在以下方面加以提升改进。

（一）注重体系建设的针对性

传媒市场的深刻变革仍在继续，媒体的深度洗牌还未完结，分化、嬗变和重构仍将是媒体市场的主题。网络新媒体作为传媒市场的生力军，市场扩张的步伐仍在继续，报刊、广播、电视等传统大众传播媒介面临着严峻的生存发展压力。建立完善媒体宣传效果评估体系，要科学评估媒体所在的环境和形势，着力于打造提升媒体的核心竞争力，不断提高媒体传播力、引导力、影响力、公信力。

（二）提高评价体系的可操作性

以目前开展的广播电视节目综合评价工作为例，广播电视节目播出时间长，现场评审评委短时间根本无法全部审看完毕，频率频道节目的主观评审依然难以做到真实有效的实施。在2017年的综合评价工作中，电视运营中心邀请了专业的市场研究公司团队，就2017年度重庆市场电视观众满意度调查做了分析。“满意度、竞争力、融合力”这三个指标很重要，但很难做实，请专业机构量化调查成本较高。在广播电视节目综合评价工作中，也有评委认为媒体对自我进行评审评价难免有偏颇，宣传效果这样的评审交由第三方机构评估更为科学。在融合发展的格局下，媒体传播方式方法内容必须与时俱进，媒体宣传效果评估更加复杂化，评估考核点更加多样化，如何提高媒体宣传效果评估体系的可操作性，必须引起高度重视。

（三）加强对评价结果的实际运用

地方台综合评价结果的运用主要有以下两个方面：一是上报上级广电主管部门；二是给本单位广播电视频道运营及节目生产作参考，而市场对这一结果的认同度目前还不高，这一现状与频率频道对评价结果的期望值，还有很大提升空间。建立完善媒体宣传效果评估体系，让综合评价体系被更广泛认可，就要更加注重评价结果的实际运用，建立相应的奖惩激励机制，有效激发各个环节各个生产单元的智慧与活力，充分发挥评价结果对媒体内容生产的指向作用。

参考文献

［1］徐刚．大数据背景下传统媒体与新媒体融合发展的可行性分析［J］．新闻研究导刊，2019（5）．

[2] 刘敏捷，王掌权．大数据背景下广播发展探究［J］．内蒙古科技与经济，2018（4）．

[3] 鲁萍，祁晓娟．大数据背景下的报纸采编［J］．传播力研究,2018（18）．

网络视域下重庆红色文化传播路径研究[①]

户可英　赵会娜[②]

党的十八大以来，习近平总书记曾到遵义、井冈山等多个革命圣地视察，反复强调红色精神是实现中华民族伟大复兴的强大精神动力，要把红色资源利用好、把红色基因传承好，让红色精神放射出新的时代光芒。重庆红色文化资源不仅是全国红色文化的重要组成部分，也是重庆作为文化名城的重要支撑。重庆红色文化传播要充分运用好网络资源，以讲好重庆红色故事、传承重庆红色精神文化为核心内容，实现多样化路径传播。

一、要不断推进红色经典作品的创作与宣传

重庆红色文化资源的网络传播离不开红色经典的重塑与再现，因此，相关部门要引领建设研究机构，对重庆红色文化进行深入、细致的学理性研究。从历史事件的再现到英雄人物的生平叙事，从影视剧到宣传片，形成丰富的优秀成果。要让国内外人民在立体彩色图像中认识、感受革命志士在重庆经历过的艰难困苦，重温他们的革命精神。

新中国成立后，涌现出了一大批反映我国抗日战争和解放战争的文学精品，这些红色作品故事鲜活、细节真实，他们广泛传播于海内外，历久弥新、具有不朽的生命力。具有代表性的红色经典主要有《在烈火中永生》《红岩》《红日》

① 基金项目：本论文为重庆市教育委员会2017年度人文社会科学研究项目思政专项“红色文化融入大学生社会主义核心价值观培育研究——以重庆为例”（17SKS012）的阶段成果。原载于《新闻研究导刊》2019年5月第10卷第10期。

② 户可英（1977—　），女，河南濮阳人，重庆邮电大学马克思主义学院博士，讲师，研究方向：思想政治教育。赵会娜，女，四川省社会科学院。

《红旗谱》《林海雪原》《青春之歌》等文学作品。其中,《在烈火中永生》《红岩》是罗广斌等人依据亲身经历,讲述新中国成立前夕,重庆地下党与国民党进行英勇斗争的故事,后被改编成电影《烈火中永生》,轰动一时,并被翻译成多国文字传播。在全世界最大的读书网站 Goodreads 上,今天依然能够找到海外读者对这些红色经典的评论。①

在抗日战争结束之时,围绕着中国未来的发展前途问题,中国共产党和国民党在重庆进行了和平谈判,以此事件为背景,电影《重庆谈判》真实地再现了当时的场景。在百度百科上搜索"重庆谈判",浏览量为 120 多万次,影片在电影网上的播放量达到 254 万次。

重庆发生的红色故事还有很多,比如,中共中央南方局抗战故事、红岩村革命故事等。抗战期间 31 所高校迁往重庆,众多文学名家也纷纷前往重庆,如茅盾、叶圣陶、萧红等人。这些文人常以重庆现实人物为原型,描写他们的抗战生活,如茅盾的《腐蚀》、张恨水的《八十一梦》等。这些红色经典在当时引起了强烈的轰动效应。当前,关于重庆的红色抗战小说有熊国明的《重庆!重庆》、王庆华的《血色雾都》两部作品,但以重庆抗战为背景,描写共产党人不畏牺牲的抗战故事的作品还很缺乏。因此,政府要设立特定项目、配专项基金、组建专业团队,把众多的抗战事迹打造成文化精品,同时,要依靠网络平台、电视媒体做好宣传和播放工作。电视媒体不同于网络平台,电视媒体是官方媒体,是国家的喉舌,引领着国家文化的发展导向,应该成为红色经典的传播主渠道。

二、打造红色旅游品牌,加强红色旅游宣传

重庆现在保存较好的抗战遗址就有 400 余处。比如中共中央南方局暨八路军驻重庆办事处旧址、《新华日报》旧址、红岩村等,革命纪念地有红岩公墓、鹅岭苏军烈士墓等,名人故居有陈独秀、杨闇公、聂荣臻等旧居,高校遗址有复旦大学登辉堂旧址、中央工校遗址、重庆大学寅初亭旧址等,另外还有关押革命志

① 何明星.红色经典在世界的传播[EB/OL].http://culture.people.com.cn/n1/2017/1108/c1013-29632777.html,2017-11-08.

士的监狱和囚室，如渣滓洞，白公馆监狱，叶挺、廖承志囚室以及中美合作所和集中营旧址等。

红色旅游，红色是内涵，旅游是形式，核心是进行红色教育、传承红色基因。习近平总书记指出，爱国主义教育基地不一定追求高大全。可以通过传统教育带动旅游业，但不能失去红色旅游底色。[①]重庆红色旅游景区有南岸区抗战遗址博物馆、渝中区抗战文化走廊、沙坪坝歌乐山抗战风景一条街以及著名的“红岩联线”等。2018 年重庆市旅发委网上发布的“十一”黄金周旅游信息显示，假日期间共接待境内外游客近 3500 万人次，实现旅游收入 141 亿元，同比去年有较大幅度增长，其中，境外来渝游客主要来自美国、英国、德国、韩国、新加坡和澳大利亚等国。在众多的国庆节日旅游活动中，红色庆典是其中的一部分，沙坪坝区在歌乐山红岩魂广场举办了“不忘初心、牢记使命——中国革命精神联展”主题活动。随着活动的开展与宣传，歌乐山烈士陵园接待游客数量达到 65.88 万人次。红色旅游线路备受青睐，大量游客前往红色景区进行旅游和祭奠，仅潼南杨尚昆故居就接待游客 9.84 万人次。[②]

因此，要利用网络平台造势，运用门户网站、电视媒体、大型旅游网站进行宣传，在轻轨、公交等交通工具的移动媒体上播放红色景区广告，同时，充分利用微信、微博开展红色文化宣传。在“微时代”下，社会公众尤其是青少年更善于运用微媒体表达自己的观点。红色文化传播应尽量采取互动化、生活化的传播方式，让公众参与到对红色经典、红色旅游的讨论中，在平台上自由谈论自己的感受和观点，主动传播红色文化。以微平台信息为依据，还可以掌握受众对红色文化评判的第一手资料。

微信、微博平台及时展示了红色文化的传播效果，促使国家广播电视总局不断规范对抗日剧的监管与审查。2018 年 8 月，由重庆市委宣传部、重庆广播电视集团（总台）和重庆演艺集团等多家单位共同出品的 40 集革命历史题材电视剧

---

① 习近平 . 缅怀先烈、不忘初心　走好新的长征路［EB/OL］.http://news.china.com.cn/2016-07/19/content_38911866.htm，2016-07-19.

② 重庆市 2018 年国庆假日旅游综述［EB/OL］. http://www.cqta.gov.cn/zwdt/gzyw1/system/2018/10/7/000012151.html？ tdsourcetag=s_pcqq_aiomsg，2018-10-07.

《重庆谈判》，在重庆两江新区国际影城开机。[①] 优秀红色经典的诞生不仅是对人民群众呼声的回应，同时也是对红色历史精神的尊重与弘扬。

三、运用动漫、网游，提升红色文化的传播力

动漫的视觉冲击感强烈，有些动漫画质优美，深受青少年喜爱。因此，将革命历史、红色经典人物以动漫的形式再现，是青少年主动了解红色故事、重温革命精神的好渠道。

作为一个文化大国，动漫产业在中国的发展前景广阔。相关部门要主动引导动漫行业健康发展，弘扬重庆特色本土红色文化，要积极搭建网络创新平台，提高红色动漫的原创能力，支持红色动漫创作、动漫传播和动漫衍生品的开发等中心环节。同时，重庆市动漫行业要借助红色文化底蕴，加强红色动漫作品与计算机软件在产品改造升级方面的合作，加强软件、网络技术、多媒体在动漫产业的应用，重点发展基于数字化的外形外观、平面设计等数字设计服务，努力打造具有重庆特色的红色动漫产业品牌。

网络游戏是一种随着科技发展而诞生的文化活动。近年来，网络游戏显示用户有低龄化趋势，受到青少年的青睐。网络游戏有着非常强大的吸引力，是一种深受用户欢迎的休闲娱乐方式，因此，可以将红色故事移植到这一受欢迎的娱乐活动中，让人们在休闲娱乐的同时了解革命历史，感悟艰苦岁月中的革命情怀。红色网游教导玩家在网络世界的对抗与竞争中取得胜利，在互动过程中实现团队合作，在高度娱乐性中融入爱国主题。青少年在红色网游中获得的身份认同能够与现实世界中的身份认同趋于一致，从而实现红色文化的教育功能。当前，我国红色网游开发公司主要以“中青宝”为主，隶属于团中央的网络公司中青在线，其代表性的红色网游有《抗战英雄传》《亮剑》《星火燎原》等。红色网游让大家参与其中，了解不少红色故事，并且通过游戏中的角色，人们能够亲身感受红色革命情节。

---

① 40集重大革命历史题材电视剧《重庆谈判》8月底开拍［EB/OL］. http://art.cqnews.net/html/2018-08/13/ c_50019952.htm，2018-08-13.

重庆应依托全市网络文化企业，号召他们以重庆特色红色文化为蓝本，开发红色主题网络游戏，并指导、监督、跟踪红色网游的制作与推广，了解市场反馈信息，评估游戏运作效果，进一步把重庆的优秀红色网游推向全国，实现在全国范围内有效净化网络环境，弘扬红色革命精神的目的。

四、结语

重庆红色文化资源是中国文化的宝贵财富，是重庆历史文化的最珍贵部分。网络技术的迅猛发展，为重庆红色文化的发掘与传播带来了重要机遇。因此，重庆要充分运用好网络平台，保护好、运用好重庆红色文化资源，大力弘扬无产阶级的革命精神，同时也让重庆这座城市继承这种革命精神，永远充满前进的动力。

电影对城市形象多元化构建[①]

——以重庆为例

刘　昊　夏王婷[②]

我国改革开放以来，中国城市化进程稳步加快，学术界对城市形象的研究也越来越广、越来越深。任何一个城市都有一种公众印象，它是许多个人印象的叠合，或者有一系列的公众印象，每个印象都是某些一定数量的市民所共同拥有的。[③]公众对城市印象的形成源于两个方面，一是城市实体，即在城市空间内所客观存在的公路桥梁、建筑景观、公共设施以及城市长期以来的市容市貌、风俗民俗等；二是城市意象，城市意象是城市实体通过人类主观意识提炼后最终留在人们脑海中的想象的"城市实体"。城市意象是人们受到所处文化环境影响，进而产生的一种主观臆想，是一种建构起来的形象。

一、电影与重庆城市形象

在信息交流方式多样、节奏频繁的今天，人们对事物的认知方式千姿百态，一部影视作品，一个宣传片都使人们产生对一座城市的主观印象和城市形象臆想，电影产业随着城市的发展进而飞速发展，城市形象的形成离不开各种媒介的传播，而电影作为一种重要的大众传播媒介，有着传播范围广、传播速度快、表

① 基金项目：本文获得2018年重庆市教委人文社会科学类研究项目："一带一路"倡议下重庆国际形象评估与提升策略研究（项目编号：18SKGH081）的资助。原载于《传媒论坛》2019年11月第2卷第22期。

② 刘昊，河南郸城人，四川外国语大学博士，副教授。研究方向：计算传播、城市形象评估；夏王婷，女，湖南资兴人。桂阳县蓉城中学。研究方向：影视传播。

③［美］凯文·林奇．城市意象［M］．方益萍，何小军译．北京：华夏出版社，2011：48.

现生动直观等特点。电影对城市形象的构建有着重要作用。以重庆为例，对与重庆相关且时长在60分钟以上的电影进行分析，按在重庆取景占影片时长和重庆这座城市在影片中的重要程度大致分为涉及重庆与重庆占主要地位两类。

由表1可见，无论是主要讲述重庆的电影还是与重庆相关的电影都在逐渐增多。电影中的重庆记录了重庆的变化，这些电影作品基于重庆城市中真实或臆想的人物使用镜头语言进行故事讲述，影视作品中所植入的城市名称或是城市标志性建筑、人物关系等一系列元素自然成为人们脑海中关于城市形象的拼图。

二、电影对“重庆”城市形象的构建方式

（一）叙事内容展现新时代重庆

电影与叙事性的结合是一件大事，这种结合绝非注定并非如此，但也不是完全偶然的，它是一种历史的和社会的事实。[①]电影的叙事在电影导演手中的运用不仅是使故事完整、情节连贯，还有其特殊指向性。艺术创作来源于生活又高于生活，电影导演通过叙事内容的巧妙安排，无不展现出他对一座城市历史风貌和社会风向的理解。以电影《火锅英雄》为例，导演重庆人杨庆，讲述了在重庆合伙开洞子火锅店的三兄弟刘波、许东和王平川与老同学于小惠，四人卷入一场重庆巴商财富银行抢劫案中，他们在生死关头不断地做出正确选择，最终渡过难关。在情节的设置上，兄弟三人因钱而生出矛盾，刘波与七哥之间的冲突同样是金钱矛盾，抢劫男四人的角色同样是对金钱疯狂追求的人生赌徒，可以说故事由钱展开，故事结尾部分唐僧面具男带着满身伤口抱着装满现金的钱袋在富有重庆特色的梯坎上冒雨逃窜，同样展现出人与钱的关系。在经济飞速发展的今天，越来越多的文学作品、艺术作品展现出在都市中人与金钱之间关系的重新洗牌，而《火锅英雄》这部电影给人展现了重庆这座城市有别于前几个阶段带给人的形象特征，重庆正在进行着一场与其他大城市无异、难以逃脱的金钱带给人的迷惘与挣扎。《火锅英雄》的叙事结构中，除了一条以金钱推动故事发展的明线，还存

---

①［法］克里斯蒂安·麦茨等．电影与方法符号学文选［M］．李幼蒸，译．北京：北京三联书店，2002：25.

在多种情感氛围创造的暗线。第一是火锅兄弟三人间多年建立起的坚固友情和因生活现实产生的友情混沌；第二是于小惠、刘波、王平川三人间迂回辗转的学生时代朦胧爱恋；第三是刘波与家人之间夹杂在爱与无奈之中的复杂亲情。讲述重庆故事的电影表现出具有复杂性与多重性的情感表达，这反映了重庆这座城市真实生存环境的变化。

表 1　重庆相关影片信息表

影片时间	与重庆关联程度	片名及其导演
2000 年以前	涉及	《夜半歌声》（于仁泰）、《孤城喋血》（沈东）、《中华儿女》（凌子风、翟强）、《长空万里》（孙瑜）、《巴山夜雨》（吴永刚、吴贻弓）、《巫山云雨》（章明）、《大进军——席卷大西南》（杨光远）
	主要	《烈火中永生》（水华）、《报童》（钱江、赵元）、《重庆谈判》（李前宽、肖桂云、张夷非）
2000—2010 年	涉及	《押解的故事》（齐星）、《芬芳誓言》（王晓棠）、《生活秀》（霍建起）、《周渔的火车》（孙周）、《十面埋伏》（张艺谋）、《麦田跑道》（江一禾）、《青龙偃月刀》（李少红）、《迷失重庆》（关锦鹏）、《落叶归根》（张扬）、《少年》（张一白）、《满城尽带黄金甲》（张艺谋）、《七彩马拉松》（益华）、《浮生》（盛志民）、《颐和园》（娄烨）、《凤凰》（金琛）
	主要	《疯狂的石头》（宁浩）、《打死不说我爱你》（方刚亮）、《门》（李少红）、《双食记》（赵天宇）、《好奇害死猫》（张一白）、《三峡好人》（贾樟柯）、《重庆美女》（杨紫婷）、《日照重庆》（王小帅）、《秘岸》（张一白）

续表

影片时间	与重庆关联程度	片名及其导演
2011—2017年	涉及	《小题大做》(王万东)、《摆手舞之恋》(陈富)、《爱情天梯》(张详林)、《人山人海》(蔡尚君)、《一九四二》(冯小刚)、《各有所乐》(朱赵伟)、《我11》(王小帅)、《八卦宗师》(陈树楷)、《一八九四·甲午大海战》(冯小宁)、《指尖太阳》(黄河)、《时光恋人》(沈东)、《开罗宣言》(刘星、胡明刚、温德光)、《长江图》(杨超)、《北京遇上西雅图之不二情书》(薛晓路)、《窃道》(杨超)、《江湖儿女》(贾樟柯)
	主要	《天注定》(贾樟柯)、《初恋未满》(刘娟)、《爸爸的晚餐》(郑正)、《她们的名字叫红》(章明)、《失孤》(彭三源)、《火锅英雄》(杨庆)、《从你的全世界路过》(张一白)、《既然青春留不住》(田蒙)、《爱情麻辣烫之情定终身》(肖飞、张长征)、《狗儿》(曹一川)、《战王》(胥明文)、《冥王星时刻》(章明)、《决不姑息》(黄河)、《又见红叶》(章家瑞)

(二)人物形象展现多元重庆

城市问题基本上是关心人的性质。[①] 即城市从某种意义上来说只是人居住的空间，城市形象、城市的真正内涵是通过人与城市之间的关系构成的，城市中人的形象问题才是城市形象最为核心的部分，电影对人物形象的刻画一定程度上反映了影片导演对一座城市最核心的认知，由于故事情节接近现实，观影者感同身受，容易产生共鸣。观影者很容易将影视作品中主人公的精神面貌与城市面貌结合在一起，产生从对影视主人公的认可到对城市认可的移情作用，从而间接地接受一个城市。[②] 以电影《从你的全世界路过》为例，影片以三对青年男女之间的感情为线索，充分刻画了七个具有不同性格气质的人物形象。男主角陈末是一个癫狂与正义共存的真实角色，行为乖张，思想却成熟。幺鸡和荔枝的形象同样具

①［美］伊利尔·沙里宁.城市：它的发展、衰败与未来［M].顾启源译.北京：中国建筑工业出版社，1986：23.

② 乔现荣，杨波.论美国商业大片对城市形象的构建［J].新闻知识，2013(12)：73-74.

有多重性，有对过去的恐惧、对未来的恐惧、对生活的妥协，但更多地展现出的是天真烂漫、敢爱敢恨又坚忍不拔的性格。这些人物形象的塑造是丰满而复杂的，符合现代社会经济政治文化转型和多元文明冲击带来的人格多面。这些人物共同表现着重庆这座城市里的人们对待生活的精神状态与待人接物的方式方法，人物的思考、行为方式诉说着21世纪的重庆故事。

（三）意象选择展现自然重庆

重庆地处中国西南部，由于拥有独特的地貌环境，别称“山城”“雾都”，整个城市给人一种立体感、朦胧感。李少红导演曾在重庆为电影《门》看景时说过：“重庆层次交错，拍片特别有味道。”重庆特殊的地貌特征在许多时候不仅是电影中故事发生的背景板，还对推动情节发展、展现主题深刻内涵具有重要作用。电影作为一种重要传播手段，直观表现重庆独特地貌环境，对多种意向的刻画推动了重庆在人们心中形成一座具有独特意境的城市。雾是重庆独特地形造就的产物，雾在电影中不仅是一种代表重庆的美妙自然景色，也有着自身的引申意义深化着电影主题表达。贾樟柯导演在雾的运用方面有其独到之处，《三峡好人》中，从山西前来寻妻的韩三明初到重庆寻妻之路受阻，他呆滞地远眺迷雾蒙蒙的长江，此时他看到的一片迷雾便是他看不到希望的前路。影片结尾处韩三明带着兄弟们前往山西赚钱时，转身看见远处迷雾中有人在走钢丝，这一幕虽略显荒诞，却很好地点破了身处贫穷和苦难中的底层人民的处境。雾在贾樟柯导演的电影里不仅是一种天气，更象征着处在雾都中的人们无限的迷茫和困惑。《火锅英雄》结尾处，刘波和抢劫者的追逐便是在狭小的梯坎上展开，这不仅是故事情节的需要，也借用重庆独有的地势赋予了角色压抑感、复杂感。《从你的全世界路过》中一眼望不到尽头的十八梯老街是茅十八和荔枝的爱情主要发生地，随着两人在十八梯的打闹，十八梯的小面摊、小商店、休闲娱乐方式一一呈现在了观影者眼中，重庆有别于其他城市的典型地形特征：高楼狭地、坡多坎多，通过电影场景的展现构建在观影者心中。

（四）地域文化展现独特重庆

在城市快速发展的同时，城市正在进行着一场同质化运动，而“民俗文化作为民间文化的重要组成部分，根系于广大民众之中，根脉延伸到社会生活的各个领域，具有广泛的社会基础和群众基础。”[①] 因此，光影作为一种呈现城市形象的重要手段，通过文化符号区别城市之间差异显得尤为重要。《火锅英雄》以一段重庆方言开场“重庆，大家都晓得，是一座火锅的城市，到处都是火锅店”，紧接着一个长镜头带领观影者进入了一家洞子火锅店，也就是开在防空洞里的火锅店。短短一分钟时间，导演便对重庆地域文化特征给予了丰富的呈现，重庆方言、重庆建筑、重庆美食，引发了观影者对影片的好奇心的同时也引发了观影者对重庆这座城市的好奇心。《火锅英雄》中的方言占比非常大，除了于小惠外，其他演员几乎全部用方言进行，这样的表现形式加强了重庆这座城市在大众心中的神秘感，同时提升了生活在重庆这座城市的人民的归属感与认同感。《从你的全世界路过》中，老房楼顶是重庆一道亮丽的风景线。陈末的家、陈末、幺鸡和小容工作的地点，都选在重庆独具风情的老房楼顶上，主人公们除了能在楼顶上俯视整个渝中半岛、车水马龙的城市中心街道，还能在楼顶洗衣、做饭、吃夜宵，导演既给观影者展现出重庆的现代都市景色，也展现出重庆特有的生活气息，这能给重庆本地观影者以强烈的共鸣、亲切感，同时给非重庆观影者留下一个美丽而温情的重庆城市印象。

三、电影构建城市形象对重庆的影响

（一）塑造立体城市精神面貌

电影的表达无一不潜移默化地影响着观影者对一座城市的印象和看法，好电影对城市形象各方面的立体展现能够有力地宣传城市。电影将重庆城市风土人情、人物关系，还有人物的精神面貌通过直观的影像展现给观影者，直接的表现力使得电影这种传播媒介相比于其他媒介更易于塑造城市立体的精神面貌。从1997年重庆成为全国最年轻的直辖市，一直到现在，重庆城市规划不断进行，高楼大厦拔地而起，经济蓝图不断实现，重庆的历史气息迅速减弱，在重庆现代风采与重庆传统气息中，普通小市民的不安与迷茫溢于言表。《火锅英雄》《从你的

① 陈卓．西部城市形象广告片的民俗文化元素——以成都、重庆、西安、昆明、桂林为例［J］．西南民族大学学报，2007（9）：161-163.

全世界路过》便通过普通的市民人物形象讲述了普通的重庆都市故事，有生存的压迫感和紧张感，也有向往的诗和远方，生存与向往的差距带给这座城市无限的挣扎与无奈。这两部电影通过许多镜头刻画了重庆人爱嘮嗑、爱吃火锅的生活习惯并未因城市的改变而更迭，重庆人随性、执拗、直爽的性格没有随时代的改变而消失。这样一种城市精神面貌在这个快节奏的时代里给人一丝心安。通过电影的刻画，重庆在观影者眼中成为一座具有市井气息的生活之城。

（二）促进经济发展良性循环

电影对一座城市的描述，包括故事、人物形象、地域特点会在潜意识里被认为就是当地的真实情况。人类已经进入文化消费时代，良好的城市形象意味着城市拥有文化竞争的优势，且有较强的知名度、更大的吸引力和影响力，在促进城市经济往来、文化交流上将有更大作为。[①]电影在城市经济发展中有着不容忽视的地位，一部优秀的电影作品塑造的城市形象能提升一座城市的知名度。电影《火锅英雄》《从你的全世界路过》热映，相继打破在重庆主城拍摄电影的全国排片量及票房纪录，分别是3.71亿[②]与8.14亿[③]。两部影片中展示的十八梯、解放碑、较场口、渝中半岛、南山、洪崖洞、长江索道、江北嘴大剧院、嘉陵江边及千厮门大桥、东水门大桥、菜园坝大桥、黄花园大桥、过江轻轨、过居民楼轻轨等一系列的电影镜头都在观影者心中留下了深刻的印象，无数观影者开始发现重庆这座魅力四射的城市，也有许多观影者怀着对重庆这座城市的憧憬和向往，踏上旅程来到这座城市，电影中许多取景地点也成了游客重庆必行之站。从这两部电影来看，影视行业的成功为重庆直接带来了巨大旅游增收，影视传播的发展可以为城市的发展带来直接的动力。

（三）记录城市变迁影像

记录性作为电影媒介的本性，使得电影不论是作为技术的发明还是文化的形

① 郑刚．文化：城市形象的灵魂［J］．公关世界，1996（9）：27-28.

② 中国票房数据 http：//www.cbooo.cn/m/6177632019.06.01.

③ 中国票房数据 http：//www.cbooo.cn/m/6268062019.06.01.

式，都是城市的产物。[①] 重庆这座城市有着数不尽的故事，历史风韵犹存，现代风采依旧，电影便把它们一一记录下来。水华导演执导的《烈火中永生》深刻地记录下了革命烈士在渣滓洞、白公馆誓同敌人反抗到底的历史，黄祖模导演在《江姐》中展现了无数个曾在重庆这片热土不畏牺牲、坚韧不拔的人，这些电影为重庆烙下了一个不可磨灭的红色烙印。随着时代的更迭，电影拍摄主流逐渐从刻画战争、刻画大苦难环境转变到了刻画细微人性和表现社会变迁的现实主义题材上。由贾樟柯导演的《三峡好人》通过煤矿工人韩三明和女护士沈红的故事，注重刻画以重庆奉节和万州两个区县为主的城市变迁对最底层人民的冲击，影片中许多未拆除或正在拆除的旧楼是对重庆这座城市的精神面貌即将迎来巨大变迁的一种预示。新时期、新环境下，重庆已是一座繁荣的现代化大都市，它也不可避免地受到城市同质化影响，但重庆仍然展现着其与众不同的地方。《火锅英雄》对当下重庆本地人民的生活进行了生动刻画，多位主人公的金钱观、爱情观、友情观已然与其他大城市无异，充满现代都市气息。但影片中所拍摄的洞子火锅、高楼狭地、重庆方言等元素都是对重庆独特风韵的展现，这些独特之处便是最易于深植于观影者脑海里的重庆形象。

随着我国城市化进程不断加快，城市形象已经成为我国城市可持续发展的关键，成为城市软实力的象征。电影对城市形象的构建是多方面的，作为当下蓬勃发展的艺术，电影能使城市形象以最直观的方式展现在大众面前。使用重庆为案例的研究发现，虽然电影中有关重庆形象的意象展现数量越来越多，但较多表现的是城市实体符号，比如“山城”“火锅”“美女”，缺乏城市意象的深度建构。电影与城市形象两者的深度交融，在影视故事讲述的基础上，立体化构建城市的意象，仍需要城市宣传部门与电影制作者的深度合作与探索。

---

① 杜剑锋，陈坚．西方影片中背景城市形象的塑造与传播［J］．当代传播，2002（4）：103-104.

中国当代文学走向世界的出版实践与思考①

——以重庆出版集团“重述神话”系列图书为例

张　栋②

一、引言

重庆出版集团在2005年成为社会关注的焦点，因为作为中国大陆首个参与大型国际图书出版项目的单位，出版了“重述神话”系列图书。伴随这一主题活动的系列开展，重庆出版集团不仅以中国出版社代表的身份，展开与英、法、美、德等国家出版社的交流，也以与中国作家签约的方式推出一系列中国当代文学作品，通过版权输出等方式把中国当代文学作品推介给世界读者。这不能不说是一种极具魄力的出版策略，然而，在经历初期的狂热、中期的衰退乃至当下的沉寂之后，“重述神话”系列似乎早早夭折，当时出版集团声称的“每年推出5—7位中国重量级作家重写的中国神话作品”的口号也成为一个永远难以实现的约定。就已经出版的当代作家作品来说，中国作家虽然也就中国的传统文化资源作了重新整合，甚至进行了大胆的改造，但就小说整体呈现出的叙事效果以及社会反响来看，中国作家的神话重述与同主题的外国作品之间仍存在一定的差距。作为一个中国当代文学“走出去”的典型案例，重庆出版集团的“重述神话”系

① 基金项目：国家社科基金重大项目“丝绸之路中外艺术交流图志”（16ZDA173）；兰州大学中央高校基本科研业务费专项资金创新人才培养项目“‘重述神话·中国卷’中神话原型的置换变形”（18LZUJBWYJ071）。原载于《西南石油大学学报（社会科学版）》2019年11月第21卷第6期。

② 张栋（1990—　），山东阳信人，兰州大学文学院博士研究生，研究方向：文学人类学与中国现当代文学。

列成为中国出版界的一桩悬案，也留给读者及研究者诸多思考的空间。

二、出版盛宴：从狂欢到沉寂

参与由英国坎农格特出版社（Canongate Books）发起的“重述神话”全球出版项目，是重庆出版社于2005年在原出版社基础上组建重庆出版集团公司之后的首要举措。文化单位的转企改制，是挑战更是机遇。重庆出版集团在创建伊始便抓住了这一机遇，据当时的集团党委书记、董事长罗小卫的介绍，集团在发展战略目标上即把对外合作与图书输出作为工作的重点内容，并把之前的“版权贸易部”升级改组为“版权及国际合作部”①。在上述举措的基础上，重庆出版集团展开手脚，在与国内其他出版社的竞争中胜出，其胜出原因也恰恰是“对该项目的认同以及选题的策划能力”②。从出版集团出版战略的顶层设计，到具体的选题调研、策划、论证、立项，乃至选题的宣传、图书发行、广告与营销等诸阶段，重庆出版集团一直在以国际化的标准参与“重述神话”这一出版项目。通过与国外知名的具有较大市场影响力的出版社合作，在选题与出版计划方面进行商议，借助国外出版社打开图书销售的国际市场，同时也能够将中国当代文学及时大批量地推介出去。重庆出版集团的准确战略定位，使得集团的经济效益与社会效益能够充分结合，同时也有助于“重述神话”这一文学品牌的顺利创建。

按照重庆出版集团的国际化思路，作为出版核心的作家作品，显然更应该符合国际化的标准，集团更是以百万元的版税吸引作家的目光。对作家遴选的结果，苏童、阿来、李锐、叶兆言等四位作家成为创作主体。苏童通过《我的帝王生涯》等作品凸显出的想象力与虚构能力，张艺谋改编自《妻妾成群》的电影《大红灯笼高高挂》获得的国际影响力，阿来的民族身份与作品中民族特性的彰显，李锐作品的多语种翻译以及2004年获得法国政府颁发的艺术与文学骑士勋章，以及叶兆言通过文学感知中国民族特性与历史的独特方式，都是遴选出的作

① 袁国女．罗小卫：做强主业与产业多元如何和谐发展［J］．中国出版，2010（1）：24–26.

② 中国加入全球“重述神话”图书项目　重庆出版社中标［EB/OL］．（2005-03-17）［2019-03-08］http：//big5.china.com.cn/chinese/RS/813911.

家群体国际化的表现。重庆出版集团在不遗余力宣传所选作家的同时，也加紧翻译作家的创作，通过召开作家作品全球发布会的形式，扩大中国当代文学作品在全世界范围内的影响力。从2006年9月苏童的《碧奴》出版，到2009年9月阿来的《格萨尔王》问世，中国作家的个人创作成为一种社会现象，并成功引起了大众与研究者的同时关注。更为重要的是，这些作品也成为中国文化传统与中国国家形象的承载物，担当起文化传播的重任。

就“重述神话”系列的最初出版效果来说，重庆出版集团的出版战略是相当成功的。以作家苏童为例，苏童作为重庆出版集团重点推介的作家，其作品《碧奴——孟姜女哭长城的传说》在还未出版之时就已经有15个国家的出版社购买了版权，在出版之后，版权输出国家和地区达到24个，其语种版本也已达21种，半年时间销量就已达10万册。另外，在作品的外文翻译方面，《碧奴》经过著名汉学家的翻译，在国际市场也获得了广泛的认可度，如《碧奴》的英文版是由美国著名汉学家葛浩文翻译的，日文版则由日本著名汉学家饭宗岗翻译。国外汉学家基于国外读者审美与阅读兴趣基础上的翻译，极大地扩展了中国当代作品的影响力。另外，“重述神话”这一品牌的创建也离不开图书的装帧设计等技术层面的支撑。一种品牌所蕴含的价值理念、主题定位等元素，只有“凝练到品牌视觉形象外在表征中，不断触发受众群体的视觉辨识度和依赖度，才能在激烈的市场竞争中获得生存与发展空间”[①]。重庆出版集团显然也关注到了这一点，在最先引进的《神话简史》《重量》《珀涅罗珀记》中，作品的封面图画由英国绘画师罗德瑞克·米尔斯等承担，平面设计则由书封设计师张孜滢完成，中外艺术家的共同努力促使三部作品获评2005年度“中国最美的书”。

将重庆出版集团的“重述神话”系列出版视为一场出版界的狂欢盛宴并不为过，集团在国际化出版的各个层面都为国内出版社做出了良好的示范。但遗憾的是，这场盛宴维持的时间并不长。虽然《碧奴》《格萨尔王》都突破了印数10万册大关，但普遍存在后期乏力的问题，四部作品中也只有《碧奴》与《格萨尔王》由重庆出版集团于2014年、2015年重印修订本，而且社会反响程度明显

① 张晓东，谢玲玉．浅析出版社品牌视觉形象设计［J］. 科技与出版，2017(7):69-73.

不如之前热烈。叶兆言的《后羿》甚至出现了在重庆上架后一个月只卖出18本的窘况，这还是在“重述神话”项目开展之后不久出现的现象。可以这样认为，“重述神话”项目启动伊始作品的大卖，很大程度上是借助于出版单位的策划与宣传，将出版事件打造成社会文化热点往往能够引起大众广泛的关注度，“重述神话”系列一时成为畅销书。但“畅销”并不意味着“长销”，狂欢仪式般的推介绝非营销手段的常态，当图书的宣传热度渐趋平静，市场对于图书的选择才逐渐理性，而外国读者对中国作家作品阅读反馈的缺乏，则使中国当代文学作品的“走出去”陷入一种尴尬境地。

出版作品的被接受程度，印刷数量只能作为评判标准之一，因为涉及版权输出问题，作品的印数并不能作为作品被广泛接受的直接证明。因此，一种客观、科学的作品评价机制应被引入接受度考察之中。在国外读者接受情况尚不明晰的情况下，笔者暂以国内的学术评价为例，对四部作品的接受情况做出说明。国内的文学作品评价机制可分为两类，一类为大众评价，一类为学院派评价。大众评价多以感官经验与阅读趣味作为评价的前提，但其中也不乏较为专业的论断。以“豆瓣读书”网站的统计为例，除了李锐的《人间：重述白蛇传》达到8.2分，其余作品均在8分以下（《碧奴》6.6分、《格萨尔王》7.6分），叶兆言的《后羿》更是以6.1分的成绩刚达到及格线，四部作品平均分为7.125（评价人数为9231人），这确实不是一个理想的分数。而在学院派层面，也能看出文本批评由集中趋向分散乃至衰微的过程。中国学界对“重述神话”系列的文本批评，大致从《碧奴》发行之后开始。每一本作品的问世，都会伴随一次学者的集中评论，之后这种评论便以零散的方式继续存在，乃至最终成为作家整体研究的附属。学院派批评与大众批评的不同点，在于学院派的观点更具专业性，对于作家创作要求更高，如果某些文本不能引起批评者持续的兴趣，该研究对象就会被研究者淡化处理，不再成为学术研究的热点。从宣传热点到市场失利，重庆出版集团的“重述神话”系列经历了过山车似的体验，多年之后我们重新回顾这一极其吊诡的出版案例，会发现如果把出版盛宴从狂欢到沉寂的原因归结为出版单位的不作为，这显然是舍本逐末，只有把视角转向文本本身，才会理清中国文学“走出去”的真正障碍所在，并进而探寻“走出去”的真正科学之路。

三、"重述神话"文本的学理性批判

重庆出版集团对"重述神话"系列的策划，虽然是以先行者的姿态介入，但其出版战略是相对成熟的。以雄厚的资本支撑出版计划，以现代传媒手段促进出版内容的多渠道传播、流通，以先进的科技手段引导出版的多元方向等等，都是使中国当代文学"走出去"的重要前提，但在出版与市场的结合方面，显然存在一些问题。市场的推广与产品评价是图书出版的最终阶段，苏童等作家的作品虽然是以双向市场准入的形式进入国外市场，但从最终的市场表现来看，图书在国内外市场均未获得广泛的影响。这促使我们把反思的关注点集中于文学作品本身，并从学理性角度对文本叙事进行考察。

（一）神话原型的置换变形错位

参与"重述神话"项目的中国作家均采用了在中国家喻户晓的神话或传说原型，并采用神话叙事的叙事方法进行重构，其具体表现即对神话原型进行置换变形，并在其中熔铸现代人的思考，使远古神话在当下得以延续。学者程金城曾就神话的感性结构、理性结构与意态结构等三个方面，展开其与中国叙事文学之间的关联研究。这样由浅入深的三个层面较能科学地概括神话原型与叙事文学的深度关联，也能够作为神话原型置换变形研究的学理性依据[①]。

在神话叙事的感性结构层面，作家普遍地将原本记载资料稀缺的故事延展为长篇小说（阿来除外，他的创作是对口传民族史诗的凝缩），并为之补充了大量细节。另外，作家们也对主人公进行了重点改造，把他们从高不可及的神坛拉回到现实生活之中，在保留人物适度神性的同时，加重人物的世俗性、人间性色彩。丰富的细节固然充实了神话原本粗糙的结构，但对细节不加鉴别的运用，则往往使神话叙事变成神话"知识"的堆砌，而无创新的成分。叶兆言在《后羿》中将原始部落、西王母、野兽、战争等元素杂糅入文本之中，使最终文本呈现出大杂烩的效果，原型的置换变形成为原型的罗列，并未被系统地组织入文本之中。在理性结构层面，诸多原始神话的原型早已成为中国人历史意识与伦理认

① 程金城．中国文学原型论［M］．兰州：甘肃人民美术出版社，2008：94-103.

知的象征，一种原型的成功置换变形能够彰显出一个民族历史与伦理意识的变迁。在“重述神话”系列中，一些可以代表神话理性结构的原型虽被采用，如射日的后羿、寻夫的孟姜女、与法海争斗的白蛇等，但他们身上的现实成分要远远大于其本应承载的历史内涵，所谓的神话叙事也变为借用神话角色演绎的现代故事。神话叙事的意态结构，涉及叙事者的思维方式在叙事中的深层反映，在远古神话中屡屡出现的构思方面的“模式”或“模型”往往成为意态结构的重点表现对象。因为有民族史诗作为支撑，因此阿来神话叙事中的意态结构较为成熟，但在其他三位作家的叙事中，叙事线索的过多采用反而消解了原始叙事模式的纯粹性，进而影响了深度伦理道德意识的表达。

（二）短、平、快的媚俗写作

“重述神话”系列虽然是以商品的形态进入市场，但其承载的不仅仅是商业利益，而更多的是出版单位以图书出版的形式引导大众的审美取向，满足大众的审美需要。重庆出版集团对所选择的苏童等四位作家是颇有期待的，因为他们的创作都有各自独特的风格，更重要的是能在面向大众与个体精神坚守之间获得一种平衡，使出版社在实现社会效益这一首要目的的同时，能够获取一定经济效益。但从结果来看，大多数作家以短、平、快的媚俗书写，违背了“重述神话”系列出版的初衷。

苏童的《碧奴》16 万字，写作历时 4 个月，稿酬为 100 万美元，这部书稿也使得苏童成功跻身百万作家之列，与他同样情况的还有叶兆言等其他三位作家。因为不管作品盈利与否，作家都能拿到巨额稿酬，因此这样优厚的创作条件对于作家来说显然是巨大的诱惑，创作尽快开始、书稿尽早完成便成为作家的首要选择。叶兆言在《新京报》的采访中就表示，“苏童写了《碧奴》，我就想一定要写一个至少在时间遥远程度上必须超过他的故事。其实我还有一个写独裁者的想法，写《后羿》满足了我的这两个欲望”①。李锐也认为他最终选择参与重述项目，也是试图表达“正面的走入中国”这一想法。也就是说，作家选择参与神话重述

① 叶兆言 . 为西方写作是个伪命题［EB/OL］.（2007-01-12）［2019-03-08］.http://www.china.com.cn/book/txt/2007-01/12/content-7644485.htm.

的初衷，都是为了实现自己某方面的创作目的，甚至“欲望”，而不是考察自己能否驾驭神话题材的能力，或者利用神话重述实现某种创作理念或社会观念。在这样的心理背景下，“重述神话”系列的中国作家普遍以一种浮躁的心态与短平快的创作方式进行写作，使得文本或是自说自话，或是刻意向恶俗趣味趋近。阿来的《格萨尔王》后半部分写作进程加快，有些细节经不起推敲；李锐的《人间》在虚构了一个煽情故事的同时，也以大团圆的方式刻意扭转故事方向，以满足大众的心理期待；苏童的《碧奴》则着意探讨碧奴的九种“哭法”，以一种琐屑、平庸的笔调描绘虚假的现实；叶兆言的《后羿》则在后羿与嫦娥的关系上做文章，以一种恶俗品位消解了神话叙事本应具备的神圣性。功利性的写作显然不是文学创作的常态，作家只有植根于中国的文化传统，在深刻理解的基础上科学规划、审慎写作，在尊重大众审美趣味的同时坚守自己的创作底线，这种写作才是真正能够经得起时间考验的。

（三）民族性与世界性的匮乏

在中国当代文学作品的版权输出与跨文化传播中，重中之重是作家要讲好“民族性兼具世界性的中国故事”[①]。中国当代文学的出版与对外传播，是把中国故事与世界分享的过程，中国作家对自身民族特性的充分彰显，其实也就是以世界性眼光建构民族文学文本的过程。在“重述神话”系列中，除个别作家达到了二者的兼容，其余作家则以强烈的个人话语遮蔽掉了民族色彩浓厚的传统神话传说，进而阻碍了当代文学走向世界的道路。

阿来作为一个藏族作家，口传英雄史诗“格萨尔王”构成其成长环境的文化背景，在这种前提下，加之阿来多年的资料收集，因此其创作能够在保证民族史诗恢宏气度的同时，以现代视角思考远古英雄在当下时代的生命力。而其他作家却普遍忽略了民族性，他们笔下的中国神话被涂抹上世俗的色彩，虽然苏童等人多次强调民间文化资源对自己创作的影响，但这种影响并未在文本中体现出来。当外国读者试图从中国作家作品中找寻属于中华民族的文化符号时，只能读到一

① 张立友．英语世界的中国故事：韩少功作品英译出版与传播［J］．出版发行研究，2018（3）：75-78.

个个民族身份退隐的世俗故事，《碧奴》在国外的接受度显然成为一个问题，这也是《碧奴》的英译者葛浩文大量删减乃至重新改造碧奴形象，使之更符合中华民族身份并使外国读者接受的原因。

神话学家诺思洛普·弗莱把神话叙事理解为每一个时代中“一个由思想、意象、信仰、认识、假设、忧虑以及希望组成的结构，它是被那个时代所认可的，用来表现对于人的境况和命运的看法”[①]。也就是说，神话叙事的终极目标其实是关于世界的思考，以及对人类命运的看法，是对一个时代的反思，也是对未来的展望。在“重述神话”系列的外国文学文本中，外国作家普遍存在这一追问世界与人类的倾向。英国作家珍妮特·温特森在《重量》中探寻阿特拉斯对于神的重负以及人类存在的意义，A.S. 拜雅特在《诸神的黄昏》中以孩童视角反思北欧神话与现代战争之间的关联，学者凯伦·阿姆斯特朗在《神话简史》中以概述神话历史的方式，表达对人类理性时代神话思维缺失的隐忧，日本作家桐野夏生在《女神记》中重新思考男权制约下的女性命运。与外国作家相比，中国作家在对神话叙事文化功能和人类历史与生存的命运反思方面，显然还有很长的路要走。

四、中国文学“走出去”的出版战略反思

出版是一种文化行为，它在带来一定经济效益的同时，也能够促进一种文化价值理念的传播。重庆出版集团的“重述神话”系列，不仅是推动中国当代文学“走出去”的重要出版战略，也是推动中国文化走向世界，进而促进中外文化交流的文化外交行为。在国际化出版项目的合作中，版权输出与图书外销只是“走出去”的表面，文化真正能够实现交流是通过文本内容达成的，这就需要出版单位与作者的密切合作。但遗憾的是，在“重述神话”项目的出版中，出版单位与作家之间的合作出现了脱节现象，这不仅影响了图书在国内市场的评价，也阻碍了中国当代文学“走出去”的进程。因此，重庆出版集团推动中国文学“走出去”的出版战略，仍需要更具实践性的措施补充。

① 诺思洛普·弗莱．现代百年［M］．盛宁，译．沈阳：辽宁教育出版社，1998：74.

（一）引入由出版社主导的学术论证与评价机制

在针对某一选题的策划阶段，论证是极其重要的工作。论证涉及该选题的可行性、具体实施以及预计市场反应等内容。在文学类图书的出版过程中，学术论证显然更为重要，它是对文学出版图书的文学性与科学性的要求，使作家的创作符合一般的文学创作规律。在当代文学“走出去”这一大背景下，学术论证事关中国文学品牌的创造以及与国外图书在国际市场上的激烈竞争，有针对性的学术论证的缺乏，将导致中国文学话语权难以被掌握在自己手中。以重庆出版集团的“重述神话”系列为例，所选择的四位作家显然是经过论证后的结果，但这种论证的依据，是以作家在国内外的市场影响力或者说所谓“文化资本”为主的，并未从作家的学科背景及对选题的驾驭能力等角度进行科学选择，这也影响了所选作家作品在市场的被接受程度。“重述神话”遴选的作者，显然应该具备基本的神话学、人类学等学科背景，对于中国传统文化、宗教与民间文化资源有清晰认知，且有把民间文化资源转化为文学叙事的能力，这样才能保证作家与选题的契合度，以及作品在跨文化传播过程中的被认可程度。但遗憾的是，“重述神话”所选作家基本上不符合上述标准。

在学术论证之外，由出版社主导的学术评价机制也应引入进来。这种评价机制是对学术论证的辅助，它通过对作家的文稿或已出版图书进行跟进式评论，对作家重述神话作品的创作特点、翻译研究、市场反响等层面提出专业性意见，使作家创作符合项目选题的大方向，而非以自己的创作风格随意改造。相对于学术界一般的自发性、分散性评论，由出版社主导的学术评价更具针对性、集中性，因此能够针对读者的阅读感受与市场反应及时作出调整，在文学图书的海外营销中，这种评价机制更为实用。“命题作文”式的出版计划，需要具有学术素养的图书编辑与作者之间的良性沟通，因此在出版单位的编辑队伍中，需要纳入具有文学、经济、翻译等专业背景的学术人员，这样才能保证出版图书的学术质量，进而使“重述神话”系列具备核心竞争力。

（二）塑造神话品牌，产生规模效应

将品牌的塑造称为出版单位战略定位的核心，这一说法并不夸张。品牌是出版单位出版理念的凝结，也是良性企业文化的表现，成功的品牌营销是出版单位可持续发展的保证。在中国文学“走出去”的进程之中，品牌的影响力体现在版权输出、翻译出版、海外营销等多个层面，重庆出版集团主导的“重述神话”项目恰恰是塑造中国文学“神话”品牌的绝好机会。在系列作品面世前的宣传阶段，重庆出版集团在全社会范围内推广“重述神话”这一文学品牌，并取得了相当广泛的关注度。凭借广告宣传的力量，系列图书在出版之后取得了不错的销售成绩，然而作品本身质量的参差不齐，使得以“集束弹”形式进入市场的“重述神话”作品未产生预期的规模效应。在质量令人堪忧的当代文学作品面前，重庆出版集团的品牌战略陷入“巧妇难为无米之炊”的窘境。

“重述神话”系列的失利，并不能作为出版社品牌战略失败的原因。重庆出版集团在品牌定位方面有成功的先例，比如由其开发的“读点经典”系列在2011年的发行量就突破了2000万册，实现了经济与社会效益的双丰收。在“神话”品牌的打造方面，重庆出版集团在坚持“走出去”的同时也积极“引进来”。几乎与“重述神话”项目开展同时，重庆出版集团就已开始对美国作家乔治·马丁的《冰与火之歌》系列的翻译、出版，随着美剧《权力的游戏》在全球范围内引发的收视狂潮，《冰与火之歌》的销售也从开始的遇冷到屡次再版，成为销量超越350万册的现象级畅销书，这与出版集团极具前瞻性的品牌定位有着极大关联。在《冰与火之歌》之后，重庆出版集团着力打造奇幻文学书系，以“独角兽书系”为代表，集团将包括《冰与火之歌》《猎魔人》《迷雾之子》等奇幻经典纳入出版计划，构建了一个包容64种图书且具有巨大发展潜力的奇幻、神话图书品牌。与“引进来”的巨大成绩相比，中国当代神话题材文学“走出去”陷入了瓶颈，这一残酷事实也证明了品牌的创建需要高质量文学作品的支撑，否则所谓品牌营销也只能是无人喝彩的自吹自擂。

（三）文学的文化符号提炼与产业化转化

在第三产业占据经济发展越发重要位置的今天，文学创作显然在既有的认识、审美等传统功能之外，也开辟了一些学者认为的“产业性功能”。文学创作是文化观念的表现方式之一，是供读者鉴赏，同时在社会范围内传播的艺术创作形式。文学创作具备的读者接受与社会传播属性，决定了其绝非只停留于作家自我愉悦的阶段，而是具备被社会再利用乃至产业化转化的可能。学者范钦林认为，“文学的产业性功能是要靠文学消费者即读者或接受消费来实现的”①。也就是说，作品被市场接受的广泛程度，是其产业性功能实现的前提。以神话题材文学为例，其之所以能被读者接受，是因为承载人类共同记忆的神话资源在当下得到了再利用，且往往能够通过神话叙事升华读者的想象空间。通过对原始神话中文化符号的挖掘，作家将人类的原始记忆、符号承载的丰富信息凝结在读者的阅读体验之中，在获得读者认可的同时，也产生被产业化的可能。“重述神话”系列如果按照这一思路去实施，是可以产生更大效益的，但结果并不令人满意。

“重述神话”文学系列的文化符号提炼，显然不能只局限于传统神话原型的当代再现，而是要善于“发掘利用视觉符号与听觉符号联想效应，成倍增加作品的知识含量和艺术含量”②，从而使文学文本能够实现视听技术的转化，并以丰厚的神话、历史、艺术意蕴得到观众的青睐。但在实际创作中，苏童等作家创造的神话世界不仅充斥着与现实无异的世俗气息，而且对神话中文化符号意义的刻意消解，也使神话叙事的文化功能难以得到发挥。叶兆言笔下作为独裁者形象的后羿，苏童笔下邋遢、粗俗且毫无神话底蕴的碧奴，李锐笔下对于人物前世今生过于虚幻化的描绘等等，主体性过于浓厚的书写方式使本来具有大众审美特性的文化符号难以被提炼出来，也难以被市场认可。与同样作为出版重点的《冰与火之歌》相比，在神话原型的提炼、文化符号的认可，乃至文本的艺术改编、文学形象的衍生品开发等多个层面，当代作家的神话重述距“引进来”的外国神话原创作品，仍有相当大的距离。

五、结语

在 2016 年 2 月召开的党的新闻舆论工作座谈会上，习近平总书记谈到中国故事的讲法，他认为：“讲故事就是讲事实、讲形象、讲情感、讲道理……要组织各种精彩、精练的故事载体，把中国道路、中国理论、中国制度、中国精神、中

① 范钦林．文学与文化产业关系研究——以当代文学创作形态转型为视角［M］．北京：人民出版社，2017：221.

② 叶舒宪．从符号人类学到“符号经济”——文化资本博弈时代的文学增值术［J］．江西社会科学，2005（12）：14–21.

国力量寓于其中，使人想听爱听，听有所思，听有所得。”[①] 在“一带一路”时代大背景下，学会讲故事、讲好故事、把故事讲好，这是中国文化“走出去”并实现中外文化交流的重要途径。以传统神话等为代表的优秀文化资源，不仅承载着中华民族独特的思维特征与气质性情，而且内蕴着与世界其他民族相似的神话叙事肌理，以及共同的心理倾向。这是“重述神话”得以成立，并能够在世界范围内得到广泛传播的重要前提。因此，这就需要重述者不仅对作为自身思想背景的传统文化资源有充分的了解，而且需要具备文艺创作的世界性眼光，在对世界其他民族优秀文化成果的借鉴中，开拓中国传统文化的新型传播方式，创新中国故事的讲法。中国当代文学作为中国特色文化的载体，承担着讲好中国故事的重任。以重庆出版集团等为代表的出版单位，则负责将中国故事输送出去。这就对中国当代文学的质量提出了更高的要求，作家只有明确自己的写作目的与社会责任，才能将讲故事的方法与凝练的精神力量熔铸于文本创造之中，从而为中国当代文学成功“走出去”打下坚实基础。这既是对出版单位劳动成果的尊重，也是中国当代文学品牌创立的最重要保证。

① 习近平 . 在党的新闻舆论工作座谈会上的讲话［M］// 中共中央文献研究室，习近平关于社会主义文化建设论述摘编 . 北京：中央文献出版社，2017：212.

重庆两江新区国家数字出版基地创新发展研究[①]

裴永刚　杨俊磊[②]

2008年重庆数字出版产业开始建立，到2016年年末，重庆市数字出版相关法人单位已达554家，新兴数字出版单位313家。目前重庆市从事数字出版产业的从业人员达到2.53万人，其中两江新区国家数字出版基地已经落户256家数字出版企业，从业人员达到1.7万人[③]，占整个重庆数字出版产业的半壁江山。

一、重庆两江新区国家数字出版基地产业发展现状

（一）基地概况、发展历程及产业规模

1. 基地概况

重庆两江新区国家数字出版基地于2010年4月26日挂牌成立，设立在重庆北部新区高新园水星科技大厦北翼厂房B座，占地约6万平方米，是我国西部首个国家级数字出版基地。基地依托云技术，致力于打造“1+3+10+N”的发展模式，努力将基地建成西部领先的数字出版基地，把重庆建成数字产业强市[④]。其中，“1”是打造一个高地，即“数字出版产业高地”；“3”是建成3个平台，即数

① 基金项目:2018年国家社科基金项目“全球化视野下中国出版‘走出去’战略创新发展研究”（18XXW002）；2017年重庆市社科规划项目“数字出版发展的国际趋势与重庆市数字出版基地创新发展研究”（2017YBCB064）。原载于《淮阴师范学院学报（哲学社会科学版）》2019年第41卷第1期。

② 裴永刚，西南政法大学新闻与传播学院副教授，博士，主要从事数字出版、新媒体传播研究。杨俊磊，西南政法大学新闻与传播学院。

③ 2016年重庆数字出版产业发展报告［DB/OL］.（2017-07-13）［2018-04-15］https://667892.kuaizhan.com/12/49/p44617071344409.

④ 王强．以基地建设带动数字出版产业整体发展［J］．科技与出版，2013（10）：4-6.

字出版公共服务平台、数字内容监管平台和中国出版发行交易云平台；“10”是包括数字期刊、数字印刷、数字教育、手机出版、数据库出版、动漫、网络游戏等北部新区主打的10项门类；“N”是指除了核心基地，在重庆市建设若干数字出版拓展基地，形成更大规模的集聚效应，形成更完整的产业链条。同时依托重庆云计算基地，力争打造一个“云端下”的国家数字出版基地。

2. 发展历程

2008年重庆市新闻出版局就设立了科技与数字出版处，2009年批准设立国家数字出版基地，2011年1月发布国内首个省级数字出版发展指导意见。2013年，重庆市率先探索建立数字出版产业统计制度，2014年承担了国家新闻出版广电总局省级数字出版产业统计试点工作，到2016年期末，基本形成了五大产业集群，对重庆数字出版业的贡献达到80%以上。2017年重庆市政协第四届五次全体会议上，有关加快重庆数字出版产业发展水平的政协提案作为重点提案，由专委会督办。

3. 产业规模

（1）收入、资产、利润成倍增长。作为全国第二家、西部第一家国家数字出版基地，重庆两江新区国家数字出版基地从2010年建立到现在，发展迅速。根据国家新闻出版广电总局的数据，重庆两江新区国家数字出版基地的营业收入、资产总额和利润总额分别增长了几十倍。如2012年的营业收入为7.23亿元、资产总额为6.51亿元、利润总额为1.13亿元[①]，到2015年营业收入则增长到63.92亿元，资产总额增长为84.38亿元，利润总额增长为40.33亿元，比2012年分别翻了8.84倍、12.96倍和35.69倍。

（2）从业者数量庞大。重庆从事数字内容生产的从业人员2015年有2.45万人，2016年为2.53万人，主要分布在两江新区、渝中区、九龙坡区，三地从业人员数占全市从业人员的82.3%。2016年两江新区国家数字出版基地从业人员1.7万人，占同期全市数字出版从业人数的67%。

（3）产业集群显现。截至2016年末，重庆数字出版基地基本形成了五大产

①《2012年新闻出版产业分析报告》公布［J］. 青年记者，2013（21）：112.

业集群，这五大产业集群对重庆数字出版业的贡献达到80%以上。如西南师范大学出版社、重庆大学出版社、重庆迪帕数字传媒公司、课堂内外等的数字教育出版；享弘动漫影视、重庆视美影视等的游戏出版；重庆天健互联网出版有限公司、华龙网等出版单位的网络出版；重庆维普等的资源数据库出版；猪八戒、爱奇艺等的数字出版内容创意和版权交易。这五大产业集群形成了具有本土特色，又兼具发达地区思维的集聚特色。

（二）发展因素

1. 数字出版产业政策的激励

（1）中央层面的政策支持。作为中国四大直辖市之一的重庆市，是重要的政策示范和传播高地。在推进数字出版产业发展的进程中，重庆市委、市政府坚持战略布局和规划导向，通过中央和重庆市当地的一系列有关数字出版的项目来推进重庆两江新区国家数字出版基地的建设和发展。据统计，从2013年以来，重庆市22个数字出版项目被列为国家新闻出版广电总局项目，重点资助了重庆市35个与数字出版相关的项目；7个数字出版单位被总局列为数字出版转型示范单位。

2016年国家新闻出版总局把重庆市的6个数字出版项目列入总局发展项目库，涉及在线教育、媒介融合出版、传统出版数字化等方面。如2016年入库在线教育项目“基于教学行为大数据分析的知识服务云平台”，着重于优质教育资源的云端生产、传播和版权贸易，已建成2000多门平台课程；重庆出版集团和课堂内外杂志社联合开发的在线作文服务APP“壹笔·作文”集“读—问—写—订—用”为一体，成为众多师生喜爱和使用的在线作文APP；由重庆报业集团下属重庆晨报开发大媒介融合APP——上游新闻成为知名的掌上新闻客户端软件，在2017传媒中国年度盛典上，上游新闻荣获年度融合创新十大最受关注的新闻客户端，并入选“2017传媒中国年度十大影响力报业融合创新发展品牌实战案例”[①]。重庆日报报业集团实施，中央财政资助700万元，投资1.1亿元的“重报

① 龚力，陈翔．上游新闻入选年度十大最受关注新闻客户端［EB/OL］．（2017-09-20）［2017-11-10］.https：//www.sohu.com/a/193140482_171986.

集团全媒体数字化转型技术支撑平台项目”是传统媒体转型的重要平台，实施流程重构，目的为构建重报集团新闻全媒体采编综合平台。

总局的政策支持极大地促进了重庆市数字出版产业的发展，重庆两江新区国家数字出版基地被总局列为 2016 年全国数字出版优秀基地。

（2）重庆市的政策支持。在重庆两江新区国家数字出版基地建设和发展过程中，重庆市从指导意见到项目资助到建立协会，都给予了巨大支持。在基地建设过程中，重庆市政府办公厅早在 2011 年 1 月就在重庆市人民政府公报中颁发了《关于加快重庆数字产业发展的指导意见》，指出要集中打造数字出版十大优势门类，培育数字出版骨干企业，打造出版资源数据库等八大发展任务。在基地发展过程中，重庆市通过立项和财政资助的方式加以支持。以项目为例。2016 年，重庆市的数字出版专项资金就资助了天健按需出版应用示范平台、基于“互联网 +”的重庆党建全媒体（CQDK）平台等 8 个市级项目。具体如表 1 所示。

这些项目涵盖了按需出版、互联网 +、媒体融合、在线教育、出版专项、内容数据库、数据库出版等众多与数字出版相关的领域。这些项目的实施，既体现了重庆市在数字出版政策上的关照，又通过这些项目来对数字出版产业进行引导和示范。

（3）两江新区的政策支持。重庆两江新区通过项目引进和金融支持的方式促进了数字出版企业的发展壮大。其中，仅 2015 年就新引进 62 个重点科技项目，培育了以猪八戒为代表的一批本土“互联网 +”明星企业；集聚国家和市级研发机构 141 家，仅 2015 年就专利授权 1115 件；建设了 400 万平方米科技楼宇和 10 万平方米孵化器，建设了国家知识产权试点园区和“中国重庆留学生人员创业园”[①]。这些举措都促进了重庆两江新区数字出版基地的发展。

---

① 两江新区简介［EB/OL］.（2016-06-21）［2018-03-01］.http://www.liangjiang.gov.cn/Content/2016-06/21/content_292048_2.htm.

表 1　2016 年重庆市数字出版发展专项资金资助项目名单

序号	项目名称	申报单位
1	天健按需出版应用示范平台	重庆天健互联网出版有限责任公司
2	基于“互联网+”的重庆党建全媒体（CQDK）平台	中共重庆市委当代党员杂志社
3	上游新闻—重庆媒体融合与转型升级平台	重庆晨报传媒有限公司
4	环球播多频道网络平台	重庆时报社
5	面向“互联网+”的学前教育数字课程研发及应用	重庆西南师范大学出版社有限公司
6	助力出版转型升级的社交网络平台建设	重庆大学出版社有限公司
7	商界内容数据中心	重庆商界传媒集团有限公司
8	维普知识云图	重庆维普资讯有限公司

资料来源：重庆市文化委员会网站 https：//www. cqwhw. gov. cn / Html /1 / whzx / wsgs /2016-11-07 /17518. html。

2. 特殊地理及文化特色定位

从地理位置来看，作为中国内陆地区唯一的直辖市，重庆市处于长江经济带、一带一路、西部大开发的枢纽位置。截至 2016 年，重庆有 23 个市辖区、11 个县、4 个自治县，人口 3048 万，是全国行政单元和人口最多的城市。

从历史来看，重庆市简称渝，是古代巴国的发祥地，也称为“巴”，即所谓巴蜀之地中的巴国所在地。近代以来，重庆发展迅速，曾经是中华民国的陪都，其历史地位、政治地位可见一斑。新中国成立后，划归四川省管辖。1997 年重庆升格为直辖市，成为重庆发展新的契机。

从文化来看，作为巴国所在地的重庆拥有独特的文化景观。除了世界驰名的长江三峡外，磁器口的古镇、大足的石刻、万盛的国家森林公园、桃花源、金佛山等也别具特色，成为旅游爱好者必到之处。除此之外，著名的火锅之都、美女之都等名号也使得重庆具有特别的文化魅力。

3. 人才及市场的深厚基础

重庆籍人才有很多，在各行业均崭露头角。知名的重庆籍人才有北京大学中文系钱理群教授，新闻联播主持人罗京，钢琴家李云迪，著名作家虹影，著名演员刘晓庆、蒋勤勤、陈坤等。2015 年 8 月重庆市直辖 18 年重庆电视台开始制作的专题节目《追梦他乡重庆人》记录的就是在海内外打拼的重庆人形象。

作为直辖市的重庆本身是中国人口最多的城市。同时，也是吸引外来人口入驻的重要城市。2016 年重庆市常住人口 3048.43 万人，比 2015 年增加 31.88 万人，其中城镇人口 1908.45 万人，占常住人口比重（常住人口城镇化率）为 62.60%，比 2015 年提高 1.66 个百分点①。

重庆两江新区数字出版基地的受众不仅包括重庆地区，还辐射整个四川和贵州，有接近 2 亿的人口数量，蕴藏着巨大的数字出版消费市场。

二、重庆两江新区国家数字出版基地的调研分析

（一）总体情况

此次调研主要对重庆两江新区国家数字出版管理部门和招商部门的相关管理人员，对华龙网、课堂内外杂志社、重庆大学出版社、猪八戒网、中文在线、维普资讯等多家有影响力的基地企业的主要负责人进行了深度访谈。这些企业属于不同的产业群，样本具有普遍性的特点。调研目的为了解重庆两江新区国家数字出版基地的发展状况和布局、基地内数字出版企业的发展现状、面临的发展困境、发展规划等。主要调研方法为访谈法、考察法等。

（二）结果分析

1. 企业入驻基地原因分析

笔者就重庆相关数字出版企业入驻基地进行调研时发现，数字出版企业入驻基地主要基于以下三方面的原因：

（1）政策共享。重庆两江新区国家数字出版基地采用了“园中园”式的建设

① 重庆市统计局 .2016 年重庆市国民经济和社会发展统计公报［EB/OL］.（2017-03-20）［2018-03-01］.http：//www.cqtj.gov.cn/tjsj/shuju/tjgb/201703/t20170320_440548.htm.

布局，面积约为6万平方米。入驻基地内的出版企业起到了很好的产业集聚效应，更便于共享基地的优惠政策。

（2）产业集聚。数字出版基地内集聚了众多的出版企业，企业之间形成产业链条，产生集聚效应。如以内容创意和版权交易为主体的猪八戒网就将基地内的其他企业看作是自己的服务对象，在服务其他企业的同时也需要其他有关出版企业提供的服务。

（3）降低成本。数字出版基地的出版业集聚能够为企业降低运行成本，不仅包括地租、税收等政策性成本，也包括企业集聚所带来的运营成本的降低，如企业间的相互服务、相互协助所降低的交易成本。基地内数字出版企业的集聚更容易形成企业的抱团发展，进而达到强强联合的作用。

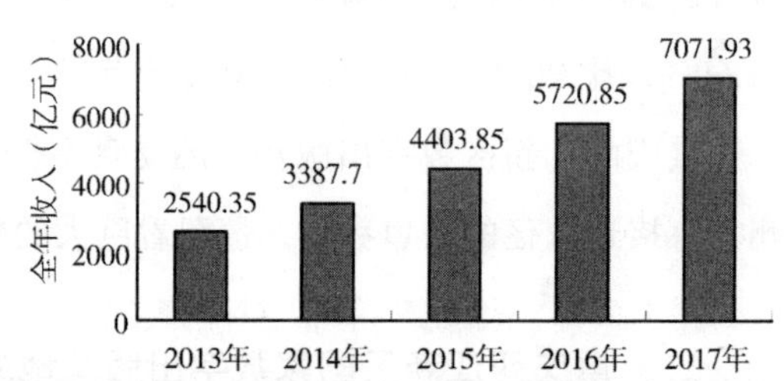

图1 2013—2017年我国数字出版全年收入规模

数据来源：国家新闻出版广电总局 http：//www.sapprft.gov.cn / sapprft / 经过整理所得。

2. 数字出版企业发展存在的问题

（1）内容生产问题：发展瓶颈凸显。在调研中发现，基地内的数字出版企业大多面临着产业模式创新升级的发展瓶颈。华龙网相关部门负责人说："目前华龙网存在着内容生产不足的问题，具体表现在传统广告业务不断下滑，一些'互联网+'重点产业项目尚处于孵化期和平台建设期，技术服务业务方面发展滞后。"同样的问题也出现在猪八戒网。猪八戒网副总裁刘川郁先

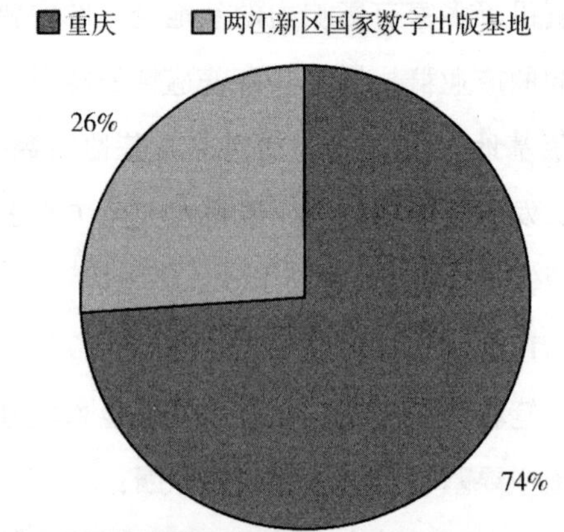

图2 2017年重庆两江新区国家数字出版基地占重庆数字出版收入比重

数据来源：重庆华略数字文化研究院 http：//www.cnhualue.com/ 经过整理所得。

生说："企业的数字内容生产存在着创新难度增加，数据平台建设面临着内容开发不足的困境，具体表现在如何创造性地运用数字产业的发展服务实体经济的发展。目前'猪八戒下凡'的线下发展战略仍处于探索阶段。"重庆课堂内外杂志社作为一个教育数字出版企业也同样面临着内容生产与创新的难题。

（2）营销渠道问题：市场开发不足。重庆数字出版企业也存在营销渠道狭窄、市场开发难度大的问题，尤其是个人消费市场的开发还很薄弱。从图 1、图 2 可以看出我国数字出版产业收入总体呈现快速提升状态，但重庆两江新区国家数字出版基地占重庆市数字出版企业收入比重相对偏小，还有待进一步开发。在对重庆数据库出版龙头企业维普资讯的调研中发现，维普资讯存在着市场开发难度增大的困境，消费者订阅数量不足严重制约了其市场规模。其负责人直言，在付费阅读尚没有形成全民消费习惯的情况下，目前维普资讯市场推广仍然需要克服众多困难。在调研中，笔者还了解到作为由传统出版社转型而来的课堂内外杂志社、西南师范大学出版社以及重庆大学出版社等同样面临着用户需求不足、市场竞争日益激烈的严峻局面。

（3）盈利模式问题：产业链条单一。数字出版企业应具备完善的数字出版产业链。从表 2"数字出版产业链构成"中可以看出，数字出版企业的产业链条由上游产业链—内容提供商、中游产业链—平台运营商或服务提供商、下游产业链—销售商这一完善的数字出版产业链组成。目前重庆两江新区数字出版企业的产业链条还不完善。在对重庆课堂内外杂志社的调研中了解到，课堂内外杂志社具有内容资源优势和版权优势，却缺少技术和渠道优势，缺乏专业性的销售平台来促进内容和设备的销售，所开发的电子书包是以服务外包的形式寻找其他技术企业来完成，虽然也体现了一定的产业协作精神，但缺少一条能够与自己的内容和销售相互补充与整合的专业性的平台开发商来完善产业链条。

表 2 数字出版产业链构成

产业链构成	主体	主要代表企业			收入来源
上游	数字内容提供商	出版社、报社、期刊杂志社、唱片公司等	手机 CP、SP 游戏开发商	红袖添香、起点中文等原创文学网站	数字内容销售
中游	服务提供商与平台运营商	互联网期刊出版商、电子书出版商等	中国移动、中国电信等运营商	搜索引擎、高科技网络公司等	收费下载、阅读、广告等
下游	数字内容销售商	当当、卓越、亚马逊等网上销售平台	书店、发行集团等传统分销商	报刊亭、超市等传统零售商	批发折扣

资料来源：前瞻产业研究院 https：// bg. qianzhan. com /。

（4）用户终端问题：终端设备薄弱。数字出版与传统出版相比最为显著的区别就是内容呈现方式的终端化。数字出版阅读方式的多样性也促进了终端设备的多样化，同样多样化终端的运用也增加了出版物信息的丰富性。加拿大著名传播学者麦克卢汉很早就提出了“媒介即讯息”的观点，世界数字出版巨头亚马逊的迅速崛起很大程度上归功于“终端 + 内容”的商业模式[①]。从图 3 中可以看出 2008—2016 年成年人手机阅读接触率呈快速上升趋势，可见拥有良好的移动终端设备将在未来的数字出版竞争中获得巨大的优势。在对重庆数字出版基地的调研中，笔者了解到以维普资讯、维望科技为代表的数据库出版企业和以课堂内外杂志社、西南师范大学出版社、迪帕数字传媒为代表的教育数字出版企业尚未开发出属于自己独立的终端阅读设备。

① 张立，汤雪梅，介晶 . 数字出版商业模式研究［M］. 北京：中国书籍出版社，2016.

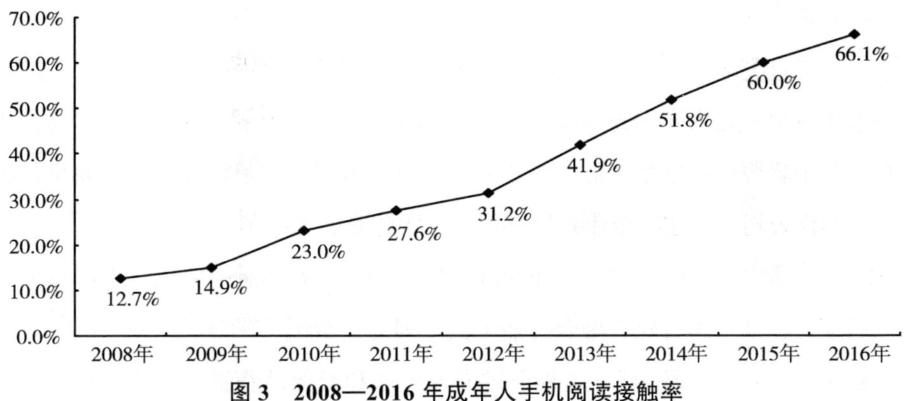

图 3　2008—2016 年成年人手机阅读接触率

资料来源：观研天下，http：//www.gyii.cn/ 经过整理所得。

3. 关于数字出版基地发展存在的问题

根据笔者的实地走访、座谈，加上相关调查问卷的统计数据，发现基地存在着以下问题：

（1）品牌化问题：特点不明显。作为我国第二家挂牌的园区，重庆市两江新区国家数字出版基地具有示范效应和鲜明的品牌化特点，但目前这些特点还不明显。如基地位置比较模糊，周围没有与数字出版基地统一的相关标识，外来人员很难寻找到基地准确方位；基地与其他企业大厦如招商银行总部大厦等形成鲜明对比，明显显得弱小，与国家级数字出版基地的定位不符；基地所在大厦为两江新区水星大厦，大厦内有其他单位如重庆国税局车辆购置税分局第二税务所、重庆路安特沥青科技有限公司等，这些均与数字出版没有什么关系；数字出版企业比较分散，导致其产业集聚效应有所降低。

（2）影响力问题：亟待加强。关于重庆两江新区国家数字出版基地的相关资料和信息，大多停留在基地建设时期，最新的发展资料匮乏，并且已有的资料大多是通过重庆市文化委员会和相关的新闻报道，或者是通过两江新区的官网来了解。重庆两江新区国家数字出版基地没有自己的官网，也没有官方的“两微一端”，这就使得潜在受众无法具体了解基地的建设和发展，无形中切断了与用户交流的渠道，使得基地自身的影响力不高。

（3）特色问题：地方特色缺乏。入驻基地的企业大多是重庆本土企业，受众也主要是重庆本地人群。但基地对此并没有进行合理的规划，导致企业类型入驻不均，功能重复多。入驻企业更多考虑的是与自身发展相关的经济效益，考虑市场需求而很少考虑内容本身和企业自身的品牌。同时，企业之间相关度不高，如课堂内外主要服务中学生人群，维普期刊网负责数据库的建设和维护，爱奇艺属于视频制作公司等，这些企业并没有形成产业链方面的默契。

（4）传播内容问题：规范运作管理需要加强。在媒体融合时代，人们对世界的认识很大程度上来自媒介融合传播工具，即通过报纸、广播、电视、网络等途径构建出一个“拟态环境”，这种通过影像生产和影像消费塑造出的社会，就叫景观社会①。重庆两江新区国家数字出版基地所生产传播的内容涉及了互联网出版、数字创意、数字教育、动漫游戏、数据库出版等五大产业，有华龙网、大渝网、猪八戒网、爱奇艺、课堂内外杂志社、西南师范大学出版社、完美世界、五四科技、维普咨询、维望科技等知名数字出版企业。这些出版企业为了获得更好的经济效益，通过迎合用户喜好的方式来获取更多点击量。更有一小部分企业为了追求经济效益，传播一些色情、暴力、虚假信息。这样传播出来的“拟态环境”根本与现实不符，造成比较恶劣的社会影响。如 2015 年 3 月 31 日，文化部召开新闻通气会，通报第 23 批违法违规互联网文化活动查处名单，其中就有相关企业受到警告②。这说明基地对相关企业的规范运作管理仍需要加强。

（5）人才培育问题：人才吸引力薄弱。数字出版基地对于人才的相关优惠，并没有在文件中体现。据调研，重庆两江新区国家出版基地内的企业普遍存在人才短缺的现实问题，尤其是从事与数字出版相关的高端人才更是极为缺乏。猪八戒网副总裁刘川郁先生说：目前猪八戒网对于技术研发人才、互联网运营人才和网络销售人才较为缺乏，而目前又难以在高校里招收到这方面的高端人才，人才的培养仍然要靠企业自己。在对华龙网的调研中笔者从相关负责人处了解到，近

---

① 邵培仁，杨丽萍．媒介地理学：媒介作为文化图景的研究［M］．北京：中国传媒大学出版社，2010.

② 文化部举行第二十三批违法违规互联网文化活动查处工作新闻通气会［EB/OL］．（2015-03-31）［2017-11-10］.http：//www.mcprc.gov.cn/whzx/whyw/201503/t20150331_439865.html.

年来随着行业市场竞争的加剧，行业内各公司对人才的争夺更加激烈，同时华龙网的业务快速增长也对人才队伍建设提出更高要求。

三、重庆两江新区国家数字出版基地的创新发展策略

（一）基地宏观层面

1. 创立特色品牌，提升影响力

重庆两江新区国家数字出版基地注重地产开发，却忽略了对数字出版基地内容的宣传，导致品牌化程度不足。因此重庆两江新区国家数字出版基地需要注重对数字出版和数字出版基地的宣传。如在周围的交通岔路口设置通向基地的标识；在相关的公交站、地铁站等地方争取较为醒目的位置，提升基地的存在感和辨识度；加强对数字出版知识的普及，一方面增加用户的了解，另一方面通过进驻基地的华龙网、大渝网等的宣传来推广数字出版。在引进数字出版企业时，基地要以品牌化为先导，避免引入同质化企业，发挥重庆特殊地理位置作用，在规划发展时考虑少数民族用户需求，增强自身竞争力和创新力。

2. 完善管理职能，提升基地创新能力

数字出版基地政策可以根据不同阶段来制定：初期，重点在土地和资金上；发展中期，可以注重技术、金融的发展；成熟期，主要是加快平台建设，面向高端产业、重点产业建设，构建完整的企业增长链条，包含人才、资金、技术、知识产权等完整的链条。

3. 建立产学研相结合的“双元”人才培养模式

重庆的数字出版企业可以借鉴德国双元制的教育培养模式。双元制是对学生职业能力培养的一种，由学校和企业共同完成的职业教育模式。“双元制”的“一元”为学校，另“一元”为企业，这种模式将产学研紧密结合起来，从而实现学校与企业相结合、理论与实践相结合的人才培养模式[①]。例如，杭州国家数字出版基地与由北京印刷学院、吉林工程技术师范学院、武汉大学、广东财经大

① 张凤云 .“产、学、研”结合是职业院校人才培养的最佳模式［J］. 职业，2008（09）：28.

学、天津科技大学、浙江传媒学院等6所学校组建的全国高校数字出版联盟签订了共建"数字出版人才培养基地"战略合作协议，以协作开放、优势集成、联合创新为思路，在深化校企合作、定向培育人才、开展学术交流以及项目合作等方面展开工作。重庆两江新区国家数字出版基地也可以与重庆市相关高校签订战略合作协议。基地内相关企业如猪八戒网、华龙网等可以结合自身发展需要和高校联合，培养自己需要的专业人才，同时为高校学生提供参与数字出版开发的机会。重庆高校应该根据数字出版企业发展的趋势编订自己的教材，使教材和重庆数字出版企业的实际紧密结合，从而建立重庆数字出版企业和重庆高校间的"双元"混合人才培养模式。

（二）产业中观层面

1. 加强基地核心"云计算"产业发展，形成集聚效应

目前国内其他21家数字出版基地均有其特色。如上海张江依托上海强大的电子游戏集群，重点发展网络游戏产业；安徽国家数字出版基地依托华强方特科技集团和科大讯飞公司，形成动漫产业和语音识别产业。重庆国家数字出版基地拥有国内最大的离岸数据处理中心，因此要坚持自己的特色，大力发展云计算产业，打造"云端智能城市"，形成集聚效应。

2. 形成关联产业链条，注重内容建设

在产业价值链理论中，约翰·沙恩克（John Shank）和菲·哥芬达拉加（V Govindarajan）认为：产品的基本价值与其供应商、渠道商和卖方的各种活动连接起来构成同一价值系统，企业是价值生产过程中整个系列的一部分[①]。豆瓣就是一个位于产业链条中间的社交化网络阅读平台。重庆数字出版基地的猪八戒网、享弘影视、爱奇艺等可以借鉴豆瓣的产业链模式，立足自身特色的同时增强产业链上游、中游、下游的关联性，即加强内容提供商、服务提供商、销售商的整合，增强协同意识，完善协作机制，加深合作的力度和深度，实现各链条之间的无缝对接，进而形成稳定的盈利模式。

① 张晗．文化科技融合背景下的中国出版产业数字化转型研究［D］.武汉：武汉大学博士学位论文，2013.

（三）企业微观层面

1. 内容生产创新

（1）分析用户需求，生产个性化内容。在移动阅读、微阅读日益成为数字时代常态的情况下，通过大数据精准分析来满足用户个性化需求。对于代表互联网出版集群的华龙网而言，在精准分析用户需求、个性化内容生产方面可以借鉴上海澎湃新闻网的成功案例。澎湃新闻拥有精心采编的专题栏目，多角度解析新闻信息，很容易获得深度阅读用户的青睐。澎湃新闻将自身定位为“中国实证第一品牌”，通过分析用户需求，生产专业、权威的时政类新闻，通过精准定位赢得了大量用户，创建了独特的品牌特性。以课堂内外杂志社、西南师范大学出版社、重庆大学出版社、迪帕数字传媒等教育数字出版产业集群，可以借鉴美国的集团分析用户需求的成功案例。

（2）增强用户黏性，推动 UGC 的发展。在 web2.0 时代，UGC（user generate content）成为数字传播的突出特征。以享弘影视、爱奇艺等为代表的数字创意产业集群可以借鉴豆瓣的内容生产机制。豆瓣是一个完全由用户生产内容的网站，其核心产品就是它的社交网络中 UGC 生产的内容，通过 UGC 激发用户参与内容生产的积极性，并通过推荐机制和算法生产出内容指向明确的书、音乐或电影来满足用户个性化的需要。“高质量的 UGC”成为豆瓣区别于其他社交平台的一个显著的优势，良好的社区氛围和黏性群体也让这个社交平台被大量品牌所关注。享弘影视、爱奇艺等数字创意产业在内容创新生产中需要注重对读者兴趣的培养，让读者主动发掘，生产自己感兴趣的内容，增强内容的可分享性，通过 UGC 的广泛运用进一步延伸内容的附加值。在对 UGC 的打造上，数字出版企业更需要对其进行合理地引导，对内容进行严格地把关，做好“守门人”这个角色。

2. 营销渠道创新

（1）以整合精准营销为基础。网络整合营销强调企业在进行营销时要遵循 4I 原则[①]，即从趣味原则（Interesting）、利益原则（Interests）、互动原则（Interaction）、个性原则（Individuality）入手进行数字出版营销策略的制定。腾讯网络游戏 4I 营销策略的成功可以给重庆数字出版基地中的完美世界、隆讯科技、五四科技等动漫游戏企业以借鉴。腾讯拥有专业的游戏营销团队，配置了 150 多位营销经理分别负责用户分析、产品定位、营销策略、广告投放、公关传播等具体事务。腾讯在《QQ 炫舞》的营销中注重对用户趣味点的激发，《QQ 炫舞》营销团队借助微信，开发出“炫彩朋友圈”，给予用户在朋友圈中充分彰显个性的机会，通过朋友圈的互动吸引用户。腾讯游戏在营销中更注重对用户利益的维护。腾讯实施“新手卡”营销策略，用户通过“新手卡”可以免费领到游戏道具、装备、游戏币等奖励。

（2）基于“长尾理论”的高收益营销。“长尾理论”是由连线总裁克里斯·安德森（Chris Anderson）提出，他认为营销的重点应放在“冷门”的长尾，而不是“热销”的头部。数字出版突破了传统出版的阶段性营销的限制，出版内容的数字化，有效规避了传统出版经营印刷和库存的风险，风险的有效规避使出版企业可以实行按需出版的策略，将用户的潜在需求和“长尾”营销相结合，通过向用户提供优质内容，发挥“长尾效应”即通过“尾部”价值的长期积累来实现数字出版的高收益。在众多的数字出版企业中，谷歌是一个最为典型的“长尾”企业，“长尾”在谷歌的成功中扮演着重要的角色。华龙网、大渝网、天极网等互联网出版企业，可以借鉴谷歌的长尾生存法则，寻找新的广告业务突破口。

3. 终端设备创新：开发特色鲜明的终端设备

终端设备的开发不仅要时刻保持自己的特色，而且要注重和自己的内容相匹配。同质性的终端设备不仅不会增强数字出版企业的竞争力，相反由于特色的消失，反而会进一步削弱用户对于数字出版企业内容的识别力。目前市场中的终端设备多是以移动智能手机为搭载平台，这就造成了数字出版企业终端设备严重同

① 整合营销［EB/OL］.（2017-04-27）［2018-04-15］.https：//baike.so.com/doc/2347345-2482321.html.

质性。重庆数字出版企业在未来的终端设备开发中更需要突出自己的特色。苹果设备的封闭性增强了用户对 App Store 的依赖性，帮助苹果公司维系了大量忠实用户。以完美世界、隆讯科技、五四科技为代表的动漫游戏产业集群可以借鉴苹果公司封闭性的特色，重点开发出具有自己鲜明特色的游戏终端设备，如通过模块的划分，向用于个性化的内容，通过个性化鲜明的设计，形成自己独具特色的竞争优势。

[WENHUA YICHAN
文化遗产]

重庆文化遗产开发及保护利用[①]

袁东山[②]

习近平总书记指出，历史文化是城市的灵魂，要像爱惜自己的生命一样保护好城市历史文化遗产。2018年，中办、国办印发《关于加强文物保护利用改革的若干意见》《关于实施革命文物保护利用工程（2018—2022年）的意见》，深入推进文物保护利用改革。近年来，重庆着力文化遗产开发和保护，多措并举，积极提升城市品质，不断彰显城市魅力。

一、底蕴深厚打造世界知名旅游目的地

优秀的传统文化是一座城市乃至一个民族最深厚的文化软实力。重庆市委书记陈敏尔提出，重庆有好山好水，自然人文资源丰富，城市旅游、乡村旅游、自然旅游、人文旅游发展潜力很大，要实施城市提升行动计划，提升城市的经济品质、人文品质、生态品质、生活品质。

近年来，重庆文化遗产保护坚持“保护为主、以人为本、传承发展、社会参与”原则，创新实施文化遗产“一体化保护”，着力建设历史文化保护传承体系，促进优秀传统文化与城市文脉资源融合，彰显重庆历史文化名城魅力。

重庆现有不可移动文物25908处，包括全国重点文物保护单位55处、市级文物保护单位282处、区县级文物保护单位1999处；巴渝古建筑和古遗址5723

① 原载于《中国旅游报》2019年4月15日。

② 袁东山，重庆市文化遗产研究院副院长，研究馆员，考古领队，国家文物局考古专家库专家，全国重点文物工程方案审核专家库专家，文物保护工程责任设计师，重庆市历史文化名城专业学术委员会委员，重庆市文博高级职称评审委员会委员。研究领域为城市考古、城市空间流变、城市文化遗产保护、宋元战争等。

处、革命文物290处、抗战遗址395处、工业遗产92处。大足石刻被列入世界文化遗产名录，涪陵白鹤梁题刻、合川钓鱼城遗址被列入世界文化遗产预备名单。中国历史文化名镇18个、名街1个、名村1个，传统村落74个；市级历史文化名镇46个、名街5个、名村28个。这些底蕴足以支撑重庆历史文化名城地位。2019年，由重庆市文化遗产研究院主持发掘的重庆合川钓鱼城范家堰衙署遗址项目获得“2018年度全国十大考古新发现”，再次唤醒了人们对重庆这座“英雄之城”的追忆。

重庆历史上孕育了深厚的文化积淀、丰厚的文化底蕴、多彩的文化资源。如何让传统文化“活”在当下，讲好重庆故事，推动历史文化与旅游融合发展，让更多人享受高品质生活，这其中，文物保护利用和文化遗产保护传承的探索与实践，对于提升重庆这座城市的文化自信、历史内涵及人文品质有着不可替代的重要作用。

重庆是西部大开发的重要战略支点，处在“一带一路”和长江经济带的联结点上。近年来，重庆以建设文化强市、打造世界知名旅游目的地为目标，坚持以“文旅融合”发展为主线，将新发展理念贯穿始终，文化与旅游相生共兴，相辅相成。

二、文物价值挖掘展现区域文化魅力

近年来，重庆深入挖掘特色文化当代价值和精神实质，让历史说话，让文物说话，让文化说话。通过文物保护调查、发掘、研究、解读，厘清重庆历史文化脉络和文化底蕴，阐明重庆文化在中华优秀传统文化中的地位，其中，合川钓鱼城大遗址考古挖掘就是一项重要内容。

合川钓鱼城大遗址是宋蒙（元）战争山城防御体系中重要一环，在宋蒙（元）战争中发挥了无与伦比的军事防御作用，绘就了一幅波澜壮阔的历史画卷，体现了当时川渝军民英勇无畏的英雄气概。

从2005年开始，重庆市文化遗产研究院致力于合川钓鱼城遗址的考古工作，取得了一系列重要收获，对钓鱼城文物分布情况、功能结构有了较为整体、系统的认识，丰富了钓鱼城遗址的历史文化内涵，填补了区域乃至全国城址考古的诸多空白，促进了对钓鱼城“山、水、城”合一的布局结构与大纵深多重防御体系的全新认识，有力支撑了遗址的真实性和完整性。

带着对钓鱼城重要历史文化价值和历史战争价值的思考，2013 至 2018 年，重庆市文化遗产研究院袁东山团队向国家文物局申报了连续主动考古发掘，对城址西部范家堰遗址展开 6000 余平方米的主动发掘，最终确认为钓鱼城政治军事中心——衙署遗址。范家堰遗址规模宏大、布局规整、轴线清晰、性质明确，是目前国内罕见的经过大规模考古发掘、保存极其完整的宋代衙署遗址。其规格形制、空间布局与南宋《平江府图碑》《景定建康志》所绘衙署建筑高度吻合。结合钓鱼城遗址南一字城、古地道既往考古发现及堪舆地望、空间分析，应为《宋史》、万历《合州志》所载淳祐三年（1243 年），四川制置使余玠纳播州二冉之策修筑钓鱼城时所徙合州州治，是钓鱼城政治军事中心，该发现为钓鱼城“申遗”提供了重要支持。

“考古先行，全程参与”，是钓鱼城今后大遗址考古工作的必然要求。大遗址是不可再生的珍贵文化遗产资源，合川钓鱼城遗址入选了国家文物局《大遗址保护“十三五”规划》，重庆市文化遗产研究院编制了《钓鱼城大遗址考古工作计划（2019—2025）》，重庆市文化遗产研究院将开展持续性的钓鱼城大遗址考古调查、勘探、发掘及测绘工作，进一步提炼钓鱼城大遗址的突出普遍价值，加强遗址保护与展示等申遗基础性工作，扩大钓鱼城大遗址区域和国际影响力，助推钓鱼城申报世界文化遗产。

近年来，重庆市文化遗产研究院先后承担了《奉节县白帝城大遗址保护规划》《奉节县白帝城大遗址保护工程设计》《万州天生城大遗址公园设计》《永川区汉东城遗址保护规划》等项目，同时开展忠县皇华城、云阳磐石城、渝北多功城等多项山城遗址的考古发掘工作，为重庆的大遗址保护积累了丰富经验。

重庆市文化遗产研究院将按照“保护固态、传承活态、发展业态”的理念，统筹推进重庆山城防御体系大遗址保护重点项目考古工作。大遗址保护坚持以人为本、面向社会、服务社会，才能让大遗址的文化内涵“活”起来，推动大遗址保护向更深层次发展，将会让深埋于地下的宋蒙（元）战争山城大遗址“活”起来，让文物的生命力得到延续，更让正在成为内陆开放高地、山水清秀美丽之地的重庆增添古韵古香，让文化遗产最大限度惠及民生，对于延续城市历史文脉、增强市民文化自信、提升城市美誉度具有重要意义。

三、多措并举推进提升城市品质

第一，加强文物价值挖掘，彰显重庆文化魅力。近年来，重庆深入挖掘特色文化当代价值和精神实质，让历史说话，让文物说话，让文化说话。通过优秀传统文化传承发展工程，挖掘文化遗产资源蕴含的思想观念、人文精神、道德规范，结合时代要求创造性转化、创新性发展，让重庆文化展现出永久魅力和时代风采。通过文物保护调查、发掘、研究、解读，厘清重庆历史文化脉络和文化底蕴，阐明重庆文化在中华优秀传统文化中的地位。实施“互联网+中华文明”三年行动计划，建设长江三峡文化遗产长廊、大足石刻中华文明展示体验片区和红岩遗址群革命史迹展示体验片区。

第二，强化文物保护利用，服务经济社会发展。重庆始终把文物保护放在首位，坚持真实性、完整性、活态化保护原则，组建重庆古迹遗址保护协会，实施首席文物专家制度，推进以革命文物和抗战遗址、石窟寺及石刻、三峡后续文物、大遗址、巴渝古建筑为重点的文物保护工程，实施大足石刻、南岸弹子石大佛等川渝石质文物示范项目。推进三峡后续文物保护利用重大项目，开展奉节白帝城、万州天生城等大遗址公园建设。加强历史文化名镇、名村及传统村落有机保护，服务乡村振兴战略。深入推进合川钓鱼城遗址、涪陵白鹤梁题刻申报世界文化遗产。实施主城九区重点文物修缮保护工程，将重庆特色文化元素融入城市规划和建设中，打造彰显重庆历史文脉和经典元素的标志性文化符号。

第三，建设传统风貌街区，留住城市历史记忆。按照应保尽保、活态利用、塑造精品的原则，重庆开展磁器口国家历史文化街区保护、湖广会馆及东水门传统风貌街区、十八梯传统风貌街区、丰盛历史文化名镇、木洞传统风貌区、慈云寺—米市街—龙门浩传统风貌街区文物修缮保护项目。实施大礼堂、马鞍山、李子坝、金刚碑等传统风貌街区，以及走马古镇、偏岩古镇、龙兴古镇等景观品质提升项目，推动文化遗产综合利用和集中展示，把优秀传统文化体现到城市建设各方面，让城市既有外延，更有内涵，彰显重庆历史文化名城的文化自觉、文化自信。

第四，推进“文旅融合”发展，丰富市民文化体验。重庆推进渝中区通远门城门及城墙、太平门城门及城墙、朝天门城墙等展示工程，加强老鼓楼遗址、多功城遗址展示及考古公园建设。开展重庆与俄罗斯联合考古科研合作，提升重庆文物行业形象。组织“重庆文化遗产宣传月”等系列活动，提升文化遗产工作的展示度和呈现度。通过合川钓鱼城、涪陵白鹤梁“申遗”，让重庆珍贵文化遗产享誉世界，不断释放重庆特色文化影响力。

长江三峡风景名胜区申报世界自然与文化遗产策略研究①

谢正发②

世界遗产是公认的具有突出意义和普遍价值的文物古迹及自然景观。它不仅具有极高的保护、利用及研究价值，更具有强大的政治、经济、文化和社会功能，是一种特殊的资源，日渐受到各方的高度关注。近年来世界各国申报世界遗产的热情高涨，学界对世界遗产的相关研究也逐步升温。主要围绕相关省市申报世界遗产的资源条件、价值、原则及相关建议[1-2]，一些遗产点所具备的申报世界遗产的基本条件、可行性、重大意义及路径探讨[3-6]，遗产地保护规划和管理[7]、申报战略与策略[8-9]、遗产保护与旅游开发等角度展开，对于联合申遗的相关研究较少涉及。

长江三峡风景名胜区位于湖北省西部和重庆市东部，地跨湖北省和重庆市的10余个区、县（市），1982年被批准为第一批国家重点风景名胜区，2001年被国家文物局列入《中国世界遗产预备名录》，2019年以文化与自然双重遗产的身份入选修订后的《中国世界遗产预备名录》。由于地域跨度广、相关遗产点管理主体多，尤其是受到各行政区域间的利益博弈等多方面因素的影响，目前联合申遗工作主要由湖北省主导，重庆市参与，推进比较缓慢。进行跨行政区域的联合申报世界遗产，国内外有许多成功的典范，如中国大运河、“丝绸之路：长安—天

---

① 基金项目：重庆市社科规划重大应用项目“重庆全域旅游发展的重难点问题与优化路径研究”阶段性成果（2017ZDYY25）。原载于《自然与文化遗产研究》2019年10月第4卷第10期。

② 谢正发（1981—　），长江师范学院武陵山区特色资源开发与利用研究中心，讲师，博士，硕士生导师，主要研究方向为文化遗产开发与利用、旅游经济和民族经济。

山廊道的路网”、土司遗址等都是联合申报的有力实践。解决联合申报世界遗产的体制机制问题，着力推进长江三峡风景名胜区各遗产点联合申报世界自然与文化遗产工作，是践行长江经济带发展战略的重要抓手，是长江三峡国际黄金旅游带建设的重要支撑。文章通过对现存问题分析，对如何有效推进进行深入探讨。

一、长江三峡风景名胜区申报世界文化与自然遗产的必要性

（一）有利于向世界展示中国风貌与形象

长江流域是人类文明的发源地之一，是中华民族诞生的摇篮。其中，瞿塘峡的雄伟、巫峡的秀美、西陵峡的险峻，使得长江三峡闻名遐迩、享誉世界。因自然风景雄奇险峻，自然地质遗迹丰富多彩，长江三峡又被称为“百里画廊”“天然博物馆”。沿江的涪陵白鹤梁题刻、丰都名山、忠县石宝寨、云阳张飞庙、奉节白帝城等名胜古迹众多，还有历代文人骚客、帝王将相在此区域活动而留下了脍炙人口的诗词歌赋和美丽动人的故事传说，更增添了三峡历史文化的厚重和神奇。“高峡出平湖”壮丽雄奇的三峡工程是目前世界上较大的水利工程。长江三峡风景名胜区申遗有利于突出其世界性地位和普遍性价值，彰显中国文化的源远流长和博大精深，展示中国风貌与形象。

（二）有利于贯彻落实共抓长江大保护战略

长江是中华民族的母亲河，长江三峡是我国最具全球影响力的自然山水人文旅游资源的主要集聚区。其中，涪陵白鹤梁题刻被誉为世界唯一古代水文站，忠县石宝寨被誉为世界第八大奇异建筑之一，长江三峡工程是世界上最伟大的水利工程。习近平同志多次主持召开推动长江经济带发展座谈会，指出推动长江经济带发展必须从中华民族长远利益考虑，共抓大保护、不搞大开发，探索出一条生态优先、绿色发展新路子。长江三峡风景名胜区申报世界自然与文化遗产，按照联合国教科文组织的要求，管理和保护好沿线各项文化和自然遗产，是这些遗产可持续发展的最佳保护路径，更是贯彻践行共抓大保护、不搞大开发战略的行动举措。

（三）有利于推动长江经济带高质量发展

为落实长江经济带国家发展战略和习近平同志重要指示精神，2017年《长

江国际黄金旅游带发展规划纲要》编制印发，在规划纲要中明确提出“充分发挥旅游业的综合带动和先行先导作用，将长江旅游带建设成为具有全球竞争力和国际知名度的黄金旅游带”。长江三峡风景名胜区既是长江国际黄金旅游带中最为精华的部分，也是长江流域最重要的生态屏障之一。长江三峡风景名胜区申遗可以极大提升自然与人文资源的品牌价值，助推长江经济带经济社会文化高质量发展。

二、长江三峡风景名胜区申报世界文化与自然双重遗产的可行性

（一）有相关前期基础

白鹤梁古水文题刻、白帝城、屈原故里等遗产点都有申报世界遗产的愿景。涪陵白鹤梁古水文题刻入选了2019年1月修订的《中国世界遗产预备名录》。奉节县2017年提出白帝城大遗址正式启动申报世界文化遗产工作。三峡大坝修建之前，国家文物局组织对三峡地区的文化遗产、自然遗产进行了全面普查和抢救性挖掘、保护，很多遗产都已经入选全国重点文物保护单位，文物的本体保护规划也比较齐备。尤为重要的是长江三峡风景名胜区（包含白鹤梁古水文题刻）已经入选2019年1月修订后的《中国世界遗产预备名录》。

（二）能实现多方共赢

2019年7月，我国世界遗产已达55项，超过拥有54项世界遗产的意大利，位居世界第一。根据联合国教科文组织实施的“全球遗产平衡战略”规定，我国每年只能推荐2项参与申报，这与《中国世界遗产预备名录》清单囤积的60项遗产形成强烈反差，竞争非常激烈。长江三峡风景名胜区联合申遗，可将涪陵白鹤梁题刻、丰都名山、忠县石宝寨、奉节白帝城、秭归屈原故里等涵盖其中，既可以避免单个遗产点的激烈竞争，又可以充分整合资源形成合力，实现多方共赢。

（三）可获得国家支持

近年来，世界遗产的申报竞争日趋激烈，跨区域联合申报的世界遗产项目成为方向[10]，如大运河、“丝绸之路：长安—天山廊道的路网”、土司遗址等都是联合申报成功的范例，众多的核心遗产点联合申遗有一定的联合优势。当前，长

江经济带已上升为国家战略，长江三峡风景名胜区是长江经济带的重要组成，是长江上游的核心生态区，申报世界遗产更能获得中央、各部委和国家文物局的优先支持。

三、长江三峡风景名胜区联合申遗面临的主要难点

（一）联合申遗协同机制不健全

重庆市有白鹤梁题刻、天坑地缝（重庆奉节）、南川金佛山风景名胜区、长江三峡风景名胜区（和湖北省联合）四项入选最新修订的《中国世界遗产预备名录》，未来中国的世界遗产将由此产生。长江三峡风景名胜区申遗主要由湖北省主导，重庆市的有效参与度不高，推进速度缓慢，有效组织协调程度低。重庆市目前申遗的重点是合川钓鱼城和涪陵白鹤梁，没有把重点放在长江三峡风景名胜区申遗上来。目前，两省市联合申遗领导和工作机制还不健全，没有设立必要的办事机构，协调机制、工作制度、工作人员、经费保障等都较为欠缺，尤其是湖北省与重庆市各遗产点所在的省级、区县级协作机制尚未建立。

（二）申遗必备要件资料不完善

根据国家文物局《世界文化遗产申报工作规程》明确规定的要求，颁布实施文化遗产保护地方专项法规和规章、按规范要求编制申遗文本以及文化遗产管理保护规划，是申报世界遗产必备的三大要件资料。目前，除白鹤梁题刻有相应的保护管理办法、申遗文本、文物本体保护规划之外，长江三峡风景名胜区大部分遗产点没有地方政府颁布实施的文化遗产保护的地方专项法规和规章，没有编制申遗文本，尤其是长江三峡风景名胜区联合申遗的文本、保护管理办法、文物本体保护规划还不完善，统筹推进、联合编制存在不小难度。

（三）历史文化价值挖掘不深入

长江三峡风景名胜区的历史名胜、文物古迹、诗词歌赋，数量众多、区域分散，隶属不同部门，所经历的时间跨度大，加上科研机构、专门研究人员少，这些都增加了历史文化价值的挖掘难度。目前，还没有较全面、系统和清晰的对其文化与自然遗产基础、价值特征、文化内涵和比较分析的研究，离《世界遗产名录》价值评判标准以及提炼具有说服力的突出普遍价值的要求还有较大差距，使

得长江三峡风景名胜区独特魅力和价值没有得到多元化展示与阐述，不能支撑申遗工作的需要。

（四）申遗宣传力度欠缺

长江三峡风景名胜区没有建立专门的申遗网站，没有创办申遗工作简报和发布申遗相关新闻，整体申遗的氛围不浓厚；网络、电视、媒体等宣传不够，对自然山水、历史人文的展示和长江三峡风景名胜的文学艺术作品创作的展示宣传不足；原创电影、电视剧、歌曲、舞蹈、文学作品宣传展示也比较薄弱。

四、推进长江三峡风景名胜区联合申遗的具体建议

国内联合申报世界遗产，有很多成功的典范。长江三峡风景名胜区内众多的遗产点联合申报世界遗产，可以选择中小大3种路径。①中间路径：即为原定方案，以长江三峡风景名胜区为区域，也就是《中国世界遗产预备名录》中划定的区域及遗产点的联合。②小路径：即为奉节县提出的白帝城大遗址为核心，整合天坑地缝，联合申报，只相当于长江三峡风景名胜区的一小部分。但要为其他遗产点后续申报预留空间。③大路径：即为以长江三峡风景名胜区为依托，扩大范围，上起重庆朝天门、下至三峡大坝。无论选择中小大哪种联合申报路径，都必须着力破解联合申报的相关难题。

（一）建立“两省并行、区县联动、多方参与”的联合申遗工作机制

长江三峡风景名胜区联合申报世界遗产，重在联合申报机制的建立。

1. 成立联合申遗办公室。已经入选中国申报世界自然遗产名录的天坑地缝位于奉节县，该县2017年自行启动白帝城大遗址申报世界文化遗产工作，加上长江三峡的瞿塘峡、夔门都位于奉节县，建议以奉节县为长江三峡风景名胜区联合申遗牵头城市。成立联合申遗办公室，具体负责联合申遗的组织、协调和联络工作。奉节县县长担任联合申遗办公室主任，各核心遗产点当地政府主要分管领导同志担任副主任。由奉节县人民政府提供办公场所和办公设备，保障正常办公条件。

2. 设立联合申遗专项基金。主要由重庆市、湖北省政府划拨的专项资金和各遗产点所在区县（市）人民政府提供的专门经费两部分组成，主要用于申遗必备

要件的编制发布以及办公活动。

3. 建立联席会议制度。由重庆市、湖北省文物部门、核心遗产点管理机构、申遗办公室组成。原则上每半年在一个核心遗产点所在区县（市）轮流召开一次联席会议，推进联合申遗工作进程。

4. 完善协调机制。制订年度工作计划，明确各成员单位考核内容和重点目标。明确责任人，建立月报制度，撰写《申遗工作简报》，实时通报推进情况，确保申遗工作有序推进。

（二）抓紧编制长江三峡风景名胜区联合申遗的要件资料

目前，需要统筹编制、多方联动、各司其职，抓紧编制长江三峡风景名胜区遗产文物本体保护规划；组织和委托专业机构编写申遗文本，组织专家论证，广泛征求意见，反复修改完善，并提交国家文物局审定；由地方政府颁布各遗产点保护的地方专项法规和规章。同时，也要抓紧风景名胜区内非物质文化遗产的系统普查、保护与传承工作。

（三）深入挖掘长江三峡风景名胜区自然历史人文价值

世界遗产是全人类公认的具有突出意义和普遍价值的文物古迹及自然景观[11]，长江三峡风景名胜区的自然历史人文价值还需要进一步深入挖掘。

1. 搭建研究平台。在重庆中国三峡博物馆设立长江三峡风景名胜区申遗研究中心等研究机构。

2. 设立专项委托课题。尽快启动发布长江三峡风景名胜区申遗重大专项研究课题，邀请国内外专家，组织研究工作。

3. 深化研究内涵。对联合申遗工作中的相关问题进行研究。从三峡地区历史文化、人文地理、自然景观、人文景观等方面深化考古、历史、文化、地理研究内容。出版相关研究专著、研究报告、系列论文等，夯实申遗研究成果。

4. 召开专题学术会议。常态化组织国内外专家学者召开相关领域专题国际学术研讨会，为推进申遗工作凝聚智慧、建言献策。

（四）系统开展长江三峡风景名胜区申遗推介宣传工作

宣传推介是世界遗产申报过程中强化居民地方感[12]、扩大遗产点价值影响力的重要手段，解决长江三峡风景名胜区申遗宣传弱化问题，要打出一系列组合拳。

1. 建立申遗网站。抓紧设计制作长江三峡风景名胜区申遗网站，并及时维护更新相关内容。

2. 制作申遗宣传片。加快宣传片的制作，利用电视、网络广泛对外传播，多元化展示与阐述长江三峡风景名胜区的独特魅力和价值。

3. 举办申遗推介会。创作高质量的歌曲、舞蹈剧目，前往各兄弟省市举办申遗展演推介会，扩大社会影响。

（五）充分利用一切可以利用的外部有利条件

由于申报世界遗产竞争日趋激烈，逐步演变成一项长期的工作，需要投入大量的人力、物力、财力，尤其是行政区划、跨地域联合申报，更是要充分整合资源，充分利用一切可以利用的外部条件。

1. 向人大、政协递交提案。由重庆市、湖北省籍的全国人大、政协代表提交相关提案，力争获得国家文物局的优先支持和推荐。

2. 邀请专家指导工作。邀请国家文物局考古研究所和重庆市、湖北省文物管理局专家指导工作。邀请国际国内评审专家前来讲学、指导工作。

3. 借鉴联合申报的成功典型。借鉴中国大运河、“丝绸之路：长安—天山廊道的路网”、土司遗址等联合申遗的经验。

五、结束语

长江三峡风景名胜区申报世界遗产，将会更加凸显其重要的自然、历史与人文价值，有力推动其自然与文化遗产的保护和可持续发展。实践证明，联合申报世界遗产能对长江三峡风景名胜区保护起到积极的推动作用，要通过构建联合申报的机制，来推动具体工作，以保证联合申遗成功和相关遗产的可持续发展。

参考文献

［1］史军超 . 关于建立云南省申报世界遗产战略的建议和构想［J］. 云南民族学院学报（哲学社会科学版），2000（6）：45–49.

［2］张玲 . 河南省申报世界文化遗产方案研究［J］. 郑州航空工业管理学院

学报（社会科学版），2011（4）：41–44.

[3] 邓华陵 . 丝绸之路申报世界遗产的理论与实践 [J]. 西北师范大学学报（社会科学版），2007（9）：1–8.

[4] 陈家康 . 万里茶道联合申报世界遗产的思考 [J]. 城乡建设,2017（11）：77–79.

[5] 阎宝林，陈伯超 . 清昭陵申报世界文化遗产的可行性初探 [J]. 沈阳建筑工程学院学报（自然科学版），2002（4）：274–277.

[6] 撒露莎 . 论我国土司遗产的申报与保护：以永顺、唐崖、播州三土司城遗址联合申报为例 [J]. 民族论坛，2014（11）：82–86.

[7] 张成渝，谢凝高 . 真实性和完整性原则与世界遗产保护 [J]. 北京大学学报（哲学社会科学版），2003（2）：62–68.

[8] 蔡礼彬，王琼，张鸿雁，中国申报世界遗产的现状与策略研究 [J]. 中国文物科学研究，2012（2）：26–30.

[9] 刘小方 . 大运河世界遗产申报策略调整 [J]. 旅游论坛，2016（5）：57–60.

[10] 蔚东英，冯媛霞，李振鹏 . 中国世界自然遗产现状分析及未来申报方向研究 [J]. 中国园林，2015（3）：63–67.

[11] 光晓霞 . 中国的世界文化遗产申报形势及类型探析：以大运河为例 [J]. 西华大学学报（哲学社会科学版），2013（4）：37–49.

[12] 郑群明，夏赞才，罗文斌等 . 世界遗产申报对居民地方感的影响：以湖南崀山为例 [J]. 旅游科学，2014（1）：54–64.

“土司区”设想与“遗产区域”理念[①]

——重庆渝东南土司文化遗产研究观念刍议

赵心宪[②]

一、问题的提出

重庆渝东南地域文化的丰富性，在20世纪80年代初得到学界的高度关注。起因在于，这一时期落实民族识别政策，地方相继批准成立石柱土家族自治县、黔江区（初名黔江土家族苗族自治县）、酉阳土家族苗族自治县、彭水苗族土家族自治县、秀山土家族苗族自治县，加上武隆县的若干民族村，渝东南民族文化的多样性在族群层面得到确认。渝东南有20多个少数民族，是直辖市重庆唯一的少数民族聚居区，土家族和苗族总人口居于地区各族群的前两位。2014年8月，“渝东南文化生态保护实验区”命名后数年，相应的文化保护区规划即以“渝东南土家族苗族文化生态保护区”冠名。[③]其民族文化的多样性，依据族属的各各

---

① 基金项目：国家民委人文社会科学重点研究基地——西南少数民族研究中心2019年度重点规划项目“社会转型期渝东南非遗分类管理机制研究——以秀山花灯等民俗类项目为例”（JZ1902）阶段性成果。原载于《黔南民族师范学院学报》2019年6月第39卷第3期。

② 赵心宪（1948—　），重庆綦江人，重庆第二师范学院教授，巴渝文化名人研究所所长，研究方向：中国现当代文学，巴渝文化名人与民族文化传承。

③“将武陵山区视为整体，整合非遗资源、文物资源和自然遗产等多种资源，突出武陵山区多民族山区经济文化类型特性，提炼渝东南区域以及6个区县的文化特性……根据民族人口分布状况，以土家族文化生态为主的石柱县为‘一点’，以土家族、苗族、仡佬族等少数民族文化生态为主的武隆—彭水—黔江—酉阳—秀山为‘一线’，形成‘一点一线’的分布格局。”资料来源：重庆市政府办公厅.《武陵山区（渝东南）文化生态保护实验区总体规划》获文化部行审通过［EB/OL］.www.cq.gov.on/zwdt/content/02853.2018-03-26.

有别，从而得到实际彰显，因族属的分类多样性，而民族文化生态的多姿多彩，这似乎已经成为当下的常识了。不过我们可能要注意的是，“文化生态保护区”与“文化保护区”区别的关键，在于“生态”词素的有无，这是两个学术概念实质区别的内涵所在。

“文化生态保护区”是指在一个特定的区域中，通过采取有效的保护措施，修复其生态环境——包括其中的非物质文化遗产①及其“与之相关”互相依存的物质文化遗产，②不但与人们的生活生产“紧密相关”，而且与自然环境、经济环境、社会环境“和谐共处”。国家“划定文化生态保护区，将民族民间文化遗产原状地保存在所属的区域及环境中，使之成为‘活文化’，是保护文化生态的一种有效方式”[1]。

“国家级文化生态保护区”是根据《“十一五”时期文化发展规划纲要·民族文化保护》提出，经原文化部同意后建立的。因处于试验阶段时期，称之为“文化生态保护实验区”；条件成熟后正式命名“文化生态保护区”。例如武陵山区民族文化保护经原文化部批复的“国家级文化生态保护区”共有三个：“武陵山区（湘西）土家族苗族文化生态保护实验区”（2010年5月）、“武陵山区（渝东南）土家族苗族文化生态保护实验区”（2014年8月）和“武陵山区（鄂西南）土家族苗族文化生态保护实验区”（2014年9月）。

上述武陵山区民族文化保护分区实施国家规划，在笔者看来，主要依据的是地域文化理论的“文化区”概念（即所谓“某种文化特征或具有某种文化的人在空间上的分布”），其“功能文化区”（即“该文化特征受政治上、经济上或社会上的某种功能，而影响其空间分布”为分类依据）属性为主要表征。渝东南地域文化，是土家族、苗族等多民族生成的区域文化，与渝东南历史上的自然区域（泛武陵山区）与行政区划密切关联。但文化区域作为概念，内涵相对而言并不确定，因为不可能确认“综合”文化因素后的刚性特征，所以属于人为“感知”

① “非物质文化遗产”内涵：口头传统和表述，包括作为非物质文化遗产媒介的语言；表演艺术；社会风尚、礼仪、节庆；有关自然界和宇宙的知识和实践；传统的手工艺技能等，以及与上述传统文化表现形式及相关的文化空间。

② “物质文化遗产”内涵：不可移动文物，可移动文物；历史文化街区和村镇等。

性质的“乡土文化区”类型特征。诚如周振鹤先生的论断，地域文化作为“文化的区域分布”，与“历史上的自然区域、行政区划关系密切”，事实上体现了“社会、国家与地理环境之间”异常复杂的关系。简言之，自然地理条件，在宏观上制约了文化区的“分异”，比较容易阐释清楚；行政区划对文化区的强力整合结果，使特定文化区内的文化现象“趋于一致”，这个过程就比较复杂了。例如渝东柱土司、酉阳土司与秀山土司的历史存在；而经济方式、交通条件、移民活动等因素，会程度不同地影响到“这一个”文化区的形成[2]，例如渝东南“改土归流”后的移民运动，对本地区民族文化形态的长远影响。

渝东南民族文化生态保护，把握住土家族、苗族等族群文化的历史与现实之外，可能还要特别借鉴地域文化概念，学理认识渝东南作为“这一个”地域文化类型的生成规律，其历史形成的实际过程及其“被人们所感知和认同的各种文化现象”[3]。简言之，注意以下两个原则：

其一，准确把握地域文化的历史性特点。渝东南地域文化的空间范围，不仅仅是文化的“空间分类”概念，同时是特定的一个“历史概念”。渝东南民族文化生态特质，是数千年武陵民族区历史发展及其持续演变的结果，是由渝东南民众代代“传递、承袭、发展、积累，既创新又积淀的产物”。渝东南土司文化遗产，与土司制度的推行过程和“改土归流”后土司制度文化深远的民族地区影响都分不开，当然土司制度文化遗产是“源头”所在。土司文化遗产的源与流尽可能全面认知。

其二，注意“研究和掌握地域文化及其特征的重要组成部分”。特定地域文化的内在结构、形态特征、地域特色与产生、分布“这一个”文化的地理环境密切关联。“地理环境不仅形成一定文化提供的空间舞台，而且还赋予其视觉特征和形式体现；而文化又赋予地理环境以人文特征和知识内涵”。“地域文化及其特征的重要组成部分”，就在于辩证认识文化与地理环境的“互动关联”关系——从某“时段”、某“现象”，或某“文化层面”切入，探讨其互动关系，“通过文化生态的剖面关系，复原其文化景观或揭示其内在结构”[3]。渝东南土司文化遗产的载体是渝东南民族文化，后者才是渝东南地域文化的母亲。

本文无意于地域文化全面的理论探讨，借鉴国内学界地域文化的研究成果，希望应用于渝东南土司文化遗产研究，是笔者《基于文化遗产理念的土司文化定义内涵界定及其评论》[①]一文讨论问题的延伸，或者是补充相关理论思考没有实质展开的应用部分。

二、“土司区”设想与渝东南土司文化遗产研究

（一）“土司区”设想

“土司区”设想出自《土司文化遗产的价值凝练与表达》[4]一文。该文表述的逻辑关系如下：

1. 土司遗产表述

（1）土司遗址作为土司文化遗产希望成功申报世界文化遗产，应把握住相关“价值的凝练与表达”两个方面。

（2）因为土司文化遗产的价值认识基础，在于其“真实性、完整性和唯一性”，“近年世界文化遗产的价值凝练和表达”已经接受了“人类学整体观、文化相对论、文化比较等学科理念的深刻影响”。

（3）这样，“价值的凝练与表达”注意“文化专项和比较研究”的价值阐释路径，其“价值定位”应居于最高和核心目标。同时土司文化遗产表述，应始终体现出人文关怀。

2. 土司遗址价值核心内涵

显然，关于“土司区”设想，不是研究者关注的重点。但笔者以为，葛政委先生这篇论文，努力站位于把握世界文化遗产核心价值取向学理认识的高度，真正找准了中国土司遗址申报世界文化遗产面临的关键核心问题，值得反复揣摩，细心体会。这一方面事实胜于雄辩，2013 年湖南永顺老司城、唐湖北崖土司城和贵州海龙屯，作为 2015 年我国申报世界文化遗产的项目获得成功；另一方面，论文透视土司遗址这个“文本”价值的视角“组合”，能够全方位解说土司遗址价值的三层次核心内涵：

（1）申遗角度。向外国人说清楚土司遗址是什么及其普世价值所在。

① 原刊《民族学刊》2018 年第 6 期。

（2）民族国家角度。土司遗址成为国家统一事业发展的中国历史文化符号。

（3）遗址属地的族群角度。申遗有关生产、生活发展中的实惠，以及获取国家认同与族群交流的现实社会功能。因为我们知道，世界申遗成功，仅仅走完了土司文化遗产世界级保护的第一步，与地域文化价值取向融合的后续工作千头万绪，得科学把握可持续展开的基本路径。这样看来，“土司区”设想内涵的整体价值观不可小觑。

3. 土司文化遗产类型特征

《土司文化遗产的价值凝练与表达》行文共四部分，即“价值基础：完整与唯一”“价值路径：专项与比较”“价值定位：最高与核心”“价值表述：人文与关怀”。“土司区”设想出现在第二部分对“比较价值”的相关阐释中，共出现三次。

（1）第一次。在概要介绍人类学家默多克 1930 年创建人类关系区域档案（HRAF）的人类学民族志贡献后，作者提出“土司区”设想：“武陵民族走廊的四大土司文化遗址（即老司城、唐崖土司城、海龙屯、容美土司——引者），属于一个‘土司区’或文化类型，与其他类型的土司文化遗产以及其他类型的族群文化比较，我们能够发现四大土司文化遗产的普适价值”。

（2）第二次。出现在四大土司文化遗产普适价值的具体分析中，即生活环境所属的“山地社会治理和文明类型”的价值体现：“从国内看，土司制度覆盖了青藏高原、藏彝走廊、云贵高原、武陵走廊、南岭走廊以及滇桂边境乃至邻国的许多地区。因为地理环境、人文历史、地缘政治、区域族群关系等因素的影响，这些土司之间在外延及内涵上，都有不同。一些地理邻近又有着共同人文、地缘因素的地区，可以作为一个‘土司区’。这样，古代中国土司本身包含着山地、盆地、高原、河谷等多种土司文化类型。”

（3）第三次。出现在基于“人类政治”视角，对武陵民族区四大土司文化遗产见证“一种独特的政治运行模式”的阐释中：一方面，土司制度体现了中国古代“中央王朝治理思想”（顺民性、省民力、非利不战）；另一方面，土司制度有共同的政治背景，但武陵民族区四大土司各有其特殊性，即“都是在‘大姓’发展较为充分，‘天朝屏翰’的地缘政治和山地环境背景中发展起来的”。这与同处武陵民族区苗疆社会的政治历史明显不同，“不同于西南其他土司区的政治历史，更不同于处在同一时期非洲，被评为处在原始民主制或部落社会的历史和欧洲中世纪城邦社会的政治历史。[4]”

由此可见，葛先生提出的“土司区”设想，虽然没有专题论证，给予周延的定义以界定其内涵，但其基本语义还是清楚的，所谓“土司区”就是推行同一“土司文化类型”所在地域的称谓。第一次，提到武陵民族区四大土司衙署遗址为代表的，土司文化遗产类型的存在事实；第二次，在于提炼四大土司遗址文化遗产的“普适（世）价值”，认为“一些地理邻近又有着共同人文、地缘因素的地区，可以作为一个‘土司区’”，这样，武陵民族区四大土司“土司文化类型”的地理、人文特征共性，及其与其他“土司区”文化类型不同的个性，得到较为具体的阐释。第三次，在人类历史遗存的政治文化遗产宏观比较中，将武陵民族区四大土司的政治文化遗产类型，与“西南其他土司区的政治历史”文化遗产比较，更延伸到非洲的政治历史文化遗产和欧洲的政治历史文化遗产的比较中，阐述武陵民族区四大土司遗址文化遗产的类型特征。

只是我们应该特别注意的是，葛先生行文中的“土司文化类型”指称的当是“土司制度文化遗产类型”，土司衙署遗址所在就是最好的证明。“西南其他土司区”文化遗产类型中，广西忻城 470 年的莫氏土司较早得到学界的关注[5]，将土司文化遗产划分为五类：（1）土司衙署古建筑群；（2）土司民俗文化；（3）土司博物馆馆藏文物；（4）民族风情；（5）生态环境。近年《土司文化遗产研究述评》[6]注意到了广西忻城等的土司文化遗产分类不足之处，却没有注意到葛政委先生《土司文化遗产的价值凝练与表达》提出的“土司区”设想的土司文化遗产类型说。因此得出这样的论断：学界“这个期间（2016 年以前——引者）对土司文化的保护达成了广泛的共识，但就土司文化遗产而言，缺乏类型学的分析，在保护与开发方式上也没有形成统一的标准”[6]。

土司文化遗产的类型学分析，应该建立在土司文化遗产的价值学分析基础之上，而不是相反。“土司区”设想正是对土司文化遗产价值学分析之后得出的，土司文化遗产整体价值区域存在的重要认识观念。专家指出：“学术界公认文化遗产首先具有历史、艺术和科学等传统价值。伴随着从文物到文化遗产概念的嬗变，文化多样性的保护在整个文化遗产保护中占有越来越重要的地位”[7]。“土司区”设想提炼出武陵民族区这个“土司区”中的世界文化遗产价值，同时将“土司区”的文化多样性囊括其中，表明其时代要求的，对文化遗产整体价值的关注。因为“只有寻求文化遗产所隐含的价值和意义与当代社会发展相契合的理论支点，以获得新的认知与解释，文化遗产的核心价值才有可能在变化与创新中相对永恒地存在下去”[7],《土司文化遗产的价值凝练与表达》第一部分“价值基础：完整、真实与唯一”，直接提出“土司文化遗产的价值，需要以完整性为基础”，笔者以为，土司文化遗产保护的“土司区”设想，就是对应的概念，这值得深入研讨以完善、周延其学术思想。本文仅希望学界注意“土司区”的理论创新价值，并尝试应用于重庆渝东南土司文化遗产多样性保护的基础性研究。

（二）渝东南土司文化遗产问题

渝东南土司文化遗产具有世界级的价值内涵吗？这个问题现在提早了，应该暂时搁置。渝东南“土司区”的文化遗产价值，本文因论题所限，下文仅提出两个需要学界持续关注的土司区遗产问题。

1. 渝东南“土司区”的事实存在，可以直接查阅典籍

《重庆府图》史称“殿版地图”，这是紫禁城武英殿代表皇家刻印的地图、我国第一部实测地图——康熙《皇舆全图》（1721）的分府地图之一，在“今渝东南区域内标注有平茶洞、石耶司、地坝司、酉阳司、石柱司字样”[8]，地图上并列的五个土司，历史文献资料最多的是酉阳土司和石柱土司。特别是石柱秦良玉名声显赫，名垂青史，这是学界所熟悉的。但秀山“土司区”的存在，文献语焉不详。这个地域原属所谓“苗疆”，秀山地区最早进入文献的杨氏四个土司（邑梅长官司、平茶长官司、石耶长官司、地坝副长官司）的辖区，是借土著族群内讧，杨氏大姓派地方武装暴力夺取的。田野调查所见，由“秀山中部盆地的平坝地带分别向南北东西辐射开去”[8]的自然地理环境，显示其“土司区”所在地域的特别之处：武陵山脉中断的崎岖险峻中，环抱着一个小农经济可天然持续发展的“洞天福地”，秀山土司460多年稳稳地封闭管理方圆百里的子民，中央王朝则借助土司制度“遥控”羁縻治理。所以秀山地区儒学汉文化的真正传播，几乎在18世纪初叶之后，似比酉阳、石柱晚了多年。秀山土司文化遗产核心的内容，

更多地保留在民风、民俗等日常生活中的精神文化形态方面，似乎远不及播州土司、酉阳土司与石柱土司文化遗产的“高大上”，有光绪《秀山县志》卷二地志、卷七祠祀所载土主庙、伏波祠等遗址信息，可见秀山土司文化遗产的价值远没有得到真正提炼。

2. 渝东南土司区精神文化方面的遗产价值体现在民间信仰方面

例如同治《酉阳直隶州总志》卷九祠庙志所载“三抚庙”文献：“三抚庙供三抚神。按酉属三抚神，所在村庄多庙祀之，州城西一里西山沟即有一庙。神之里居事迹皆无考，相传一田姓或曰安姓，一冉姓，一杨姓，思播二州间故土司也，故巫祝祷词有安抚相公等称，与思南大堡古州八万等。大约此三土司皆生有惠政，民戴之不忘，于其殁也而祭之乡社，神又显灵应，水潦若旱，有祷辄如所求，亦合祭法，御灾捍患之义，故相沿而不废耳。酉阳州庙在城西一里西山沟，明末土官建，各乡村亦有之。秀山、黔江无。彭水县在北门外，亦祀杨、安、冉三宣抚。”

如果对应参阅李绍明先生主编的《川东酉水土家》，特别是这部著作的第八章“宗教信仰”中所载：“酉水地区现存土家族宗教状况相当复杂，呈现多民族文化因素混杂、融合及信仰多元的格局。完整的土生宗教信仰的原生形式现在已难以重构，唯其崇拜自然、信仰万物有灵，敬奉祖先、信巫尚鬼的古风至今犹存。[9]”可能有新感受。笔者2005年、2007年、2010年、2013年四项有关渝东南民俗文化的重庆社科基金项目相关田野调查，已经证明上述论断的真实性，此处不再赘述。渝东南土司区的历史存在，与渝东南土司文化遗产的现实存在，说明渝东南民族文化的多样性与丰富性，正是武陵民族区土司文化遗产当代价值的载体。

三、“遗产区域”理念与渝东南土司文化遗产研究

“土司区”设想，是葛政委先生提炼武陵民族区土司文化遗产普世价值使用的一个术语，虽然可以将其语义比较清楚地表述出来，但应用于渝东南土司文化遗产研究，只能靠“悟性”。如果同样将学术视野面向世界，美国国家遗产区域理念，给我们开启的区域性土司文化遗产研究的思路更有操作性。

（一）“遗产区域”理念

“遗产区域”是“美国遗产区域保护体系”中的专有概念，对于这个定义及其现实意义，研究者转述后有一个简短的评价：“‘所谓遗产区域，就是为了当代和后代的利益，由居民、商业机构和政府部门通过伙伴合作关系，共同参与、提升、保护、解说，促进社区自然和文化遗产的区域。’（Barrett Van West，2008）这个保护方法强调对地区历史文化价值的综合认识，并利用遗产复兴经济，同时解决本国所面临的景观趋同，社区认同感消失，经济衰退等问题，是一种追求遗产保护、区域振兴、居民休闲、文化旅游和教育多赢的多目标保护计划方法。[10]”研究者对美国国家遗产区域概念的内涵把握，上述定义之外，还有多次说明。

例如这篇博士论文第一章第三节“遗产区域保护理念概况”中“遗产区域”是作为文化遗产的保护理念阐释的：“遗产区域是世界文化遗产保护的新兴领域，它是发端于美国的一种区域化的遗产保护策略。”“保护策略”与上述定义的“计划方法”评述，内涵相近。

同样在这一部分，研究者表述说：“遗产区域是一种区域性的文化景观”，景观中人与自然的共存与长期发展形成了“‘人与自然’的共同作品”，保护和解说的这些作品的“焦点”，是日常生活中“正在或已经消失的地区生活方式和历史记忆。”

作为遗产区域理念在美国的流行过程，有一个草根化实践阶段的胚胎期，最后成为“美国国家遗产区域”的国策，当然是国家战略实施提升的结果。但是对其草根化阶段原创“初心”的认识，可以更深入地理解“遗产区域”解决“人地关系”的本义。上述研究者，在一年后发表的另一篇学术论文中，对美国国家遗产区域理念的形成有一个言简意赅的简述：最早产生于美国的马萨诸塞州、纽约州和宾西法尼亚州，是以通过利用旧都市区建立“遗产公园”的项目，“作为构建社区自豪感和促进经济复兴的一种方式”。美国联邦政府通过国会与国家公园管理局（NPS），在20世纪80年代中期不断参与到相关的“遗产公园”项目活动中，促成里根总统在1984年8月24日签署法令，构建了美国第一个国家遗产区域——“伊利诺斯与密歇根运河国家遗产廊道”，同时颁布《伊利诺斯与密歇根运河国家遗产廊道法》。“这种把自然和工业联系起来，并维持它们的平衡，以及激发经济振兴的理念”及其实践，随后引起了美国许多州和社区，特别是东部各州和社区的共鸣，“国家遗产区域也由此逐步发展成为美国文化遗产保护体系的重要组成部分，其相关保护体制与方法渐趋成熟。[11]”

研究者特别就 Barrett Van West（2008）遗产区域的定义内涵及其意义，给予了全面解读：这个定义的内在涵义，在于说明“遗产区域是拥有特殊文化遗产集合的区域性文化景观，是由于文化发展的特殊条件所形成的区域性遗产的集中地，一般具有共同的文化主题。”遗产区域保护方法强调“地区历史文化价值的综合认识”，利用于复兴经济，以“解决本地区所面临的景观趋同，社区认同感消失，经济衰退等问题”，这样，遗产区域观念的核心所在，就是“从整体历史文化环境入手，追求遗产保护、区域振兴、居民休闲、文化旅游和教育多赢的多目标保护的规划方法。[11]”

（二）土司文化遗产研究

应用美国国家遗产区域理念，实际“解说”武陵民族区土司文化遗产区域保护的规划目标，是可以得到很多启发的。

1.“土司区”文化遗产保护目标的问题

武陵民族区域是在学界公认的，中国腹心地区的历史“文化沉积带”，从封建王朝的国家羁縻政策到羁縻制度、土司制度的渐进推行，再到“改土归流”，持续上千年，留下非常丰富、厚重、灿烂的历史文化遗产。如果“土司区”文化遗产保护目标单一设定，例如土司制度的历史文化遗产，很可能事倍功半。美国国家遗产区域的目标体系，是综合性的，有“文化与生态保护、区域振兴、休闲与教育、经济发展”等方面的目标，既包含遗产资源的“保护、整治、经营、开发、管理、监控”等内容，同时涉及管理、经济、社会、文化、地理等诸多学科领域，这个目标体系的复杂性，不是单个遗产资源保护目标所能想象到的。美国国家遗产理念“兼顾区域文化、区域形象、区域管理、区域发展的，全局性、综合性、战略性、整体性的保护，集中体现出一种基于整体的、结构化的战略管理意识。”

2.“土司区”文化遗产保护方法的科学认识问题

武陵民族区土司文化遗产保护的最高目标，是区域民族文化多样性保护目标的最终达成，不仅仅是土司制度文化遗存的全面保护。区域文化的生态多样性保护，是世界文化遗产保护的大趋势。美国国家遗产区域理念“将自然与文化编织为一体”，这为保护文化多样性创新构建了一项“综合性方法”。这是继 20 世纪 60 年代之后，美国文化遗产保护运动与自然遗产保护运动，在观念和方法上逐渐“融合”而实现的，区域遗产保护方法论的重大突破，其特别意义在于，对文化多样性的保护超越了传统观念的，文化遗产与自然遗产的天然“壁垒”，从而覆盖到美国遗产保护运动的“全部领域”。研究者在比较当代中美文化遗产保护的方法异同之后提醒说，应自觉扩展区域文化遗产历史保护的开放性，“采用大历史观”，把“区域发展和文化记忆的载体”全部“覆盖进去”；与此同时注意“拓展遗产价值评估的开放性”，没有必要寻求科学价值、艺术价值与历史价值三方面一致的遗产价值水平；“只要其在反映区域历史或记载文化记忆方面具有代表性，就应当纳入保护体系当中。[11]”

3. 土司区从学者的命名，可能有效转型为区域民族文化认同的载体认识问题

作为地域文化的渝东南民族文化，历史上已经延续数千年。但国家层面的法律认定，不过 35 年。20 世纪 80 年代初的民族识别，随后相继成立的石柱、黔江、酉阳、彭水、秀山五个土家族、苗族少数民族自治县，渝东南作为民族地区的国家意识才真正形成。渝东南形成土司区有五六百年历史，之前的古代历史，之后的近现代历史和当代史，是一个历史整体，存在于民众的区域文化记忆之中。区域文化认同离不开区域文化的历史记忆。如何保护、解说、认同这些文化记忆遗产？美国国家遗产区域理念所提供的“实现记忆与区域认同的有效途径”是值得我们学习的。

研究者指出，作为“区域层面遗产保护方式”的遗产区域理念，立意于区域历史文化遗产的整体保护，所以凡是“对构成区域历史记忆的历史信息及其文化意义的”一切信息都应加以保存，包括物质文化遗产和非物质文化遗产，这样的认识观念，能够确保区域历史本体的“整体和谐关系”，帮助民众有效“寻求区域认同感，维持社区生命力，以适应区域可持续发展的需要”。这方面遗产区域

理念的管理应用，首先就是“发动群众”落实国家民族政策的区域实现了，也就是推动民族地区民众自我文化的认同，与国家、地方、精英知识分子创立“伙伴合作机制”，确认区域文化遗产未来发展的“决策与实施”的实践主体，“集中于地方力量对特定的遗迹、实践、资源进行保护和解说”，包括“从价值认可到描述，到提名、实施、教育等”[11]。

这里要特别说明的是，因为历史的原因，渝东南民族地区土司文化遗产“遗址”类物质文化形态并不多，基本上以地方非物质文化遗产形态存在，因此有关文化记忆载体保护问题，需要适当说明。阿莱达·阿斯曼认为人类记忆在三个维度实现：神经维度、社会维度和文化维度，其中文化维度的记忆，即文化记忆处于最深层次，通常以“符号、物体、媒介、程序及其制度等可传输、可流传的客体为载体，替代寿命有限的人，并通过其可传承性，保证了长久效力，它的环境是以不断变化、更新和激活此基础的方式而保持与这种符号性、一致性的群体。[12]”简言之，文化记忆的载体包括“符号、物体、媒介、程序及其制度”，主要属于非物质文化遗产的范畴，而区域群体的“环境”功能，是文化记忆保存的前提。这个论题当然需要另文专题展开论证了。

四、结论

综合上述，渝东南土司文化遗产研究的观念认识问题，首先涉及渝东南土司文化形态的基本认识，土司制度的历史文化形态之外，还有特定土司区的物质文化遗产与非物质文化遗产，可以借鉴美国国家遗产区域理念，深化渝东南土司文化遗产研究基本方法的认知。这方面的工作才刚刚开始，需要天下有识之士通力合作。

参考文献

[1] 国家级文化生态保护区 [EB/OL].http：//baike.baidu.com/item/ 国家级文化生态保护区 /4118534？ fr=aladdin，2019—01—06.

[2] 周振鹤 . 中国历史上自然区域、行政区划与文化区域相互关系管窥 [C]// 邹逸麟，张修桂 . 历史地理（第十九辑），上海：上海人民出版社，2003.

［3］雍际春．地域文化研究及其时代价值［J］．宁夏大学学报（人文社会科学版），2008（3）．

［4］葛政委．土司文化遗产的价值凝练与表达［J］．长江师范学院学报，2014（5）．

［5］马艺芳．忻城土司历史文化旅游资源开发利用与营销策划［J］．信阳师范学院学报，2003（5）．

［6］张旭．土司文化遗产述评［J］．中南民族大学学报（人文社会科学版），2016（3）．

［7］刘艳．文化遗产价值体系研究［J］．西北大学学报（哲学社会科学版），2016（1）．

［8］赵心宪．“土司制度”渝东南渐进推行过程的探讨——以“秀山地区”为例［J］．重庆第二师范学院学报，2013（2）．

［9］李绍明．川东酉水土家［M］．成都：成都出版社，1993．

［10］阎宝林．遗产区域研究——美国国家遗产区域及中国文化遗产保护研究［D］．同济大学，2009．

［11］阎宝林．美国遗产区域保护概述［J］．山西建筑，2010（9）．

［12］程振翼．文化遗产与记忆理论：对文化遗产研究的方法论思考［J］．广西社会科学，2014（2）．

重庆地区水文化遗产的保护和开发①

王 磊②

2011年5月18日，在中国水利博物馆举办的水文化遗产保护座谈会上与会专家学者正式提出了水文化遗产的概念。在这之前，水文化遗产在学术论文中却少有提及。[1-2]笔者通过梳理，可知学界有关水文化遗产的研究主要集中在以下几个方面：水文化遗产诠释、传承和价值研究[3-5]、水文化遗产调查研究[6-7]、水文化遗产规划设计研究[8-10]、水文化遗产保护和利用研究[11-14]以及与其他学科综合研究[15-18]等，而对于区域水文化遗产的专题研究较少。本文结合前期在重庆开展的水文化遗产调查情况，在前人研究的基础上，对重庆水文化遗产的生存、传承、研究保护和利用等现状展开论述。

一、重庆水文化遗产概况

重庆地处长江上游，依山傍水，既是山城又是江城，是一座因水而兴的城市。千百年来，巴渝先民们在这块土地上充分利用长江水系之便，勤劳耕耘，繁衍生息，并在用水、畏水、崇水和治水的过程中逐渐形成了独具特色的地方水文化，并遗留下来诸多水文化遗产。

水文化遗产是文化遗产的一个重要组成部分，在文化遗产被广泛重视的同时，与我们生产生活息息相关的古代水文化遗产也越来越多地受到了关注，对于

① 基金项目：重庆市水文化研究会，重庆水利电力职业技术学院2017年开放课题阶段性研究成果（CQSWH-201701）。原载于《浙江水利水电学院学报》2019年第10月第31卷第5期。

② 王磊（1984— ），安徽舒城人，中国水利博物馆馆员，硕士，研究方向：文化遗产保护与研究。

江河纵横，水网密布的重庆来说尤为关注。根据重庆地区现有水文化遗产的主要特点，将重庆水文化遗产分为不可移动水文化遗产、可移动水文化遗产以及非物质水文化遗产三个类型。三种不同的水文化遗产互相影响、互相渗透，形成了重庆地区完整的水文化遗产体系。

二、重庆水文化遗产的现状

重庆水文化历史悠久，重庆儿女自古以来择水而居，世世代代与水结下了不解之缘。千百年里在亲水、近水、与水为伴的生产、生活过程中创造了丰富多彩的古代水文化，遗留下了大量的物质类和非物质类水文化遗产，这些珍贵的水文化遗产有些得以完整地保存下来，有些则因为自然和人为的因素而损坏甚至消亡。

（一）水文化遗产数量多且类型多样

作为水文化的重要载体，重庆水文化遗产与其他文化遗产相比，数量众多且类型多样。根据其独特的地方文化内涵和属性特点，现将重庆地区水文化遗产分为不可移动水文化遗产，主要包括古代水文化遗址、古代水文化建筑、古代水文化石刻和近现代重要水利史迹和代表性建筑，根据现有调查情况，其中以古代水文化建筑和水文化石刻为主；非物质水文化遗产，主要包含民间水文化文学、传统水文化音乐、传统水文化舞蹈、传统水文化体育、游艺与杂技、水民俗等类型，其中以传统水文化舞蹈和水民俗为主；水文化可移动文化遗产，主要有古代水文化器物、水文化艺术品、水文化纪念物、水力机具以及记录古代水利工程、治水治沙、河道治理和水利人物史迹等的水利记忆文，其中以水利刻印本和水利写本为主。不同类型水文化遗产之间亦相互渗透相互影响。非物质水文化遗产多数源于物质水文化遗产，如重庆禹王庙会起源于最早祭祀大禹的禹王庙，水车制作技艺源于水车，大运河的诸多传说则来源于大运河等。多个不同的水文化遗产以河流为载体串连成线，便形成了独具特色的水文化线路遗产。

（二）水文化遗产地区分布不均

由于地理、气候和历史等多方面的自然原因和社会原因，重庆市水文化遗产在时空分布上呈现出南多北少的分布特点，具体来说，主要是渝东南和渝西南发现较多，渝北地区发现较少。渝南地区有嘉陵江、綦江和乌江等主要大江河流经，雨水较多，洪涝灾害频发，历史上各级政府历年十分重视水利建设，发展农业生产，兴修了大量水利工程与设施，这其中很多重要的水文化遗址和水文化建筑得以保存下来，且数量众多。而渝北地区仅有大宁河和东河等径流量相对较小的河流，且地形以大巴山和巫山为代表的山地为主，生存环境较渝南而言相对较差，古往今来于此定居生活的先民较少，水文化发展相对滞后，水文化遗产也较少。

（三）水文化遗产保护现状不容乐观

重庆市可移动水文化遗产和不可移动水文化遗产的古代水文化建筑、遗址和古代石刻类型主要是由市文物局管理；不可移动水文化遗产中的近现代重要水利史迹和代表性建筑一般则由水利系统管理的较多；非物质水文化遗产一般由重庆市文化艺术研究院管理。不同类型的水文化遗产由文物、文化和水利等不同的行政部门管理，管理方式方法大相径庭，一直以来其保护和利用缺乏统一有效的管理。此外，水文化遗产也面临着各种自然和人为破坏的威胁[19]。年久风化腐变、火灾、洪水等自然因素以及公路修建、城市发展、房地产开发、工程建设破坏等人为因素的直接影响，重庆市内及周边区、县内的一些重要的水文化遗产遭受很大程度的损毁，水文化遗产的生存保护现状十分严峻。

三、重庆水文化遗产调查、研究、保护情况

水利部《水文化建设规划纲要（2011—2020 年）》，明确指出要强化水利遗产的保护和开发利用，大力支持物质类和非物质类的水文化遗产保护工作。2006 年，重庆市政府也发布了关于加强文化遗产保护的通知。随着水文化遗产研究的不断深入、遗产分类和内容的不断丰富、遗产分布情况的日渐明朗，水文化遗产的调查、研究和保护也日益系统化、科学化[20]。

（一）在全市范围内开展水文化遗产摸底调查

根据调查方案，在前期调研的基础上，对重庆市有步骤分类开展水文化遗产调查工作。采用外业调查与内业搜集相结合的方法，填写遗产信息表，记录水文化遗产的地理位置、保护级别、主要特点、基本内涵和历史延续等内容，建

立重庆市水文化遗产名录和遗产电子资料数据库。通过对重庆地区水利文献的整理分析以及网络上有关水文化遗产线索的筛选梳理，可以对水文化遗产的分布情况有初步的了解，继而开展外业实地调查，并对遗产线索进行核实和查验，采集补充相关数据，查漏补缺，通过二者的紧密结合，有效保证了调查的科学性和持续性。

（二）成立水文化遗产保护和研究机构

为进一步推动水文化遗产的学术研究与保护，2005年重庆市成立了重庆非物质文化遗产保护中心和重庆市文化艺术研究院，并在重庆文理学院设置成立了重庆文化遗产学院。2016年，重庆水文化研究会在重庆水利电力职业技术学院成立。这些水文化团体组织和研究机构，通过组织实施水文化遗产的调查、申报和宣传，优化水文化人才结构，培养相关的专业人才，广泛开展巴渝水文化内涵的学术交流和探讨，积极推动了巴渝水文化遗产的学术研究和保护利用等相关工作。

（三）创建宣传和保护水文化遗产的博物馆、纪念馆

为更好地宣传和保护水文化遗产，让公众认识了解水文化遗产的有关知识和学习遗产保护的相关法律规定，增强市民重视保护文化遗产的觉悟，创建各类水文化遗产博物馆、陈列馆开展宣传是最有效的渠道[21]。在重庆市政府有关部门的指导下，世界首座水下博物馆——白鹤梁水下博物馆于2009年5月建成，馆内保存的白鹤梁水文题刻是世界上已知时间最早的水文题刻，以石鱼为主要特征的枯水题刻时间延续长久且数量众多，记载了长江历史上70多个枯水年份的水文情况，对于长江水文、区域环境及历史气候变化情况的规律性研究都极为重要。水文化遗产博物馆开展的各种宣传教育活动，普及了水文化遗产保护的相关知识，创造了公民广泛重视并积极参与遗产保护的社会氛围。

四、文化遗产生存保护面临的挑战

近几年重庆市水文化遗产收藏、保护和研究工作取得了一定的成就[19]，但随着经济、社会的发展以及自然灾害频发等原因，重庆地区水文化遗产的生存保护状况仍面临着诸多挑战。

（一）经济建设与水文化遗产保护冲突不断

重庆经济的发展离不开机场、高铁、高速公路、房地产开发等这些大型项目，然而建设这些项目势必给一些重要的水文化遗产带来严重损坏。水文化遗产是不可再生的，一些重要的古代水利工程、水文化历史建筑、水文化遗址遗迹被损毁后很难恢复。蓬勃发展的经济建设给重庆人民的生活带来了很多方便，人民习惯了这些便利而日渐淡忘了那些蕴含中国传统水文化特色的传统水文化技艺、水民俗信仰、水文化音乐舞蹈等一些传承延续千百年的重要非物质水文化遗产，其中有些因缺乏有效的保护和必要的传承人而消失在历史的长河中。如原来擅长吼唱川江号子的船工，特别领唱的号子头，都已经相继去世，民间这种传统的水文化船工音乐身处濒危的境地。

（二）水文化遗产保护资金和力量匮乏

最近几年重庆市对水文化遗产保护十分重视，对其投入的力度也越来越大，但保护经费和专业技术人员不足的问题仍然相当突出。由于水文化遗产保护分布广泛而分散，数量众多，遗产保护和研究工作任务繁重。同时，做好水文化遗产保护也需要大批文保专业人员参与，但是目前重庆市辖的众多区、县遗产保护人员匮乏[22]，从业人员专业背景各异，其中不少是“半路出家”，大多缺乏统一、定期的岗位培训，水文化遗产保护力量匮乏。

（三）水文化遗产宣传不足，市民文保意识仍较薄弱

水文化遗产是个全新的概念，市民对其了解甚少，国内主要网站、报纸、电视等新闻媒体对水文化遗产的宣传报道也极少，民众很难从多个渠道获得水文化遗产方面的知识，从而致使民众对水文化遗产保护重要性的认识很少，水文化遗产保护意识淡薄，亟待提高。[23]

五、结论

重庆水文化底蕴深厚，水文化遗产作为水文化的重要历史沉淀，对重要的水文化遗产，包括物质类和非物质类的，联合文物和文化部门申报国家级、省市级文物保护单位和国家级及省级非物质文化遗产，开展分级保护，是对巴渝文化研究的一个重要补充，对重庆新时代文化建设来说尤为重要。

不同地区有不同的水文化遗产聚集区，如渝东南以古堰和古桥居多，且大多相对集中；渝西南地区水文化遗产以水文化题刻和古井渠为主，且多数沿长江沿岸及周边地区分布；渝北地区山地分布广泛，水文化遗产类型则以大小规模不等的梯田为主。针对特定的遗产聚集区的不同水文化遗产，应统筹起来进行有针对性的研究和探讨，制定相应的方案，开展跨区、县大区域范围内点、线、面相结合的水文化遗产保护。

鉴于重庆地区不同类别的水文化遗产现由不同的行政机构分管，应建立以文物部门为主包括水利、文化等部门的联合管理制度[24]，文物部门坚持“以保护为主，抢救第一”的原则，要求不改变遗产原貌，水利部门则负责一些重要不可移动水文化遗产的维修和建设[25]，推动信息的交流和协商工作，做好科学管理和学术论证，共同保护水文化遗产。[24]重庆水文化遗产的保护应与开发利用相结合，在尊重水文化遗产原始风貌的基础上，因地制宜，发挥地方特色的优势，建立像白鹤梁水文题刻这样的独具地方特色的水文化遗产名牌，使之成为当地招商引资，发展特色旅游的重要名片，扩大遗产开发利用市场。[26]广泛吸收借鉴杭州西湖、都江堰、大运河等著名水文化遗产成功申遗的宝贵经验，积极推动白鹤梁题刻申遗工作。深挖当地特色水文化遗产的历史文化内涵，选取一些水文化遗产点分布较集中的地方，连点成线，形成一定规模，开发出以各水文化遗产为红线，裙带其他风景名胜、休闲娱乐为一体，形成对外有较大影响的水文化遗产旅游线路，大力发展精品水文化线路旅游。

认清重庆水文化遗产的生存保护现状，因地制宜，采取措施，想方设法保护和传承好水文化遗产，促进水文化遗产有效开发利用势在必行。同时，充分利用多种社会资源，积极推进重庆水文化遗产与其他交叉学科的协作配合，力促重庆地区水文化遗产成为文化遗产保护事业中一颗璀璨的明珠。

参考文献

[1] 周洁，白木. 保护吐鲁番水文化遗产——坎儿井[J]. 水资源保护，2003(2)：59-60.

[2] 徐红罡，崔芳芳. 广州城市水文化遗产及保护利用[J]. 云南地理环境

研究，2008（5）：59–64.

［3］谭徐明．水文化遗产的定义、特点、类型与价值阐释［J］．中国水利，2012（21）：1–4.

［4］王磊．浅谈我国古代水文化遗产传承的一般脉络和特征——以水利工程与水利设施遗产为例［J］．华北水利水电学院学报（社会科学版），2013，29（3）：13–16.

［5］汪健，陆一奇．我国水文化遗产价值与保护开发刍议［J］．水利发展研究，2012，12（1）：77–80.

［6］柳德明．通州区水文化遗产调查与保护研究［J］．水利发展研究，2013，13（11）：24–28.

［7］程得中．重庆市三峡库区水文化遗产市场化现状调查及路径探究［J］．长江工程职业技术学院学报，2017，34（2）：1–3.

［8］涂师平．论水文化遗产与水文化创意设计［J］．浙江水利水电学院学报，2015，27（1）：10–15.

［9］周波．基于地域特色的水利风景区水文化遗产保护利用设计策略［J］．华北水利水电学院学报（社会科学版），2013，29（6）：11–13.

［10］邓怀勇．基于 Web 的重庆市水文化遗产管理信息系统设计初探［J］．电子世界，2013（22）：218.

［11］张志荣，李亮．简析京杭大运河（杭州段）水文化遗产的保护与开发［J］．河海大学学报（哲学社会科学版），2012，14（2）：58–61，92.

［12］董小梅，董记．略论淮安里运河水文化遗产的保护与利用［J］．淮阴工学院学报，2014，23（2）：6–8，25.

［13］靳怀堾．试论水文化遗产的保护与利用［C］//2013 年中国水利学会水利史研究会学术年会暨中国大运河水利遗产保护与利用战略论坛．中国水利学会水利史研究会，2014：1–9.

［14］涂师平．五水共治与宁波水文化遗产的保护利用［J］．浙江水利水电学院学报，2014，26（1）：1–6.

［15］郑晓云．气候变化中的水文化遗产保护——以云南为例的一个水文化前

沿问题探讨［J］. 社会科学战线，2013（10）：149–154.

［16］里昂，王思思，吴文洪，等. 海绵城市建设中水文化遗产保护策略研究［J］. 人民长江，2018，49（11）：14–18.

［17］张建松. 河南水文化遗产所反映的鱼稻饮食文化［J］. 美食研究，2016，33（3）：11–15.

［18］黄碧宁，杨姗姗，张兴旺. 美丽中国建设视域下水文化遗产的价值体现与保护利用［J］. 桂林师范高等专科学校学报，2018，32（1）：52–55.

［19］李杰. 我国水文化遗产保护与利用工作亟待加强［J］. 团结,2017（2）：48–49.

［20］王长松，李舒涵，王亚男. 北京水文化遗产的时空分布特征研究［J］. 城市发展研究，2016，23（10）：129–132.

［21］涂师平. 新时期治水理念与浙江水文化遗产的保护利用［J］. 华北水利水电大学学报（社会科学版），2014，30（4）：12–15.

［22］章定华. 苍南县非物质文化遗产保护现状及其对策［J］. 大众文艺，2011（2）：201–202.

［23］张建松. 河南水文化遗产的价值及其开发利用［J］. 华北水利水电大学学报（社会科学版），2015，31（4）：30–33.

［24］王长松，李舒涵，王亚男. 北京水文化遗产的时空分布特征研究［J］. 城市发展研究，2016，23（10）：129–132.

［25］张缨，周家权，孙振江. 水利工程文化遗产的保护与开发探讨——以京杭运河德州段为例［J］. 中国水利，2016（6）：62–64.

［26］刘璇. 加强陕西水文化遗产保护与利用的几点思考［J］. 中国水文化，2018（1）：58–60.

重庆市非物质文化遗产博物馆建设与数字展示研究[①]

罗　敏[②]

进入21世纪以来，非物质文化遗产保护与发展问题引起国际社会的普遍关注和我国政府的高度重视。《中华人民共和国非物质文化遗产法》第三十六条指出，国家鼓励和支持公民、法人和其他组织依法设立非物质文化遗产展示场所和传承场所，展示和传承非物质文化遗产代表性项目[1]。在《保护非物质文化遗产公约》《关于加强我国非物质文化遗产保护工作的意见》《中华人民共和国非物质文化遗产法》《文化部关于加强非物质文化遗产生产性保护的指导意见》《关于实施中华优秀传统文化传承发展工程的意见》等文件相继出现的大背景下，近年来作为非遗保存、传承、研究、传播重要举措之一的非物质文化遗产博物馆蓬勃发展，全国掀起了非遗博物馆建设的热潮，各类型的展馆应运而生。据统计，近5年来全国各地相继建成开放了3000余座（处）非遗博物馆（展示馆），并且以每年两位数的速度持续增加。截至2018年12月底，重庆已建立各级各类综合性和专题性博物馆、陈列馆等文博单位98个，但这些文博单位均为存藏物质文化遗产的设施。迄今为止，重庆市还没有大型活态展示重庆乃至全国以及人类非遗的非遗博物馆。因此，全面启动非遗博物馆建设工作势在必行。

一、重庆市非遗博物馆建设的重大意义

近年来，重庆市委、市政府高度重视非遗博物馆建设工作，并在2019年重

① 原载于《重庆文理学院学报（社会科学版）》2019年11月第38卷第6期。

② 罗敏（1981—　），女，重庆渝中人，重庆文化研究院副研究馆员，主要从事非物质文化遗产保护和数据库研究。

庆市政府工作报告中提出全面启动重庆市非物质文化遗产博物园（馆）的相关建设。重庆市建设非遗博物馆不仅可以填补空缺，而且可以将非遗博物馆建设成为具有全国一流水平的具有浓郁巴渝特色的现代化活态博物馆，创新利用多种技术，丰富而立体地展现重庆非遗，为人们创造一个有深厚文化底蕴的休闲场所。非遗博物馆区别于一般性博物馆展陈，立足于非物质文化遗产的活态展示，发挥文化引领的重要作用，成为重庆市传播中华优秀文化和开展思想道德教育的重要窗口，成为重庆市首个将博物馆功能与科技、旅游、文化产业深度融合的重要阵地。重庆市非遗博物馆建设有利于弘扬传统文化，提高全民素质和文化认同感，有利于提升重庆乃至中华文化的国际影响力，有利于非物质文化遗产保护领域数字化发展，实现“创造性转化、创新性发展”，对推动重庆市精神文明和物质文明协调发展以及文化生态建设具有重要的作用和意义。

二、重庆市非遗博物馆建设的战略思考

（一）选址与定义

项目地址位于两江新区龙兴片区（民国街对面）。重庆市非物质文化遗产博览园（简称非遗园）由“一馆一园区”构成。“一馆”即“重庆市非物质文化遗产博物馆”，为公益性博物馆；“一园区”即非遗活态街区，为市场运作的商业体。重庆市非物质文化遗产博物馆是非遗园的主体部分，是公益性文化载体。它和非遗园互为依存，不可分割。

（二）建设定位

重庆市非物质文化遗产博物馆建设是由政府主导的市级重点文化设施项目。其定位是集非物质文化遗产研究、收藏、展示、保护、传承、利用、教育、培训、交流、传播、文化娱乐和休闲体验于一体的，具有浓郁巴渝特色、现代功能并兼具国际文化交流的全新类型的专题性活态博物馆。重庆市非遗博物馆建成后将成为重庆市重要的公益性文化窗口和文化旅游展示地，拟采用以传承人现场技艺展示为核心、博物馆功能和数字技术完全融合的建设模式，旨在利用更丰富、更先进的数字展示手段深入挖掘地域优秀文化，提升文化资源价值，寓传承传统文化于娱乐之中，调动传承人和人民群众参与非遗项目保护与传承的热情，将非

遗博物馆功能与文化产业、旅游产业发展有机结合起来，实现社会效益与经济效益双赢。

（三）设计理念

在展馆设计上要着眼于非物质文化遗产视角，坚持“见人见物见生活”“以人为本、活态保护”的理念[①]，要生动呈现重庆、全国和人类非遗，从而弘扬地域文化认同。重庆市非物质文化遗产博物馆在建设中要合理利用数字技术手段，展示方式趋于人性化、娱乐性、互动体验性，充分调动观众的求知欲，发挥他们的主体作用，在寓教于乐中让观众感受非遗的艺术魅力，提高公众对非遗的兴趣和理解，达到吸引更多参观者持续关注和弘扬传统文化的目的。

（四）非遗展厅设计

重庆市非物质文化遗产博物馆主体建筑设施用房36000平方米。参照博物馆功能，按照非遗项目的特点并结合当前非遗保护工作状况，非遗博物馆须设置：重庆市非遗陈列厅10个（按非遗10大类分设）、中国非遗陈列厅2个（包括国家级非遗代表性项目陈列厅1个和国家级文化生态保护实验区陈列厅1个）、人类非遗陈列厅1个、临展厅3个、中型剧场1个、多功能学术报告厅1个以及管理用房等相关功能空间。

1. 重庆市非遗陈列厅

在重庆市市级层面的陈列厅主要展出重庆市707个国家级、市级非遗代表性项目（包括国家级非遗代表性项目44个），按非遗10大类设10个展厅，如表1所示。

2. 中国非遗陈列厅

中国非遗陈列厅包括国家级非遗代表性项目陈列厅、国家级文化生态保护实验区陈列厅2个陈列厅，如表2所示。

3. 人类非遗陈列厅

人类非遗陈列厅主要是联合国教科文组织人类非物质文化遗产代表作陈列厅。建筑面积约2000平方米，集中展示509个入选联合国教科文组织相关名录

① 见文化和旅游部《国家级文化生态保护区管理办法》。

的项目，透过项目看其中蕴藏的民族文化基因、精神特质、价值观念、心理结构等。目前我国共有 40 个项目入选联合国教科文组织相关名录，其中“人类非物质文化遗产代表作名录”项目 32 项，“急需保护的非物质文化遗产名录”项目 7 项，“优秀实践名册”项目 1 项，是目前入选项目最多的国家。

表 1　重庆市非遗陈列厅

序号	展厅	建筑面积	展示项目	主要展示内容
1	民间文学展厅	约 800 平方米	主要展示 3 个国家级非遗代表性项目和 28 个市级非遗代表性项目	以非遗项目基本信息、作品、演述、相关实物、习俗、传承、文物古迹、文献资料、机构和保护措施等为重点展示内容
2	传统音乐展厅	约 1000 平方米	主要展示 14 个国家级非遗代表性项目和 91 个市级非遗代表性项目	以非遗项目基本信息、代表曲目、歌唱音乐、传统器乐、传统乐器、表演空间美术、流派传承、表演团体、参与人物、习俗仪式、观演场所、文物古迹、文献资料和保护情况等为重点展示内容
3	传统舞蹈展厅	约 1000 平方米	主要展示 4 个国家级非遗代表性项目和 50 个市级非遗代表性项目	以非遗项目基本信息、动作套路、队形图案、代表性节目、人物、角色、音乐、服饰化妆、表演团体、民俗活动、文物古迹、相关传说以及文献资料和保护情况等为重点展示内容
4	传统戏剧展厅	约 1000 平方米	主要展示 2 个国家级非遗代表性项目和 26 个市级非遗代表性项目	以非遗项目基本信息、代表剧目、音乐、表演、舞台美术、人物、机构、习俗、演出场所、文物古迹、文献资料和保护情况等为重点展示内容

续表

序号	展厅	建筑面积	展示项目	主要展示内容
5	曲艺展厅	约800平方米	主要展示6个国家级非遗代表性项目和12个市级非遗代表性项目	以非遗项目基本信息、代表节目、表演形态、曲本文学、音乐形态、舞台美术、代表人物、组织机构、相关习俗、演出场所、文物古迹、文献资料、行话术语、谚语口诀、逸闻传说和保护情况等为重点展示内容
6	传统体育、游艺与杂技展厅	约1000平方米	主要展示33个市级非遗代表性项目	以非遗项目基本信息、习俗、场地、器械（具）、代表拳种、代表器械、传统比试和武术名胜地、代表作品、身体训练理论与方法、组织机构、传承、文物古迹、文献资料和保护情况等为重点展示内容
7	传统美术展厅	约1000平方米	主要展示3个国家级非遗代表性项目和58个市级非遗代表性项目	以非遗项目基本信息、相关习俗、艺术特色、制作技艺、生产与售卖、代表作品、文献资料和保护情况等为重点展示内容
8	传统技艺展厅	约2000平方米	1. 分成2部分：传统技艺（饮食）类和传统技艺（手工技艺）类 2. 主要展示7个国家级非遗代表性项目和261个市级非遗代表性项目	以非遗项目基本信息、习俗、材料、工具、工艺流程、技艺特色、风格流派、传承、典型作品或产品、生产与售卖、文献资料和保护情况等为重点展示内容

续表

序号	展厅	建筑面积	展示项目	主要展示内容
9	传统医药展厅	约1000平方米	主要展示2个国家级非遗代表性项目和43个市级非遗代表性项目	以非遗项目基本信息、习俗、传承、相关器具、组织机构、文物古迹、文献资料和保护情况、生命与疾病的认知、中药老字号、养生理论、养生方法、诊法/疗法理论、代表性传承人诊法/疗法展示、制剂、炮制原理、炮制原料、炮制方法和炮制仪式等为重点展示内容
10	民俗展厅	约1500平方米	主要展示3个国家级非遗代表性项目和61个市级非遗代表性项目	以非遗项目基本信息、名称、族属、时间、场所、社区、传承、表现形式、社团、民众和实物、祭拜对象、祭拜类型、饮食、亲友、实物、文物古迹、文献资料和保护情况等为重点展示内容

4. 功能场馆

需用建筑面积约11900平方米。配备临展厅3个，多功能学术报告厅1个，中型剧场1个。临展厅可以根据不同的活动主题进行策展，用于临时性举办展览展出。多功能学术报告厅可以举行国际国内学术交流、会议、报告等，还可以利用多媒体演播系统对上述活动进行辅助交流、直播演示、资源生成等。中型剧场可容纳801—1200人观看演出。中型剧场主要用于传统音乐、传统舞蹈、传统戏剧、曲艺类非遗项目在剧场表演，让参观者在参观实物藏品的同时身临其境地感受非遗项目的魅力，还可以作为该馆重要的演出文化设施。

5. 管理用房场所

需用建筑面积约5000平方米。根据非遗博物馆功能要求，参照《博物馆建筑设计规范》，还须配备库房、实物修复用房、鉴定实验室、设备机房、仪器室、材料库、展陈设计室、美工室、展品展具制作与维修用房、摄影用房、阅览室、资料室、信息中心、接待室、物业管理用房、会议室、安全保卫用房、消防控制室、建筑设备监控室、办公用房等必备用房[①]。

表 2　中国非遗陈列厅

序号	展厅	建筑面积	展示项目	主要展示内容
1	国家级非遗代表性项目陈列厅	约 4000 平方米	展示全国 1372 项国家级非遗代表性项目	按非遗十大类别，包括民间文学类 155 项，传统音乐类 170 项，传统舞蹈类 131 项，传统戏剧类 162 项，曲艺类 127 项，传统体育、游艺与杂技类 82 项，传统美术类 122 项，传统技艺类 241 项，传统医药类 23 项，民俗类 159 项
2	国家级文化生态保护实验区陈列厅	约 2000 平方米	全国 17 个省份共 21 个国家级文化生态保护实验区的保护成果	包括非物质文化遗产、文化遗产和自然遗产

三、重庆市非物质文化遗产博物馆数字展示

所谓非遗博物馆数字展示是指对非遗博物馆数字资源进行有意义的组合后，采用数字技术形成另外一种有别于实体展示的信息表现形态，并通过其独特的手段和渠道展现或传播给社会大众。

（一）展示方式

1. 数字多媒体辅助展览

主要包括全息投影、数字沙盘、虚拟翻书、幻影成像、多点触控、360 度全景 3D 电影院、声音捕捉感应、红外触摸系统、透明屏应用展示、人体感应互动视频应用展示。立足非遗“活态”展示，满足观众对非遗项目参观考察的多样性、选择性要求，通过多媒体展览更能让观众有身临其境的感觉。如可以设置多

① 见中华人民共和国住房和城乡建设部《博物馆建筑设计规范》。

台触控一体机，用以体验非遗互动游戏，点击图片猜非遗相关知识，点击音乐猜传统音乐类的歌名、曲目、乐器、歌词等。可以在展馆设置 LED 液晶大屏幕，向观众滚动播放国家级、市级非遗代表性项目和代表性传承人的基本信息、短片、重要活动新闻报道、文化类展演展示等，给观众以全新的视觉享受。

2. 非遗融入生活的体验

整个非遗博物馆贯穿“见人见物见生活”的设计理念。因此，传承人是整个展馆的核心和灵魂。展馆以实物、实景模型、图片等为主，通过非遗传承人的现场展示展演，将传习与展示合二为一，直观、生动地展示非遗项目的活态传承过程，观众还可以与传承人进行互动。将非遗元素融入生活场景，体现非遗与生活的紧密关联，如吊脚楼、蜀绣、折扇、夏布、苗绣等，以及融入夏布元素的旗袍服饰、背包、围巾、被子、钱包、杯垫等生活用品，让观众零距离感受传统文化在人们日常生活中焕发出的新光彩。设立仿古戏台，融入智能舞美灯光系统来渲染舞美效果，开展传统戏剧、传统舞蹈、曲艺、传统音乐类展演活动，让观众直接参与到动态表演中来，带给观众视觉上的盛宴。还可以根据各个项目特色设置背景音乐，如川剧音乐、川江号子音乐、扬琴音乐、山歌、民歌、苗歌等与场景紧密融合，让观众能够从不同角度感受非遗。

3. 虚拟现实体验

非遗是活态存在的遗产，观众亲身体验更加能够品味其无穷的魅力。构建非遗博物馆里的沉浸式体验，为重点项目量身打造沉浸式互动体验，将观众引入“秀山花灯”“丰都庙会”“宝顶香会”等非遗民俗活动中去，感受每年一次的民族传统节庆；引入“川剧”“梁山灯戏”等传统戏剧，唱腔、唱调等经典片段的虚拟交互体验，使观众建立对传统戏剧表演艺术的形象化感知；还有虚拟微距动态探索璧山微刻工艺、饶氏核桃雕刻技艺等传统手工技艺的内部空间，体验其创作细节，让不适于在实体展馆中体验的内容得到充分的展示。

4. 增强现实体验

展馆可以通过营造现实和虚拟交织的全新场景，增强观众的现实体验，让观众感同身受。如互动穿衣一体机。渝东南少数民族服饰绚丽多彩，观众可以挑选自己喜爱的服装配饰并结合三维模型进行搭配，通过 AR 实现虚拟穿衣，并可现场拍照留念，还可以用 AR 设备通过体感交互传感器现场体验、学习土家族摆手舞、铜梁龙舞、玩牛、连箫等的手法与步法。

5. 个性化语音导览、讲解系统

展馆可以设置针对不同观众的智能语音导览系统。智能语音导览系统可以自动感应播放展区音频导览，或者扫描展项二维码获得音视频导览，还可以通过无线耳机获得导游讲解。外籍游客还可以获得同声翻译。

6. 数字文化衍生产品开发

非遗博物馆的文创产品须融入当代人的审美需求，走进人们的生活，科学开发利用，让传承人群在市场需求的变化中创新、检验和改进自己的作品与产品，设计出既有重庆传统特色又时尚的适销对路的作品与产品，只有这样才能顺应时代的发展。

7. 位置定位服务系统

位置定位服务系统主要通过无线网络技术、蓝牙技术等实现。观众可以主动“签到”，或在默认状态下获得信息推送，获得各类信息传播服务，还可以通过 WiFi 三角测量在移动设备上为参观者提供指路服务和数字讲解材料，设计个性化参观体验[2]。

8. 搭建“PC 网站 + 手机网站 + 微信网站 +APP 三站合一”网站

三站合一是集 PC 网站、手机网站和微信网站（公众号）为一体的一套建站管理系统，共用一个管理后台，一个虚拟主机，录入一次数据，三站数据自动同步，可以有效节约投资，降低人力维护工作量，拓宽宣传渠道。“三站合一”建立完成后，我们可以开发非遗博物馆的手机 APP 扩大宣传，让非遗博物馆更好融入观众的生活和工作中[3-4]。

（二）数字化专业标准体系

信息建设，标准先行。标准化是实现非遗博物馆互联互通、资源共享、业务协同、安全保障的基本前提。非遗博物馆和数字展示确定采纳 GB/T20530—2006《文献档案资料数字化工作导则》国家标准、GB/T7408—2005/ISO8601:2000《数据元和交换格式、信息交换、日期和时间表示法》国家标准为主要参照标准。其中主要包括数字化专业标准体系（元数据标准、非遗信息著录规范、数据交换标准)、信息安全标准和管理标准等。建立数字化专业标准体系可以为非遗博物馆建设提供更加具体的规范依据，使之通过规范化手段将非物质文化遗产更好、更长久地记录、保存与传承，提升非物质文化遗产抢救与保护的工作效率，为非物质文化遗产的相关研究提供有力支撑。

（三）数字资源建设

数字资源建设包括资源的采集、存储、加工处理等环节，是整个非遗博物馆数字展示的依托，主要为系统平台的建立及管理平台和展示平台提供资源。资源基础信息大致规划为文档、影像、视频、音频、三维图形等几种分类。利用各种采集加工手段，如扫描、OCR、矢量化处理及数码技术等，将资源基础信息加工成为一个丰富的数字资源库，通过提供开放的检索接口为其他应用服务[5]。

（四）非遗数据库管理平台建设

该数据库系统是一个立足重庆、面向全国的非遗多媒体影音信息管理平台。该平台具备优秀的兼容性与安全稳定性，是基于先进的现代信息检索、传输技术、新媒体技术，以影音数据集成、检索引擎建设为基础，完成多媒体内容集成、编辑、分发以及新媒体平台传播等功能的平台。该平台通过多媒体，多方式、多形态地展示重庆市非物质文化遗产博物馆，为非遗保护和传承发展工作提供有力支撑。

四、拓展宣传

拓展宣传是非遗博物馆建设的重要部分。数字展示技术在拓展宣传上更具备跨越时间、空间的优势。在新时期，重庆市非遗博物馆应注重文旅融合，活跃数字展示，整合资源，加强自身造血功能，做大品牌，将现存的非遗资源优势转化为文化竞争优势，以点带面，创造出可持续发展的社会效益和经济效益，充分发掘非物质文化遗产的后续利用价值，积极推动非遗传承、传播、弘扬与发展壮大，全面扩大非物质文化遗产的社会影响力，全方位加大宣传力度，彰显优秀传统文化在新时代的意义。

参考文献

[1] 文化部非物质文化遗产司 . 非物质文化遗产保护法律法规资料汇编［G］. 北京：文化艺术出版社，2013：7–8.

[2] 沈玉英 . 空间移动信息服务［J］. 大连理工大学学报，2006（2）：3–10.

[3] 罗敏 . 数字化技术在走马镇民间故事的应用探讨［J］. 重庆文理学院学报（社会科学版），2016（4）：36–39.

[4] 罗敏 . 重庆非物质文化遗产数据库建设与研究［J］. 重庆文理学院学报（社会科学版），2018（4）：22–27.

[5] 杨红 . 非物质文化遗产数字化研究［M］. 北京：社会科学文献出版社，2014：52–59.

重庆市文化遗产保护与旅游开发的级别管理和遗产营销①

李婉莹②

长期以来，我国的文化遗产管理与文化遗产旅游是作为两种平行活动来进行的，文物局负责文化遗产管理，旅游局负责文化遗产旅游开发，看似分工明确的制度在实际执行中却存在着诸多矛盾，如文化遗产相关事务多重管理，经济利益分配顾此失彼，责任落实互相推诿，等等。这些因素直接导致我国文化遗产的保护、管理、开发和利用存在诸多矛盾，难以为公众提供高品质的参观体验，使文化旅游的效益受到影响。2018 年 3 月，文化部和国家旅游局合并，组建文化和旅游部，理顺了文化遗产保护和利用的关系。事实上，无论是文化遗产管理还是文化遗产利用，其对象皆为文化遗产，具有一致性，而文化部门和旅游部门的整合为文化遗产管理和文化遗产的旅游开发扫除了制度障碍。本文从旅游市场营销和文化遗产保护管理的双重视角入手，以重庆市若干文化遗产为研究对象，通过运用市场吸引力—坚固性矩阵模型探讨重庆市若干文化遗产的保护与利用。

一、吸引力—坚固性矩阵模型与重庆市文化遗产市场分析

（一）研究方法

本研究利用吸引力—坚固性矩阵模型，即根据文化遗产的特性，从市场吸引力和遗产坚固性两个维度着手，选取相应指标建立文化遗产市场吸引力—坚固性分析评估体系，依照相应资料对各项指标实行点数赋值，最后计算总值，并将其

---

① 原载于《文博学刊》2019 年第 3 期。

② 李婉莹，西北大学文化遗产学院。

对应到吸引力—承载力矩阵模型中进行分级评定。

1. 构建矩阵模型

遗产旅游作为文化遗产利用的主要方式，如何在实现文化遗产经济效益的同时，确保其可持续发展，这就需要将文化遗产管理和旅游管理进行有效的整合。首先，文化遗产要实现旅游价值，必须进行市场吸引力的分析。但是，由于文化遗产具有特殊性，因而还要考虑其坚固性。因此，我们在评估遗产旅游潜力时需要考虑文化遗产和旅游两方面的因素。本文采用 Bob McKercher 关于评估遗产旅游潜力的市场吸引力—坚固性矩阵模型[①]，以市场吸引力为横坐标，以坚固性为纵坐标，构建二维模型（图 1）。该评价体系又包括 4 大维度和 22 项具体指标，各项具体指标根据权重进行评分，所得结果决定其在矩阵中的位置，进而反映该项遗产的旅游开发潜力。矩阵中，A 级遗产具有高度的吸引力和中高度的坚固性，适宜进行大型旅游活动的开发；B 级遗产具有中高度的市场吸引力和低度的坚固性，比较脆弱，需要对旅游活动进行严格的限制和管理；C 级遗产市场吸引力适

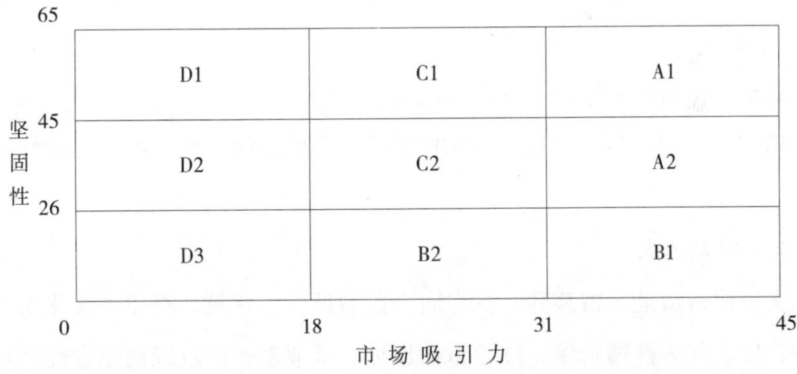

A级：具有中度到高度市场吸引力以及高度（A1）和中度（A2）坚固程度的遗产地
B级：具有高度（B1）至中度（B2）的市场吸引力和低坚固性的遗产地
C级：具有中度的旅游吸引力和高度（C1）至中度（C2）的坚固性的遗产地
D级：低吸引力的遗产地

图 1　吸引力—坚固性矩阵模型图及分级

① Bob McKercher，Pamela S. Y. Ho，Hilary du Cros，Relationship between Tourism and Cultural Heritage Managment：Evidence from Hong Kong，*Tourism Management* 26，2005，pp.539–548.

中，坚固性处于中高度，可充分开发其市场潜力或维持现状；D 级遗产具有较低的市场吸引力，不具备进行大规模开发的条件。

2. 通过层次分析法确定指标的权重

通过层次分析法计算出各指标相对于文化遗产管理和旅游这两项目标的权重，同时结合八大遗产点赋值情况，得出各项指标的最终得分，从而找出其在矩阵中所处的位置并进行针对性分析。

3. 构建指标层次分析模型

运用 YAAHP 软件构建指标体系的层次分析模型，得到层次结构模型。

4. 构造判断性矩阵并进行一致性检验

层次分析法采用定性与定量相结合的办法，就同一层中各指标因素相对于上一层的重要性而言进行两两比较，并用数值表示，形成判断矩阵。因此，在对遗产保护及旅游开发级别管理进行分析时，首先对每个元素相对于上一元素进行两两比较并进行赋值。同时，在 YAAHP 中进行矩阵输入，从而确定各因子权重。在此过程中，该软件会自动进行矩阵的一致性检验，使随机一致性比率小于 0.1，增加权重划分的客观性与科学性。

5. 确定文化遗产—旅游子集指标各因子权重

在确定判断矩阵后，利用 YAAHP 进行因子权重的计算，得出各指标因子权重数值。

（二）研究选点

本文按照古遗址、古墓葬、古寺庙、古城址、古建筑、石窟类文化遗产、著名旅游古镇、代表性博物馆、红色革命遗址、工业遗产、近现代纪念性建筑等分类，选取了 12 处重庆市文化遗产作为研究对象，遗产类型从古遗址到近现代建筑，时间跨度从 2000 多年前到近现代，对象既包括已进行大规模旅游开发和管理的文化遗产，也包括极少为人所知的尚未过多开发的遗产地。并将所选 12 处文化遗产地按 1—12 编号。

（三）研究过程

选好样本后，我们开始构建重庆市文化遗产市场吸引力—坚固性矩阵模型。第一步是收集各项样本的基本资料，主要是各个主要项目评估所需的相关信息。

本文用于评估的数据多来源于相关学术资料①以及相关官方网站的数据②。第二步是对各项文化遗产进行评价估值，且评价指标从多方面展开。该评价体系通过点数分级系统来测定，分为 1（低等级）—5（高等级）等级，将收集的相关资料放在各项指标下评测并得出相应的点数，计算出各文化遗产相应市场吸引力或坚固性的数值，并利用每项因子权重数值乘以赋值数据，得出各项遗产点的得分并形成评估表，具体评价指标及相应得分如下表所示。第三步，评估完成后将各项得分列入相应位置并在“市场吸引力—坚固性矩阵”模型图中标识出来。研究结果如图 2 所示。

（四）研究结果

如图 2 所示，研究结果表明，此次选取的遗产地均较有代表性，因此其坚固性及吸引力均有一定数值，多位于 A 区及 C 区。

作为世界文化遗产，且为世界八大石窟之一的大足石刻具有高吸引力，加上该文化遗产的材料自身较为坚固且保护较好，因此属于 A1 级别。重庆中国三峡博物馆由于管理较好且自身吸引力高，也位于 A1 区域。身为工业遗产的坦克库除了本身的工业遗产价值外，还由于其位于四川美术学院校园内的区位优势使之具有较高的社会教育价值和特殊的艺术价值，因此也位于 A1 区域。

重庆市人民大礼堂、湖广会馆、磁器口古镇、洪崖洞均位于 A2，具有高市场吸引力和较高坚固性。其中，重庆市人民大礼堂和湖广会馆由于其历史意义而广为人知，加上地处市中心，交通便利，吸引力及坚固性也相对较高。磁器口古镇及洪崖洞均是重庆著名旅游景点，坚固性也相对较高，旅游管理水平以及相关配套设施亦较完善，因此市场吸引力高。

① 孙志国等 . 重庆物质文化遗产资源保护［J］. 重庆与世界（学术版），2012（7）；辜元 . 重庆历史文化遗产保护实践的反思与建议［M］. 中国城市规划学会 . 城乡治理与规划改革——2014 中国城市规划年会论文集［M］. 中国建筑工业出版社，2014：525—534；廖远征，毛长义 . 基于 AHP 法的非物质文化遗产旅游资源定量评价——以重庆磁器口古镇为例［J］. 重庆文理学院学报（社会科学版），2015（4）.

② 重庆统计信息网：http：//tjj.cq.gov.cn/tjsj/shuju/tjgb/；中国旅游网：http：//www.cntour.cn/；中华人民共和国文化旅游部网：https：//www.mct.gov.cn/。

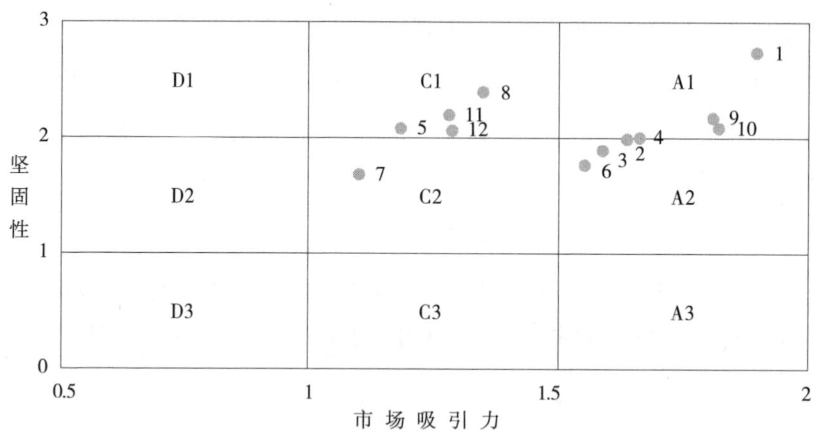

图 2　重庆遗产市场吸引力—坚固性模型图

重庆古城墙、罗汉寺、巫溪荆竹坝岩棺群虽具有一定的价值，但由于其名气较小且未形成规模化开发，吸引力为中度，但坚固性强，处于 C1 区。白公馆渣滓洞虽广为人知，但由于其交通通达性并不是很好，加上周边区域缺少有吸引力的其他旅游资源，故难以形成旅游集群效应，因此也位于 C1。

钓鱼城深处偏远乡村，周边经济发展程度及交通通达性均不好，且缺乏市场宣传，不大为人所知，市场吸引力也一般，因此处于 C2 区域。

（五）结果分析

上述基于市场吸引力—坚固性模型分析的结果显示，12 处文化遗产中有 3 处文化遗产位于 A1 区域。该区域文化遗产具有高度市场吸引力及高度坚固性，具有可持续竞争优势。此类文化遗产地能负荷大量的旅游人口，适合开发为大型旅游目的地，并且具备很强的旅游吸引力，可以提供较高质量的旅游服务。此类文化遗产后续发展可以在现有开发的基础上继续加大力度，同时给予文化遗产更加细致的保护，将文化遗产保护与旅游市场开发及旅游产品设计等进行有机融合，创造更大的经济和社会效益。进而论之，该类文化遗产的后续发展，因其旅游潜力巨大且坚固性高，在设定管理目标时，可考虑将旅游开发作为一定时期内的首要考虑因素。例如，保护及旅游开发均表现较好的大足石刻，可考虑从商品或旅游产品的设计研发角度入手，深入挖掘文化和旅游的潜力，获取更好的经济效益和规模效益，进而反哺文化遗产保护。

重庆市文化遗产旅游潜力分析评价得分表

	序号	1	2	3	4	5	6	7	8	9	10	11	12
	文化遗产地名称	大足石刻	人民大礼堂	湖广会馆	磁器口古镇	重庆古城墙	洪崖洞	钓鱼城	罗汉寺	重庆中国三峡博物馆	坦克库	巫溪荆竹坝岩棺群	白公馆渣滓洞
坚固性/权重	历史价值 0.0403	5 0.202	3 0.121	4 0.161	4 0.161	5 0.202	3 0.121	3 0.121	5 0.202	1 0.040	2 0.080	5 0.202	4 0.161
	艺术/审美价值 0.0351	5 0.176	4 0.140	4 0.140	4 0.140	3 0.105	5 0.176	4 0.140	2 0.070	2 0.070	5 0.176	3 0.105	3 0.105
	科学价值 0.0231	4 0.092	4 0.092	4 0.092	3 0.069	3 0.069	3 0.069	2 0.046	2 0.046	5 0.116	3 0.069	4 0.092	4 0.092
	社会价值 0.0463	4 0.185	5 0.232	3 0.139	4 0.185	4 0.185	3 0.139	3 0.139	4 0.185	5 0.232	4 0.185	2 0.093	3 0.139
	文化/教育价值 0.1052	5 0.526	2 0.210	2 0.210	2 0.210	3 0.316	1 0.105	2 0.210	4 0.421	5 0.53	4 0.421	4 0.421	4 0.421
	代表性 0.1052	5 0.526	5 0.526	4 0.421	3 0.316	4 0.421	3 0.316	3 0.316	3 0.316	2 0.210	4 0.421	4 0.421	4 0.421
	资产脆弱性 0.0717	2 0.143	1 0.072	1 0.072	4 0.287	3 0.215	4 0.287	3 0.215	4 0.287	1 0.072	2 0.143	3 0.215	1 0.072

续表

	序号	1	2	3	4	5	6	7	8	9	10	11	12
	文化遗产地名称	大足石刻	人民大礼堂	湖广会馆	磁器口古镇	重庆古城墙	洪崖洞	钓鱼城	罗汉寺	重庆中国三峡博物馆	坦克库	巫溪荆竹坝岩棺群	白公馆渣滓洞
坚固性/权重	修缮/维护状况 0.0281	4 0.112	5 0.141	4 0.112	3 0.084	3 0.084	2 0.056	1 0.028	3 0.084	5 0.141	3 0.084	3 0.084	4 0.112
	管理机构和计划 0.0281	3 0.084	3 0.084	3 0.084	1 0.028	2 0.056	1 0.028	1 0.028	2 0.056	4 0.112	2 0.056	3 0.084	3 0.084
	日常管理状况 0.0281	4 0.112	3 0.084	3 0.084	2 0.056	1 0.028	2 0.056	1 0.028	4 0.112	5 0.141	4 0.112	3 0.084	3 0.084
	监测状况 0.0281	3 0.084	1 0.028	2 0.056	1 0.028	1 0.028	1 0.028	1 0.028	2 0.056	5 0.141	5 0.141	3 0.084	2 0.056
	高访问量造成负面影响的可能性 0.061	4 0.244	3 0.183	3 0.183	4 0.244	4 0.244	3 0.183	4 0.244	5 0.305	5 0.305	3 0.183	3 0.183	3 0.183
	资产修改造成负面影响的可能性 0.061	4 0.244	1 0.061	2 0.122	3 0.183	2 0.122	3 0.183	2 0.122	4 0.244	1 0.061	1 0.061	2 0.122	2 0.122

续表

	序号	1	2	3	4	5	6	7	8	9	10	11	12
	文化遗产地名称	大足石刻	人民大礼堂	湖广会馆	磁器口古镇	重庆古城墙	洪崖洞	钓鱼城	罗汉寺	重庆中国三峡博物馆	坦克库	巫溪荆竹坝岩棺群	白公馆渣滓洞
市场吸引力/权重	氛围背景 0.0527	5 0.264	4 0.211	4 0.211	5 0.264	3 0.158	5 0.264	2 0.105	5 0.264	5 0.264	5 0.264	3 0.158	2 0.105
	较之于区域内旅游活动的独特性 0.0664	5 0.332	2 0.133	2 0.133	3 0.199	5 0.33	3 0.199	3 0.199	2 0.133	5 0.33	5 0.33	5 0.33	2 0.133
	现有旅游产品或附近吸引物 0.0492	4 0.197	2 0.098	1 0.049	5 0.25	1 0.049	3 0.148	2 0.098	1 0.049	4 0.197	5 0.25	1 0.049	1 0.049
	解释信息所需的可利用资源状况 0.0939	5 0.466	5 0.466	5 0.466	4 0.376	3 0.282	3 0.282	3 0.282	4 0.376	5 0.470	2 0.188	3 0.282	5 0.470
	特殊需求吸引力 0.0332	4 0.133	3 0.100	3 0.100	1 0.033	1 0.033	2 0.066	3 0.100	4 0.133	1 0.033	5 0.166	3 0.100	3 0.100

续表

	序号	1	2	3	4	5	6	7	8	9	10	11	12
	文化遗产地名称	大足石刻	人民大礼堂	湖广会馆	磁器口古镇	重庆古城墙	洪崖洞	钓鱼城	罗汉寺	重庆中国三峡博物馆	坦克库	巫溪荆竹坝岩棺群	白公馆渣滓洞
市场吸引力/权重	资产的通道特征0.0313	5 0.157	5 0.157	5 0.157	4 0.125	4 0.125	4 0.125	3 0.094	3 0.094	5 0.157	5 0.157	2 0.063	5 0.157
	交通条件0.0442	5 0.221	5 0.221	5 0.221	5 0.221	3 0.133	5 0.221	2 0.088	4 0.177	5 0.221	5 0.221	2 0.088	4 0.177
	与其他吸引物的距离接近度0.0372	2 0.074	5 0.186	5 0.186	4 0.149	1 0.037	5 0.186	3 0.112	2 0.074	2 0.074	5 0.186	5 0.186	1 0.037
	基础便利设施0.0124	4 0.050	5 0.062	5 0.062	4 0.050	3 0.037	5 0.062	2 0.025	4 0.050	5 0.062	5 0.062	2 0.025	5 0.062
文化遗产管理总分		2.73	1.974	1.876	1.991	2.075	1.747	1.665	2.384	2.171	2.132	2.19	2.052
文化旅游总分		1.894	1.634	1.585	1.667	1.184	1.553	1.103	1.35	1.808	1.824	1.281	1.29

注：该评价体系以点数分级系统来计算，分为1（低等级）—5（高等级）等级。坚固性评价等级：低度：0—1；中度：1—2；高度：2—3。市场吸引力评价等级：低度：0.5—1.0；中度：1.0—1.5；高度：1.5—2.0

12处文化遗产中有4处文化遗产位于A2区域。该区域的文化遗产具有中度坚固性及高度市场吸引力。考虑到这些文化遗产的市场吸引力较高，因此可充分发挥其市场吸引力。需要注意的是，这 4 处文化遗产的坚固性相对于它们的市场吸引力而言等级较低，这就造成了效益背反：一方面是游客对此类文化遗产有着极大的兴趣，另一方面是该类文化遗产较为脆弱，旅游承载力有限。因此，要妥善处理好旅游市场需求和文化遗产管理之间的矛盾，在适度旅游开发的基础上，加强文化遗产的保护。在实际操作中，此类文化遗产在进行旅游开发时应该选择对其影响最小的方案，严格限制旅游人数。

12 处文化遗产中还有 4 处文化遗产位于 C1 区。此区域内的文化遗产具有中度的旅游吸引力及高度的坚固性。这说明此类文化遗产正处于遗产开发利用的稳定期。此类文化遗产的开发一般有两种选择：第一种是制定文化遗产管理计划，维持现状，并在旅游开发中充分认识到该类文化遗产的旅游目标人群相对有限。第二种则是走充分开发市场之路，通过提升旅游体验，增加旅游舒适度，扩大遗产地知名度等方式开拓旅游市场。第二种选择投入较大且只着眼于当下，未能顾及文化遗产的长远发展，因此存在一定的风险。

简言之，笔者认为上述市场吸引力—坚固性模型具有十分重要的学术和实用价值。根据上述测试结果，再结合各项文化遗产的实际情况，可以发现文化遗产地的区位和经济发展水平存在显著的矛盾。一些地处偏远且经济较为落后地方的文化遗产，当前的开发情况不理想，对于此类文化遗产，笔者建议短期内应以加强管理为主，旅游开发为辅。文化遗产作为一项不可再生的旅游资源，应首先考虑其文化意义，其次才是开发和利用。换言之，开发利用一处文化遗产时，要有历史意识和长远眼光，在条件成熟之后进行合理利用比急功近利、涸泽而渔式的开发要好得多。

二、重庆市坦克库工业遗产概况

如上所述，A1 类文化遗产吸引力及坚固性均相对较高，因此可以进行适度、合理的开发。以下以处于 A1 区的坦克库文化遗产为例，对其展开旅游营销分析，以期推动此类文化遗产的保护和利用。

（一）坦克库工业遗产简介

坦克库位于重庆黄桷坪，与四川美术学院老校区仅一墙之隔。“文革”时期，此处为军工厂的坦克仓库，后被废弃。2000年，四川美术学院购得坦克库并计划将其改造为艺术空间。2005年，坦克库正式投入运行。2006年，坦克库被定位为“重庆当代艺术中心”。[①]

“坦克库·重庆当代艺术中心”拥有多个综合艺术区、展示厅和相关的配套设备，会定期举办不同艺术形式、主题和规模的展示活动，同时接受个人或艺术机构的合作申请，鼓励艺术创新，以开放包容的态度培育实验艺术。“坦克库·重庆当代艺术中心”在“2006艺术中国年度影响力”评选活动中被评为“年度最具影响力艺术机构”。[②]坦克库作为一个由军工厂仓库改造而成的非营利性艺术机构是比较成功的，现已成为重庆市的中外艺术交流平台。

（二）坦克库发展现状及问题

坦克库最初的设计是十分理想化的。因为由四川美术学院负责，运作背景比较简单，目标也很明确，即为艺术推广服务。坦克库艺术中心的主要职能分为三类，第一是青年艺术家培养计划，第二是艺术交流与平台建设，第三是展览展示活动。坦克库艺术中心在运行初期影响力较大，但随着时间的推移，后劲明显不足，如今更是面临着困境。

1. 资金问题严峻

坦克库艺术中心属于非营利性机构，其运营资金主要由四川美术学院负责，还有一小部分的社会捐赠，但总体上资金十分有限。随着艺术中心运行的常态化，资金缺口越来越大。例如，坦克库艺术中心成立之初，计划对青年艺术家在没有资金支持的情况下的个展或联展给予资金支持并免收各种办展费用。随着计划的实施，资金消耗很快且后续资金无法覆盖前期投入，最终难以为继。[③]

① 俞可．坦克库，在实验中前行［J］．湖北美术学院学报，2006（3）．

② 杨林．旧工业建筑再生改造——以坦克库·当代艺术中心为例［J］．现代装饰（理论），2014（2）．

③ 单春玲，罗中立．向当代艺术进军的坦克库［J］．大艺术，2009（1）．

2. 坦克库驻留人口流失

坦克库艺术中心最初希望打造一个集居住、创作和展览三位一体的艺术家空间。坦克库艺术中心成立初期，驻留艺术家有 100 多人，主要是四川美术学院的老师、社会上自行入驻的青年艺术家，以及四川美术学院或其他美术院校的学生。然而，由于扶持力度减弱，驻留的艺术家不断流失。2012 年，坦克库艺术中心的驻留人员已从最初的 100 多人减少至 50 多人。随着四川美术学院新校区的建立，大批艺术家转向大学城虎溪公社。如今，坦克库艺术中心内驻留的人员更少，基本处于闲置状态。①

三、重庆市坦克库工业遗产营销方案

（一）坦克库旅游发展现状

坦克库一直为免费开放区域，游客可自行参观。在坦克库建成初期，举办过许多重要的艺术活动，因此名声大噪，许多游客慕名而来。在黄桷坪涂鸦一条街的映衬下，坦克库的艺术氛围极其浓厚，在重庆市旅游市场中曾起到一定的带动作用。然而，随着人员的流失，如今游客稀少。

在四川美术学院整体搬迁完成后，坦克库将被打造成创意产业园。作为一个既是工业遗产，又是艺术空间，还是旅游景点的地方，坦克库在新形势下，如何“重装上阵”，避免重蹈覆辙，十分考验属地政府及其经营者的智慧。以下，笔者就坦克库工业遗址的旅游开发做相关学术分析并设计相应的旅游营销方案。

（二）坦克库旅游营销方案

1. 目标市场

没有任何产品，包括文化旅游产品，能够满足所有人的所有需要。准确有效的目标市场定位有利于提高资产利用率及游客满意度。因此，在进行市场营销时，首先应明确产品的目标市场，即核心顾客，制定针对性的战略方针。

坦克库作为一个曾经的军事仓库，其建筑具有一定的工业时代特色，而其最

① 王志伟．场域的生发：四川美术学院青年驻留艺术家群体研究（2013—2016 年）[D]．四川美术学院硕士学位论文，2017：28-33.

为辉煌的时代则是作为“坦克库·重庆当代艺术中心”存在的时候。因此，“艺术”已经深深地烙印在坦克库的“身上”，坦克库在人们的印象中与艺术是不可分割的。

因此，笔者建议将坦克库旅游营销的目标市场划定为与艺术相关的游客。与此前作为四川美术学院一部分存在不同的是，今后坦克库的功能定位应由学术研究和当代艺术推广转变为集旅游、教育和娱乐为一体的泛文化艺术综合体。因此，其受众范围要扩大，凡对艺术有兴趣或从事艺术相关工作的游客都是其目标受众。

2. 营销方案

由于坦克库与四川美术学院曾经关系密切，因此本营销方案将这一特点考虑在内。整体方案考虑将包括坦克库在内的四川美术学院旧址改造成一个大型艺术体验中心，形成一个游客可以体验各类艺术活动的艺术空间，细分下来，有艺术体验区域、非物质文化遗产教学区域和住宿休闲区域。该空间应有统一的设计和装饰，整体风貌和谐统一，并具有设计感和艺术气息。考虑到该片区域面积和承载能力有限，因此考虑采取预约制度，以期为游客提供更高品质的服务。

（1）艺术体验区域

该体验中心主要分为几大部分，第一部分为坦克库区域的体验区域，此区域主要为面向游客的艺术体验区，借鉴参考市场中已有的陶艺体验、油画体验等开展多种艺术体验活动。不同的是，此处所包括的艺术种类更加广泛：①绘画体验，绘画类型包括水墨画、水彩画、油画和素描等。②雕塑体验，包括木雕及石雕。③书法体验，主要为不同类型书法的学习和书写体验。④摄影体验，主要为摄影技巧的实用教学体验。⑤乐器体验，中西各类乐器的演奏展示及简易体验。⑥舞蹈体验，舞蹈类型多种多样，包括华尔兹、探戈、伦巴、迪斯科、芭蕾舞、现代舞、民族舞、舞剧等。⑦录音体验，个人可录制语音或歌曲。⑧微电影微视频拍摄体验。⑨戏剧体验，可单人也可多人组队或随机组合，体验戏剧表演。⑩服装设计与表演。等等。

上述各种艺术类型，每种可占据一间“仓库”，每处还配有专业人士进行指导，在体验之外应教授相关艺术基础知识。由于有声音类的艺术体验，因此相应的活动场所应注意建筑物的隔音设施建设。运营期间可根据每项活动的成本收取相应费用，同时推出相应的纪念产品进行售卖。纪念产品包括两种：一种为记录体验活动中个人的物品，比如绘画、书法作品，可免费带回，亦可进行付费装裱；录音、微电影、戏剧、服装体验均可制作成产品，包括电子产品或实体产品，以供游客自行购买。另一种纪念性产品和活动后续相关，如游客体验过后想要深入学习某一艺术种类，可购买相关教学的书籍或影片录像，以及所需的工具，如笔墨纸砚、颜料、乐器、雕刻工具及原料、摄影相关用具，等等。

同时，考虑到不同游客的不同需求，可将体验项目按照时长及难度划分为多种类型，如主要面对外地游客的短期体验的单次活动，以及主要面对当地游客的长期体验套餐，还可将活动策划为进阶式的学习系列，逐步推进，提升艺术体验的纵深感。

（2）非物质文化遗产教学区域

此区域主要位于四川美术学院教学楼内，主要目的是与重庆当地非物质文化遗产相结合，为重庆市非物质文化遗产传承人提供一个教学区域，非物质文化遗产传承人已有传人的可在此进行教学，如尚无求学者则可在此展开宣传，招收学徒。该区域内的教学活动应为对外开放且可观摩体验。该区与坦克库区域资源共享，可在坦克库区域举办“非遗”体验活动，每月在坦克库推出主题推介活动，宣传传统艺术文化之美。

（3）住宿休闲区域

此区域主要设置在坦克库的艺术家公寓区，功能包括住宿、休闲、参观、创作四大部分。保留先前居住于此的著名艺术家的公寓内部布局及装修，对外开放展览。其他普通公寓在原有基础上重新装修，所有房间按艺术种类及时间分区，每个房间设有不同风格和主题，并依照不同的风格和主题进行陈设。将处于中心位置的房间建设为休闲区，向公众开放，提供咖啡、饮品和图书阅读等服务。在住宿区门外设置一处大型涂鸦墙，继承坦克库的涂鸦艺术传统，并为前来居住的游客提供涂鸦艺术创作的便利。

四、结语

本文首先运用吸引力—坚固性模型分析了若干处重庆市文化遗产现状，并对其进行分类研究，对不同类型文化遗产提出了相应建议。在此基础上，以坦克库为案例，借助吸引力—坚固性模型所得出的关于坦克库工业遗产的吸引力和坚固性结果，对其进行针对性的旅游营销方案设计，从而为坦克库旅游营销和本课题的研究提供范例。文化遗产是人类的杰出创造，具有十分重要的文化价值。旅游则是一项十分注重体验和感受的精神生活方式。笔者希望，本文的研究可以为文化遗产的保护利用和旅游开发建立起可供参考的模式。

YISHU YANJIU
艺术研究

新时期以来重庆舞蹈发展述论（1978—2018年）①

王海涛　李　匆②

新时期以来40年的重庆舞蹈可划分为三个不同的发展阶段：第一，通过对“文革”前舞蹈的恢复重建，舞蹈题材也在思想解放后向现实主义转变，民族舞蹈开始挖掘本土舞蹈文化；第二，伴随着大众文化的兴起，以群众舞蹈为主流，重庆舞蹈在实践中确立了本土化舞蹈品牌，散落的巴渝舞蹈文化在这一时期得到抢救和整理；第三，进入21世纪后，随着舞蹈形式的丰富、高等舞蹈教育的发展、跨国际的艺术交流以及群众舞蹈主导地位的确立，重庆舞蹈进入了繁荣时期，也朝全国舞蹈话语权和主体地位的方向迈进。

一、历史回顾

抗战时期，舞蹈成为人民表现思想情感和挥洒爱国情怀的重要艺术形式。“重庆人民在内部条件不利的情况下，高举爱国主义旗帜，为挽救国家危亡而奋斗，形成了重庆人文精神的又一特质——艰苦卓越的奋斗精神和反对专制、追求进步的科学民主精神。”③一批批舞蹈人将舞蹈与爱国情感联系起来，形成了具有

① 基金项目：2017年度中央高校基本科研项目“新时期重庆舞蹈发展史述（1978—2017）”（106112017CDJXY05003）。原载于《艺术探索》2019年11月第33卷第6期，总第159期。

② 王海涛（1984—　），山东潍坊人，重庆大学艺术学院副教授，研究方向：舞蹈史论。李匆，重庆大学艺术学院。

③ 李再强，郑琼.抗战时期重庆文化发展对重庆人文精神的影响［J］.重庆科技学院学报，2008（10）：89.

抗战文化色彩的新舞蹈风格。其中，《游击队之歌》《义勇军进行曲》《丑表功》《罂粟花》《饥火》等一大批现实题材舞蹈，是吴晓邦为重庆带来的振奋人心的作品。这些作品采用戏曲舞蹈与现实手法相结合的形式，开启了中国的新舞蹈艺术："一方面从中国传统戏曲、武术、民间传统歌舞中汲取文化营养并借鉴舞蹈语汇，另一方面从现代中国民众的现实生活动态中积极提炼舞蹈语汇，同时借鉴西方现代舞的表现技法，并以中国社会现实生活为舞蹈表现内容的一种新舞蹈形式"①，影响着中国舞蹈和舞台艺术的发展。作为抗战时期激励人心、鼓舞斗志的文化形式之一，舞蹈是处在水深火热之中人民的情感寄托。

抗战结束后，舞蹈又成为树立民族自信、宣扬民族大义的文艺形式。在这一时期，中国舞蹈开始迈进当代都市剧场。1946年3月6日，影响全国的"边疆音乐舞蹈大会"在重庆举办，大会汇集了新疆舞、藏族舞、苗族舞等各地民间舞蹈，这不仅为重庆人民带来了多民族舞蹈文化，更把中国民间舞蹈作为独立的艺术形式"搬"上了舞台，首次走进都市剧场中展演。冯双白评价说："应该说，中国民间舞蹈迈入当代都市剧场的步伐，起始于20世纪三四十年代，尤其是以戴爱莲等人在四川重庆大会堂举行的'边疆舞蹈大会'的表演为重要标志。"②藏族舞蹈《巴安弦子》《春游》，苗族舞蹈《苗家月》，羌族舞蹈《端公驱鬼》，以及其他民族民间舞蹈在此汇集展演。"在1946年，它们却像是荒岛中的璞玉，首次被舞蹈家系统地挖掘、整理搬上了都市的舞台，以灿烂的光彩轰动山城，演出盛况空前，应邀一演再演。"③抗日战争后，重庆舞蹈并没有因为战争带给人的不安和恐惧而停滞不前，相反，它更像是鼓励人心和宣扬爱国主义的伟大旗帜，用独特的艺术表现方式抚慰着受伤的人们，也成为中国民族舞蹈发展进程中不可缺少的重要环节。

---

① 彭小希，龙红．抗战时期重庆地区舞蹈艺术发展述论［J］．音乐与表演（南京艺术学院学报），2013（2）：180.

② 冯双白．回归本土文化：困境和机遇中的传统民间舞蹈［M］//郑恩波，主编．新时期文艺主潮论．北京：文化艺术出版社，2002：490.

③ 刘青弋．1946："边疆音乐舞蹈大会"——七十年后值得钩沉的历史［J］．北京舞蹈学院学报，2017（1）：2.

二、开拓探索期（1978—1990 年）

1978 年 5 月，“真理标准问题”的讨论确立了党“实事求是”的思想路线，形成了广泛而深刻的思想解放运动，也激发了艺术家的创作热情。新时期以来，思维的开阔和时代的特性，引导重庆舞蹈创作朝现实主义方向转变，并逐步探索本土舞蹈文化的构建。

舞蹈创作离不开文艺的总体导向。新时期以来，全国文学艺术都朝着写真事、说真话的现实主义前进。重庆舞蹈跟随时代创作思潮，创作出一系列现实主义题材的舞蹈作品。1983 年 6 月，重庆市歌舞团首次进京演出，《小萝卜头》《燃烧吧，节日的火把》《葬花吟》《拉纤的人》《康定情歌》《乡音》《玩花灯》《钱迷》等作品呈现在首都舞台上。其中，由毕西园和杨昭信编创、题材选自《红岩》的《小萝卜头》，塑造了向往光明、渴望自由的人物形象，弘扬了真、善、美，宣扬了民族文化，也凸显了革命斗争精神。“从中可以看出舞蹈者已把创作触角深探到历史及现实生活等更多领域，表现出一种‘求新思变’的愿望和要求。”[①]

这一时期，重庆舞蹈开始将传承民族文化，如巴渝文化、三峡文化、渝东南少数民族文化等，作为舞蹈发展的重要内容。这体现在舞蹈作品地域特征的凸显，也体现在本土文化和舞蹈专业课程建设的融合。1988 年，重庆市艺术学校建立了舞蹈、曲艺、杂技、话剧、音乐剧等专业。其中，舞蹈专业开始尝试以中国舞和巴渝特色舞蹈的教育教学体系为主，将重庆民间舞蹈与学院教育相结合，并注重不同艺术学科之间的交叉。这一举措显示了重庆文艺办学模式向多元化的转变，还行之有效地保护、传承了非遗舞蹈和地域文化。此阶段对本土舞蹈文化的保护和探索，是重庆民间舞蹈发展的重要之举。

三、实践形成期（1991—1999 年）

进入 20 世纪 90 年代，随着社会转型和市场经济的发展，以及大众文化的兴

---

① 殷亚昭．新时期舞蹈的美学思想［J］．艺术百家，1988（2）：35.

起，群众舞蹈在这一时期成为主流，引起了重庆舞蹈爱好者和退休舞蹈干部的关注。先是一两人在广场扭秧歌，到社区和团体的舞蹈组织，重庆群众舞蹈成为重庆和全国群众文化的代表。同时，重庆舞人对散落的巴渝舞蹈文化进行了整理，并编制成理论教材。这一时期，无论是群众舞蹈还是专业团体和舞蹈人，都向着发扬重庆地区舞蹈文化的中心聚焦。

在这种良好的形势下，随着全国群众舞蹈比赛的兴起，重庆群众舞蹈开始创作属于自己的舞蹈作品，并以舞蹈队和文化单位为代表，登上了全国群众舞蹈比赛的舞台。

这一时期，重庆群众舞蹈不仅成为大众娱乐的文化活动，更是向着专业化、民族化的趋势发展。1994 年 5 月，全国首届中老年健身舞蹈汇演在北京圆满举办，为期一个星期的汇演内容丰富、形式多样，如社交舞、国际舞、太极拳、健身舞等。其中，重庆的作品《枫叶恰似二月花》在众多节目中脱颖而出。1996 年在第六届全国“群星奖”首届舞蹈专场的比赛上，重庆代表作品《老天快下雨》《叶儿青青，菜花黄》取得了优异成绩，在全国舞台上展现了重庆群众舞蹈的专业水平。1997 年，由文化部、国家民委、重庆市人民政府主办，重庆市文化局承办的第七届孔雀奖少数民族舞蹈比赛在重庆举行。全国各民族舞蹈家近 300 人相聚重庆，参赛作品 70 多部，这不仅为重庆舞蹈的发展注入了新鲜的血液，也标志着重庆舞蹈在探索前进中走向独立。

“铜梁龙舞”“高台狮舞”“秀山花灯”“肉莲花”“花灯舞”“摆手舞”等是重庆民间舞蹈的重要组成部分。这一时期，民间舞蹈并非仅以单一的形态呈现于舞台，而是融入群众舞蹈的建设中。如铜梁龙舞，在群众的自发和舞龙队伍的带领下，形成了以铜梁龙舞为载体的群众性舞蹈作品。铜梁龙舞不仅参加了庆祝中华人民共和国成立 50 周年华诞的庆典，还代表“中国舞龙队”在国际龙狮邀请赛中为国夺得桂冠，使全国对重庆舞蹈给予了认可。也由此，重庆舞蹈逐渐形成了具有本土文化特色的群众舞蹈艺术。

巴渝舞是阆中历史文化的重要组成部分。面对消散在历史长河中的舞蹈文化，巴渝舞抢救工程迫在眉睫。1992 年 1 月 19—21 日，重庆市舞蹈家协会召开首届“巴渝舞讨论会”，参加讨论的有舞蹈家、历史学家、考古学家、民俗学家、民族音乐学者及《中国民间舞蹈集成》编辑部研究人员等。会议注意了巴渝舞的尚武精神，从考古学、文献学等角度对巴渝舞进行了考证，并提交了11篇学术论文，为巴渝舞研究提供了重要的文字资料。“会议的主题是讨论研究历史名舞巴渝舞，但实际上研究与探索的范围已经超出了这个历史名舞的范畴，而是伸展到对巴渝地区历史传统舞蹈文化的研究。”[①]一年后，王静主编的《巴渝舞论》出版，正是首届“巴渝舞讨论会”的学术成果整理。

四、繁荣发展期（2000—2018年）

设立直辖市后，“重庆文学艺术、群众文化、文物博物馆事业、文化设施、广播电视和新闻出版等重庆文化的各个领域，都得到不同程度的发展，使重庆文化呈现出较为繁荣的发展局面”[②]。城市和文化的繁荣，打开了重庆舞蹈的市场。高等舞蹈教育的形成和发展，群众舞蹈的进一步普及和提高，舞蹈市场“引进来、走出去”的策略，国内外舞蹈文化的交流，等等，使这一时期重庆舞蹈呈现出改革开放以来的巨大转变。

“科教兴渝”战略实施后，对文化教育的高度重视，为重庆舞蹈带来了广泛的教学资源和人才力量。随着一大批优秀舞蹈工作者的返乡和外来专家的陆续抵渝指导，重庆舞蹈开始向培养专业型、综合型人才的目标发展。2000年，中国汉唐古典舞奠基人孙颖受邀来到重庆大学任舞蹈系主任，随后在重庆大学创办了汉唐古典舞系，同年还在重庆与古典舞同人一同编写了《中国古典舞（汉唐）基训教材大纲》，至今仍为重庆大学舞蹈系教学的重要指导。此外，西南大学、重庆师范大学、重庆文理学院、重庆人文科技学院等都陆续成立舞蹈专业，组建校园舞蹈队，并构建具有代表性的特色学科。重庆高等舞蹈教育一方面是重庆舞台表演的核心力量，为重庆市舞蹈比赛和重庆市大学生艺术展演带来饱满的作品，另一方面也将优秀传统文化跨越国界进行交流和展示。

舞蹈表演团体作为舞蹈传播、交流、创新的核心力量，在此时的重庆纷纷涌

---

① 王克芬.序一　献上一片乡情　写下半点心得［C］// 王静，主编.巴渝舞论.重庆：重庆出版社，1993：2.

② 俞荣根，张凤琦.当代重庆简史［M］.重庆：重庆出版社，2003：512.

现。区别于以往表演团体的表演模式，重庆舞蹈团体不仅仅围绕本土文化展开创作，更以一种全新的思维方式，成为联系全国舞蹈、世界舞蹈的重要形式。2013年，在刘军的带领下重庆市芭蕾舞团推出了原创现代芭蕾舞剧《追寻香格里拉》，编导将西方芭蕾舞与中国民族民间舞相结合，从题材到表演形式再到舞蹈语言，整部舞剧都给舞蹈界和观众以“新”的感受。作为中西部地区唯一的专业芭蕾舞团，重庆市芭蕾舞团在这一时期创作出大量的舞台作品，《追寻香格里拉》《山水重庆》《天鹅湖》《寒逐》《睡美人》《堂·吉诃德》《霓裳炫彩》等作品享誉全国。随着舞剧《杜甫》在全国舞台亮相并为重庆摘得首个中国舞蹈“荷花奖”舞剧奖，重庆舞蹈走向现代与传统相结合、求新思变的繁荣阶段。

同时，群众舞蹈依然是当下重庆舞蹈不可或缺的组成部分，就像山城高山中的密丛，郁郁葱葱，点缀着重庆舞蹈的繁荣。重庆群众舞蹈寓教于乐，艺融于民，百花齐放。一方面，它是承载区域文化的重要形式。在全国群众舞蹈比赛和展演中，铜梁的龙舞、渠县的高台狮舞、秀山土家族苗族自治县的秀山花灯、西县的摆手舞等纷纷亮相，或以独立的舞蹈形式表演，或穿插于其他作品之中。另一方面，它是重庆人民自我愉悦和满足的需要。随着广场舞的兴起，“无论是在主城区如渝中区人民广场、沙区文化广场、九龙坡区九龙广场，还是在远郊区县合川塔尔门广场、铜梁龙都广场、黔江文化广场、涪陵体育广场等等，人们或自发地、或有组织地在这里开展各种体育、舞蹈、演出、展览等活动，以至形成了一种独特的广场文化现象”①。

新时期以来，重庆舞蹈呈现出若干不同的发展阶段。从将舞蹈作为抒情达意的手段到注重舞蹈作品中的民族关怀，从较少的舞蹈团体和稀缺的舞蹈人才到高等舞蹈教育和专业团体的发展，从广场上扭着秧歌自娱自乐到群众舞蹈在全国专业舞台上取得荣誉，重庆舞蹈跟随全国文艺发展热潮，逐渐打开了繁荣的局面，并形成了鲜明的地域特点。

---

① 俞荣根，张凤琦．当代重庆简史［M］．重庆：重庆出版社，2003：519.

抗战时期重庆反法西斯音乐的创作、会演及对外交流①

艾智科②

抗战全面爆发后，反法西斯音乐成为音乐界发展的一个主流。战时重庆的音乐工作者在音乐创作、交流等方面普遍体现了反法西斯主题，这是当时中国与世界最为相近的音乐旋律。学界对抗战时期的音乐有不少关注，这方面的研究如陈子昂的《抗战音乐史》，介绍了战时不同阶段、不同区域的音乐作品和音乐运动；王续添的《音乐与政治：音乐中的民族主义——以抗战歌曲为中心的考察》则从民族主义的视角探讨了抗战音乐的形成与发展过程，同时分析了抗战音乐对构建民族主义的影响。也有针对音乐家的专题研究，如汤斯惟的《重庆时期的李抱忱音乐教育思想探析》一文讨论了著名音乐家李抱忱在重庆时期，就音乐师资培养、课外音乐活动、音乐教材编订、音乐教具创制、音乐督学制度、音乐学会创设等方面所作的探索和贡献。另外，还有一些关于战时音乐的回忆录或其他史料整理，在此不一一赘述。纵观这些成果，有关战时音乐对外交流的研究并不多见，但这恰恰是反映战时中国音乐发展的重要内容。从文化交流史的视角来看，战时音乐对外交流对音乐自身的融合、变化产生了重要影响，同时也在反法西斯宣传上发挥了独特的作用。重庆是抗战时期大后方重要的文化阵地，大量音乐家、音乐组织都聚集在此，他们开展反法西斯音乐创作和对外交流，为推动抗日救亡运动的高涨发挥了自己独特的作用。

---

① 原载于《重庆师范大学学报》（社会科学版）2018 年第 6 期。

② 艾智科（1983—　），历史学博士，重庆中国三峡博物馆（重庆博物馆）研究馆员，抗战文化研究所研究员，西南大学中国抗战大后方协同创新中心博士后。

一、谱写反法西斯乐章

中国音乐界在反法西斯音乐的创作上起步较早，“九一八”事变之后，就有黄自作曲的《九一八》《抗敌歌》《旗正飘飘》等，聂耳作曲的《大路歌》《毕业歌》《义勇军进行曲》《逃亡曲》《打长江》等，冼星海作曲的《夜半歌声》《流民三千万》《青年进行曲》《救国军歌》《黄河大合唱》《太行山》《到敌人后方去》《热血》等，吕骥作曲的《中华民族不会亡》《自由神》《示威歌》《九一八小调》，阎述诗作曲的《五月的鲜花》，张定和作曲的《流亡之歌》，孙慎作曲的《救亡进行曲》，张寒晖作曲的《松花江上》，任光作曲的《渔光曲》《打回老家去》。随着全国性抗战的到来，大批音乐人和音乐团体迁聚在重庆，在中国共产党倡导和建立的抗日民族统一战线影响下，以重庆为中心的大后方音乐创作持续繁荣，产生了大量反法西斯音乐作品，它们与同一时期的世界反法西斯音乐交相呼应，共同构成了东西方音乐创作的主要内容。这些作品一经诞生，就被不断传唱，产生了广泛的社会影响。

就世界范围来看，这一时期反法西斯战斗处于僵持阶段，各地战斗异常激烈，战争给社会带来了极大破坏，对人们的生活造成了很大影响。苏联方面，肖斯塔科维奇的《第七交响曲》、亚历山德罗夫的《神圣的战争》、马特维·勃兰切尔的《喀秋莎》等，美国反法西斯作品《时光流转》《老兵不死》等，以及意大利游击队歌曲《啊，朋友再见》等，都广为世人传唱，成为世界乐坛开展反法西斯斗争的经典之作。在中国，广大音乐工作者投入反抗日本法西斯侵略的洪流中，掀起了极高的创作热情。在此影响下，以重庆为中心的大后方音乐界产生了大量脍炙人口的作品。例如描写死守上海的《歌八百壮士》、叙述湘北大战的《胜利进行曲》、表赞山西乡宁县歼敌的《歌华灵庙》、电影名曲《中华儿女》，端木蕻良作词、贺绿汀作曲的《嘉陵江上》，江村作词、张定和作曲的《嘉陵江水静静流》，沈群作词、王云阶作曲的《东北是我的家乡》，杨友群作词、汪秋逸作曲的《夜梦江南》，韦瀚章作词、中和作曲的《白云故乡》，潘孑农作词、刘雪庵作曲的《长城谣》，赛克作词、贺绿汀作曲的《全面抗战》，老舍作词、张曙作曲的《丈夫去当兵》，贺绿汀作词作曲的《游击队歌》，麦新作词、孟波作曲的《壮丁队歌》，胡然作词、江定仙作曲的《打杀汉奸》，安娥作词、任光作曲的《高粱红了》，莫耶作词、郑律成作曲的《延安颂》，萧三作词、冼星海作曲的《打倒汪精卫》，光未然作词、夏之秋作曲的《最后的胜利是我们的》，朱光作词、吕骥作曲的《庆祝抗日军胜利》，等等。抗战时期，各类音乐工作者创作的歌曲多达数千首，至今仍难以全面统计。1939 年底，国民党中宣部考虑到抗战时期歌曲繁多，“选出内容平妥及有利抗战之歌曲 73 首”，同时又有国民政府军事委员会政治部委托中国文艺社选出军歌 7 首，前后共 80 首定名为《民族歌声》，由中国戏曲编刊社发行（《编选抗战歌曲集》，《中央党务公报》1939 年第 1 卷第 22 期，第 26 页）。1958 年，音乐出版社曾搜集抗战歌曲编成三卷出版，共收录 146 首。不同时期的研究者对抗战歌曲都作了整理，但由于资料的局限，以及个人所持观点和知识结构的不同，历次抗战歌曲选编都有较大的不同，它们都只代表了抗战歌曲的一部分，反映了战时音乐创作的局部。

除此之外，重庆还有一些民间创作的反法西斯音乐，战时也较为流行。据《抗战大后方歌谣汇编》所收录的歌谣来看，战时大后方创作的反法西斯歌谣超过 600 首。其中，在重庆《新蜀报》《商务日报》《国民公报》《新华日报》《中央日报》《大公报》《扫荡报》等报纸和出版物上刊载的歌谣超过 330 首，包括《总动员歌》《寒衣曲》《防空歌》《出征歌》《征兵歌》《送郎投军》《杀敌小调》《雾季》《山城小唱》《抗战八年胜利到》等。“这些歌谣主题鲜明，内容丰富，品种繁多，旋律清新优美，感染力与号召力极强”“抗战民歌与民谣彰显了中华民族的创造力和凝聚力，极大地鼓舞了全国人民的抗日斗志，坚定了中华民族赢取反法西斯战争胜利的决心和信心。”[①]

结合 20 世纪 30—40 年代的国际形势来看，反法西斯是中外音乐界共同的主题，中国抗战音乐的产生和流传，构筑起近代中国音乐史上的经典丰碑。在最为艰难的条件下，重庆的音乐工作者用实际行动奏响了反法西斯的强音，创作出大量促进战时中国对外交流的音乐作品。

---

① 周勇等主编．抗战大后方歌谣汇编·序［M］．重庆：重庆出版社，2011：1.

二、举办和参与音乐会演以声援抗战

音乐是一种跨越语言、国家和地区的艺术表现形式。战时重庆的音乐界常常通过开展音乐会演等具体的活动，来与国外同行互动，引发他们在反战、救亡上的共鸣，进而开展抗战募捐，支援前线。例如，1939 年 12 月 22—23 日，中央广播电台的管弦乐队应基督教学生联合会、重庆市基督教女青年会、美以美会社交会堂之邀，与“圣诞合唱团”联合举行圣诞音乐大会，先后演唱 2 天。“圣诞合唱团”由李抱忱从中央政治学校、中央大学、重庆大学、国立音乐学院、南开中学选拔优秀歌唱者约 70 人组成。第一天的音乐会由基督教学生联合会主办，目的是“为募款救济欧洲战区学生”。演奏曲目包括圣诞联曲、大提琴独奏《匈牙利狂想曲》、小提琴独奏《马利亚颂》和《小夜曲》、钢琴独奏《摇篮曲》、混声合唱《圣诞颂》和《哈利路亚》、管弦乐合奏《水仙花序曲》《漫游诗人》等[①]。23 日则由重庆市基督教女青年会与美以美会社交会堂发起，主办“圣诞音乐会”，并为负伤将士募捐。李抱忱、王文杞指挥，演唱圣歌多首。其中罕得尔的《哈利路亚》等由中央广播电台管弦乐队伴奏。另有金律声指挥管弦乐合奏，黄源礼之大提琴独奏，张洪岛之小提琴独奏，范继森之钢琴独奏等。这次音乐会共募集义款 4000 余元[②]。类似的音乐会演在重庆并不少见。1940 年 12 月 28 日，国立中央大学基督教青年会在南开中学大礼堂主办国际音乐大会，“参加演奏者有七八国籍人士，我国音乐界名流马思聪、金律声、洪达奇诸先生均有表演。”[③]1943 年 9 月 5 日，驻华美军总部举行音乐茶会，专为招待之前中美文化协会举办“美国军人月”时宴请该部官兵聚餐的主人和陪客。同时，还决定今后每周日下午 3 时举行音乐会，以便招待其他中美文化协会会员[④]。1944 年 6 月 1 日，中英文化协会为响应献金运动，在胜利大厦举行音乐歌咏大会，请中国歌唱家斯

---

① 圣诞音乐会记［J］. 广播周报，1940（183）：21.

② 重庆圣诞音乐会［J］. 乐风，1940（1）：37.

③ 中大青年会定期演奏音乐［N］. 新华日报，1940-12-18.

④ 驻华美军总部今日开音乐茶会欢迎中美文协会员［N］. 新华日报，1943-09-05.

义桂和英国歌唱家郑鉴思等歌咏《蝴蝶夫人》等曲[①]。

值得注意的是，中华交响乐团作为一支专业音乐团体，在抗战时期的音乐会演活动中十分活跃。1940 年，中华交响乐团致函重庆市政府，请在国泰戏院举办每月音乐演奏会，其目的在于“供给市民高尚娱乐及藉雄壮歌声提高大众抗敌情绪以辅助抗建宣传”[②]。1942 年 2 月，国民精神总动员委员会、社会部民众动员委员会及重庆市动员委员会联合主办了文化界国民月会，中华交响乐团受邀表演[③]。当年 6 月 3 日，中华交响乐团为庆祝成立两周年，在嘉陵宾馆举行音乐演奏会，特邀宋庆龄、孔祥熙、孙科以及美、苏、英大使和军事代表团人员约 300 人到会。曲目有韦伯的《自由射手》、贝多芬的《小提琴协奏曲》等。音乐演奏会现场对美广播，“收音异常清晰，十分圆满。”[④] 同年 12 月 23 日，由重庆各大学教授和学生组织的圣诞音乐会在民众大戏院举行，为募集男女青年会学生公社建筑基金，组织者特邀各国使节前往，并开展百人大合唱，曲目有《弥赛亚》《圣母颂》等世界名曲 18 首[⑤]。不难看出，战时重庆的音乐会演十分频繁，不少会演或由中外文化组织共同发起，或邀请外宾参加，或由中外音乐家一起演奏完成，这对当时驻重庆的外国使节、记者、文艺工作者以及随行人员等都产生了较大震撼。有些演出活动还通过国际广播电台对外广播，将音符和旋律通过声波直接传送给外国听众。中外音乐界的这种互动，无疑是在同仇敌忾的语境下，为着反法西斯的胜利而得以实现的。

三、开展与国外音乐界的通信联络

在对外通信联络方面，重庆的音乐界与苏联往来较多。由于中苏文化协会发

① 中英文化协会响应献金运动［N］. 新华日报，1944-06-01.

② 中华交响乐团关于举行音乐演奏会致重庆市政府的函［Z］.1940 年 11 月 25 日 . 重庆市档案馆藏，档号：00600011002950000003.

③ 关于邀请于二月文化界国民月会表演致中华交响乐团的函［Z］.1942 年 1 月 30 日 . 重庆市档案馆藏，档号：00730001000570000060000.

④ 昨晚嘉陵宾馆盛大音乐会［N］. 新华日报，1942-06-04.

⑤ 圣诞音乐会百人大合唱［N］. 新华日报，1942-12-18.

起了中苏文化工作者的互致信函往来运动，战时重庆的音乐界与苏联同行的沟通显得较为频繁。《新华日报》曾对中华交响乐团与苏联同行的联络、沟通给予了肯定，认为："该团自成立以来，除致力于推动国内音乐运动及提高音乐水准外，复与苏联音乐文化界取得密切联络，以求沟通两国文化。"[①]1940 年 9 月，中华交响乐团又致信苏联音乐界，向他们介绍战时中国音乐的发展情况，告诉他们中华交响乐团的发起、成立经过和工作进展[②]。除了中华交响乐团外，中华全国音乐界抗敌协会作为战时音乐界的最大团体，也通过书信、广播积极开展对外联络。1940 年 9 月 29 日，中华全国音乐界抗敌协会在致苏联音乐界的书信中说："现在国内的音乐机关、团体，以及刊物等，不仅在数量上比抗战初期时多，在质的方面也比较以前进步。一般音乐工作者，虽在艰难困苦的环境中，仍永远坚韧不拔地继续努力，这种令人敬仰的毅力，也许就是中国音乐的成功及中国抗战胜利的基础。"这封对苏联音乐界的书信还说："刘雪庵的《中国组曲》、贺绿汀的《晚会》、马思聪的《塞上舞曲》《牧歌》，及陈田鹤的《夜深沉》等，各曲曾先后向贵国广播，均兼具中国风味与西洋的技巧，为中国划时代的新音乐作品。"[③]

此外，战时重庆的音乐家也常常以个人名义与苏联音乐家通信。1940 年，作为乐团总指挥，马思聪单独致信苏联音乐家杜纳埃夫斯基、马良、郭凡尔等人，称："关于中苏文化协会所发起的（中苏）通信运动，给了我这可欣喜的机会和你通信，我觉得非常荣幸。"马思聪希望两国音乐界能保持通信，经常介绍双方音乐界的动态。同年 10 月 23 日，马良、郭凡尔等从莫斯科回信给马思聪，表示希望中国介绍更多的音乐组织、音乐家和作品给他们，并称自己在创作一些关于中国的音乐作品，今后苏联作曲家协会可长期向中国寄送他们的交响乐谱[④]。1940 年 11 月 29 日，刘雪庵给苏联作曲家协会写信，不久刘雪庵收到回信。苏联作曲家协会在信中说："你在这信里表现了现代进步知识分子最优秀代表们的思想和感情。和我们的中国同业们一样，我们苏联作曲家也深信进步力量对于反动势力的

① 中华交响乐团今晚公开演奏，曾致书苏联音乐界［N］. 新华日报，1940-08-13.

② 中华交响乐团致苏联音乐界书［J］. 中苏文化，1941（5）.

③ 中华全国音乐界抗敌协会致苏联音乐界书［J］. 中苏文化，1941（2）.

④ 中华交响乐团致苏联音乐界书［J］. 中苏文化，1941（5）.

胜利，文明对于纳粹野蛮的凯旋。……你对于建立中国与苏联音乐节间的密切联系的愿望完全和我们自己的愿望一致。现在我们由苏联对外文化联络会中转寄给一些乐谱，并渴望你也寄些给我们。”[①] 毫无疑问，战时重庆音乐界与苏联同行的通信联络，增进了相互之间的了解，增加了用音乐开展反法西斯斗争的共识，有助于形成音乐界的反法西斯战线。

四、推介和宣传中国反法西斯音乐

战时重庆的音乐工作者不断克服困难，采取各种方式积极向国外推介中国的反法西斯音乐作品。1939—1940 年，国民党宣传部国际宣传处请李抱忱等人选择一批抗战歌曲并将其译成英文，以利于传播。选歌时，以“流行”与“优良”作为标准，刘雪庵、贺绿汀、陈田鹤等都参与进来，最终选定 12 首（见下表）。但音乐的翻译十分讲究，其文法、发音、抑扬、顿挫、节奏和旋律都要有所考虑，既要译得得体，又要便于传唱。李抱忱等人还请一些在渝美国、英国友人相助，才得以成稿。这些歌曲编译后，“在香（港）印刷，在欧美各大杂志逐首刊载。从此我国抗战歌声，将遍传在海外了。”[②]1944 年，国民党宣传部又请李抱忱补充了 1939 年之后的抗战歌曲 10 首，这“大概是因为这本集子通过介绍战时中国歌曲创作，发挥了向海外侨胞和国际友人宣传抗战的作用，受到欢迎的缘故。”[③]

表 1　国民党国际宣传处向国外推介的中国抗战歌曲信息表[④]

序号	歌名	作曲	伴奏作者	作词	翻译
1	《党国歌》	程懋筠	赵元任	孙总理	杜庭修
2	《国旗歌》	杜庭修	赵元任	戴季陶	杜庭修
3	《义勇军进行曲》	聂耳	李抱忱	田汉	李抱忱

① 苏联作曲家协会复中国作曲家刘雪庵的信［J］. 中苏文化，1942（1）.

② 中宣部发行英语中国抗战歌曲选［J］. 乐风，1940（1）.

③ 冯长春主编．“重写音乐史”争鸣集［M］. 北京：文化艺术出版社，2015：45.

④ 中国近代音乐史参考资料 1937—1945（上）［Z］. 第 4 编第 1 辑．中国音乐家协会，中国音乐研究所编印，1959：83-85.

续表

序号	歌名	作曲	伴奏作者	作词	翻译
4	《自卫》	赵元任	赵元任	马祖武	李抱忱
5	《救国军歌》	冼星海	李抱忱	赛克	隐名氏
6	《牺牲已到最后关头》	麦新、孟波	刘雪庵	麦新、孟波	马彬和
7	《长城谣》	刘雪庵	刘雪庵	潘子农	隐名氏
8	《大刀进行曲》	麦新	刘雪庵	麦新	梅克敌
9	《出发》	劳景贤	劳景贤	劳景贤	戴爱士
10	《中华民族不会亡》	吕骥	周美德、李抱忱	柳青	杜庭修
11	《游击队歌》	贺绿汀	贺绿汀	贺绿汀	梅克敌
12	《抗敌歌》	黄自	黄自	韦瀚章	戴爱士

除了从国内译介音乐向外推送，一些音乐家还走出国门，直接到国外传播战时中国的反法西斯音乐。据音乐指挥家刘良模回忆，他 1940 年夏去美国，发现美国人虽然同情中国的抗日战争，但并不了解具体情况。于是，刘良模就用音乐传播中国的抗战声音。最初，刘良模通过接触美国黑人歌手保罗 · 罗伯逊（Paul Robeson），向美国推介《义勇军进行曲》。保罗 · 罗伯逊还特意录制了一套中国抗战歌曲和中国民歌，唱片名字就叫《起来》①。1941 年 3 月 26 日，全美助华联合总会在纽约举行第一次助华宴会，威尔基、赛珍珠、胡适等两千余人与会。其间，旅美华人临时组成合唱团，由刘良模领唱了《义勇军进行曲》等歌曲，在全美广播②。此外，刘良模还在美国各地，从商会到人民团体，从大学到中小学，不断地讲中国抗战，并利用各种机会把中国的抗战歌曲唱给美国民众听。1943 年，他将《黄河大合唱》介绍给美国普林斯顿大学的合唱团，由合唱团译成英文，在美国传唱③。另一位在美国传播中国抗战音乐的重要人物是王莹。据当时与王莹一同赴美的谢和庚回忆，1942 年，苏、美、英等国家在华盛顿召开世界青年学生

① 刘良模．中国抗战歌曲在美国［J］．人民音乐，1982（9）：41.
② 全美助华联合总会第一宴［J］．良友，1941（166）.
③ 刘良模．中国抗战歌曲在美国［J］．人民音乐，1982（9）.

代表大会，王莹作为中国代表参加，并作了演讲，演唱了《卢沟桥》。会后，王莹又借着巡回演讲的机会，到美国各地唱中国抗战歌曲。在赛珍珠的帮助下，王莹等人在美国创建了“中国剧团”。这个剧团由中美两国演员参加，经常到各城市演出，大量抗战歌曲在演出活动中得到传播。事实上，抗战时期，由于海外华人的努力，包括《黄河大合唱》《义勇军进行曲》《长城谣》等在内的不少歌曲得以在异乡传播。例如1942年2月，缅甸华侨战工队在缅甸曼德勒云南会馆演出，之后又到眉苗、叫脉、锡波、腊戌等城镇进行巡回演出。《黄河大合唱》《团结起来》《黄花曲》等均被传唱，“演出获得巨大成功，并对战后缅甸华侨爱国歌咏运动的广泛开展，产生了积极影响和推动作用。”①

随着中国反法西斯音乐影响的扩大，一些同盟国的音乐家主动介绍、改编、演奏中国音乐。据《新华日报》载：“苏联名歌曲家、诗人，编译我国抗战歌曲《义勇军进行曲》等最受欢迎，苏联著名歌曲家克里曼蒂克基马利夫，已将中国抗战歌曲十五种，编制乐谱，有数种业已制成留声机片，行销甚广。名曲中，最受欢迎者为《义勇军进行曲》及《流亡曲》等，其词意都由名诗家沙诺夫、阿尔托森等人译为俄文。”②1943年9月20日，英国钢琴家海斯在伦敦阿尔柏特大厅演奏，由布尔特爵士指挥之英国广播公司交响乐队伴奏。此次演奏，是克里浦斯所主持英国援华募款委员会开展的活动之一。一些中国歌曲被事先编入活动进行演奏，此外还有英国国歌，及莫扎特、贝多芬、舒曼等人的作品。到会各国贵宾及听众约3000人③。此外，由于中国抗战音乐在美国的不断传播，美国作曲家古尔德等将《军民合作》等改编成交响乐。这些改编的乐曲还曾由美国国家广播公司管弦乐队演奏，并向全美广播④。可见，通过音乐交流，国外音乐界对中国战时音乐表现出了极大的兴趣，他们译介、改编和演奏中国音乐无疑使之具有更好的传播效果，这在很大程度上是对中国抗战的正义声援。

---

① 云南省归国华侨联合会，云南华侨历史学会编印．赤字丰碑——华侨与抗日战争［Z］．内部资料．2005：407.

② 苏联名歌曲家诗人编译我国抗战歌曲［N］．新华日报，1939-09-15.

③ 援华募款音乐会［J］．图书月刊，1943（7）.

④ 中国歌曲在美国［J］．大观楼旬刊，1943（11）.

五、引介战时西方音乐

随着战时中外音乐交流的不断推进，西方音乐实际上进一步延续了战前对中国音乐界的影响。战时中国音乐界对世界反法西斯音乐做了大量引介，这显然有利于促进西方音乐在中国的传播。全面抗战爆发后不久，国民党对于苏联音乐的引介比较积极。1939年国民党中央电台时常播放苏联音乐，其中名家音乐包括杜纳也夫斯基的《故乡》、可列斯尼夫的《哥萨克的斯大林歌》、予拉迭利的《献给领袖》、伊得克维赤的《前奏》、司片甲洛夫的《歌剧阿尔比斯特的进行曲》、布伦的《却派耶夫卡牙曲》、索洛维约夫的《骑兵曲》、可瓦略夫斯基的《空军城影的前奏》、堤可夫的《英雄组曲》、披克拉斯的《假如明日有战事》等[①]。另外有《热情进行曲》《铁路工人进行曲》《共青号机关车》《怎能不唱呢》《体育进行曲》《坦克手进行曲》《雄心曲》《女力士》《骑兵进行曲》《红海军进行曲》等[②]。还有苏联民族音乐，包括东冈民歌、三达旅进行曲、奇基兹古恋歌、民间恋歌、民间抒情曲、奇基兹进行曲、哥萨克民歌、柏尔图鲁恋歌、塔吉克恋歌、卡巴尔金古民歌、乔治亚民歌、亚治伯赞民歌、阿赛乐之莱兹更女人等[③]。与此同时，中苏文化协会对于苏联音乐的引介也发挥了重要作用。中苏文化协会与苏联对外文化协会展开联系，介绍中国音乐和音乐家给对方的同时，也在中国推送苏联音乐。为此，苏联方面向中国音乐界赠送音乐作品，并通过各种形式宣传展示。1943年初，中苏文化协会就接到苏联方面运送的大量作品，有“苏联各民族歌剧曲谱，交响乐谱等。”[④]当然，除了介绍和播放苏联音乐外，考虑到战时重庆有不少美国人，国民政府的中央广播电台也于1942年12月7日开始，特设美国音乐时段，每晚播放半小时，音乐唱片由美军司令部提供[⑤]。

抗战时期，中国音乐界对提升音乐演奏技术的探索并没有停止。中华交响乐

---

① 今晚中央电台转播苏联优美音乐［N］. 新华日报，1939-10-31.

② 今晚可听苏联音乐［N］. 新华日报，1940-09-30.

③ 今晚可听到苏联东方民族音乐，由中央广播电台转播［N］. 新华日报，1939-12-29.

④ 苏联运到大批美术音乐作品，拟于三月举行展览［N］. 新华日报，1943-02-02.

⑤ 美国音乐，中央电台特定今晚播送远东美侨收听［N］. 新华日报，1942-12-07.

团在成立时便将“提高我们音乐的技术理论同人民的音乐认识的水平，介绍西洋的音乐”[①] 作为其存在的主要目的之一。事实上，从乐器使用上讲，抗战时期的中华交响乐团、国立音乐学院实验管弦乐团、国立实验剧院实验乐团、中央广播电台管弦乐队等都是典型的受西洋音乐影响的专业组织，他们的演奏多依赖于对西方音乐器材的使用。在战时重庆，这些音乐组织主办或参与了众多演出活动，其中不少曲目便是外国作品，这在客观上是向中国听众直接推送西方音乐及其演奏技术。1940 年 11 月 9 日，中华交响乐团在嘉陵宾馆举行音乐会演，邀请冯玉祥、孙科等两百余人参加。此次演奏会除演奏《荒山之夜》《夜曲》《我的祖国》等作品外，还演奏了俄国音乐作品，“实为我国音乐界演奏俄国作曲家作品之缀始”[②]。1941 年 3 月 5—6 日，由中华交响乐团、国立音乐学院实验管弦乐团和实验剧院交响乐团组成的三大管弦乐团联袂在国泰大剧院演奏。演奏团共 80 余人，由吴伯超、马思聪、郑志声担任指挥。两日演奏曲目完全相同，为 9 支世界名曲：贝多芬的《第五交响曲》、马思聪的《思乡曲》《塞外舞曲》、韦伯的《自由射手》序曲、莫扎特的《美奴爱特舞曲》、罗西尼的《威廉·退尔》序曲、门德尔松的《小提琴协奏曲》、穆索尔斯基的《荒山之夜》、得法拉的《巫者弄情》。1943 年，中华交响乐团“为加强民众音乐教育，决定以后每星期举行‘星期音乐演奏会’一次，假银行业同仁进修社礼堂举行，节目有贝多芬的《第一交响曲》、韦伯《自由射手》及莫扎特弦乐四重奏等名曲。”[③] 当然，之所以介绍西洋音乐，很大程度上是由于音乐在掀起民族主义、开展反法西斯救亡运动中有着巨大作用，这实际上超出了音乐交流、借鉴本身在技术范畴上的意义，与战时特殊的环境不无关系。

六、结语

中国有着悠久的音乐文化传统，但中西方音乐领域的交流在相当长的历史时期内并不多见。抗日战争全面爆发之前，由于受到近代西学东渐思潮的影响，西

① 中华交响乐团致苏联音乐界书［J］. 中苏文化，1941（5）.

② 我音乐界首次演奏俄国名曲［N］. 新华日报，1940-11-10.

③ 星期音乐演奏会，中华交响乐团主办［N］. 新华日报，1943-04-15.

方音乐在教会仪式、军乐演奏、学校教学、酒吧舞厅以及家庭生活等场合不断产生其作用，对中国音乐的发展产生了较大影响。到 20 世纪 30 年代，随着中日民族矛盾的逐渐加深，以“左翼”音乐运动为先导，一批反映救亡图存、革命进步的歌曲不断涌现，它们一方面将新的音乐技术、手段或特质运用其中；一方面把音乐与普通大众的心理融合起来，具有比较鲜明的时代特色。抗战全面爆发后，音乐的发展和交流进一步延续和彰显了这种特色，反法西斯音乐的创作和交流也更加繁荣。与此同时，受战争局势的影响，大批文化人和机构纷纷内迁，近代中国音乐发展的空间版图完全改变。此时，重庆市救亡歌咏协会、中华全国音乐界抗敌协会、重庆市普及民众歌咏运动委员会、中华交响乐团、中国音乐学会等相继在重庆创立，还有中央训练团音乐干部训练班、国立音乐学院等也在重庆创建。在抗日民族统一战线的影响下，以重庆为中心的大后方音乐在坚持抗战、争取民族独立中发挥了重要作用[①]。在对外交流中，战时重庆的音乐界以反法西斯为主题，通过举办演奏会、通信联络、译介作品、在国外改编和传唱歌曲等多种方式与美、苏、英等国同行频频对话，有的还走出国门，与当地音乐界和民众互动，产生了较为广泛的社会影响，这有助于宣传中国抗战精神，争取国际支持，构筑文化界的国际统一战线，同时也为推动近代中外音乐文化交流作出了极为重要的贡献。

① 邱域埕．抗战时期大后方歌谣新探［J］. 重庆理工大学学报（社会科学），2016（10）.

战时首都重庆出版音乐书籍探析①

汤斯惟②

全面抗战爆发后，随着国民政府迁都重庆，这座内陆山城便成为中国的战时首都，大批文教、出版、科研机构和相关人员也随之迁渝。1937—1945年，短短8年的时间，来自全国各地的音乐家们在爱国主义的旗帜下，聚集到了以重庆为中心的大后方，客观上促使各地音乐家由分散趋于集中，也使得重庆成为战时音乐文化艺术的汇集地。音乐家们在这里不仅开展了许多声势浩大的抗日救亡活动，还出版了大量珍贵的音乐书籍。音乐书籍作为音乐史研究的重要基础资料，应对其进行系统的搜集、整理和研究，这样才能更加公正、客观地进行历史评价，丰富中国近现代音乐史的研究成果。20世纪80年代以来，中国近现代音乐史在史料的收集、研究等方面取得迅速的发展，如由上海音乐学院钱仁平教授主编的《民国时期音乐文献总目》[1]和《民国时期音乐文献汇编》[2]、由南京艺术学院陈建华教授等主编的《民国音乐史年谱》[3]等，都在一定程度上较为全面地展示了民国音乐的面貌，具有深远的意义。而作为战时首都的重庆，因其特殊的历史地位，对中国近现代史而言显得极为重要。近年来，关于战时首都重庆在政治、经济、军事等领域的研究都得到了学界的重视，成果斐然；然而在音乐研究方面却显得相对滞后，对战时首都重庆音乐文献的整理研究并未引起学界的广泛

---

① 本文系2017年重庆市博士后科研项目特别资助项目“战时陪都重庆的音乐家群体研究”（项目编号：Xm2017064）、西南大学中国共产党革命精神与文化资源研究中心项目“中共中央南方局与抗战大后方新音乐运动研究”（项目编号：17SWUJDPYC14）的研究成果之一。原载于《图书馆杂志》2019年第1期，总第333期。

② 汤斯惟，女，西南大学历史文化学院，中国抗战大后方研究中心在站博士后。研究方向：抗战大后方音乐研究。

关注，参与此项工作的学者也并不多[4-6]，涉及的史料不全、不深、不细致，这样的情况十分不利于整理研究工作的深入开展。为此，笔者历经六载爬梳，对在战时首都重庆出版的音乐书籍做了一次详细、系统的整理工作[7]，并在此基础上从书籍的主要特点、价值和意义等方面对战时首都重庆的音乐书籍做进一步的探析，希望借此能为民国时期音乐文献的整理研究尽一份绵薄之力。

由于文中提到了“战时首都重庆音乐书籍”这个概念，因此有必要先行对此概念进行一个解释和说明。“战时”指的是“全面抗战时期”，即从 1937 年 7 月起至 1945 年 8 月；“首都重庆”，则指的是 1937 年 11 月国民政府发布《国民政府移驻重庆宣言》后迁都重庆，重庆即成为中国的战时首都①。因此，凡是 1937—1945 年间在重庆出版的、因某些具体原因未出版的与音乐有关的各类“现存”书籍或音乐家手稿，均为此次整理和探析的对象。

一、战时首都重庆出版音乐书籍的主要特点

“了解时代，资料第一。资料大源，便是书籍。”[8]我们对音乐史的研究能否揭示真相、还原原貌，关键在于其文献资料是否真实、具体、可靠。战时首都重庆出版的音乐书籍不但如实地反映了 8 年间我国音乐发展的面貌，而且也是中国近现代音乐史的重要组成部分，更是我们研究近现代史不可忽视的重要资料。但是随着时间的推移，民国文献纸张老化程度日趋严重，加之经历各种动荡，更加剧了学界开展搜集、整理珍贵原始文献工作的紧迫性。

根据前期整理的不完全统计，在战时首都重庆出版的音乐书籍共有 151 本（具体音乐书目见附录），这些书籍在作者、题材和内容等方面表现出以下三个特点：

1. 从作者来看：作者背景不尽相同，有专业音乐工作者，有教育工作者，有政界名流，也有一般的音乐爱好者，但还是以专业音乐工作者为主。抗战时期，身处重庆的音乐家们，冒着敌机狂轰滥炸的危险，依旧坚守信念，一边教书育人，一边著书立说，出版并发表了众多重量级的学术专著和文章。如当时国民政

① 为行文方便，本文中出现的“战时”或“抗战时期”，均指“全面抗战时期”。

府教育部音乐教育委员会研究组主任郑颖荪认为，“我国乐器不合音律，制作拙劣……坊间乐器，工作简率，定音乖谬，实亦不容讳言，至足影响乐教之发展”，鉴于此，国民政府教育部音乐教育委员会研究组决定于1940年起开始“研究简单标准定音器，发交乐器制造厂应用”；随后郑颖荪即与“杨荫浏先生相商，根据物理、数理及通行音律之原则，从事研究”，遂由杨先生著成《弦乐器定音计述略》[9]一书，于1942年出版。该书解决了弦乐器张力误差的问题，并阐明了弦乐器定音计的相关原理和方法，这一方法直至今日仍被琵琶、阮、月琴等弦乐器所用。杨荫浏先生此专著出版后，获得国民政府教育部学术审议委员会颁发的1942年度学术二等奖。此外，由杨荫浏主编，郑颖荪、张充和、查阜西、彭祉卿等音乐家共同完成的《国乐概论》（重庆青木关国立音乐院，1943年）[10]，是近代以来第一本系统介绍本国音乐的教材，具有极其重要的历史地位及价值。杨荫浏的《中国音乐史纲》（国立编译馆，1944年）[11]，介绍了我国历史上的48种乐律成就，是关于中国古代乐律宫调的集大成之作，具有相当高的史料价值；该书再次荣获国民政府教育部学术审议委员会颁发的1944年度学术奖励二等奖。陈振铎的《怎样习奏二胡》（重庆青木关国立音乐院，1945年）[12]，经过6次整理编辑，于1945年正式刊印，乃作者积“十余年之教学经验以及历次编辑之心得而集成”，此书共收录二胡练习曲及二胡演奏曲60余首，不但乐曲“均采用个人作品，深浅并用，以利习奏”，而且所有乐曲首次“采用最流行之简谱编译，借兹普及”；同时，这也是近现代首部正式出版的二胡专著，对二胡的发展而言，具有里程碑的意义。1945年，由国立音乐院1947级理论作曲组学生编印刊行了《中国民歌》[13]，这本民歌集与之前的“民间歌谣研究运动”、王洛宾对西部民歌的整理和搜集以及延安的民歌研究不同，其创作的民歌是用“原来的民歌曲调，配合新的和声”；“研究民歌的旋律节奏和调式的规律，并且从旋律中去寻求一些可能的和谐体系”，他们“以为只有从这个基础之上，才可以寻找到一条创作真正民族音乐的道路”[13]。这本《中国民歌》为中西音乐文化找到了一个交汇点，不仅让民歌走进课堂，也让艺术化的中国民歌登上了专业舞台，更为中国民歌走向世界开辟了一条新道路。1943年，由黄自先生遗作整理委员会（成员有杨荫浏、杨仲子、吴伯超、陈田鹤、刘雪庵、江定仙、胡然、顾樑）编辑的《黄自全集》第一册《长恨歌》[14]，收录了黄自先生生前创作的清唱剧《长恨歌》七乐章。这部清唱剧是黄自先生唯一一部大型声乐套曲，也是我国近现代史上第一部清唱剧题材的作品，该作品在那个战火纷飞的年代能够保存下来实属不易，而黄自先生生前的好友及学生更是克服重重困难出版了这部作品，才使得这部经典作品流传于世。

除上述专著以外，还有音乐家翻译的国外名著，如张洪岛在1942年翻译了保罗·倍凯尔（Parl Bekker，1882—1937）的《音乐的故事》（独立出版社，1944年）[15]，此书是张洪岛在国立音乐院教授西方音乐史时翻译的，他在上课的时候“一面讲授历史上的大事，一面为同学们介绍这本名著”。该书包括了西方古代音乐、复音音乐与和声音乐、后期浪漫主义、近代乐潮等20章，系统而全面地介绍了西方音乐的发展历程。当时这些音乐家们在物资极度匮乏且频遭敌机轰炸的大后方，用惊人的毅力完成了不少巨著，这些成果不但促进了中国现代音乐的发展，更为后世留下了丰富的文化遗产，是中国音乐史上一笔宝贵的财富。

此外，还有现代幼儿教育家钟昭华编著的《儿童歌曲》（华华书店，1945年）[16]，这本歌曲集得到了我国现代幼儿教育奠基人陈鹤琴先生的大力推荐，陈先生还专门为此书撰写了《介绍语》，他认为这本歌集“是培育幼苗的精神甘霖”，同时，他希望“幼稚教师、低年级教师、家庭的父母个个人手一册，以资参考而利教学”。另外，像陈果夫、顾毓琇等政治家或文化名人也出版了歌谱。如陈果夫的《儿童卫生歌》（正中书局，1942年）[17]一书，就是他为增强少年儿童的健康意识特别创作的。顾毓琇也翻译并出版了贝多芬第九交响曲第四乐章的声乐部分《欢乐颂》（咏葵乐谱刊印社，1940年）[18]。

这时期不同的作者，关注音乐的视角可谓大相径庭，但其内容已涉及了音乐的各个方面，读者也可根据自己的需要进行选择。和现在的书籍出版不同，战时由于受出版条件、出版经费等多种因素的限制，能够顺利出版发行一本书并非易事，因此，当时音乐书籍的作者主要为这一领域的专家，或者有相关爱好的社会名流，他们的书大多会得到政府部门、专业机构、社会团体等各种渠道的资助；个人花钱出书的有，但其发行量和影响力并没有前者大。因而出现了这样一种情况，即抗战时期，在重庆正式出版发行的音乐书籍大多出自音乐名家。这些音乐家们因战乱从四面八方聚集到了重庆，小小的山城一时间汇集了众多的学术大家，面对敌人的入侵，他们一致对外，仍不忘自己的理想追求，学术界也出现了难得的自由环境，充满了无限的生机；这样的环境更为学者们提供了开放式的创作空间，激发了他们的潜能。可以说，抗战时期，是许多音乐家创作及学术研究的顶峰时期，所以我们不难理解，为何当时他们生活异常艰苦，但留下了大量传世之作。

2. 从涉及的题材来看：战时首都重庆出版的音乐书籍，其题材十分广泛。有抗战题材、教育题材、民族风情题材、历史题材等，极大地丰富了音乐的表现形式。教育题材有《音乐入门》（开明书店，1945 年）[19]、《简谱体系（增订本）》（时代音乐社，1944 年）[20]，《高中歌曲选》（胜利书局，1945 年）等[21]；历史题材有《〈屈原〉插曲》（中国书店，1942 年）等[22]；民族风情题材有《民歌选集》（文信书局，1942 年）[23]、《中国民歌》（国立音乐学院 1947 级级会，1945 年）[24] 等。但总的来说，这期间出版的音乐书籍还是以抗战题材为主。根据笔者的统计，在战时首都重庆出版的 151 种音乐书籍中，有关抗战内容的书籍有 52 种，占到了总数的 34%。

20 世纪 40 年代，抗战进入相持阶段，重庆的音乐家们不忘肩上的责任，创作了一大批激励群众爱国热情的抗战歌曲，并把这些歌曲编辑成册，便于民众传唱。与此同时，国民政府也意识到了音乐对抗战的积极作用，出版发行了一系列的抗战歌曲集。在这些抗战题材的书籍中，最具有代表性的作品，有 1940 年由重庆读书生活出版社发行的《反攻（星海歌曲集）》[25]，这本歌集收录了包括《反攻》《保卫黄河》《到敌人后方去》《在太行山上》《保卫祖国》《中国空军歌》等冼星海创作的 38 首抗战歌曲，其中合唱歌曲有 23 首，占到整本歌曲总数量的 60%。在这本歌曲的《自序》中，冼星海说道：“歌咏是政治的反映，也是民族反抗情绪的呼声，它在抗战中起了很大的作用，为全国英勇的战士们及一切坚决抗战的同胞们所公认”；而“歌咏之所以在三年多的抗战当中起了极其重大的作用，是由于许许多多作家及歌咏工作者的艰苦奋斗的收获”；“然而，由于战线的延长，前方、后方、敌人后方，以至各个乡村角落的广大要求，而所产生的歌曲和干部，离应有的数量的确还有些不够”；“许多朋友从各地寄信来谈及歌曲太缺乏，纵有也不过零碎的一些作品，因此我便把这些最近的新歌集合起来，即成本子，以应他们的需要而答他们的渴望”；“这本歌集，大部分是新作，在各不同的地方和不同的战斗环境中写出来的”，因此，它是一本能够“配合着目前的政治形势，加强抗战力量”的歌曲集。

除此以外，还有由张定和①主编、国民政府教育部第二社会教育工作团出版的《抗战歌曲新集（一至四辑）》[26]。本套歌集现存（二）（三）两辑，第二辑共刊印了两次，第一次是1940年初版，第二次是1942年再版；第三辑于1941年出版。该书的受众主要包括两方面，一是学校，二是歌咏团。所有歌曲全部采用简谱，歌咏团部分又配有钢琴伴奏谱，以便演奏时用之。根据对象的不同，此书在歌曲的选择上也有一定的差异，如学校部分基本为独唱歌曲，歌咏团部分大多为合唱。另外，本书所收录的歌曲除张定和自己创作的以外，其余的基本为当时在社会上较为流行的抗战歌曲，如《满江红》《民族至上歌》《游击队歌》《还我河山》《反攻》《制寒衣》等。该歌曲集在短短的几年连续出版4辑，而且是重复刊印，可见其受欢迎的程度。

1941年由国民政府教育部音乐教育委员会编著、泳葵乐谱刊印了《齐唱曲集》（教育部音乐教育委员会，1941年）[27]和《现代合唱曲集》（教育部音乐教育委员会，1941年）[28]，这两本曲集都属于音教委“乐库”系列丛书。该套“乐库”“以供给一般民众唱歌材料，并灌输其音乐常识，用以普及民众乐教为宗旨”，计划出版“包括齐唱曲集、合唱曲集、中国乐曲集、音乐常识、音乐故事、识谱法、歌唱法、中国乐器演奏法、音乐活动组织法、儿童歌舞剧、儿童节奏乐队用曲、唱游教材等十余种，视需要缓急，以定编印之先后”。《齐唱曲集》和《现代合唱曲集》初版分别印制3000册，选择的曲目包括《出征歌》《长城谣》《中国空军歌》等齐唱歌曲，以及《民族至上》《满江红》《胜利进行曲》《歌

① 张定和，字锷还，安徽合肥人，作曲家。抗战期间，在重庆担任国立戏剧专科学校和声教员、重庆中央广播电台作曲专员，主要作品有歌曲《嘉陵江水静静流》《满江红》《人民英雄永垂不朽》《请允许》，歌剧《打击侵略者》《槐荫记》等。张定和先生在重庆时曾与吴祖强的大哥——著名剧作家吴祖光合作，为其戏剧谱曲，并受其委托给吴祖强上作曲课。后来，吴祖强先生（中国音乐家协会名誉主席、中央音乐学院前院长、作曲家）在接受采访时说，我只提两位对我影响最大的老师，一位是张定和，一位是盛家伦。

八百壮士》等混声合唱曲，所有曲目均“以歌词浅显、曲词易唱、合乎民众歌唱者为标准”[27]。虽然音教委出版的这两本曲集意在弥补音乐教材之缺，但从其歌曲的选择来看，内容全部与抗战相关，这在一定程度上也能看出国民政府在抗战时期，有意识地利用音乐的特性来激发民众的抗战热情、增强他们的爱国情怀，“以应时代之需要”[29]。

1943 年由大东书局出版了陈田鹤抗战歌曲集《剑声集》[29]，这本歌曲集共选编了 8 首抗战歌曲，全部由陈田鹤创作；值得注意的是，他精选的这 8 首歌曲①在当时都十分受大众欢迎，在街头巷尾广为传唱，其中既有独唱，也有重唱、齐唱和四部合唱；既有古诗词配曲，也有新创作的艺术歌曲。但是无论哪种题材和形式，都充分彰显了作曲家在国难当头、民族危难之际，自觉清醒的爱国意识，让我们钦佩不已。

1945 年 8 月，日本宣布无条件投降，由国立礼乐馆编选的《凯歌选》（国立礼乐馆出版社，1945 年）[30]也应运而生，该套歌曲集共有 9 辑，每辑收录 5—8 首关于抗战胜利的歌曲，如《凯旋歌》《胜利进行曲》《全民胜利歌》《欢迎战士凯旋》《日本法西斯已经投降》《狂欢》《联合国凯歌》《抗战胜利了》《起来新中国的主人！》等共 51 首作品，这也是战时首都重庆出版的唯一一本所有内容都是歌颂抗战胜利的歌曲集。

3. 从内容来看：战时首都重庆出版的音乐书籍，其内容十分丰富。除之前提到的音乐理论、音乐教育、音乐史、音乐戏剧剧本等少量书籍外，大部分都是曲谱类读物。这些曲谱类读物主要分声乐曲谱和器乐曲谱，其中声乐曲谱是出版发行的重头。这时期出版的声乐谱大致可以分为以下 6 类：第一，抗战歌曲，前文已做详细分析，这里不再赘述。第二，儿童歌曲，如夏白的《我教你唱歌》（文风书局，1943 年）[31]、陈果夫的《儿童卫生歌》（正中书局，1942 年）[17]、孙慎的《儿童新歌集》（歌曲研究社，1945 年 4 月）[32]、钟昭华的《儿童歌曲》（华华书店，1945 年）[33]、华莺与章淑的《儿童歌曲》（作家书屋，1944 年）[34]、

① 这 8 首歌曲是《满江红》《还我山河歌》《民族至上歌》《巷战歌》《空军颂》《制寒衣》《兵农对》《火线下之歌》。

黄源洛的《童歌集》(重庆青年书店，1943年)[35]等。此外，还有儿童唱歌表演教材，如胡敬熙的《新型儿童音乐表演》(正中书局，1942年)[36]、顾绶卿的《唱游教材》(晨光书局，1944年)[37]、陈韵兰的《唱游》(教育部国民体育委员会，1945年)等[38]，这类书籍中的每首歌曲都附有相应的表演说明，要求儿童边唱边跳，此形式不仅符合儿童的生理、心理特点，更增强了趣味性，让孩子们能够更愉快地学习音乐。以上这些儿童歌曲有针对学前儿童的，有以小学生为对象的，还有以初中学生为主创作的；虽然它们的对象有所不同，但其目的都是为启发儿童智力、培养音乐兴趣、形成良好习惯而编著，在一定程度上也解决了战时儿童音乐教材缺乏等问题，不但让孩子们在战时的非常时期接受艺术熏陶，同时也在潜移默化中对他们进行了爱国主义教育。可以说，儿童歌曲能够激发孩子们的创造力和想象力，激起他们的爱国热情，让孩子们更加积极地参与到抗日救亡的浪潮中。第三，艺术歌曲，如洪波的《心弦底歌》(华一书局，1945年)[39]，这是洪波的个人创作集，其中收录了如《心弦底歌》《思乡曲》《长相望》《忆江南》《怀友》等16首艺术歌曲，这些艺术歌曲的歌词或由洪波自己创作，或源于韦瀚章等著名歌词家，或取自于李白、白居易的诗歌，“几乎每首都是先选取我所喜爱的歌词，让整个的心灵情绪浸融在歌词的意境中，然后用音符来表达心弦上的反应”，最终让这些艺术歌曲呈现在读者面前。此外，还有姚牧的《抒情新歌集》(乐艺社，1945年)[40]，该歌曲集收录了黄自的《思乡》《玫瑰三愿》、刘雪庵的《枫桥夜泊》《思故乡》以及姚牧的部分艺术歌曲，共65首。第四，大众歌曲，代表作有王珏编的《1945电影新歌集》(求知图书馆，1945年)[41]，这本歌曲集是抗战时期较全的一本电影歌集，共收录了如《一夜皇后》《大路》《天涯歌女》等国内经典影视插曲161首以及42首国外影视插曲。第五，各地民歌，如王洛宾的《西北民歌集》(大公书店，1942年)[42]，该民歌集收录了《摘豆角》《杨柳叶儿》等17首西北地区不同民族的歌曲，由王洛宾亲自统一编译成册，他希望大家能通过这本歌集“认识一下西北各族同胞的抗战情绪”，以此来慰藉抗战前方将士。第六，外国歌曲，代表作有世界语函授学社编的《世界语歌曲集》(世界语函授学社，1943年)[43]，本书分为世界语运动歌曲和世界歌曲集两部分，内收法国歌曲《希望歌》、德国歌曲《绿星》、俄罗斯民歌《伏尔加船夫拉纤歌》、美国歌曲《可爱的家》、日本歌曲《永恒的安息》等50首不同国家的歌曲，编者希望“在世界语读物荒的现在”，此歌本“可以供国内世界语朋友学唱”；同时，他更希望懂世界语的国人能够把中国的优秀歌曲翻译成各国语言，介绍出去，让全世界的人都能听到中国的声音。

除上述声乐曲谱外，战时首都重庆还出版了各类器乐曲谱，但数量和种类并不多，如由恰恰乐谱刊印社编著的《布格缪拉：钢琴练习曲二十五首》（国立音乐院，1941年）[44]、刘仲光的《口琴吹奏法》（正中书局，1943年）[45]。后者共分为《口琴之选购及音调》《口琴之构造及种类》《口琴之乐谱及拍子》《乐语记号之解释》《口琴的音阶》《新式单音奏法》《伴奏加入法》《空气伴奏法》《手法震音》等23章以及36首口琴练习曲。曹安和、杨荫浏编《文板十二曲线谱、工尺谱（琵琶谱第一集）》（教育部音乐教育委员会，1942年）[46]，该曲谱收录了《飞花点翠》《美人思月》《梅花点脂》《月儿高》等12首琵琶曲，前部分为五线谱，后部分为工尺谱。另外《二胡曲选》（教育部音乐教育委员会编，1941年）[47]，也包括五线谱、工尺谱两部分，收录了《花欢乐》《旱天雷》《月夜》《光明行》等12首二胡曲。陈振铎编著出版了《怎样习奏二胡》（国立音乐院，1945年）[48]。教育部音乐教育委员会编的《国乐合奏曲集》（教育部音乐教育委员会，1944年）[49]，“用我国最通行之鼓板、碰钟、笛、箫、笙、三弦、月琴、板胡、二胡等各种乐器演奏”，内收《得胜令》《步步高》《梅花三弄》《将军令》《浪淘沙》《飞花点翠》《弓桥泛月》《双溪夜雨》等36首民乐合奏曲。

同声乐谱相比，器乐谱的数量确实很少，这与抗战这个特殊时期有关。当时，国乐器已是严重匮乏，甚至到了要靠音乐家自己动手做乐器的地步；而像钢琴这样的西洋乐器更是稀有物件，即使是全国最高的专业音乐学府重庆青木关国立音乐院，也仅“有钢琴10架，并已陈旧”[50]；为了一台钢琴，国立音乐院还曾与国立歌剧学校发生了借还钢琴的纠纷，闹得不可开交，最后只有请教育部官员出面才得以解决。抗战时期，各种乐器十分紧缺，出版条件也极为有限，但音乐家们还是尽其所能，为热爱音乐的读者们编写、提供器乐教材，实属不易。

总的来说，战时首都重庆出版的音乐书籍不仅题材广泛、内容丰富，还体现出专业化、时代化和大众化的特征。今天，当我们再次浏览这些作品，仍可以从中感受到音乐家们强烈的爱国情怀、顽强不屈的精神以及对学术的执着追求。在抗战如此艰难的情况下，他们一边坚持创作，用一首首歌曲、一篇篇文章给予国人最大的精神支持，一边又勇攀学术的高峰，呕心沥血铸就精品巨著，成就了不凡的事业，令后人敬畏。

二、战时首都重庆出版音乐书籍的价值和意义

战时首都重庆因其特殊的政治地位，使得当时重庆的音乐拥有了得天独厚的优势。首先，重庆作为战时首都和大后方的中心，汇聚了来自全国各地的著名音乐家，形成了战时首都重庆音乐家群体；其次，国民政府在重庆重组的教育部音乐教育委员会制定了许多影响中国音乐发展的方针、政策，国立音乐院在重庆青木关成立，培养了一大批优秀的音乐人才；最后，抗战时期，不但各大出版社纷纷迁往重庆，而且很多新建研究机构也增设了出版社，如国立礼乐馆出版社等，为音乐书籍的出版发行提供了有利条件。一流的音乐家、专门的音乐教育机构、专业的音乐学府，加上有利的出版链条，使得战时首都重庆的音乐出版业呈现出一派繁荣的景象。通过对战时首都重庆音乐书籍文献的整理与研究，可以更好地认识当时重庆在中国近现代音乐史上的重要地位和历史贡献，从而进一步丰富和细化中国近代音乐史的研究。

此外，我们还应看到，战时首都重庆出版的音乐书籍属于民国时期音乐文献的一部分，但因战时重庆特殊的政治地位，所以它除了具有一般民国音乐文献的价值外，还有其特殊的价值和意义。其一，虽然有学者对民国时期的音乐书籍进行过梳理，但对重庆出版的音乐书籍的整理和研究，还没有引起足够的重视。从笔者之前整理的情况来看，有许多鲜为人知的重量级著作及论文，特别是很多音乐书籍中相关音乐家、教育家、政治家的撰写序言或自序，并未得到应有的重视和关注（如杨荫浏的《中国民歌》序言、舒模的《民主抗战进行曲》自序、夏白的《简谱体系》自序《简谱在中国音乐教育上的价值》、冼星海《黄河》自序等）。这些序言或自序代表着他们各自不同的观点和主张，真实地记录了中国近代音乐史的发展历程，具有极高的研究价值。其二，在战时首都重庆出版的音乐书籍中还包括大量的音乐曲谱，其中有许多是由著名音乐家创作的爱国救亡歌

曲，这些歌曲在当时不仅受到大后方民众的喜爱，甚至在全国都广为传唱，如《嘉陵江上》《民族至上》《为了祖国的缘故》《江流七转》等。这些爱国救亡歌曲曾经承载着伟大的历史使命，寄托着民族的希望，唤醒过强烈的爱国意识，激发过顽强不屈的抗战精神。它们在民族意志的抒发中、在民族精神的弘扬上，和《黄河大合唱》《游击队歌》一样，成为抗战时期中国民族革命精神动员的重要组成部分，具有重要的历史意义与时代价值。可惜的是，由于种种原因，这些歌曲渐渐被人遗忘，如若再不引起足够的重视，长此以往，这些经典的、曾经激励过成百上千万人的抗战歌曲，将彻底在人们的记忆中消失，这不仅是音乐界的一大损失，更是中华民族的一大损失。其三，通过对战时首都重庆出版的音乐书籍的整理、探析，勾勒出战时首都重庆音乐的历史面相，从而展现抗战时期中国音乐发展的真实全貌。

总之，对战时首都重庆出版的音乐书籍的整理、探析，可以更加全面地认识战时首都重庆的音乐历史，进一步深化民国时期音乐文献的整理与研究，具有重要的学术参考价值。同时，对于丰富和落实近年来学界讨论热烈的“重写音乐史”的相关命题也有着极其重要的现实意义。

附录：战时首都重庆出版音乐书籍目录

序号	类别	出版年份	书名	作者	出版社
1	乐谱（声乐）	1937.11 初版	《救亡歌曲集》	许可经	个人刊
2	乐谱（声乐）	1937 年版	《青年歌声》	啸枫	文群出版社
3	乐谱（声乐）	1938 年 8 月版	《抗战小调》	秦光锡	新生命书局
4	乐谱（声乐）	1938 年 11 月初版	《保卫祖国》	冼星海	独立出版社
5	乐谱（声乐）	1938 年版	《守紧前线歌曲集》	夏文焕	时代出版社
6	乐谱（声乐）	1938 年版	《满江红》（四部大合唱及交响乐队）	岳飞词，郑志声曲	手抄本
7	乐谱（声乐）	1938 年版	《抗敌歌集》	张克用、逖舞编	万县李文周刊
8	乐谱（声乐）	1939 年 5 月版	《到敌人的后方去》	黄尧编著	民间出版社
9	乐谱（声乐）	1939 年版	《复兴歌曲初集》	洪潘	生活书店
10	乐谱（声乐）	1939 年版	《复兴歌曲集》（复兴军歌集）	中央训练团编	编者刊
11	乐谱（声乐）	1939 年版	《复兴军歌集》（一）	中央训练团编	编者刊
12	乐谱（声乐）	1939 年版	《女声集》	教育部音乐教导训练班编	泳葵乐谱刊印社
13	乐谱（声乐）	1939 年版	《战歌》	中国作曲者协会主编	编者刊
14	乐谱（声乐）	1939 年版	《人人唱》	山宛中编	重庆万县救亡出版社
15	乐谱（声乐）	1939 年版	《抗敌歌集》	军事委员会政治部编	军事委员会政治部
16	乐谱（声乐）	1939 年版	《友声集》（五线谱版伴奏）	刘雪厂选	教育部音乐教育委员会训练班编印
17	乐谱（声乐）	1940 年 2 月版	《胜利歌集》	时敏编	中国自强学社

续表

序号	类别	出版年份	书名	作者	出版社
18	乐谱（声乐）	1940年9月再版	《黄河》（新型大合唱）	冼星海作曲	生活书店
19	乐谱（声乐）	1940年7月再版	《流亡三部曲·流亡曲》	江凌作词，雪庵制谱，雪庵、叶琼等编剧	生活书店
20	乐谱（声乐）	1940年8月初版	《反攻》（星海歌曲集）	冼星海作	读书生活出版社
21	乐谱（声乐）	1940年10月版	《快乐颂》	顾一樵译词，贝多芬曲	咏葵乐谱刊印社出品
22	乐谱（声乐）	1940年版	《三民主义歌咏》	李万里编著	沪汉印书馆
23	乐谱（声乐）	1940年版	《三民主义歌咏》	李万里编著，武隽达作曲	中央秘书处中央文化驿站总管理处
24	乐谱（声乐）	1940年9月再版	《战地歌声》（第2集）	劫夫、田间、史轮著，丁玲主编	生活书店
25	乐谱（声乐）	1941年2月 第3版	《黄河》（新型大合唱）	冼星海作曲	生活书店
26	乐谱（声乐）	1941年4月再版	《三民主义歌咏》	李万里	京华印书馆
27	乐谱（声乐）	1941年6月再版	《反攻》（星海歌曲集）	冼星海作	读书生活出版社
28	乐谱（声乐）	1941年9月版	《现代合唱曲集》	教育部音乐教育委员会编	教育部音乐教育委员会
29	乐谱（声乐）	1941年10月版	《齐唱曲集》	教育部音乐教育委员会编	编者刊
30	乐谱（声乐）	1942年2月初版，1942年5月再版，1942年12月再版	《新歌手册》	新光音乐研究社编	新光音乐研究社
31	乐谱（声乐）	1942年5月初版	《招魂》（合唱曲集）	许可经作曲	编者刊
32	乐谱（声乐）	1942年8月再版	《民歌选集》	新新出版社编选	文信书局
33	乐谱（声乐）	1942年8月再版	《名歌选集》	新新出版社编选	文信书局
34	乐谱（声乐）	1942年10月版	《中国军歌集》（第一、二集）	中央训练团编	中央训练委员会
35	乐谱（声乐）	1942年11月出版	《儿童卫生歌》	陈果夫著	正中书局
36	乐谱（声乐）	1942年11月初版	《抗战小曲》	羊驹编	民国图书出版社
37	乐谱（声乐插曲）	1942年版	《〈屈原〉插曲》	郭沫若、刘雪庵编著	中国书店
38	乐谱（声乐）	1942年版	《爱国歌声》	伊兰	上海书店
39	乐谱（声乐）	1942年版	《福艺歌选》	旅渝福湘	艺方校友会
40	乐谱（声乐）	1942年版	《西北民歌集》	王洛宾	大公书店
41	乐谱（声乐）	1942年版	《中国抗战歌选》	亚克编	咏葵乐刊印社
42	乐谱（声乐）	1942年版	《抗战新歌选》	胡克曼编选	重庆联友出版社
43	乐谱（声乐）	1943年3月版	《剑声集》	陈田鹤作曲	大东书局
44	乐谱（声乐）	1943年4月	《大家唱》（第1、2合集）	曾昭正、李行夫编选	教育书店
45	乐谱（声乐）	1943年5月版	《儿童卫生歌》	陈果夫著	正中书局
46	乐谱（声乐）	1943年5月版	《名歌选集第一》	丁俊庭、田一民编选	中国漫画出版社
47	乐谱（声乐）	1943年8月版	《圣徒心声》	贾玉铭著	中国基督教灵修学院
48	乐谱（声乐）	1943年11月版	《二部合唱曲集》	杨明良编	重庆乐艺社
49	乐谱（声乐）	1943年5月版	《黄自全集》（第一册·《长恨歌》）	黄自先生遗作整理委员会编	黄自全集出版委员会
50	乐谱（声乐）	1943年版	《寄影集》	邱望湘作曲	乐艺社
51	乐谱（声乐）	1943年版	《卖花集》	邱望湘作曲	乐艺社
52	乐谱（声乐）	1943年版	《送春集》	邱望湘作曲	乐艺社
53	乐谱（声乐）	1943年版	《大众歌曲选》	歌曲研究社	歌曲研究社
54	乐谱（声乐）	1943年版	《虎符乐谱》	郭沫若作词；黎锦晖作曲	王自褐印行
55	乐谱（声乐）	1943年版	《世界语歌曲集》	世界语函授学社编	世界语函授学社

续表

序号	类别	出版年份	书名	作者	出版社
56	乐谱（声乐）	1943 年版	《女声合唱选》	邱望湘	乐艺社
57	乐谱（声乐）	1943 年版	《童歌集》	黄源洛	青年书店
58	乐谱（声乐）	1944 年 2 月初版	《歌者之歌》	李宝璇	建成书店
59	乐谱（声乐）	1944 年 4 月版	《快乐颂》	贝多芬曲；席勒诗；顾一樵译词	大东书局
60	乐谱（声乐）	1944 年 5 月版	《儿童歌曲》	华莺、章淑编	作家书屋
61	乐谱（声乐）	1944 年 8 月版	《民主抗战进行曲》（舒模歌曲集）	舒模著	教育书店
62	乐谱（声乐）	1944 年 9 月版	《晨光歌选》	阮伯英编选	晨光书局
63	乐谱（声乐）	1944 年版	《湛露集》	刘雪庵作曲	重庆璧山国立社教学院音乐组乐谱丛刊社
64	乐谱（声乐）	1944 年版	《青年歌曲集》	三十三年度重庆青年夏令营编	三十三年度重庆青年夏令营刊印
65	乐谱（声乐）	1944 年版	《山居放歌》（艺术独唱曲集）	洪波曲	重庆乐艺社
66	乐谱（声乐）	1945 年 1 月版	《祖国向我们呼唤》	杨白华词；江定仙曲	国立礼乐馆出版社
67	乐谱（声乐）	1945 年 1 月初版	《从军去，中国的青年！》	廖辅叔词；陈田鹤曲	国立礼乐馆出版社
68	乐谱（声乐）	1945 年 2 月初版	《勉从军》	洪波词曲	国立礼乐馆出版社
69	乐谱（声乐）	1945 年 2 月再版	《歌者之歌》	李宝璇	建成书店
70	乐谱（声乐）	1945 年 4 月版	《儿童新歌集》（附儿童唱歌教学法）	孙慎编	歌曲研究社
71	乐谱（声乐）	1945 年 4 月版	《创作之歌》	文英编	现代书局
72	乐谱（声乐）	1945 年 4 月版	《远征军歌》	罗家伦词；孟文涛曲	国立礼乐馆出版社
73	乐谱（声乐）	1945 年 5 月版	《1945 电影新歌集》（中外流行）	王珏编	求知图书馆
74	乐谱（声乐）	1945 年 8 月版	《岁寒曲》	瞿白音、周钢鸣作诗；瞿白音等作词；舒模等作曲	进修出版教育社
75	乐谱（声乐）	1945 年 8 月 渝一版	《最佳名曲选》	歌曲研究社编	重庆上海杂志公司
76	乐谱（声乐）	1945 年 10 月初版	《抗战歌谣》	汪继章编著	重庆国民图书出版社
77	乐谱（声乐）	1945 年 11 月版	《鹤林歌集》	陈果夫编著	正中书局
78	乐谱（声乐）	1945 年版	《凯歌选》（一至九辑）	国立礼乐馆编	编者刊
79	乐谱（声乐）	1945 年版	《儿童歌曲》	钟昭华	华华书店
80	乐谱（声乐）	1945 年再版	《晨光歌选》（一、三、五）	阮伯英编选	晨光书局
81	乐谱（声乐）	1945 年 2 月版	《军歌教材》（第一辑）	军政部编选	编者刊
82	乐谱（声乐）	1945 年版	《军歌手册》	顾锡校编	重庆教育书店
83	乐谱（声乐）	1945 年版	《抒情新歌集》	姚牧编	乐艺社
84	乐谱（声乐）	1945 年版	《中国民歌》（第 2 集陕西情歌）	李凌主编	音乐艺术社（渝民歌编集委员会）
85	乐谱（声乐）	1945 年版	《中国民歌》	国立音乐院理论作曲组 1947 级	国立音乐学院 1947 级级会
86	乐谱（声乐）	1945 年版	《心弦底歌》	洪波著	华一书局
87	乐谱（声乐）	1945 年版	《战场乐府》	军委会政治部宣九队编	编者刊
88	乐谱（声乐）	1945 年版	《青年远征歌》	郭乃安	国立礼乐馆出版社
89	乐谱（声乐）	1945 年版	《从军曲选》（第 2、4、5 种）	吴伯超曲；徐恺瑞词	国立礼乐馆出版社
90	乐谱（声乐）	1945 年版	《唱游》	陈韵兰编；教育部国民体育委员会主编	编者刊

续表

序号	类别	出版年份	书名	作者	出版社
91	乐谱（器乐）	1941年8月版	《二胡曲选》（上卷五线谱、工尺谱）	教育部音乐教育委员会编	编者刊
92	乐谱（器乐）	1941年版	《布格缪拉：钢琴练习曲二十五首》	国立音乐院出版组	恰恰乐谱刊印社
93	乐谱（器乐）	1943年版	《口琴吹奏法》	刘仲光	正中书局
94	乐谱（器乐）	1944年版	《国乐合奏曲集》	教育部音乐教育委员会编	编者刊
95	乐谱（器乐）	1945年7月版	《怎样习奏二胡》	陈振铎编著	国立音乐院
96	音乐理论	1939.1初版，1939.3五版	《抗战与艺术》	老舍等执笔	独立出版社
97	音乐理论、乐谱（声乐）	1941年7月初版	《喀秋莎》	李凌编	读书出版社
98	音乐理论、乐谱（声乐）	1941年7月版	《苏联音乐》	李绿永、赵沨编	读书出版社
99	音乐理论	1941年版	《钱乐之三百六十律音程比较表》	杨荫浏著	油印
100	音乐理论	1942年2月版	《文板十二曲线谱、工尺谱》（琵琶谱第一集）	曹安和、杨荫浏编	教育部音乐教育委员会
101	音乐理论	1942年6月版	《弦乐器定音计述略》	杨荫浏编著	教育部音乐教育委员会
102	音乐理论	1942年版	《周末的音名和乐调》	张清常著	国立北京大学研究院文科研究所
103	音乐理论	1943年4月初版	《音乐初阶》	丰子恺著	文光书店
104	音乐理论	1943年10月版	《我教你唱歌》	夏白著	文风书局
105	音乐理论	1943年版	《国乐概论》	杨荫浏	教育部音乐教育委员会
106	音乐理论	1944年4月初版	《简谱体系》（增订本）	夏白编著	时代音乐社
107	音乐理论	1944年11月	《律吕透视》	沈士骏著	商务印书馆
108	音乐理论	1945年6月初版	《怎样自学音乐》	李凌著	建国书店
109	音乐理论	1945年8月版	《简易乐理读本》	夏白著	音乐艺术社
110	音乐理论	1945年9月四版	《音乐初阶》	丰子恺著	文光书店
111	音乐理论	1945年9月内一版	《音乐入门》	丰子恺著	开明书店
112	音乐理论	1945年版	《名曲解说》	赵沨编著	北门出版社
113	音乐理论	1945年版	《采风》	国立礼乐馆礼制组采风编辑部	国立礼乐馆出版社
114	音乐教育	1939年版	《民众学校唱歌教材》	教育部社会教育司编	教育部社会教育司
115	音乐教育	1940年正月初版	《抗战歌曲新集》（二）	张定和，张佩萱，洪瑞千主编	教育部第二社会教育工作团
116	音乐教育	1940年版	《中学歌唱集》（二）	刘雪庵等曲	国立音乐院
117	音乐教育	1941年10月初版	《抗战歌曲新集》（三）	马祖武、张定和、张佩萱主编	教育部第二社会教育工作团
118	音乐教育	1942年2月再版	《抗战歌曲新集》（二）	张定和，张佩萱，洪瑞千主编	教育部第二社会教育工作团
119	音乐教育	1942年10月初版	《新型儿童音乐表演》	胡敬熙编著	正中书局
120	音乐教育	1943年版	《音乐教材》	国立重庆师范学校编	国立重庆师范学校
121	音乐教育	1943年版	《学校新歌》	共鸣著	重庆新音乐社
122	音乐教育	1944年版	《唱游教材》	顾绶卿	晨光书局
123	音乐教育	1944年版	《时熏室琵琶指经》	曹安和	国立音乐院
124	音乐教育	1945年10月初版	《高中歌曲选》	阮北英编选	胜利书局

续表

序号	类别	出版年份	书名	作者	出版社
125	音乐教育	1945 年版	《新音乐教材》(第一辑)	宋军、梁珍编著	乐艺社
126	音乐史	1944 年 1 月版	《音乐的故事》	保罗·倍凯尔(P.Bekker)著;张洪岛译	独立出版社
127	音乐史	1944 年版	《本国音乐史纲》	杨荫浏著	国立音乐院
128	音乐戏剧、戏曲	1940 年版	《红梅记》(明)	周夷玉著;沙梅改编、制谱	中外出版社
129	音乐戏剧、戏曲	1941 年 6 月初版	《夏完淳》(4 幕歌剧本)	张光中编剧;鲁觉吾主编	青年出版社
130	音乐戏剧、戏曲	1942 年 9 月修订	《夏完淳》(4 幕歌剧本)	张光中编剧;鲁觉吾主编	青年出版社
131	音乐戏剧、戏曲	1943 年 8 月版	《梅兰芳歌曲谱》(全五册)	刘天华著;剑影编译	国剧研究社
132	音乐戏剧、戏曲	1943 年初版	《国剧曲谱选集》	养晦盦主编	天下出版社
133	音乐戏剧、戏曲	1943 年版	《空城计》	萧承先、郝悟非	平剧旬刊社
134	音乐戏剧、戏曲	1943 年版	《五花洞》	重庆平剧旬刊社编译	平剧旬刊社
135	音乐戏剧、戏曲	1943 年版	《霸王别姬》	重庆平剧旬刊社编译	平剧旬刊社
136	音乐戏剧、戏曲	1943 年版	《平剧寻声》	肖承先编著	平剧旬刊社
137	音乐戏剧、戏曲	1944 年 12 月版	《梅兰芳歌曲谱》(全五册)	刘天华著;剑影编译	国剧研究社
138	音乐戏剧、戏曲	1944 年版	《女起解》	叶少华	戏报出版社
139	音乐戏剧、戏曲	1944 年版	《游园》	张充和,叶方青	国立礼乐馆出版社
140	音乐戏剧、戏曲	1945 年 2 月版	《平剧精选工尺曲谱》	吴俊敏编	川汉出版研究社
141	音乐戏剧、戏曲	1945 年 2 月版	《昭君》	曹安和译	国立礼乐馆出版社
142	音乐戏剧、戏曲	1945 年 2 月版	《郑成功》(风雨楼平剧创作第 1 种)	倪搏久	北新书局
143	音乐戏剧、戏曲	1945 年 3 月版	《刺虎》(清)	佚名著,张充和、叶方青译	国立礼乐馆出版社
144	音乐戏剧、戏曲	1945 年 3 月再版	《国剧曲谱选集》	养晦盦主编	天下出版社
145	音乐戏剧、戏曲	1945 年版	《刺虎》	张充和,叶方青	国立礼乐馆出版社
146	音乐戏剧、戏曲	1945 年版	《昭君》	曹安和	国立礼乐馆出版社
147	音乐戏剧、戏曲	1945 年版	《青年歌声》	啸枫编	文群出版社
148	音乐戏剧、戏曲	1945 年版	《昆曲选三种》(工尺谱版)	国立礼乐馆编	国立礼乐馆出版社
149	其他	1942 年 1 月版	《艺术教育重要法令》	教育部社会教育司编	教育部社会教育司
150	其他	1944 年版	《北泉议礼录》	国立礼乐馆编	国立礼乐馆出版社
151	其他	1945 年版	《礼乐》(第一册)	国立礼乐馆编	国立礼乐馆出版社

参考文献

[1] 钱仁平.民国时期音乐文献总目[M].桂林：广西师范大学出版社，2013.

[2] 钱仁平.民国时期音乐文献汇编[M].北京：国家图书馆出版社，2015.

[3] 陈建华，陈洁.民国音乐史年谱[M].上海：上海音乐学院出版社，2005.

[4] 李滨荪，胡婉玲，李方元.抗日战争时期音乐资料汇集——重庆《新华日报》专辑[M].重庆：西南师范大学出版社，1985.

[5] 唐守荣，杨定抒.国统区抗战音乐史略[M].重庆：西南师范大学出版社，1996.

[6] 王洪华，郭汝魁.重庆文化艺术志[M].重庆：西南师范大学出版社，2000.

[7] 汤斯惟.全面抗战时期首都重庆音乐系年要录[M].重庆：西南师范大学出版社，2018.

[8] 俞子林.书林岁月[M].上海：上海书店出版社，2014.

[9] 杨荫浏.弦乐器定音计述略[M].重庆：教育部音乐教育委员会，1942.

[10] 杨荫浏，郑颖荪，张充和，等.国乐概论[M].重庆：重庆青木关国立音乐院，1943.

[11] 杨荫浏.中国音乐史纲[M].重庆：国立编译馆，1944.

[12] 陈振铎.怎样习奏二胡[M].重庆：重庆青木关国立音乐院，1945.

[13] 国立音乐院理论作曲组1947级.中国民歌[M].重庆：重庆青木关国立音乐院，1945.

[14] 黄自先生遗作整理委员会.长恨歌//黄自全集：第一册[M].重庆：黄自全集出版委员会，1943.

[15] 保罗·倍凯尔.音乐的故事[M].张洪岛，译.重庆：独立出版社，1944.

[16] 钟昭华 . 儿童歌曲 [M]. 重庆：华华书店，1945.

[17] 陈果夫 . 儿童卫生歌 [M]. 重庆：正中书局，1942.

[18] 顾一樵 . 快乐颂 [M]. 重庆：咏葵乐谱刊印社，1940.

[19] 丰子恺 . 音乐入门 [M]. 重庆：开明书店，1945.

[20] 夏白 . 简谱体系（增订本）[M]. 重庆：时代音乐社，1944.

[21] 阮北英 . 高中歌曲选 [M]. 重庆：胜利书局，1945.

[22] 郭沫若，刘雪庵 .《屈原》插曲 [M]. 重庆：中国书店，1942.

[23] 新新出版社 . 民歌选集 [M]. 重庆：文信书局，1942.

[24] 国立音乐院理论作曲组 1947 级 . 中国民歌 [M]. 重庆：重庆青木关国立音乐院，1945.

[25] 冼星海 . 反攻 [M]. 重庆：读书生活出版社，1940.

[26] 张定和 . 抗战歌曲新集 [M]. 重庆：教育部第二社会教育工作团，1940.

[27] 教育部音乐教育委员会 . 齐唱曲集 [M]. 重庆：教育部音乐教育委员会，1941.

[28] 教育部音乐教育委员会 . 现代合唱曲集 [M]. 重庆：教育部音乐教育委员会，1941.

[29] 陈田鹤 . 剑声集 [M]. 重庆：大东书局，1943.

[30] 国立礼乐馆 . 凯歌选（一至九辑）[M]. 重庆：国立礼乐馆出版社，1945.

[31] 夏白 . 我教你唱歌 [M]. 重庆：文风书局，1943.

[32] 孙慎 . 儿童新歌集（附儿童唱歌教学法）[M]. 重庆：歌曲研究社，1945.

[33] 钟昭华 . 儿童歌曲 [M]. 重庆：华华书店，1945.

[34] 华莺，章淑 . 儿童歌曲 [M]. 重庆：作家书屋，1944.

[35] 黄源洛 . 童歌集 [M]. 重庆：青年书店，1943.

[36] 胡敬熙 . 新型儿童音乐表演 [M]. 重庆：正中书局，1942.

[37] 顾绶卿 . 唱游教材 [M]. 重庆：晨光书局，1944.

[38] 陈韵兰 . 唱游 [M]. 重庆：教育部国民体育委员会，1945.

[39] 洪波 . 心弦底歌 [M]. 重庆：华一书局，1945.

[40] 姚牧 . 抒情新歌集 [M]. 重庆：乐艺社，1945.

[41] 王珏 .1945 电影新歌集（中外流行）[M]. 重庆：求知图书馆，1945.

[42] 王洛宾 . 西北民歌集 [M]. 重庆：大公书店，1942.

[43] 世界语函授学社 . 世界语歌曲集 [M]. 重庆：世界语函授学社，1943.

[44] 恰恰乐谱刊印社 . 布格缪拉：钢琴练习曲二十五首 [M]. 重庆：国立音乐院，1941.

[45] 刘仲光 . 口琴吹奏法 [M]. 重庆：正中书局，1943.

[46] 曹安和，杨荫浏 . 文板十二曲线谱、工尺谱（琵琶谱第一集）[M]. 重庆：教育部音乐教育委员会，1942.

[47] 教育部音乐教育委员会 . 二胡曲选（上卷五线谱、工尺谱）[M]. 重庆：编者刊，1941.

[48] 陈振铎 . 怎样习奏二胡 [M]. 重庆：国立音乐院，1945.

[49] 教育部音乐教育委员会 . 国乐合奏曲集 [M]. 重庆：编者刊，1944.

[50] 国立音乐院视察报告 [R]. [1943-02-20]. 中国第二历史档案馆藏，卷宗号：五，2006.

中国现代艺术的开拓者
——吴大羽的艺术思想探析

黄剑武[①]

对于中国美术界来说，吴大羽的知晓度至今还是比较有限，他的艺术思想直到现在也没有被深入系统研究。他曾被林文铮誉为“中国色彩派之代表”，被吴冠中誉为“杭州艺专的旗帜”，但生前始终未受到关注得到认可，最后孤独而终。由于各种原因，他存世的绘画作品十分有限，除了诗歌较多之外，留下的有关艺术理论的文字也比较少，这给吴大羽的专题研究形成了一定的难度。我们试图通过吴大羽的学生的书信，子女的回忆和有限的文字资料，结合他的绘画作品的形式和特征，去进一步探析他的艺术思想。他生前为人低调不计名利，很少参加社会活动，从他所处的时代来说，思想却比较前沿，充当着先锋艺术家的角色。他是中国较早开始实践现代艺术的画家之一，他的艺术涉及东西方艺术两个体系，却出其左右，他默默探索着中国艺术的现代性命题，为中国现代艺术的发展起着重要的开拓作用。

《吴大羽作品集》执行主编、辅仁书苑学术总监李大钧曾提道：“吴大羽家属曾表示愿意捐献给美术馆，但没有美术馆愿意要。这些画作被认为一点儿价值都没有，甚至有人说，这些画就是调色板。”我们难以想象吴大羽这样一位重要的现代艺术画家，在死后会面临这样的窘境，他的艺术如此不被认识，不免让人心生感伤。这种境况和吴大羽生前的个性特征、知识背景有关，也和当时中国的主流思想、艺术共识有关。20 世纪 80 年代，上海美协曾准备为他举办展览，被他

① 黄剑武，美术学硕士，重庆市文化和旅游研究院副研究员，编辑部主任，研究方向：美术创作与理论、美术评论。

婉言拒绝，他的所有作品甚至连一个签名都没有，这令很多人疑惑。朱膺曾在文章中说：“一次我问道：‘为什么你的画上从不署名？’你却反问我：‘为什么必须署名！我认为重要的让画自身去表达。见画就是我，签名就成了多余的了。’又说：‘画是心灵感应的自然流露，感受的瞬间迸发，自由自在。任何人也无法去再现，连自己也不行。我是画了就算，从不计其命运。’”[①] 深入研究吴大羽的艺术思想，可以从其特立独行的经历和独辟蹊径的艺术观念开始，同时也可以为打开他绘画艺术的大门寻找到密码。

一、吴大羽研究与创作和西方现代艺术

吴大羽（1903—1988）出生于江苏宜兴，于 1922—1927 年留学法国，在国立巴黎高等美术学校留学期间，师从鲁热教授（Prof Rouge）进修油画，后又转入法国著名雕塑家布德尔的工作室中学习雕塑。他的老师现代现实主义雕塑家布德尔（Bourdle）是著名雕塑家罗丹的弟子，布德尔是具有大胆创新精神的杰出雕塑家，他不拘时代的观念所限，亦不完全承袭前师的范式。吴大羽作为布德尔的学生，和老师一样反对保守思想，崇尚艺术革新意志，主张形成自我独立的创作思想。吴大羽在欧洲学习期间，欧洲正处于现代艺术画派兴起的时期，各种风格流派层出不穷。他亲眼目睹了后印象派、野兽派、立体派、抽象派等风格流派形成、发展和更迭，此后吴大羽更加坚定了自己对艺术的革新思想，不重蹈他人覆辙，要在前人的基础上进行突破和超越。欧洲留学的经历对吴大羽艺术思想的形成起到了至关重要的作用，也打开了吴大羽的国际学术视野。

当时西方新潮现代艺术的绘画创作观念主要有几个方面特征：一是平面性，摆脱立体视觉真实，弱化明暗关系和体积空间，具有构成关系特征。二是可以从不同的角度观察对象，平面化处理对象，分解甚至重新组合所要表现的物体，如毕加索的立体主义。三是色彩对比强烈，讲究装饰性效果，注重线条的运用，省略过多细节的刻画，色彩建立在直观感受基础之上，强化对象的直观感受，形成用色方式，如以马蒂斯为代表的野兽派。吴大羽早期研习的油画受到这几个方面

① 朱膺．飞光嚼彩云——纪念吴大羽师百年诞辰［N］．文汇报，2003-12-10.

影响，并尝试努力探索和实践，研究已呈现出初步成果。

据吴大羽晚年回忆："当时在学习中（指在巴黎留学），对印象派后的东西有兴趣，因为印象派以前的艺术已有人总结了，而印象派后还在发展中。要使自己的艺术处在游离状态，不断地变化发展，我崇尚毕加索、马蒂斯，他们不断地在创造，他们也决不喜欢停留在他们的水平上，他们是后来者前进的踏脚板。我崇敬他们的创造力。"[①] 吴大羽推崇毕加索、马蒂斯等现代艺术的推进者，是推崇他们的革新精神，但并不是仅仅着眼于他们的艺术观念和语言。他早期的油画有明显学习塞尚、马蒂斯的痕迹，注重画面的面积分割，几何形成关系和色彩的强烈对比语言，但这仅仅是寻找自己色彩和造型秩序的开始。如以 20 世纪三四十年代的作品为代表——《窗前裸妇》（1928 年）、《裸体》（约 1929 年）、《女孩坐像》（1934 年作）、《寿崇宁像》（1945 年）等。其中《女孩坐像》，在形体上可以明显看出他受塞尚形体结构的影响，多处于方形等几何形的处理，在色彩运用上大胆浓烈，人和背景对比色强烈，在笔触上更加自由肯定，开始呈现书写的意味。由此可见，他在欧洲学习吸收现代画派思想的基础上是具有独立思考的，也流露出他学习西方大师但不盲目跟随大师的敏锐判断力和自信，他明确表示学习前面的大师只是前进的踏脚板，最终是为了超越他们。

一同留法并一同任教于杭州国立艺专并时任教务长的林文铮，深谙当时西方现代艺术的现状，他曾在《色彩派吴大羽氏》一文中，对吴大羽极度赞誉，他在文中指出吴大羽真可以称为中国色彩派之代表，并且达到使"色彩吟哦"之神妙之境[②]。在吴大羽写给吴冠中、朱德群等学生的书信中，也流露出了他对西方现代绘画大师的艺术的见解和艺术革新的强烈意志。"早年旅外习画的日子里，已能接触到毕加索艺术风格的点滴。随着疏远学院教育上的束缚，能领略虔汲感觉的探索精神。实是如此，从整个人类文化史上着眼，艺术正因循着历史前进而创造新鲜。因为艺术有推动历史长流动力的任务。从真善美各个角度，衡量到整个真理的面貌时，不可缺少艺术居乎其中的新创"。吴大羽并不满足留欧学习的状态，

① 李大钧 . 师道——吴大羽的十封信［M］. 辅仁书苑，2015：133.

② 顾之 . 色彩派吴大羽氏［J］. 亚波罗，1929（8）.

是一个具有国际学术视野和勇于开拓现代艺术的画家。

吴大羽归国后，1929—1938年受聘于国立杭州艺专并任西画系主任，学校开放的学术氛围和愉悦的心情，使得他全身心地投入对西方现代绘画的研究和实践，和对中国油画未来发展的思考和探索，他的作品和教学思想曾受到学校师生的热烈欢迎，为他获得了早期的声誉。在这段国立杭州艺专执教时期，吴大羽的艺术思想是开放的自由的，他集中精力投入教育和创作中，在此任教期间培养了一批中国美术的新生力量，曾教过的学生有董希文、李长白、王式廓、丁天缺、朱德群、艾青、吴冠中、罗工柳、祝大年、赵无极等人，为中国近代美术教育做出了积极的贡献，也为中国现代艺术的启蒙和发展奠定了深厚的基础。1936年10月，在“中国艺术运动社”成立大会的选举中，吴大羽因得票最高获选，票数甚至超过林风眠，继而担任“中国艺术运动社”的评议员及绘画专门委员会主任。[①]但可惜的是好景不长，因受当时学校的人事变动和国内环境等各方面的影响，他的研究受到干扰，创作受到阻碍。

随后，国立杭州艺专合并，1930年改名为国立艺术专科学校。1938年至1950年前后，他几度经历国立杭州艺专的受聘和解聘，历经坎坷波折。后在“文革”中又被扣上“形式主义祖师爷”的帽子，精神倍受折磨，生活极为窘迫。这期间，中国正处于全面向西方写实主义绘画学习的阶段，国内各地美术院校的教学也基本是以写实观念为主。吴大羽的现代艺术的思想在当时的艺术环境下，并不受到主流的关注和认可。20世纪20—50年代也是西方抽象绘画的发展和成熟时期，吴大羽在“文革”前创作的油画作品多已不存，从仅存的几幅油画可以看出已明显具有抽象意味，同时反映出他的艺术思考始终和当时的西方现代艺术的发展趋势接轨，他坚持站在国际艺术发展的学术前沿，尽管备受冷落仍不改初衷，在艰苦的环境和生活条件下，依然坚定思考和探索中国油画的出路。只可惜1950年至1960年整整10年，吴大羽几乎失去工作，没有经济来源，创作几乎停滞，仅仅只留下《红花》等几幅油画作品。

“文革”期间，吴大羽备受欺辱并失去人身自由，绘画才能又再一次被迫阻

---

① 彭飞．林风眠与中国艺术运动社［J］．美术观察，2002（9）．

断，几乎没有作品留世。这是个人创作的停滞，个人的不幸遭遇，其实是中国现代艺术探索的受阻，中国现代艺术的遗憾。国内当时从事实践现代艺术的艺术家寥寥无几，从当时中国美术的整个发展状况看，他的艺术实践在当时仍具有前瞻性。

二、道家思想对吴大羽创作的影响

一直以来，中国传统绘画受道家思想的影响较深。道家思想的核心是道法自然、天人合一、致虚守静、无为而治。人的行为能取法于“道”的自然性与自发性，崇尚自然，遵循客观规律，主张身与心的和谐的生命超越精神，追求个性解放和自由，达到无为而治。老庄思想及老庄之后的道家思想是古代文人的心灵慰藉，促使了中国古代文人、士大夫的独立人格和人格超脱的思想的形成。老庄的“逍遥游”，“虚实相生”“有无相生”“素朴玄化”“复归于朴”“守弱曰强”等思想对中国绘画观念和审美情趣的影响深远，在文人画中的渗透非常明显。这些思想在吴大羽的作品中也有所表现，在油画作品《公园的早晨》中，朴素的言语和简化的表达方式，是“素朴玄化”“复归于补”“复归于婴儿”的体现。取消弱化甚至透视关系，简化对象，不受定点约束，不受自然形体束缚的自由表达，强调主观的本真感受，他“复真”“还淳”的创作思想、也正和道家所主张的精神自由、和庄子的“逍遥游”相契合，道家的思想直接影响了他的创作方式。老庄的思想宣扬的死而不亡的理念，即人的思想可以超越生命而存在。吴大羽一直坚信富有活力与能量的美感是来源于不断的创造，以新的活力突破陈旧的桎梏，来表明坚信“我是不死的”[①]，他对作品精神的超越性理解，和老庄的死而不亡的理念具有一定的相似性。

吴大羽生前曾推崇陶渊明的文人精神，并践行“生活即修行”的人生观和创作理念。进一步了解吴大羽的精神世界，有助于了解他的艺术思想和创作动机。我们可以从他的诗《我不如渊明》及他的《答人书》获得些许答案。“不是说我身边没地耕种，我不如渊明，不是说我吃不来苦，我不如渊明，是说我没有他的

① 李大钧．师道——吴大羽的十封信［M］．辅仁书苑，2015：161.

主见，我不如渊明，是说我有了先见也不中用，我不如渊明，是说我没生在渊明之前，虽还存着渊明的继绝，无以示露其心胸于人间，我不如渊明，但我与渊明有着牵连。”①这首《我不如渊明》以及在手稿整理中发现的《由陶渊明说到画家——答人书》一文中发现吴大羽对陶渊明有着独到的见解，他还原了真实的陶渊明。“古来真能知道渊明人品的人，也不见得多，譬如比他为隐士，称他为田园诗人，他那里来这许多闲情。说为避世者呢，他也未尝寻仙问道，说他晋室遗老，耻事二姓呢，也不见得就恰合他的身世。人对于人的评断之难，往往不下于人的自知，而在艺术不离道德的原则下面，画人的制作不能够说和他的人格没有关系，渊明虽不是画家，而值得画人取法。王维给魏居士书：近有陶潜，不肯把板屈腰见督邮，解印绶弃官去。后贫，《乞食》诗云叩门拙言辞，是屡乞而多惭也。尝一见督邮，安食公田数顷。一惭之不忍，而终身惭乎？此亦人我攻中，忘大守小，不（阙）其后之累也。看万事不关心的王维，为什么对这天真的苗芽如此恼怒，不难见到他有惭于陶潜的矜持，到底心有所未安，这且不论，苏东坡才识超人，而又深慕渊明为人，追和过他的诗章，自许一人，千古同调，然而他哀渊明乞食诗为士之穷，怜他丐者口颊，足见东坡对于渊明仍是不够认识。白乐天外貌易与，内心则为士大夫中之知足者，他于浔阳失意中，才借渊明自况，也不像得深知渊明。有人说他学近而语不近，总之他和渊明是两种样的人。不敬王者的慧远，拒谢灵运而招致陶潜，看来知之很深，而渊明的识慧远更透，他始终不入慧远的白莲社，足见他在入世出世中间争斗过来，渊明曾是战胜了出世者的道，而独行其道的一种人，从败坏了的人世中看出，渊明像是隐者，从真理上看，他仍无愧为积极的好汉，他真能不含糊自己，至于退之说陶公未能平心，子美说陶潜避俗未为达道，他们所指的道和平心，都已不是我们所乐闻的了。”②在上述中表现出陶渊明对儒家和道家思想的接受，吴大羽对陶渊明的“仕”和“隐”的理解有着自己的视角，他认为陶渊明是一个不违己心，听从内心的召唤，不慕名利和权贵，有血有肉的人。陶渊明是他推崇的人，自己淡泊名利甚至孤芳

① 李大钧．羽诗［M］．辅仁书苑，2016：57.

② 李大钧．羽诗［M］．辅仁书苑，2016：164.

自赏，作品完成后不签名不展览也不计其后果，吴大羽实以修行的人生存在，和陶渊明多有相似之处，所以他会以陶渊明自况。但他崇尚积极面对现实的一面又和道家思想有所区别，如在书信中对学生的入世的勉励和本人早期的革命现实题材。

据吴大羽儿子寿崇宁回忆说："父亲一天到晚都在阁楼上工作，从来不让我们进去帮他整理东西，画的画也不让看，说没有必要让人家看。"吴大羽认为"一个艺术家把内心的感觉通过眼睛，然后要靠思想、靠想法把它画了出来，任务也就完了，至于作品展览也好或派什么用场，不是艺术家自己的事了，是批评家的事了。"[①] 吴大羽创作的作品不愿示人，一方面来自他创作态度的严谨，觉得自己画得并不成熟，如 1982 年，中国美协曾准备为其举办展览，他曾以"不成熟"为理由屡屡推辞。另一方面是他的创作态度和观念，即"常耘于空漠"，为自己画，不带任何功利，听从内心的召唤，崇尚无为的表现。虽然吴冠中曾评价其师："吴大羽曾涉猎古今中外的哲学，探索儒释道的真谛，但他不是基督教徒，不是佛教徒，也非老庄门下，他只是生命的宗教徒。"[②] 但是从他的生活态度和艺术思想是受到老庄思想潜移默化的影响的，继而不自觉影响到了他以质朴率真为特征的绘画创作风格。

三、吴大羽艺术创作中诗歌的抽象追求

吴大羽既是诗人也是画家，他的诗歌创作深深影响了他的绘画思想。他热爱文学和诗歌，生前留下 600 余首诗歌，体裁以古文和新诗为主。其中他的一段关于诗歌语言的阐述表达了他对诗歌深刻的独特感悟和理解。他说"自然无语言，光引人笑，热使人喜暗与冷，反之啼笑之用，一如语符，一如文字，无类语言工具。啼笑之情为喜为悲，无类语言之原料。人类使用啼笑工具，在完成意识的思维，诗才是人类正式语言。"[③] 他极力推崇诗的语言，认为是诗才是对美的歌颂，诗歌是无形的抽象的，是一种抽象意识的思维，也可以用来表现美术、音乐、舞

① 李大钧．师道——吴大羽的十封信［M］．辅仁书苑，2015：144.

② 吴冠中．吴大羽——被遗忘、被发现的星［J］．美术观察，1996（3）.

③ 李大钧．师道——吴大羽的十封信［M］．辅仁书苑，2015：154.

蹈。而绘画相对于诗来说，则具有一定的局限性。他通过对诗歌思想和语言的理解，为他的绘画的抽象思维找到了出口并奠定了深厚的思想基础，所以他说“人世无话可说，才作诗，心思无处可放才作画。”

“艺术并不是关于美的一门学问，而是关于思想的一个领域。绘画创作、艺术评论，都是关于思想的一种梳理与呈现。这样美的作品，固然是一种严谨的逻辑，而许多不美的作品，却包含着艺术家本人深邃的思想，所以艺术更近似于是一种复杂的精神活动，确然不只是对美的赞颂。”[①] 吴大羽的艺术追求，特别注重思想，并把思想放在了第一位，他明确提出艺术并非是仅仅创造美。为了思想的创新可以突破传统美的藩篱，甚至不惜离经叛道。因此，他提倡在思想的高度上引领创作，寻找艺术本体的突破。他在20世纪40年代左右开始，把目光投向了具有抽象意味的中国书法以求艺术革新，这是他艺术思想引导艺术实践横向的跨越，并非仅仅是技法层面的关注，这得益于诗歌抽象思维的启发。

吴大羽在《由陶渊明说到画家》一文中提到了他对中国书法的认识，“绘画艺术的境界本不像我们传统见解的那么迫迮，关于形相学术我们还全不了然，故我们为传统的性心之学所窘住了，性心之学已曾引进我们到虚无之境，而我们画人只常反复颠倒于儒释道的阴影之中，仅据有细小而有限的角尖，犹且为语符书法的故园觳觫着，摸索复摸索，正如向土地庙里抽谶词，搜括不出奇特的幸运语句，终莫知所以改迁，也没法改迁来。形相艺术自埃及希腊以至近世已开过几千年的火花，有千百种的芬芳这类结构却也是人的心血所造作而成，而我们无视类似瞎子。”他主张向书法学习，但却又不囿于传统书法认识，受困于儒释道的哲学思想束缚，而导致虚无之境。他强调书法的抽象思维在绘画中的作用，以书法突破绘画具象的格局，势象主要是客观物象和主观心象的结合，并非笔墨技巧的外在语言借鉴。“势象之美，冰清月洁，含着不具形质之重感，比诸建筑美的体势力而抽象之，又像乐曲传影到眼前，荡漾着无音响的韵致，类乎舞蹈美的留其姿动于静止。”[②] 势象不具有形质，是运动力量的感受，是理性

① 李大钧．师道——吴大羽的十封信［M］．辅仁书苑，2015：141.

② 上海油画雕塑院．吴大羽［C］．上海教育出版社，2003：20.

和感性的结合，通过内心的观照，回归自我及纯粹的西方现代艺术思想，走出自我之路。他在20世纪80年代创作的花卉系列完全趋于内心观照，形体概括、平面化、色彩提纯、强化构成关系。此时期色调以蓝黑为主，动感的线条笔触，抓住对象强烈的感受，经过主观重新组合，弱化物像具体形体趋向心像呈现，如《色草》。

1984年，吴大羽的《色草》系列参加第六届全国美展并获荣誉奖，受到广泛关注，后被中国美术馆收藏。吴冠中评价其作品："色在流转，形在跳跃，冲出窗前，飞向寰宇。是一种印象，是感受的捕获，是西方的抽象，是中国的写意。"吴冠中对吴大羽作品的评价，是将其放在中国本土文化和现代艺术共同探索思考的范畴，与其说是绘画的抽象和写意，不如说是诗歌的抽象和写意，正如吴大羽自己所言"一切艺术趋向于诗"。

四、国内对吴大羽绘画思想的再认识

1937年，抗日战争全面爆发，后国立杭州艺专南迁，校领导更换，吴大羽被解聘，林风眠和原国立艺专的老师相继辞职离去，"中国艺术运动社"也随后被迫解散。抗日的硝烟让很多艺术家投入抗日战争的洪流中，革命和宣传作用大大激发了绘画的实用性，艺术本体审美趋向写实，现代艺术观念受到质疑和抵触。诚如徐悲鸿所言："吾国因抗战而使写实主义抬头。"[①] 正处于救亡图存的时期，需要为政治、革命服务的文艺作品，林风眠、吴大羽等具有现代艺术特征的，趋向艺术本体研究的作品难以得到认可。吴大羽在早期也画过革命题材揭露侵略者的暴行，关注国家和民族的命运，鼓舞中国人民无畏抵抗侵略，如《岳飞班师》《井》《船工》《国土不容轻犯》（又名《血手》）等作品。其中作品《血手》题款为："我们的国防不在北方的山岗，不在东方的海疆，不在……而在我们的血手上。"这些作品现均已不存，在当时没有发表也未留下任何图像资料，在当时没有起到应有的社会影响，但从作品名称、题材，和他的学生吴冠中等人口述和回忆中得知，可以确定的是这些作品反映出吴大羽是具有民族意识和社会责任的。

① 徐悲鸿. 西洋美术对中国美术之影响［N］. 时事新报，1941-01-01.

因此一些理论家认为他完全是为艺术而艺术的人，显得不十分准确。

1949 年解放前夕，吴大羽几经周折终于留下来执教。可是不久，学校开始了扫除“新派画”影响的教学活动，只给吴大羽排很少的课。1950 年春季开始，学校便没有给吴大羽排课。此外，吴大羽的创作也难以符合此时的艺术评判标准，他的作品成了被批判的对象。1950 年 9 月以“教员吴大羽，因艺术表现趋向形式主义，作风特异，不合学校新教学方针之要求，亦未排课；吴且经常留居上海，不返校参加教职员学习生活，绝无求取进步之意愿”[①] 为由遭到校长刘开渠的开除，成为新中国成立后第一个遭解聘的国立艺专教授，这却是吴大羽个人的第二次被解聘。吴大羽因此事曾向教育部申诉，但始终没有得到回复，最后吴大羽辗转来到上海，后定居上海再没有回校。“从 1949 年到 1979 年的三十年是羽师艰苦的沉默期。一是杭州艺专不发聘书给他，在‘文革’期间被认为是反革命串联，后又被传出了一顶‘形式主义祖师爷’的帽子，对抗‘社会主义现实主义革命文艺’的罪名。在这样的压力下的羽师又如何能不沉默呢？知识分子心灵最大的创伤，就是对他的曲解。从此羽师与外界断绝了任何联系。”[②] 由于政治原因，后来的美术史学家谈到中国第一代油画家之时，对吴大羽极少提及，尤其是对这一段历史似乎讳莫如深，吴大羽的作品和思想随着他的人一起被大家渐渐遗忘。这种情况直到 20 世纪 80 年代才开始有所好转，但也只限于美术专业圈。

1981 年，中国美术家协会会刊《美术》杂志第 12 期刊载作品《滂沱》，1982 年《美术》杂志第 2 期朱膺撰文介绍其艺术作品和成就。1982 年，中国美协曾准备为其举办展览，他以“不成熟”为理由屡屡推辞。1984 年 12 月，吴大羽的油画《色草》系列与颜文樑《重泊枫桥》参加第六届全国美展并获荣誉奖，吴大羽的作品开始被美术界注意。1987 年《中国美术报》第 30 期刊发陈创洛《“海纳”代表访吴大羽》一文，从艺术的境界、个性、时代性、发展等方面对吴大羽进行深入地访谈，为今后研究吴大羽的创作和思想提供了弥足珍贵的文献资料。

吴大羽去世八年后，个展在台北举行。1996 年 1 月 13 日至 2 月 6 日在台北

---

① 林文铮．艺术运动社宣言［J］．亚波罗，1929（8）．

② 闵希文．非凡的色彩画家宏伟的创造力——记吴大羽先生［J］．美术耕耘，1989（2）．

未来画廊举办“吴大羽师生展”首先引起轰动。同年夏，“吴大羽先生学术研讨会”由台北未来画廊和中国油画学会于北京国际艺苑联合举办，后《中国油画》《文汇报》又刊发纪念文章，吴大羽的艺术成果慢慢被大家认识并推介。2003 年，纪念吴大羽诞辰 100 周年活动举行，《吴大羽油画艺术回顾展》同时展出四五十件油画作品，对吴大羽的油画创作作品做了一个相对完整的呈现，吴大羽的艺术成就再一次被认识并走进美术界的视线。

吴大羽需要承受超乎常人的毅力，他对现代绘画艺术的坚持是孤独的，是深沉的。对于时代而言，他的坚持也是令人振奋的、令人欣慰的，正因为他的坚持为几乎缺位的中国现代艺术的发展起了关键作用，为中国美术史增加了精彩的一页。他培养了赵无极、吴冠中、朱德群等一批具有现代艺术特征的艺术家，为中国现代艺术的启蒙和发展奠定了深厚的基础。如果没有命运多舛的人生经历，吴大羽坚持他的教学和绘画研究实践不中断，他个人将会有更大的突破，中国现代艺术的发展可能还会呈现另一番景象，然而遗憾的是，历史却不可以挽回也不可以假设。我们现在能做的只有通过已有的文献资料去研究他，去尽量接近他的艺术思想，去承接那一段曾被人遗忘的艺术史。

吴大羽认为“艺术的根本在于道义”，“我是不死的”，“一切艺术趋向于诗”等思想，道出了他思想涉及中西方文化的两个领域，探寻哲学、文学、艺术等思想的汇合。

戏曲作为媒介的技术文化变迁与当代走向[①]

周津菁[②]

加拿大文化学者马歇尔·麦克卢汉《理解媒介——论人的延伸》讨论了他对媒介的看法："媒介是人体和心灵的技术延伸，任何技术、一切技术都是媒介。"[③]麦克卢汉"媒介即技术，可以是人的任何延伸。""媒介即讯息。"等早已成为现代传播学的经典论点。他认为媒介的影响力巨大，所以任何信息即通常所谓的"内容"或"信息"的冲击力都远不如媒介本身的冲击力大。美国传播学学者保罗·莱文森的学说深受麦克卢汉影响，在他的《玩具、镜子和艺术：技术文化之变迁》中，进一步讨论了人类技术文化的三个阶段，即"玩具""镜子"和"艺术"。[④]莱文森的立论基点在于"技术即媒介"，他以电影发展历史为例，讨论了人类艺术的生长过程：把玩技术的"游戏"和"玩具"阶段，到技术对现实生活进行反映的"镜子"阶段，再到技术对现实生活进行重塑和超越的"艺术"阶段。本文作者认为，"一切技术都是媒介"，这一论断也同样适合中国戏曲，即把戏曲看作一种媒介；而我们也可以借用"玩具、镜子和艺术"的理论讨论中国戏曲发展过程。以一张图例来表示：

① 本文系2018年度重庆市社会科学规划培育项目《现代媒介传播语境下的戏曲审美转型》（项目编号2018PY87）资助项目。

② 周津菁，文学硕士，副研究员，重庆市文化和旅游研究院艺术研究中心主任。

③ 麦克卢汉．理解媒介——论人的延伸［M］// 特伦斯·戈登序．译林出版社，2017：2.

④ 莱文森．莱文森精粹［M］// 玩具、镜子和艺术：技术文化变迁．中国人民大学出版社，2007：3–14.

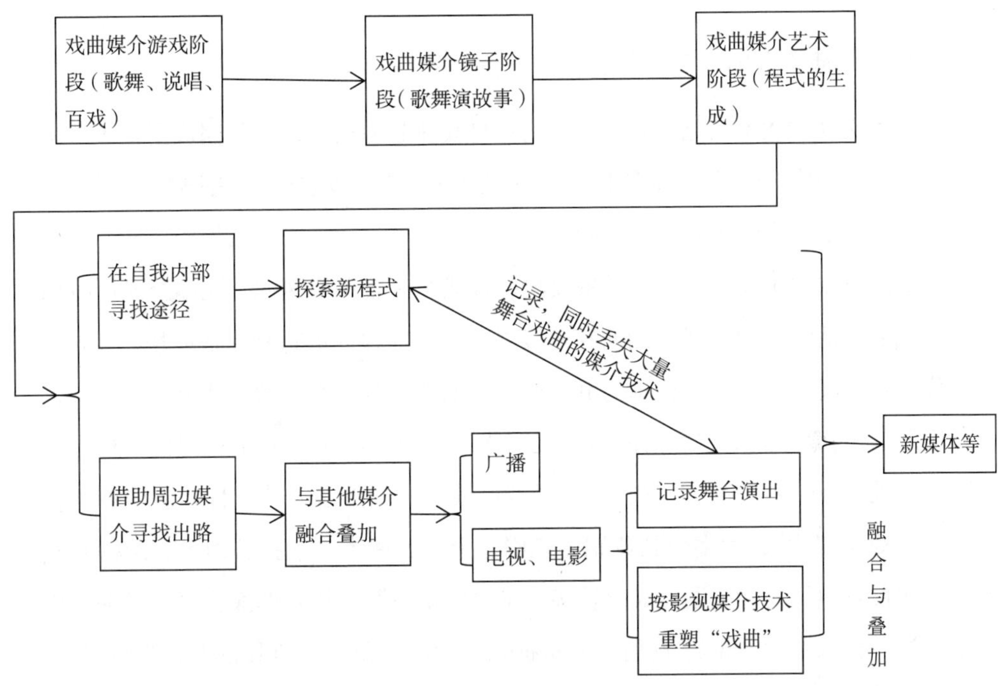

这份图例讨论了作为媒介的戏曲自起源至今的发展历程。在经历过“游戏”“镜子”和“艺术”阶段之后，我们看到了戏曲作为一种艺术形态的完满。而这种媒介在现代社会发展之中，和文字、印刷、电报等其他媒介一样，必须面对不断涌现的新媒介给它带来的改变：“文字的内容是言语，正如文字是印刷的内容，印刷又是电报的内容一样。”[①] 任何媒介的“内容”都是另一媒介。这一论断对戏曲媒介在当下的处境较为契合。本文认为戏曲程式的生成是戏曲艺术成熟的标志，而戏曲要继续寻找发展途径，主要有两个方向：一个方向是根据新的时代内容探索新的程式，这一条路是戏曲媒介的自我形式复制，本身并不会带来媒介技术的突破发展；另一个方向则是成为其他媒介的内容，如按照广播、电视和电影的媒体技术要求来重塑戏曲媒介并进行传播，这是一条媒介融合的道路，朝着这条道路继续前进，则是戏曲、电视、电影等“老式”媒介在新媒体中的融合与叠加。

① 麦克卢汉．理解媒介——论人的延伸［M］// 特伦斯·戈登序．译林出版社，2017：20.

一、戏曲媒介的技术文化变迁

借莱文森“技术文化”学说来讨论：自戏曲起源至今，已经完成了整个“游戏”“镜子”和“艺术”发展阶段。以下，对这三个阶段进行一一评述。

（一）戏曲媒介作为玩具：歌舞与讽谏

中国戏曲的源头与歌舞、滑稽表演、百戏等有着深厚渊源。先秦至汉唐时期的“戏曲”活动是中国戏曲的萌芽阶段，也是戏曲媒介的最初生成阶段。[①]先秦时代出现了优，优是能歌善舞的滑稽演员。他们以戏谑表演的游戏形式来“谈言微中”。[②]优孟扮演孙叔敖的故事，说明优的表演已经逐渐有了戏剧性，却是作为“小技”“游戏”出现。汉代百戏是戏剧萌芽的新形态，技艺性是它的基本特点。百戏的“戏”，大多包括舞蹈、说唱、音乐、武术、杂技、幻术、滑稽表演等，在百戏中，具有戏剧美成分较多的是“角抵戏”。《钦定四库全书·经部·乐书·卷一百八十六》说：“漫衍鱼龙角抵以观示之。角者，角其伎也。两两相当，角其伎艺射御也，盖杂伎之称，云或曰，蚩尤氏头有角，与黄帝斩，以角抵人。今冀州有乐，名蚩尤戏，其民两两载牛角而相抵，汉造此戏，岂其遗象邪后？”根据这段文字可以判断，从形式上看，角抵是一种游戏化的竞技表演。[③]《乐书》原作者陈旸所处的宋代，于“冀州”遗留着这种百戏品种，恰好传承和印证了一种典型的游戏形态。到了汉代，角抵戏开始以拟态表演来展示简单情节的重要标志是《东海黄公》。葛洪的《西京杂记》和张衡的《西京赋》都有对《东海黄公》游戏化情节表演的记载。之后，中国戏剧的萌芽在歌舞小戏、滑稽表演、说唱艺术的滋养下逐步成长，在漫长的汉唐时期，保持着它戏谑、游戏的风格，人们并没有在它的歌舞、唱念、戏谑的形式中，赋予更为丰富的内容和深刻的思想，尚且幼稚的形式也担当不起对现实生活的深层次反映。例如唐朝时期的歌舞小戏《踏摇娘》展示妻子和恶丈夫之间的生活片段，由极美和极恶的对比形式来展示好恶，演出现场充满欢笑，充满游戏感。《兰陵王》的面具“假面”本身就

① 张庚，郭汉城．中国戏曲通史［M］．中国戏剧出版社，2007：32.

② 余秋雨．中国戏剧史［M］．长江文艺出版社，2019：19.

③ 钦定四库全书·经部·乐书卷一至六·卷一百八十六．

是一个具有玩具色彩的饰品。滑稽表演参军戏继承了古优的讽谏传统，在游戏的假定性中运用科白和歌舞，委婉传达对特定政治与社会现象的爱憎好恶。《三国志》中记录了许慈与胡潜两位博士，为文章相互攻伐吵架的事情，刘备就叫两个演员扮演二人的吵架丑态，让观者在笑声中辨别是非。① 参军戏的表达方式，也是充满即兴的游戏感的。在汉唐时期，戏曲已经初显出它的歌舞、戏谑、技艺的特性，虽然戏曲史还不愿意将它叫作“戏曲”，但是借助莱文森关于“玩具”的判断，我们可以将此刻的戏曲因素和形式，叫作戏曲“玩具”，它还只是散落在歌舞、百戏、戏谑表演中的“雕虫小技”，人们把玩它，却还没有严肃地思考和运用它。

(二) 戏曲媒介作为镜子：歌舞演故事

张庚和郭汉城编的《中国戏曲通史》将唐代末年继两宋，大致划分为中国戏曲的形成时期。② 我们认为戏曲媒介作为“镜子”的功能在这段时期逐渐生成和凸显，其标志有二：一是戏曲艺术对现实生活的投入和深切观照，成了描摹和反映社会现状的镜子；二是形成了以“歌舞演故事”的基本形式。唐末宋初，戏曲从萌芽逐渐过渡至有着较为完整艺术形态的戏曲样式。戏曲急剧成长并完全成型的黄金时期则是在两宋时期，尤其是从北宋末年起，大约在 12 世纪前期，南戏形成；13 世纪前期，元杂剧形成。而这段时期，政治时局激烈动荡：建立金国政权的北方女真贵族攻陷汴梁，灭了北宋，宋室南迁，建立南宋政权。金国又被蒙古所灭，蒙古与南宋对峙。而后蒙古灭掉南宋，实现元代统一。北宋末年至明代前期的 3 个世纪，各种尖锐的社会矛盾纠结在一起，人民痛苦不堪。然而“国家不幸诗家幸”的规律在这个时期起了作用。商品经济在夹缝中发展，勾栏瓦舍的兴起培养了市民艺术口味。戏曲艺术在政治、社会和文化的相互作用之下，得到了发展壮大，不仅形成了千古留名的宋杂剧、金院本，还发展出蔚为大观的元杂剧和南戏。戏剧结构趋于谨严，如元杂剧形成“四折一楔子”的形式。繁多的作家和作品不胜枚举，而绝大多数作品都表现出了对现实生活的深切关注，它们像

---

① 三国志・卷四十二・蜀书十二・杜周杜许孟来尹李谯郤传第十二．

② 张庚，郭汉城．中国戏曲通史［M］．中国戏剧出版社，2007：32．

一面面镜子，反照出这个历史大时代中人民生活的痛苦、挣扎，以及他们对邪恶与社会不公的批判，还有他们对幸福与公正的文学想象。

这一时期，戏曲媒介完成了它主要技术的生成。这一主要技术，就是“以歌舞演故事”。这句话是王国维先生对戏曲本质的高度概括，而我们想从媒介的角度对它进行分析。“歌舞”是戏曲的主要媒介技术，是戏曲进行信息传播的重要方式，而故事，则是对社会生活内容的提炼，是被传播的对象。在玩具阶段，戏曲媒介尚未完全成型，因此人们把玩的仅仅是它支离破碎的演出技巧，例如歌舞、技艺、说唱等，没有将社会内容变成“故事”，再将完整的故事贴合在“歌舞”这一完整的形式上进行传播。宋朝，“歌舞”的形式和社会生活的“故事”走到一起，成为“歌舞演故事”。风起云涌的两宋是一个有故事的时代。等级制度铁蹄下的落魄文人，和民间艺术群体走到一起。他们提炼生活，编成可讲可唱的故事。在勾栏瓦舍的开放环境中，大曲、诸宫调、变文、鼓子词等讲唱艺术成为能叙述完整故事的第一批形式。而同时，民间的歌舞艺术继“古优”“踏摇娘”“百戏”一脉也在不断传承壮大。已经有戏谑、演唱、舞蹈等艺术因素的歌舞艺术传统在它勾栏瓦舍的邻居——讲唱艺术那里学到了更多“结构”故事和“讲”故事的技术，戏曲朝着技术综合而结构严整的方向前进。前进动力就是人们想要讲述社会现实和表达心声的欲望。这样的欲望表达，需要一个更为高级严谨的综合艺术形式——百戏歌舞和讲唱艺术两大艺术传统在“讲故事”的愿望中合流。这两大艺术传统合二为一，统称“歌舞”，因此我们说，戏曲“以歌舞演故事”中的“歌舞”二字，是歌唱、说唱、舞蹈、诸宫调、技艺等诸多形式融为一体之后的代名，而不仅是“歌唱”与“舞蹈”的意思了。“歌舞演故事”的“歌舞”，就是戏曲最重要的媒介技术。“演故事”是时代文化对于这种艺术形式的功能诉求，也是戏曲媒介在实现它的镜子功能。

（三）戏曲媒介作为艺术：程式的诞生

莱文森谈到的技术演化的第三阶段，是“技术作为艺术的接生婆”。莱文森说："历史证明，剪辑是电影从现实记录转向通俗艺术的关键。"① 艺术的任务并不是纯粹记录生活，而是在哲思高度上想象和重组生活素材，创造一个有意味的艺术世界。电影的剪辑技术是拍摄技术的质变和超越，因为电影被插上了想象和重组生活内容的翅膀，飞升入艺术厅堂。

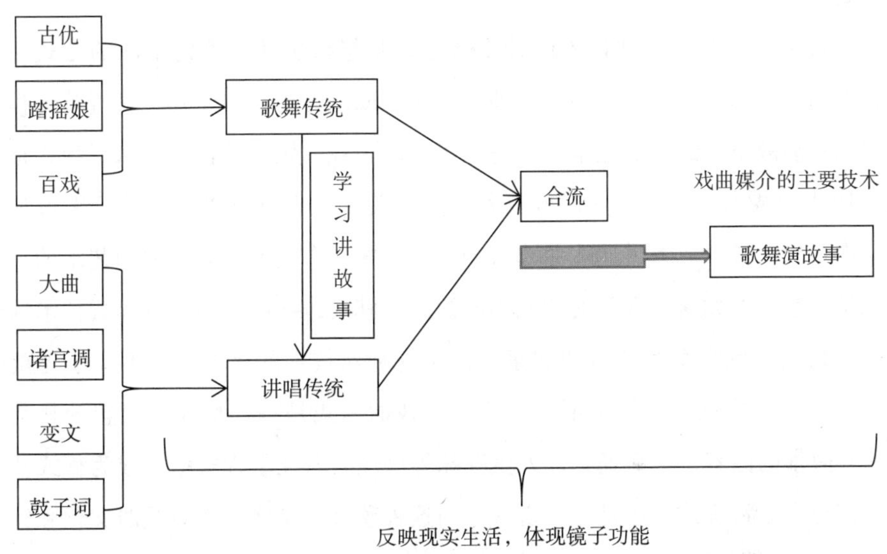

为戏曲艺术接生的则是"程式"这种媒介技术。程式是戏曲反映生活的表现形式。程式的狭隘定义是：直接或间接来源于生活，艺人们将生活中的人物动作、神态等进行提炼、概括、夸张或美化，最终搬上舞台，通过多年的实践，将其进一步规范化和舞蹈化，成为戏剧表演程式。广义的定义为：戏曲艺术的一切规范性形式约定，包括音乐程式、表演程式、文学程式等。本文主要讨论广义的程式定义。程式是戏曲想象和表现生活的方法，戏曲演员在舞台上的一切行动皆为程式：戏曲音乐有程式，音乐和文学结合而生成声腔程式，一曰板腔体，二曰曲牌连缀体，演员启口便唱程式，字句唱段、节奏、旋律皆有定数，锣鼓也有程式，不同的场景打不同的锣鼓牌子。戏曲表演有"四功五法"的程式，京剧艺术

① 莱文森．莱文森精粹［M］// 玩具、镜子和艺术：技术文化变迁．中国人民大学出版社，2007：10.

家程砚秋谈“四功五法”[①]，“四功”即“唱、念、做、打”，“五法”指的是口法、手法、眼法、身法、步法。生、旦、净、末、丑的不同行当，都有口、手、眼、身、步的不同程式动作要求。戏曲故事讲究“起承转合”的程式套路，这在元杂剧兴起之时便已显现：“四折一楔子”的故事结构法，对应“四大套”音乐段落，每套属一个宫调。

程式是戏曲媒介表现世界的技术体系，是想象生活、重构生活的方式。开门、关门、趟马、看书、游园、排朝、武斗、成婚等皆有一整套程式规范。程式从“歌舞演故事”的戏曲艺术中抽身而出，成为戏曲媒介的核心技术。程式是艺术的形式和技术，却和艺术内容有着粘连的关系。它可以作为小单元来单独欣赏，也可以组接，成为讲述戏曲故事的过程形式。事实上，戏曲成为艺术的一大标志是：它“歌舞演故事”的功能逐渐被放在其次，甚而人们欣赏程式技术的热情，远远高于欣赏整个故事的叙事。但是这种对技术的热情，又不同于先秦时期人们对“戏曲玩具”简单形式的把玩。戏曲程式是一种粘连着内容的复杂形式——故事的内容，生活场景，人生况味等已经胶着在了程式上，成为程式技术的一部分。欣赏程式，还是在欣赏戏，而这种欣赏，是建立在对戏曲文化和社会生活有了深入体认的基础上，已经达到了哲思层面，远远高于观看“歌舞演故事”。我们想举3个例子，来讨论人们对戏曲程式的热衷，以及程式在戏曲媒介传播过程中的核心功能地位。第一个例子是折子戏现象。折子戏是连台戏（大幕戏）中的一部分，是戏曲故事的“戏眼”。人们将折子戏从大幕戏中抽出来单独演出，而观众欣赏的恰是在预设的规定情境中的“程式套子”表演，例如人们看川剧《玉簪记》的一折“秋江”，主要是看陈妙常和老艄翁行船的程式动作；看京剧《薛刚反唐》中的折子戏“徐策跑城”，是为了看高难度规定动作“跑城”；看昆曲《牡丹亭》的折子戏“游园”，是为了看杜丽娘和春香高度程式化的歌舞“原来姹紫嫣红开遍”。第二个例子是戏曲流派的形成，流派现象主要指演员形成了独树一帜的表演艺术风格和艺术特点，并且将这种风格特点进行师承和传播。如京剧旦角主要分为四大流派：梅派、程派、荀派、尚派。戏曲的风格，其实是

① 程砚秋．程砚秋文集［C］．中国戏剧出版社，1939：21-27.

程式风格的不同，如梅派的温柔华贵，程派的凝重典雅，荀派的天真活泼，尚派的刚健婀娜。戏曲流派的形成，是程式作为媒介技术持续发展的标志之一。第三个例子是古装戏曲久演不衰。一般说来，艺术反映生活现实，贴近观众生活，才能受到青睐。奇怪的是戏曲演褶子水袖的古人生活，却比戏曲演现代生活更受追捧。其实观众并不想如古人一样生活在古代，却想学戏曲中的古典人物一样“生活在别处”。说到底，这是因为戏曲用唯美的表演程式虚构和想象了一个古代世界。人们追捧古典戏，实际上是在追捧戏曲的程式。

戏曲程式的生成托起了戏曲媒介的升华。戏曲不仅要讲“故事”，表现生活现象，更要打破生活常态，截取、组接和化用生活素材，天马行空地想象和重建生活景象，让戏曲媒介成为一种有意味的艺术形式。事实上，戏曲媒介的“镜子阶段”和“艺术阶段”是部分重合的。例如，前面提到，在元杂剧形成之际，戏曲故事就有“起承转合”“四折一楔子”“套曲”等音乐文学程式；在“歌舞”朝“讲唱”靠拢的过程中，“歌舞”为更好达到“表意”目的，而逐渐被约定为程式，程式不仅要受文学意义的约定，还要表现美，这是一个长期的“台上”磨合过程。在学习讲故事的过程中，程式渐渐形成；在对美的追求中，程式变为了独立自足的艺术形式体系，并成为戏曲媒介日臻成熟的典型标志。

二、戏曲媒介的当代发展路径

戏曲媒介在当代继续发展，主要沿着两条道路前进。第一条道路主要是从戏曲自身媒介技术“程式”入手，按照程式的发展和创造规律，努力寻找能表达新社会内容的新程式；第二条道路则是，走媒介融合的道路——戏曲媒介和广播、电视、电影、自媒体等媒介形式融合叠加，寻找新的媒介技术和传播途径。以下，本文将对这两条道路进行一一讨论。

（一）向自身寻找答案——探索新程式

1. 现代舞台技术“截除”传统戏曲程式

我们借用麦克卢汉“截除”这个词语来讨论灯光、舞美、音效等现代舞台技术与戏曲程式之间“相生相克”的辩证关系。麦克卢汉认为：“蹬自行车、在高速公路上飙车时，人只用上了腿脚的一个功能，腿脚基本的走路功能反而被剥夺了。”“媒介延伸人体，赋予它力量，却瘫痪了被延伸的肢体。”[①] 媒介延伸了人体，增强了人体的能力，却同时又截除和瘫痪了人体，这就是“相生相克”。回到程式问题，近年来，艺术家们尝试用现代技术来增强戏曲的舞台表现力，丰富的灯光设备、繁复的舞美设计和轰鸣的音响设备都被用在了戏曲表达中，使戏曲的声音、动作得到延伸。现代化的舞台建设走向，客观上增强了戏曲舞台的感染力，使得萌于勾栏瓦舍等较小型演出的传统戏曲更加适应都市大剧场的审美传播。戏曲的声音和动作，其实都属于程式的媒介技术之列。在现代舞台上，扩音设备和声音渲染设备延伸了声音的传播距离和扩大了声音的传播范围，在大剧场这种特殊环境中，增强了声音的感染力。而同时，扩音设备却“截除”了声腔的部分程式技巧。例如，表现演员声腔个体程式特色的“小腔”[②] 会被轰鸣的音响声掩盖；再例如，在有限时间内展示舞台音响的渲染能力而不得不压缩声腔唱段的长度，使得声腔的演唱程式变得残缺不全。这就是音响设备对声腔程式的“截除”。灯光和舞美设施具有同样的“延伸”和“截除”效应。众所周知，现代灯光和舞美已经成为当下戏曲舞台的重要艺术表现手段，有助于增强戏曲视觉美，延伸戏曲舞台的艺术氛围及意蕴。然而，更加繁复的灯光和舞美，是“截除”戏曲“线”性叙事的重要因素。前面说过，传统戏曲文学在大结构上基本遵从“起”“承”“转”“合”的程式，每一场为故事的一个节点，连缀起来就像一串项链。但是，更加实景化的，繁复的舞美和灯光设置，能帮助完成部分文学叙事功能，这样一来，不少需要被“一一道来”的故事桥段，被剧作家省略掉了，换之以情节更为集中的叙事片段，这就打破了戏曲文学经典叙事程式。这也同样影响了演员的表演程式——传统戏曲表演讲究“戏”在演员身上，“景”随人走，当实景被确定下来，演员身上的一些程式段落便显得可有可无。本文作者之一曾在专著《走向现代的川剧文学》中谈到“实景”与“线”性叙事之间的矛盾关系：“现代舞台的‘实景’改革正对现代戏反映‘当代生活场景’的创作胃口。‘块’

---

① 麦克卢汉．理解媒介——论人的延伸［M］．译林出版社，2017：6.

② 每位演员对戏曲声腔音乐的把控会有个体差异性，例如川剧高腔【一字】，单以鼓点击节伴奏，演员会根据自己的领悟在演唱主旋律过程中加唱有个性的“小旋律”或“次旋律”。

状的叙事、交错复杂的故事情节、‘反传奇’叙事策略得到了深入实践。”[①] 这里的“块”状叙事，就是对“线”性叙事的反叛，而现代的舞美技术正是推动“块”状叙事形成的重要力量，也可以说，新的舞台技术“截除”了叙事线的部分段落。而舞美、灯光、音响的新尝试又未尝不是对新舞台“程式”的探索。

2.“旧瓶装新酒”和“程式再造”

这是戏曲媒介在“自身艺术生成规律”中找出路的两种方式，这两种方式，都是在解决程式技术的问题。这里要分两种情况来讨论，第一种情况是戏曲演新编古装剧和复演传统戏。戏曲程式本来就是因演古典而生，因此，戏曲在当代演出古典内容，仍旧可以因袭和直接采用“传统程式”这种媒介技术。第二种情况是戏曲演现代或者当代故事内容，新的内容需要用新的程式来表现，因为传统程式所擅长表达的“走马”“上轿”已经不能满足对现当代内容的表达需求。“旧瓶装新酒”和“程式再造”问题在戏曲演现代的艺术实践中更为典型，因为演现代内容，是戏曲这种主要形成于古代的媒介技术所不擅长的。

这里的“旧瓶装新酒”主要指化用传统的程式套路，来表达新的社会内容。五四新文学运动以后，文艺理论家们常以“旧瓶装新酒”来指称或比喻以“文言和旧形式”来表现新的“社会内容”的文艺现象。[②]“旧瓶装新酒”逐渐成为中国现代文艺评论界用于指代“形式”落后于“内容”，或“形式”与“内容”不相适应等现象的专用名词。这样的例子随处可取，化用得差的，传统戏痕迹明显，“形不达意”；而化用得好的，则成为采用传统戏曲媒介技术来表达新内容的佳品。例如京剧《磐石湾》，齐淑芳在山洞一场的表演，在程式上借用了传统戏《三岔口》，但是手里的道具换成了现代的匕首和步枪；再例如京剧《白毛女》中，演员用了传统表演程式抢背、僵尸、跪步、搓步等等；潮剧《恩怨宋家妇》中，借用了传统戏《夫妻观灯》的身段、造型、将二牛夫妻盼儿降生的一段戏，设计成了抒情、活泼、载歌载舞的双人表演；豫剧《五福临门》结尾的“拖拉机送亲舞”就是化用了传统戏曲“抬花轿”的舞蹈程式[③]；川剧《金子》结尾金子与

① 周津菁.走向现代的川剧文学［M］.西南师范大学出版社，2016：143.

② 舒宝璋.“旧瓶装新酒”考［J］.咬文嚼字，2002（9）：12-22.

③ 熊姝.对“程式化不适合现代戏”的质疑［J］.民族艺术研究，2015（1）：100.

仇虎的原野逃亡，借用的是传统戏“放裴”的身段程式。要表达新的社会内容，需要对传统程式进行甄选和化用。传统戏曲程式和古典社会生活紧密联系在一起互为表里，这也表现了戏曲媒介技术典型的时代性特征。正如我们在前文谈到，“歌舞演故事”是时代文化对于这种艺术形式的功能诉求，这使得戏曲艺术能如镜子反照社会。当“歌舞”升华为“程式”，戏曲的古典形式和古典内容便融合到一起。传统戏曲程式这种媒介技术不可能与生成他的文化截然分开。而“旧瓶装新酒”实际上是将这种媒介技术和它所赖以表达的内容完全剥离，然后用于表达新的社会内容，重新发挥“镜子”作用。其实这里被化用的传统程式，已经完全改头换面，而成为表达新的社会内容的新“歌舞”，这就意味着戏曲重新回到媒介技术文化发展的“镜子”阶段，这离内容与形式高度融合，可任意组接、对现实具有超越力量的艺术阶段，又有了一段距离。我们认为，这就是“旧瓶装新酒”常受诟病的重要原因，不少“旧瓶装新酒”的戏曲剧目都还处于“镜子”阶段，艺术娴熟度还有待提高。当然，也不排除一些“旧瓶装新酒”的成功剧目，成功的原因并不是传统程式本身的奇绝，而是这样的媒介技术帮助现代内容的戏曲达到被自由表达的境界，状态渐显纯熟，接近或成为艺术。

“程式再造”的难度比“旧瓶装新酒”更大，因为程式这种媒介技术的形成是形式和内容长期相互作用的结果，新创造出来用于舞台表现的手段，只能叫作形式。20世纪的百年，中国完成了3000年未有之大变局。急剧变换的社会生活让戏曲媒介技术跟不上趟，刚刚总结出来的一点表现当代内容的形式，又被急剧出现的新的社会内容抛下了，根本没有时间沉淀为程式。著名戏曲导演张建军创造的“自行车舞”在评剧《黑头与四大名蛋》中得到发挥；黄梅戏《渔花曲》中又创造了开汽车和坐汽车的形式动作；谢平安导演在眉户剧《迟开的玫瑰》中创造了电话舞。[①] 打手机、坐地铁、上电梯等现代生活动作在现代戏曲中也有出现，但是从形式沉淀到程式还有待时日。可叹的是，戏曲媒介向自身艺术生成规律寻求出路的程式探索，可能终究赶不上社会内容的急剧变迁。

总的来说，我们并不认为“旧瓶装新酒”化用的旧程式能被称为现代戏的程

① 熊姝．对“程式化不适合现代戏”的质疑［J］．民族艺术研究，2015（1）：102.

式，因为这些被甄选出的歌舞表演形式针对于现代内容，还处于“前程式”状态；“程式再造”其实仅仅是新的“形式”生产，这些形式变为程式还有待时日。“旧瓶装新酒”和“程式再造”都说明现代戏曲还处于戏曲媒介技术文化发展的第二阶段：作为镜子。

（二）向周边寻找发展——与现代媒介融合

从舞台艺术角度探索新程式，是戏曲在现代文化中存活和自我发展的途径。然而按照戏曲自身规律探索新程式，在目前看来并没有收到较好的效果。戏曲媒介和其他现代媒介的融合，是戏曲传播和发展的需要，也是广播、电影、电视、自媒体等较新式媒体充实内容所需。言语是文字的内容、文字是印刷的内容，印刷（或者直接就是文字）可以是广播的内容。广播是相对于印刷和文字来说较新的媒介，广播的内容也可以是戏曲音乐。但是广播这种新式媒介只能容纳戏曲媒介的一部分——戏曲的声音部分，如念白和音乐。而电视、电影则可以将戏曲媒介的声音和舞台视觉形象做综合传播。在对戏曲艺术的传播上，电视和电影是较为相似的，在以下文章中，我们将以电视媒介作为主要研究对象，兼谈电影，来讨论戏曲与影视媒介的融合问题。文章的最后，我们还将谈到戏曲与影视等媒介在新媒体中融合与叠加的问题。

1. 戏曲与影视媒介的融合：从程式到影像的技术转移

戏曲媒介的核心技术是程式，主要包括文学、音乐、舞蹈、动作、唱白等一系列程式；而影视媒介的核心技术则是影像，主要包括拍摄、放映、剪辑等技术。当戏曲媒介被包含在影视媒介中时，后起的影视媒介会对戏曲媒介造成巨大冲击。最大的表现就在于，叠加融合而成的“戏曲影视”的核心媒介技术，是“影像”而不再是“程式”。杨燕主编的《中国电视戏曲研究》中，将电视戏曲大致分为 4 种类型：戏曲纪录片、戏曲艺术片、戏曲故事片、戏曲文化片。[1] 前面两种主要是发挥电视媒介对舞台艺术的直接记录功能，在对戏曲的录制、复制和后期制作水平上，戏曲艺术片要优于戏曲纪录片；戏曲故事片相当于戏曲电视

① 杨燕．中国电视戏曲研究［M］// 周华斌．戏曲艺术与大众传播．北京广播学院出版社，2002：25.

剧，基本采用影视的叙事方法重新结构戏曲；戏曲文化片多以专栏的形式，记录和传播戏曲文化。本文主要涉及前三种类型。

戏曲纪录片和戏曲艺术片主要运用影视的记录功能，将舞台戏曲搬上屏幕。不言而喻，电视人希望观众能通过屏幕，欣赏到“原汁原味”的戏曲。而我们认为，预期的“原汁原味”是很难做到的，原因是很多舞台信息都会在电视录制和播送的过程中被丢失。例如“录播”技术主要分为直播（实况）和录像两种方式。现场直播的纪录片对剧场现场的声音和影像进行充分记录，并同时传播给千家万户。声音传播方面会将舞台的演出声音和观众席的反馈声（如掌声和喝彩声）同时传播，而影像的效果则会受机位和镜头的限制。录像播放则是对影像和声音进行加工的电视传播活动，在这里电视媒介技术对戏曲的影响更大，人们会对录像进行镜头处理，如让演员以更加合适的角度出现在荧屏上；为了让演出的声音更加干净，不少录像在播放时会采用后期录音，彻底消除来自观众席上的“杂音”。总体上看，纪录片和艺术片的电视录播比较尊重戏曲舞台的程式技术，以忠实记录和传播为主。但是，为了提高电视传播的艺术水平，从戏曲纪录片到戏曲艺术片，人们在摸索着戏曲电视的“镜头”“声音”等媒介技术，渴望以更好的电视策略来呈现戏曲，而往往事与愿违：当导演们在揣摩戏曲的重点电视镜头时，或会丢失戏曲演员的重要表演程式技术；电视声音“纯净”美的追求，或会同时丢掉戏曲演员幽微的个性演唱程式；戏曲舞台与观众席的沟通，本身也是戏曲媒介的重要程式技术，电视高质量的录播发展方向或会将它彻底抛下。

如果说电视“录播”是在不自觉中改变戏曲，戏曲电视剧则是在“重塑”戏曲。“重塑”的方式是以“影像”为核心的媒介技术对戏曲程式的抛弃和形式重构。杨桦在《戏曲电视剧美学》中谈到戏曲在未来的发展道路之一，是走“戏曲电视化”的道路：“即通过脱胎换骨的改造，使戏曲的部分神髓融入大众传媒中，融入电视文化中去，创造出一种全新的电视剧品种——戏曲电视剧。”[①] 我们认为，杨先生所谓的戏曲电视剧品种，不再是戏曲，而是电视剧的种类。这一媒介变迁现象很好地印证了“新式媒介”包含“传统媒介”，“传统媒介”成为“新式媒

① 杨桦．戏曲电视剧美学［M］．四川大学出版社，2004：5.

介”的内容而被新式媒介的媒介技术所彻底改变的规律。就戏曲而言，戏曲程式是它的核心媒介技术，而当它遭遇到影视时代，人们用“影像”技术体系而不再是“程式”技术体系来传播故事和“美”。程式在戏曲影视中式微，并不是影视艺术不尊重戏曲，而是因为新的媒介换了一整套思维方式。这种不经意的伤害，对戏曲艺术的摧残是触目惊心的。

杨桦总结“戏曲电视剧的艺术形态学”分为四点：一是就艺术形象感知方式而言，戏曲电视剧是以“视”为本体的视听综合艺术；二是戏曲电视剧是“时”为主体的时空艺术；三是影像为本的艺术语言符号体系；四是以再现为主，再现中表现。[①] 这四点，和戏曲程式的表达方式有着巨大矛盾。例如电视剧的“视”为本体，主要强调镜头的变化，这和戏曲以程式表演来填满观众的视觉有着本质的区别。电视戏曲观众不再如处于剧场中一般能自己选择观看哪位角儿的表演，电视导演已经为了独特的表意目的，帮观众选择了镜头。烦琐的戏曲程式，仅是等待被镜头挑选的内容。又如电视剧的“时空观”和戏曲完全不同，戏曲舞台“有戏则长，无戏则短”，崇尚假定性，分场而设，“留白”是基本需要，因为舞台的时空是非常有限的。而电视剧则是倾向于“写实”的艺术，镜头可以不留余力地表现一切过程。电视剧要用更多时间去展示逐渐变化的故事情节，而不在乎是否把某个桥段的表演程式“抖落清楚”，如此一来，声腔程式被压缩，“手眼身法步”表演程式被截除，本应浓墨重彩的戏曲成了行云流水的电视剧故事，“极致抒情”让位于对“过程叙事”的追求。再例如，当“影像”成为核心媒体技术时，程式就会被放在次位，镜头美是一切美的根本，程式需要被再次加工，以符合影视媒介的镜头审美需要。再例如，电视剧是以再现为主的艺术，而戏曲则是以表现为主的艺术。“表现”是戏曲反映世界的哲学角度：万物皆在胸中，为了表现心志，才会有超越生活的“虚拟性”化“程式”，当“表现”让位于“再现”，戏曲得以立足的艺术哲学观已近崩塌，“程式”这一戏曲媒介的核心技术已被置于被挑选、被截取、被加工、被替换的尴尬境地。

---

① 杨桦 . 戏曲电视剧美学［M］. 四川大学出版社，2004：11–26.

2. 戏曲媒介在新媒体时代的机遇与困境:“碎片化”与“个人想象”

戏曲媒介主要以“视频”形式进入新媒体世界，第一个“视频”形式是自媒体用户生成的视频，例如在视频网站上由戏曲观众录制的专业或非专业的戏曲演出片段[①]；第二个“视频”形式来源于已经制作好的戏曲电视剧，戏曲电影或戏曲纪录片。

“戏曲融入新媒体”犹如一把双刃剑。从积极方面来看，戏曲面对两大机遇：第一个机遇是，“数字化”的新媒体具有“互动性”，这有别于大众传播时代电影、电视、广播的“传者—受众”的单向传播模式。“互动性”是生于“勾栏瓦舍”之戏曲的重要程式特性，台上台下的互动表现出了人际双向传播的特性。例如近年来视频网站时新的“弹幕”，就是观众与视频艺术进行互动的典型例子。在这一点上，新媒体较之大众媒体，更接近戏曲本质传播规律。第二个机遇是，网络时代的“长尾”效益，能帮助更多的被电影和电视等稀缺传播资源所抛弃的戏曲资源[②]在网络空间中获得一席之地。而在新媒体时代被细分的受众群体，将会通过点击的方式“拉出”所需要的戏曲资源。戏曲能获得更加有效和广泛的传播途径。用户对戏曲资源实现了自由选择和点播，形成了“受众中心”的网上戏曲传播模式。

新媒体传播为戏曲媒介带来的困境也非常显著。前面说到，网上戏曲资源一部分来自媒体用户录制的戏曲片段，这些内容显得碎片化，难以完整展示戏曲的完整程式特性。而戏曲媒介作为内容进入电影或电视成为戏曲纪录片、戏曲电视剧或戏曲电影。这些戏曲影视作品再作为内容进入新媒体。戏曲媒介经历了两次融合与叠加的过程，这个过程已经从根本上改变了它的形式属性与机制。戏曲媒介在新媒体时代的际遇，正如麦克卢汉的预言。新的媒介所施加的最大影响，在于彻底改变人的行为和活动方式，思维方法以及事物的形态、规模、速度和内部结构。戏曲最重要的技术媒介——程式，在路过电影和电视时代时，已经被挑选、截取、解构和改换，在新媒体时代，戏曲程式更像是网络上一些被肢解的片段或碎片。戏曲文化也逃脱不了“大数据”的运作方式：网络的“去中心化”意

① 匡文波．新媒体概论［M］．中国人民大学出版社，2016：155.

② 匡文波．新媒体概论［M］．中国人民大学出版社，2016：155.

味着每一个戏曲受众都是“中心”，他可以根据自己的喜好去选择、排布这些戏曲形式碎片，然后按照自己的喜好，想象和重构戏曲艺术。当下，舞台上的戏曲程式对表现当代内容越显吃力，原生意义下的戏曲艺术在整个文化环境中便越发式微，而缺乏独立的、强势的传播形象和话语权力，在传播中便很难保持完整性。这就是为什么戏曲舞台剧视频比戏曲电视剧、戏曲电影在网络上的传播更加碎片化——影视戏曲说到底，还是影视作品，影视作品在网络上传播的完整性要强于戏曲舞台演出。新媒体中常常传播的是戏曲的“一个美丽眼神”“一只兰花手”或者“一个卧云”，这些都是人们在按自己的喜好在截取程式片段。比如“川剧变脸”，本来只是川剧的特殊表演技巧，而微信、微博上一谈川剧，便链接出“变脸”视频片段，各大视频网站点击率较高的也是“变脸”视频。一个小技法已经成为人们想象川剧的“唯一”内容。这是新媒体对戏曲的典型传播现象。完整的大戏很难使受众们感兴趣，他们已经没有耐心去欣赏戏曲艺术家的一一程式表演和大段声腔，他们总是根据自己的直觉去点击选择他要欣赏的程式片段，用组接碎片的方式重新想象和塑造个人化的戏曲形式。

三、结语

作为一种媒介，戏曲经历了它“玩具”“镜子”和“艺术”阶段技术文化变迁，当它带着自己最重要的媒介技术——程式，跌撞着进入现代社会，遭遇到了它起源以来最尴尬和艰难的时期。究其根源，是它的核心媒介技术不再适应当下的文化传播环境：一方面，“旧瓶装新酒”和“程式再造”只能生产出歌舞的形式，快速变换的现代社会没有给它提供充裕的时间，让形式沉淀成程式。而没有真正意义上的现代程式，现代戏曲还不能说进入了它的艺术阶段。第二方面，戏曲媒介通过与其他媒介融合与叠加的方式来进行传播，则陷入了另一困境：所谓的“内容”和“信息”的冲击力都远不如媒介形式本身的冲击力大。因此广播、电视、电影都在以自己的媒介技术截取和选择戏曲程式，重塑戏曲媒介；到了新媒体时代，戏曲传播的“碎片化”现象凸显，而网络传播的“去中心化”，让每一个戏曲受众成为中心，他可以随意选择和“拉出”戏曲内容，截取程式片段，重新想象和塑造个人化的戏曲形式。

重庆戏曲音乐中的川剧弹戏声腔

邹俊星[①]

川剧的四大支流派中，川北河道以唱弹戏为主。而弹戏的前身就是秦腔，亦称山陕梆子。最早产生于山西、陕西两省交界的商州、同州一带。其声腔主要吸收、改造山、陕地区的民歌和说唱而来，音调高亢、激越，以枣木梆击节，声音“桄桄”。川剧弹戏是用盖板胡琴为主要伴奏乐器演唱的一种戏曲声腔。它源自陕西的秦腔，属梆子系统，因此又有“川梆子”之称。弹戏虽源于秦腔，但它同四川地方语言结合，并受四川锣鼓和民间音乐的影响，经过长期的演变，无论曲调、唱法还是唱腔结构都与秦腔有所不同，形成了自己独特的艺术风格，具有浓郁的四川地方色彩

一、弹戏声腔的源流简况

弹戏又称盖板子。梆子腔系的川剧声腔形式之一。属板腔体。源于陕西梆子腔。清乾隆年间，金堂籍名伶魏长生（魏三）及其徒众“新出琴腔”演唱西秦梆子，促进了梆子腔的四川化。通过多渠道入川的梆子腔，经历代艺人的长期融化演唱，逐渐形成了具有巴蜀特色的川剧弹戏。它以盖板胡琴为主要伴奏乐器，用梆子敲击节奏。唱腔一般高亢激越或欢快抒情，其苦皮腔又长于表现悲愤、凄凉的感情。代表剧目旧有《春秋配》《梅绛亵》《花田错》《苦节传》四大本，常演剧目有《乔老爷上轿》《做文章》《反徐州》《桃花村》《柜中缘》等。

川北河以嘉陵江的南充为中心，包括渠江、涪江一带的西充、三台、遂宁、渠县、达县、蓬溪、阆中等地。这些地区与秦地毗邻，陕西移民较多。秦腔借助

① 邹俊星，重庆市文化和旅游研究院助理研究员。

陕西商人经济上的支持，常有班社在川北城乡演出，且演出的次数很多，所谓“千余台戏一年看”(《成都竹枝词》)。当时川北不少城市都有“三秦会馆”的设立，秦腔也到会馆演出。清康熙出宰绵竹的陆箕永在一首竹枝词中写道：“山村社戏赛神幢，铁板檀槽柘作梆。一派秦声浑不断，有时低去说吹腔。”《成都竹枝词》还有一首诗记载了当时的演出情况：“会馆虽多数陕西，秦腔梆子响高低。现场人多坐板凳，炮响人声散一齐。”可见当时秦腔在四川演出已是很普遍的事了。秦腔在川北长期演出过程中，与川北语言结合，并受地方民间社戏民间音乐的影响逐渐发生演变，形成了具有自己独特艺术风格和浓郁的四川色彩的弹戏。开始弹戏与昆曲、吹腔同台演出，不断吸收自身需要的音乐和表演技巧而走上独立发展的道路。弹戏在清雍正时就已在四川广泛流行。雍正七年（1729 年），四川提督黄廷桂的奏折中写道：“驻藏銮仪史周瑛，抵藏之后，竟于川省兵丁队中，择其能唱乱弹者，攒凑成班，各令分以角色，以藏布制造戏衣，不时装扮歌唱，以供笑乐，甚失军容。”说明川人会弹戏，喜弹戏者较多。

弹戏与秦腔比较，唱句结构都是以七、十句为基本句式，多为对偶，音乐是板式结构，如〔慢板〕〔流水板〕〔散板〕〔垛板〕等，而且板路都有甜平（皮）和苦平（皮）之分，与秦腔欢音、苦音的唱腔大致相同。弹戏利用甜、苦两类不同曲调的相互转接来表现人物情绪的发展变化。伴奏乐器以梆子击节为主，还有盖板胡琴。所以弹戏也叫川梆子、盖板子。弹戏老艺人在传艺中常告诫学徒：“唱弹戏要带‘陕味’才好听。”

川剧弹戏声腔来自陕西的秦腔。清乾隆中叶，四川名伶魏长生等“新出秦腔”，变“西秦梆子”为“川梆子”，为川剧弹戏声腔的形成奠定了基础。在弹戏声腔兴起的过程中，戏曲家李调元（1732—1802）曾起到过扶持和推广的作用。

弹戏声腔和秦腔之间有着深远的渊源关系。在弹戏声腔中，有类似秦腔的【花音】与【哭音】之分的【甜皮】和【苦皮】。它们无论是在音阶、调式、曲调，甚至某些声腔的句式结构上，都和秦腔比较接近。例如，早期的著名须生天籁和后来的旦角演员竞华、高凤莲等演出的《盘山》《八件衣》《断桥》《反徐州》《三祭江》等剧目中，他（她）们的声腔无论是腔调的构成、旋律的进行、节奏的划分，多以陕西地方语音的基本韵律来演唱的。尤其是与陕西较近的川北河一带，一些老艺人的弹戏声腔，都含蕴着秦腔的韵味，如生角老艺人萧荣华演唱的《失岱州》《杀狗》《镇潼关》等，有着较浓的秦腔韵味，说明弹戏声腔和秦腔之间有着比较密切的联系。

弹戏声腔属于梆子腔系，因此，具有梆子腔系所共有的特点：以梆子为主要的击节乐器；曲调上（包括主要伴奏乐器盖板子胡琴的音色）多以表现高亢激越之情。故弹戏剧目多以慷慨激昂见长，如《反徐州》《战洪州》《梵王宫》《三祭江》《乔子口》《拷红》等。此外，弹戏声腔还具有节奏明快、旋律优美的特点，善于表现轻松活泼、抒发情怀的剧目，如《乔老爷奇遇》《萝卜园》《做文章》《芙奴传》等。

弹戏声腔虽然与秦腔有较多的共同之处，但又不尽相同。因为秦腔流入四川之后，长期受到本土的生活习俗、文化语言以及民间音乐的影响，逐渐形成川剧弹戏声腔的独特风格，成为四川的梆子戏。尤其是四川的语言（如音调、四声及平仄等）的影响，而使弹戏声腔的节奏处理和强弱安排与秦腔有所不同。

另外要提出的是，除了弹戏声腔外，在伴奏和锣鼓的配置上，与秦腔也有所区别。无论从乐器配备而呈现出来的特殊音色，以及锣鼓牌子、盖板子胡琴的伴奏等均有川剧音乐艺术的特征，与弹戏声腔密切配合，形成弹戏声腔音乐（四川梆子戏音乐）的独特的艺术风格。

二、弹戏声腔的基本曲调

弹戏声腔的基本曲调分为【甜皮】（又称“【甜平】【甜品】”）、【苦皮】（又称“【苦平】【苦品】”）两大类。【甜皮】多用于表现喜悦、欢快、热烈的情绪，为徵调式。曲调中的“3”“6”两音不断围绕主音“5”而出现，给人以流畅、稳定和爽朗的感觉。在声腔结构上，生、旦的声腔基本上相同，而主要区别是在声腔的落音上：生腔的上句落音多为“2”或“6”，旦腔的上句落音多为“3”或“6”；而生、旦的下句或扫腔落音均为“5”。【苦皮】则多用于悲剧。它与【甜皮】同属徵调式。由于曲调中的“4”“7”二音不断围绕主音“5”而出现，给人以悲愤、凄苦之感。其声腔结构、速度、节奏都与【甜皮】基本相同。但【苦皮】声腔在落音上又有所不同：生、旦腔的上句落音多为“4”或“7”，下句落音多为

“5”，只有【苦皮】〔一字〕下句可以落音为“1”，但生、旦收腔仍必须落音为“5”。因此说，【甜皮】与【苦皮】的主要区别是:【甜皮】避免用“4”“7”二音，而【苦皮】则多用“4”“7”二音。弹戏声腔的【甜皮】和【苦皮】可以分别用于一出整本戏中，也可以分别作为一出戏中的独立唱段，互相转换运用。

【甜皮】和【苦皮】虽然属于弹戏声腔的基本曲调，但它们也随着剧情和人物的变化而变化。当它们用在不同的剧目中时，是随着表现内容的不同而有各种程度不同的变化。其中，除了演员在演唱上作不同的处理和表达之外，在曲调本身，也还因人物、情感、唱词、节奏、速度和声腔落音的不同等因素，而呈现出各种各样的差异，并不是千篇一律全都是一个样子。但是，无论怎样变化，其曲调的基本情调、特点，是不会改变的。最明显的是声腔的基本节拍，尤其是结构比较严谨的〔一字〕类，在节拍上是比较统一的，即是说，虽然在曲调上起了变化，但在节拍上仍然是比较统一的。

三、弹戏声腔的基本板式

弹戏声腔的板式有〔倒板〕〔一字〕〔二流〕〔三板〕〔垛板〕和【苦皮】的〔滚板〕(【甜皮】无滚板)；以及属于专腔性质的乐句和乐段如〔大过板〕〔盖天红〕〔巴儿腔〕〔霸腔〕和〔哀词〕。〔倒板〕的节奏比较自由，是起腔的一种形式，在结构上多以两个分句构成一个整句声腔，起渲染情绪，点染环境的作用。〔一字〕为一板三眼的4/4拍子，属于这类板式的还有〔垛一字〕(〔一字垛板〕)，旋律优美，歌唱性强，字少腔多，速度较慢，变化颇多，具有较强的音乐表现力，是弹戏最基本的声腔板式之一。〔二流〕的节奏比较自由，相似于京剧的〔散板〕，托腔伴奏为有板无眼的1/4拍子，属于这类板式的还有〔二流垛板〕(又称〔垛子〕〔夺子〕)，曲调流畅，行云流水，节奏感强，字多腔少，速度可快可慢，字句可长可短，在弹戏声腔中的运用比较广泛。〔三板〕也为节奏比较自由的〔散板〕，多用于表现人物热烈、激动的情绪，速度较快，演唱中不用武场锣鼓和伴奏过门，上下句均以单锤连接，【甜皮】的〔三板〕长于表现激烈、紧张的气氛，【苦皮】的〔三板〕则多表现人物悲、烦、焦、恐的心情。〔垛板〕(〔夹夹板〕〔夹板垛子〕）为一板一眼的 2/4 拍子，朗诵性强，速度较快。弹戏声腔的这些板式，在结构上都各有特定的、完整的结构形式和基本规律。在弹戏的声腔板式中，有些能够单独使用，如〔一字〕〔二流〕〔三板〕〔垛板〕等，它们都可以独立用来演唱大段唱词，为弹戏中的主要声腔板式。其他一些属于插句或专腔性质的乐句、乐段，如〔倒板〕〔大过板〕〔盖天红〕〔巴儿腔〕〔霸腔〕和〔哀词〕等，它们通常只唱一句或句中的几个字，以后便必须转入几种主要的声腔板式中去，它们只是几种主要声腔板式中一部分，主要起到“引子”或“尾声”的作用。因此说弹戏声腔，就是在【甜皮】【苦皮】两类曲调的基础上，运用上述各种板式的变化，经联结和转换而形成的。各种声腔板式的运用及联结的方式，是有一定规律的，也就是说它有一套程式。各种声腔板式的“起腔”（又称“起板”）和“收腔”（又称“落板”），以及相互之间的联结和转换都有一定的规则。“起腔”有相应的“起腔锣鼓”和“伴奏过门”，“收腔”则有相应的“伴奏音乐”或“收腔锣鼓”；转板必须通过相应的鼓点或锣鼓、或伴奏过门作为过渡（转〔垛板〕除外）。同时，各种声腔板式由于剧情和人物的需要，又有“齐、黄、甩、留”等各种不同的“收腔”形式。

四、弹戏声腔板式的结构

川剧弹戏声腔的音乐结构，是一种由各种板式联结组合构成的板腔体结构，其板式中的板眼变化是弹戏声腔结构的基本特点。弹戏声腔的板腔体音乐结构，一般是以上下句结构为基础（也有用“起、承、转、合”的四句式体裁），由一个上下句或若干个上下句的重叠构成一个唱段。弹戏声腔中的各个唱段，都包含一种或几种不同的声腔板式，而且，无论是一种声腔板式，或多种声腔板式联结构成的唱段，按照其结构上的特点，又分为起、述、落三个组成部分；

起——起始。是一个唱段或板式的开始，多为旋律性较强或抒情的曲调。称之为“起板”，是“起腔”的一种格式。

述——是一个唱段或板式的展开部分，在声腔结构中占有比较重要的位置，是上下句的重叠变化。其唱句较多，根据剧情和人物的需要，可有一种、两种或两种以上的多种不同声腔板式的互相联结转换。

落——是一个唱段或板式的结束。称之为“齐板”“齐腔落板”，是“收腔”的一种格式。这种结构形式，也是弹戏各种声腔板式的基本结构之一。总之，凡是弹戏板腔体音乐结构的各种声腔，特别是主要声腔如〔一字〕〔二流〕〔三板〕〔垛板〕等，均属这种结构形式。弹戏的各种声腔板式，包括声腔和伴奏两个部分，而伴奏又分“盖板子”胡琴和锣鼓。声腔和伴奏之间，是紧密结合不可分割的统一的整体。弹戏的声腔板式，在结构上都有独特而完整的形式，起落有规定，段落显分明。同时，伴奏音乐随着声腔板式的变化而变化。

此外，无论是【甜皮】或【苦皮】曲调，它们不但各自拥有几乎相等的同一板别的各种声腔板式，而且同一板别的各种声腔板式的结构也基本相同。由此，形成【甜皮】与【苦皮】相互在联结转换运用上的灵活性。例如，剧中人物可以随着情绪变化的要求，在唱完【苦皮】之后，经伴奏音乐或人物念白，再接着转唱【甜皮】(或反之)。又如，两人在对唱中，由于各自的情绪不同，可以在前一人物唱完【甜皮】之后，经伴奏音乐“架桥”，再由后一人物转唱【苦皮】(或反之)。再如，在《盘山》《上关拜寿》等戏中，一问一答、一人一句的比较紧凑的对唱，【甜皮】和【苦皮】也可以相互交叉使用。因此，【甜皮】与【苦皮】相互在联结转换运用上的灵活性，于弹戏声腔板式的运用，开辟了广阔的天地。

五、弹戏声腔板式的运用

(一)〔一字〕

〔一字〕声腔板式，因字少腔多，旋律优美，音乐性而富于咏叹性，故长于抒情或叙述，常用在弹戏中主要人物思想感情的抒发或内心的表白。适合主要人物在静场叙述事件、诉说身世、抒发情怀、回忆往事时演唱。也有用在几个人物同场时，其中某一人物在一旁作内心自白，或对其他人物对诉心事，或游园观景、独唱对唱。但【甜皮】〔一字〕与【苦皮】〔一字〕在戏中的运用却不同，例如，传统戏《张明下书》张从娘唱“张从娘提羊毫修书写简”一段，表现一个姑娘对她未婚夫的希望和理想；另一出戏《反徐州》徐达唱“叹下官在寒窗苦把书念”一段，是徐达在平静地叙说自己的经历，这两段唱都是表现个人的内心活动，而且感情基调是愉快、平静的，因此用【甜皮】〔一字〕来抒发人物的感情。而在戏中感情基调是悲哀的，则须用【苦皮】〔一字〕。例如，《上关拜寿》周遇吉带着叹息崇祯江山临危的悲痛心情唱“周遇吉上关来双眉急蹙”与《春秋配·捡柴》姜秋莲怀着压抑、痛苦的心情所唱“出门来羞答答将头低下”各一段，就用了【苦皮】〔一字〕来抒发人物悲痛的感情。又如，《三祭江》孙夫人唱“叹三叔生来性情躁”一段，悲痛地追述往事，表现出沉痛的悼念之情，用的也是【苦皮】〔一字〕声腔板式。

（二）〔二流〕带〔巴儿腔〕

〔二流〕是弹戏的主要声腔板式之一，它的曲调、速度、节奏以及唱词的多少，伸缩性都比较大。它的运用比较广泛，既能表现人物激动紧张的情绪，又可以展现人物悠闲潇洒的感情。〔二流〕的声腔板式因字多腔少，曲调流畅明快，具有突出的语言表现力，且富于朗诵性，长于人物的叙事和抒情。有时也可以用来表现人物的激动情绪，但速度要加快，锣鼓的运用也较多，而且在唱上句时还可以运用念白的形式。

〔二流〕又分【甜皮】〔二流〕和【苦皮】〔二流〕。【甜皮】〔二流〕多用于表现人物思考、着急等不带悲痛的各种情绪。如《拷红》崔夫人唱“小红娘一席话人情说透”一段、《打雁》孟良唱“孟良被困鱼腹内”一段等。【苦皮】〔二流〕则长于表现剧情在悲痛的基调上的人物感情，如《芙奴传》席贤春唱“在江边与岳父曾会定”一段表现的急切和悲痛；《反徐州》康茂才唱“尊老爷请息怒容我细谈”一段表现的诉说冤情；《斩经堂》吴汉唱“闻娘言不由儿肝胆裂碎”一段表现的悲痛和激愤等。

〔巴儿腔〕是【甜皮】〔一字〕和〔垛坂〕的变格腔调，而且只有在【甜皮】中运用，特点是以虚词行腔或用垫字带腔，如“依呼嘿”“呀呼嘿”“呼儿嘿”“西里刹啦玲叮儿”等。唱句中或末尾，运用一段饶有趣味的旋律，以增强喜剧效果。如《张明下书》的张从娘（花旦）、《做文章》的徐子元（丑角）、《鸳鸯坟》的瞎婆（摇旦）等，都灵活运用了〔巴儿腔〕。尤其是《张明下书》的声腔板式，大多数均由【甜皮】带〔巴儿腔〕构成。这出戏通过一位姑娘（张从娘）命其从人（张明，丑角）送信给未婚夫（杨六郎）的情节，描写她心中有许多话要对未婚夫说，但又不好说且说不完，她想说的话及欲表述的心意，就运用了几乎每一句都带有〔巴儿腔〕的声腔板式来表现。

（三）〔三板〕带〔滚板〕

〔三板〕的声腔旋律与〔二流〕比较相似，它们同为节奏比较自由的散拍子。但〔三板〕比〔二流〕较为急促、紧凑，板是快速的摇板（分“紧打慢唱”和“紧打快唱”两种形式），声腔板式中的锣鼓的运用更为广泛。因此，常用〔三板〕的声腔板式表现人物情绪激动，或事态紧急以及发怒和急行赶路等情节。其中【苦皮】〔三板〕长于表现人物焦虑、烦乱、激怒、痛苦不安或痛不欲生等情绪。如《血带诏》穆中贵唱“用手儿接过了吾主血诏”一段表现去与不去的内心矛盾和苦思不解，以及烦乱、悲痛之情；《三祭江》孙夫人唱“大江无风浪自息”一段表现的悲观绝望、痛不欲生之情；《反徐州》徐达唱“一见总管出衙院”一段表现的忧虑、沉吟情绪等。【甜皮】〔三板〕与【苦皮】〔三板〕相反，常用于表现不含悲调的紧急、迫切、激动等情绪，如《战南昌》张子明唱“南昌城外龙虎斗”一段表现的激烈、紧张；《战洪州》穆桂英唱“有探子急忙忙进营报信”一段表现的紧急、迫切等。

〔滚板〕，又叫〔哭板〕。属半念半唱，朗诵性较强的一种声腔板式，常用于戏中矛盾急剧发展、人物较为悲苦激情之时，因此只在【苦皮】中运用。〔滚板〕虽有上下句，但不受此约束，唱词为字数不定的长短句。声腔根据人物情绪来点句、分段，可以一句一腔，或几句联成一腔，只是在每一腔的尾音上略加延长以表示句读。声腔曲调是根据人物情绪和句中字音而高低起伏，并多用“4”音，级进和尾音多落在“5”音上（有时为了就字也落“4”音）。

〔滚板〕必须与【苦皮】〔三板〕合用，多由【苦皮】〔三板〕转入，有时也可用〔滚板〕平起。由【苦皮】〔三板〕转入或平起的〔滚板〕，都必须用喊“悲头”起板，结尾必须通过哀词转入【苦皮】〔三板〕才能齐腔落板，故〔滚板〕开头的唱多用“我哭了一声”“我叫了一声”等哀词，再接着叙事。如果不叙事，只用“我哭了一声”“我叫了一声”等哀词，一般又称〔哭板〕。〔哭板〕只有四句唱词，是哭喊带唱的一种声腔板式，它与〔滚板〕都是用在剧中人遭遇到危难痛苦而又无法解决之时，即剧中人物在痛苦悲伤之时，向别人哀告、恳求、哭诉的戏剧情节。

（四）垛板

〔垛板〕又称〔夺夺板〕〔垛梆子〕，是一种能突出四川语言特点，且朗诵性较强的声腔板式。因为〔垛板〕的声腔具由弱而渐强、切分的节奏、跳进的音程以及较快的速度等因素，所以给人一种比较生动、灵活、紧凑和清新的感觉。多用于激动地叙述、对答或指责的剧情。〔垛板〕又有〔一字垛板〕〔二流垛板〕〔夹板垛子〕三种形式。

1.〔一字垛板〕：又称〔慢垛子〕〔垛一字〕，属三眼板，为4/4拍子。节奏较〔一字〕快，又叫快三眼板，在实际运用时，也有将其改为〔夹夹板〕即2/4拍使用。〔一字垛板〕必须与〔一字〕合用，并不能单独起讫，多由〔一字〕转入，之后又必须转回〔一字〕才能收腔齐板。〔一字垛板〕的声腔板式是“字与腔合”，不能用拖腔，多为一字一音。上下句之间没有过门，唱“连眼”，多用切分音，故有“叙事亮词”的特点，一般是流利的叙述，或在抒情中带有叙述的〔一字〕，常常转入〔一字垛板〕，使声腔的情绪上有对比变化。【甜皮】〔一字〕转入【甜皮】〔一字垛板〕如《画梅花》杨云发唱“调色铺纸对船舱”一段所抒发愉快和期待的心情;《拷红》红娘唱“使女辈焉敢违小姐的兴头”一段所表现的询问叙述情景等。【苦皮】〔一字〕转入【苦皮】〔一字垛板〕如《双官诰》王春娥唱“娘的儿不用跪”一段回忆、追述;《三祭江》孙夫人孙尚香唱“豹子头环眼钢飘”一段悲述往事等。总之，在戏中有长段唱词而人物情绪又不宜转入其他声腔板式，同时，整段声腔无“架桥”或其他变化的〔一字〕，就常转入〔一字垛板〕。

2.〔二流垛板〕：又称〔夺子〕〔垛子〕，运用较为广泛，任何声腔板式在表现大段词意时，都可以转入〔二流垛板〕。它常与〔一字〕〔二流〕〔三板〕等声腔板式连接使用，多为别的声腔板式转入，而不是先起唱后转入别的声腔板式。〔二流垛板〕可以自行起讫，特点与〔一字垛板〕较为相似。但遇1/4拍子时速度、节奏更快，几乎是把〔一字垛板〕的节拍缩短了一倍。由此，形成〔二流垛板〕声腔板式干脆利落的特点。加之〔二流垛板〕的唱词字数不定、板是每拍一击以及曲调上切分的节奏特点，形成“一梆一板一字一音”的生动活跃的声腔板式。这种声腔板式多用于人物情绪激动、紧张以及对答、争吵、质问、夸奖等情景。自行起唱的〔二流垛板〕只能平起，【甜皮】声腔经常用之。〔二流垛板〕的唱词格式比较自由，但以倒七字句最为常用。每一唱句可分成两个小分句，每分句的起始必须要“让板”唱。如果是顺七字句（前三后四）可以碰板起唱，但必须用切分。总之，〔二流垛板〕的格式比较自由，可以根据唱词的含义及音节的特点而灵活运用。

3.〔夹板垛子〕：声腔板式的特点与〔一字垛板〕〔二流垛板〕基本上相同。不同的是它为2/4节拍，而且唱句之间还可以有伴奏过门。因此，它在表现某些人物情绪时有其明显的戏剧效果。〔夹板垛子〕在传统戏中的运用不是很多，但很有特色。如竞华演唱的《乔子口》，运用〔夹板垛子〕的特色，唱得高低起伏，沉郁委婉，哀怨凄楚，催人泪下；萍苹演唱的《拷红》，灵活运用〔夹板垛子〕，声腔格外深沉，富有弹性，叙事抒情，一气呵成，使得红娘这一人物栩栩如生，富于光彩。

综上所述，川剧弹戏声腔，不仅是川剧五大声腔之一，而且是重庆戏曲音乐的一个组成部分。川剧弹戏声腔，是表达剧中人物思想感情、刻画人物性格的一种手段，不同的声腔板式发挥着不同的作用，具有不同的表现性能。弹戏的抒情性声腔板式字少腔多，旋律性较强，常用于剧中主要人物的大段演唱；而叙述性声腔板式则字多腔少，朗诵性较强，常用于人物叙述或对答的演唱；戏剧性声腔板式由于在节奏上有较大的灵活性，因此，常用来表现激昂强烈的感情。在此，特别值得一提的是在实际运用中，这种区分往往是相对的，有时，在大段的声腔板式中，叙事、抒情和戏剧性冲突常常是融为一体的，因此，尤其是在弹戏声腔创作中，应该根据剧情和人物的需要而灵活运用。

参考文献

［1］重庆戏曲志编辑委员会.重庆戏曲志［M］.北京：文化艺术出版社，1991.

石壁上的艺术，莲花般的盛宴[①]

——重庆大足石刻造像中唐宋舞蹈寻迹

陈亚芳

重庆大足石刻始凿于唐高宗永徽元年（650），历经五代，盛于两宋，久而不衰，直至明清，前后绵延一千多年。盛唐以来，我国佛教石窟造像活动由中原北部逐渐向西南方转移，中原西南地区成为晚唐至两宋时期石刻造像艺术的关键区域。大足石刻是继敦煌、云冈、龙门这几个早中期石窟后，崛起于南方的摩崖造像群之一，其造像内容丰富，题材广泛，技术精湛，记载了自唐代以来社会、文化、历史等辉煌灿烂的篇章，堪称我国石窟艺术史上不可或缺的宝藏。这些造像所呈现的乐舞形式以及佛、道之间的融合，真实反映了唐宋时期社会生活的精神面貌和宗教信仰，表达了世人对美好生活的向往和追溯，反映了乐舞艺术生气勃勃、盎然向上的繁荣景象，也折射出这个时期舞蹈艺术的风格特色和审美意蕴。

一、从代表性造像的崇“神”，寻当时舞蹈特征

大足石刻的遗迹保留了盛唐遗风，造像多风格端庄、气质浑厚、衣纹细密、须眉清晰，第5号龛毗沙门天王正是代表之一。此造像以战功为题材，体现出唐代盛世景象与帝王权力象征。龛中的毗沙门天王立于南面，高2.5米，宽0.83米，头戴高方冠，身披甲，腰佩剑，怒目圆睁，威严刚劲，身形伟岸雄健，身后的火焰和圆形顶光给人一种强烈的慑服感，可谓“神力”之像勇不可当，俨然一位赳赳威武的唐武将形象，崇“神”化的体现反映出盛唐时期尊崇神明的宗教信仰。

① 原载于《舞蹈》2019年11月。

从造像静态感受其动势，仿佛是“歌、舞、乐”合一的唐代大曲——《破阵乐》中军队士卒自发自动的“相与歌之”。从天王像身披盔甲、脚蹬战靴的外形中，遐思“发扬蹈厉，声韵慷慨”的军队风貌，继而在“三变”“四阵”的冗长变换中，以“来往疾徐击刺”等击刺杀伐动作，映射出唐代大曲带有军乐礼仪特征的宫廷战舞形象[①]。龛内天王像左右两侧各有一名部将，他们手持兵器，身材魁梧，面目凌厉，彪悍勇猛之气犹如佛教文化中刚武雄健的“力士”形象，既突出力量又彰显男人的豪健粗放之美，让人不由联想到北魏奚康生的“力士舞”风貌“及于折旋，每顾视太后，举手、蹈足、嗔目、颔首为杀缚之势”。[②] 龛内造像人物的典型“男性美”与唐代女性的身姿柔媚形成鲜明对比，天王像是对唐代帝王尊贵身份与政治权力的刻画，众神像也被世人尊崇为守护神，祈求民间安乐生活长盛不衰、欣欣向荣。

二、唐代典型遗迹考论，以乐舞造像为核心

据全国各地出土的文物图像所示，至晚唐时期，中国传统文化与外域基因不断杂糅并蓄，石刻造像技术越发精湛，具有彰显个性、轻快流畅的特点，同时也反映出舞蹈艺术生动鲜活、蓬勃向上的发展态势。大足石刻第 245 号观无量寿佛经变相，高 4.7 米，宽 2.58 米，深 1.18 米，有人像造像 539 身，器物 460 余件。“西方三圣”坐于中间，华盖批身，八功德池中龙凤游弋，展翅翱翔的金乌身着彩衣环绕于极乐世界，龛顶有筝、笛、笙、排箫、琵琶等乐器，以彩带相束，不鼓自鸣，妙音连连。整幅画面衬托出“乌托邦”般的神话国度气息，气势恢宏，规模比拟民间艺术舞队及宫廷燕乐大曲。正如白居易曾在《霓裳羽衣曲》中写道：“繁音急节十二遍，跳珠撼玉何铿铮。”

龛内正面造像池中伎乐成群，有的手持乐器，半跪半坐，颔首侧腰，抚琴或抱琵；有的双手环抱胸前，重心后移，屈膝松胯，仿佛随绕梁余音轻颤点转；还有的呈半蹲折腰舞姿，一手从上往旁甩袖，一手屈于胸前，开合之间尽显子午阴

① 沈冬．唐代乐舞新论［M］．北京：北京大学出版社，2004.

② 北史·列传卷二十五部［M］．

阳之气韵。侧面造像中一舞伎屈膝跪坐，头挽高髻，身着长袖舞衣，双手隐于其中。整体伎乐群像体态妖娆多姿，其“踏腰斜身、倾头望月、甩袖扬手”等动作与“妙舞轻回拂长袖，高歌浩唱发清商”中所咏长袖妙舞极为相似①。整幅画面栩栩如生，队形层叠错落，池中舞伎身姿婀娜、面部圆润、姿态各异，舞蹈形态格外生动。几组“对舞图”造像舞步随风摇曳、闲雅自在，似《春莺啭》中“娉婷月下步，罗袖舞风轻”的妙曼景象，颇有唐代“软舞”之风。造像正中坐莲菩萨两侧，两名舞伎侧腰倾身，蹁跹而舞，旋若转蓬，举袂容曳，舞姿飞扬，流露出唐代女性的妩媚风韵。

第 5 号龛毗沙门天王像

第 245 号观无量寿佛经变相及龛内侧面舞伎造像

三、巴蜀石窟独特的“飞天”舞韵

第 9 号千手观音龛建于晚唐时期，是大足石刻较早的一尊千手观音和飞天造像。从十六国起，历经北凉、北魏、西魏、北周和隋代五代，百年的时间孕育了中国飞天的风貌。我国遗留的飞天造像多以敦煌莫高窟为典型，从艺术形象上说，它是印度、西域等多种文化的复合体，是被誉为华丽精彩、自由腾翔的精美绝伦之国作。此龛中的两尊飞天造像是巴蜀地域早期呈现的为数不多的飞天造像

① 彭定求等编 . 全唐诗［M］. 北京：中华书局，1960.

之一，承接北魏、杨隋遗风逐渐向盛唐乐舞转变，凸显唐代典型性乐舞形态，虽远不及敦煌飞天的精美绝伦，但身姿形态具有民族化、生活化的典范性，更富舞蹈立体感，具有独特的美学韵味。

第 9 号千手观音龛中　飞天造像（右）飞天造像（左）

龛正中位千手观音慈眉善目，头戴化佛冠，身着天衣，双足踏莲，善跏趺坐于素面方形金刚座上。龛顶各有左右飞天造像两尊：一尊面目清秀，微张双臂，手托宝物，松胯屈膝，舞姿飘逸轻盈，凌空飞起的舞步好似翩翩起舞的女子；另一尊眼眸微垂，双手持宝物轻放于胸前，拧腰倾身，一跃而起，肩上的彩带绕过祥云纹饰飘然远去。此龛中“飞天”造像展现出“送、摇、倾、垂”等舞姿动态，刻画出知书达理、含蓄内敛、修长纤细的身姿形态，其动势媲美唐代“健舞”的动态美。造像映射出昂扬向上的时代风貌和淡雅朴素的内外兼修之美。大足石刻的“飞天”已“大大淡化了神性光环，弥添生机勃勃的人性之美”①，打破了佛教中天歌神与天乐神化身的飞天形象，是从美轮美奂到纯真质朴的飞天造像演变进程中二者完美的契合与统一。

① 龙红．风俗的画卷——大足石刻艺术［M］．重庆：重庆大学出版社，2009.

四、从人物形态流向看舞蹈风貌的转变

宋朝初期，艺术家们开始注重表现优美、线条感强的人物画像，创造身体各部位比例匀称、胖瘦适度、细腰矫健、体魄健康的新形象。艺术塑造的一切都是对现实生活的反映和写照。第 17 号龛中的六师外道谤佛不孝造像，前后连接流畅，气象壮观，无一雷同，犹如一幅图文并茂的画卷向人们娓娓道来。五男一女组成的“六师外道”经变故事，其人物造型各异，表情夸张，动作滑稽风趣，有的手持舞具，有的甩袖屈膝，还有的击鼓踱步，手舞足蹈之态势与胡人旋舞特征“提足甩袖、轻盈旋转”相似。整幅画面又似唐代胡腾舞，有明显跃动之感。它虽承载着深刻的宗教含义，但内容更贴近于宋代民间“勾栏”“瓦舍”表演时的综合化、情节化展示，与宋代“舞队”载歌载舞、游行队伍的表现形式相通，呈现出一幅具有特色的民间艺术画面。

第 17 号龛六师外道谤佛不孝造像吹笛女

造像上方的吹笛女高梳髻鸦，头挽纱巾，分梳双辫，束衣贴体，五官朴实清朗而不失端庄，显现出宋代女性秀丽之美。高髻更是让人想起了宋代诗人陆游在《入蜀记》中的描述：“未嫁者率为同心髻，高二尺，插银钗至六只，后插大象牙梳，如手大。”吹笛女手持民间乐器筚篥，弹奏出悠扬的琴音，时而婉转连绵，时而行云流水，余音袅袅，让人无限陶醉。从吹笛女的装束和造型上，能感受到自唐入宋的女性着装与审美的变化，反映了宋人精致含蓄、内省高雅、端丽拘谨

的艺术追求和审美特征。在艺术创作发展上，艺术家们追求自我娱乐，贴近现实生活，尊重传统习惯，主张宽和包容，呈现出一种不同化、不刻板，居于风雅、飘逸、闲散的宋代文人新型审美特征。

五、舞蹈中“禅”意的萌蘖源起

宋代时期，佛教由长安逐渐扩散到了巴蜀地区，这种社会审美风尚对大足石刻凿建产生了较大的影响，同时，中国传统文化的三支主脉——儒、释、道哲学思想融为一炉，完成了外来文化与中国传统文化的历史性融合。在一片融合性思想的笼罩下，佛教有了“禅意之说”。

第 6 号龛十圣观音

第 6 号窟十圣观音，建于南宋绍兴十一年（1141 年），窟两壁的观音分别有宝瓶手观音、宝蓝手观音、宝经手观音、宝扇手观音、杨柳观音、宝珠手观音、宝镜手观音、莲花手观音、如意轮观音、数珠手观音。观音造像头戴宝冠，衣饰瓔珞，面庞清秀，肌肤圆润，玲珑剔透，俨然一副高贵妇人之相。与其说是神圣的宗教人物，不如说是现实中的美女化身，充满着迷人的艺术魅力，勾勒出宋代女子的内秀美。

造像中十圣观音手持不同饰物，身段窈窕，尽显禅意：有的慵懒地半举臂膀，有的羞涩地颔首垂肩，有的娇俏般拧腰斜靠，还有的静冥状佛手双摊……姿态动作自然，整体线条流畅，衣饰柔和飘逸，面部情态柔媚。

被国内外誉为神奇的东方明珠——重庆大足石刻，承载着历史演变的“图像叙事”，我们应更多地关注并重视石刻造像中唐宋两代舞蹈形态，探寻其艺术风格、舞蹈特征及表现形式，使其应有的历史地位、艺术价值和社会影响得到体现。石窟造像中的舞蹈，既是古代文化的反映和体现，也为当代舞蹈创作提供有力的参考和依据，让览者观图思意，感受石刻造像中唐宋舞蹈的独特魅力。

关于戏曲音韵研究的设想

——以川剧为例[①]

魏　锦[②]

一、戏曲音韵研究的必要性和迫切性

中国丰富多彩的戏曲剧种的形成及其艺术表现形式都和语言特别是地方方言密不可分。从戏曲剧种起源来看，"任何一种戏曲，其起源都是局限于一定地域，采用当地方言，改造当地的民间音乐、歌舞而成。"[③]戏曲声腔乃至剧种的形成往往是方言与地方音乐融合的产物。从戏曲艺术表现形式来看，任何一个剧种都讲究"唱、念、做、打"，这其中"唱"与"念"都是以口头语言艺术进行戏曲舞台表演的重要形式，同时，"唱"与"念"所依凭的台词也是以文本化语言呈现的戏曲文学创作——剧本——的基本内容。由此可知语言对于戏曲的舞台表演与剧本创作来说都是非常重要的。在语言或方言的三大要素——语音、词汇和语法中，与戏曲关系最为密切的是语音部分，即传统语言学所谓"音韵"，包括声、韵、调三个部分。我国传统戏曲历来讲究音韵对于曲词创作和唱曲的重要作用，戏曲审美所追求的语音（字音）之美甚至多于乐音之美。正如周贻白先生所说"如果剧本是一出戏的枢纽，那么，唱词的'声韵'（即音韵）便当是剧本文词的

---

① 本文为2018年重庆市基础研究与前沿探索项目（重庆市自然科学基金）"基于实验语音学的川剧旦角声腔分析与建模"［立项编号：cstc2018jcyjax0101］成果之一。原载于《四川戏剧》2019年9月。

② 魏锦，副研究员，重庆市文化和旅游研究院文化发展研究中心副主任。

③ 游汝杰. 地方戏曲音韵研究［M］. 北京：商务印书馆，2006：1.

枢纽。”[①] 历史上重要的戏曲论著从元代燕南芝庵《唱论》、周德清《中原音韵》开始，明代朱权《太和正音谱》、魏良辅《曲律》、王骥德《方诸馆曲律》、沈宠绥《度曲须知》，清代李渔《闲情偶寄》、毛先舒《南曲入声客问》、徐大椿《乐府传声》以及王德晖和徐沅澄的《顾误录》等，都有强调音韵之论。

主要内容包括强调音韵对唱曲的重要意义、辨析南北曲的音韵处理之不同、对具体作品用韵进行点评等[②]。当代曲论与声乐研究著述中也有一些论述语音与戏曲声乐关系的重要著述，如杨振淇《京剧音韵知识》(1991)、于会泳《腔词关系研究》(2008)、洛地《昆曲曲律与曲唱》(2016)等。需要说明的是，尽管在音韵学领域，确有不少“曲韵”研究成果，但此类研究多是将戏曲用韵作为语言研究特别是语音史研究、历史语言研究的材料，对于戏曲音韵本身而言，价值并不大[③]。事实上，相对于丰富的戏曲剧种和戏曲艺术宝库，当代对戏曲艺术产生价值与作用的戏曲音韵研究实属寥寥。仅有的一些研究在研究方法上以传统曲学与音韵学方法为主，缺少适用于今天戏曲艺术面貌的有效的研究进展与突破；研究对象以京剧、昆曲居多，相当一部分地方剧种的音韵研究处于空白状态。对戏曲音韵的研究在今天看来其实是处于边缘、式微和脱离于戏曲发展现状的状态。

然而音韵之于戏曲的价值又是毋庸置疑的。我们今天所看到的许多戏曲创作中的问题，诸如剧本创作缺少格律规范、音乐创作与剧本唱词之间的龃龉、演员演唱的发音吐字变异[④]等，都与音韵知识在戏曲创作中的缺失或传统断裂密切相关。所以戏曲音韵研究亟待加强。若从戏曲剧种发展和艺术成熟的角度来看，每一个剧种都应该建立起自身的戏曲音韵研究体系。

以川剧为例。尽管老一辈川剧艺术家非常强调“音韵”的地位与作用，有对合辙押韵、平仄和谐、以字行腔、字正腔圆等的经验总结，但陈述零散，缺少学理性与系统化梳理，与当代川剧创作环境也有脱节。当代虽有方吟《论川剧语音研究——兼谈我国艺术语音研究中的问题》(1992)等少量川剧语音研究，但

① 杨振淇．京剧音韵知识［M］．北京：中国戏剧出版社，1991：1.

② 王敏．曲韵研究的概貌与新趋向［J］．戏曲研究，2006:(1).

③ 王敏．曲韵研究的概貌与新趋向［J］．戏曲研究，2006:(1).

④ 包括吐字不清和地方戏唱腔发音的普通话倾向等。

影响甚微。从当前川剧创作表现现状来看：一度创作方面，传统川剧的剧本语言，同样有用韵、平仄、对仗、字数、句数等格律方面的规则和具体要求，并且通过曲牌或板式与音乐有机结合。然而20世纪以来，滋养了戏曲文学的诗、词等传统文学样式式微，以音韵、格律为重要内容的传统语文教育缺失、断裂，以及"戏改"带来的川剧艺术生产方式变革，都使得川剧文学创作传统难以为继。[①]二度创作方面，尽管当代川剧有以沈铁梅、王玉梅等以唱功见长的优秀梅花奖演员，但年轻演员普遍缺乏对传统川剧音韵的认识和系统的发声训练也是不争的事实，川剧"好看不好听"的印象并没有完全改变，这显然不利于川剧的当代传承与发展。从川剧发展角度来看：回顾历史，川剧音韵研究能够明晰川剧中方言与声腔等一些基本问题，有助于对川剧及其艺术特点的形成做出更全面、深刻、科学的认识，而这些认识是推动川剧发展与改革的前提；川剧音韵研究能够以语音演变的规律解释川剧发展中一些断层的现象，能为剧作者、作曲者及演员的创作提供一些理论上的依据和现实的指导。前瞻未来，川剧作为朝气蓬勃的地方剧种，是代表着巴蜀文化的杰出的非物质文化遗产，其推广与走上国际舞台是必然趋势。那么从语言学特别是音韵学的视角出发，川剧推广是否需要在一定程度上追求音韵上的统一与标准化，国际舞台对川剧语言会产生怎样的影响、提出怎样的要求等，都极具研究价值与现实意义。

二、戏曲音韵研究的学科背景

与戏曲音韵研究密切相关的学科主要有曲学、音韵学、音乐学、方言学、语音学等。

如上文所述，古代戏曲音韵研究主要依靠曲学、音韵学的理论与方法。或者说，就是以音韵学的方法来解释并指导戏曲中和语音相关的诸多问题，比如曲文创作的格律、演员唱念应遵循的艺诀等。两者之间有时甚至交织于一体。比如《中原音韵》作为一部北曲的曲韵专书，既被视为重要的戏曲理论用书，同时也

① 魏锦．20世纪川剧艺术生产结构变革对剧作者及其创作的影响［J］．四川戏剧，2017（11）．

是重要的音韵学著作，至今仍是音韵学的重要研究对象。《洪武正韵》本是明朝洪武年间的官修韵书，并不是曲韵专书，而南曲作家和艺人觉得这部韵书和南方语音较为接近，就拿来作为南曲的主要参考。①

戏曲之“曲”属于音乐的范畴，音乐学（包括基本乐理和乐律等）同样是戏曲音韵研究必不可少的理论基础。在音乐学领域已有一些卓有建树的讨论音乐与语言关系的论著，如杨荫浏《语言音乐学初探》（1983），许讲真《语言与歌唱》（1984）、《汉族民歌润腔概论》（2009），钱茸《语言学方法之于音乐的“中国元素”——〈民族语言音乐学〉课程论争》（2009）等，在研究戏曲唱腔与语音关系方面是非常有参考价值的。

方言学是一门重视田野调查、以活的语言和方言为研究对象的语言学分支学科。方言学的方法运用于戏曲音韵研究，能够对戏曲（特别是地方戏）所采用的语音系统进行描写和梳理，明确戏曲剧种与方言之间的关系，以及进行戏曲语音与韵书之间的对比、押韵比较等。游汝杰主编的《地方戏曲音韵研究》（2006）在这方面做了有益的探索。

语音学主要研究语言的发音机制、语音特性和在言谈中的变化规律等。20世纪之前的语音学主要从听音、记音入手来研究语音，是一门“口耳之学”。20世纪初期语音学家开始借用一些生理、物理和医学方面的仪器来辅助口耳，审定语音，“实验语音学”逐步发展起来。20世纪70年代以后，计算机的普遍应用和信息技术的发展推动了实验语音学的飞速发展。现在已经普遍使用语音分析软件来对语音的各种属性进行观察和分析。实验语音学在诸多学科交叉领域均实现了突破性进展。将实验语音学的研究方法运用于戏曲唱腔研究，有助于将传统戏曲中唱、念的艺诀、经验，进行学理化阐释和系统梳理，可望建立戏曲语音研究的一种新范式。研究以声学分析为主，能够以定性、定量分析相结合的方式，清晰呈现出戏曲唱腔语音普遍特征与演员的个体语音特征，通过研究与素材的累积，将为戏曲演员唱、念表现的提升提供更明确的依据、标准和现代科学有效的语音训练方法，有助于提升戏曲演员的语言艺术表现力，推动戏曲艺术发展。

① 赵诚．中国古代的韵书［M］．北京：中华书局，1979：122.

今天我们做戏曲音韵研究，依然离不开基础的曲学理论[①]和音韵学知识。这些传统的知识与方法有助于我们理清剧种、声腔发展脉络，认识甚至找回戏曲音韵、格律、演员唱念的传统。同时，我们也需要借助新的多学科理论与方法，在传统与现代戏曲语言表现之间搭建桥梁，建立起符合今天戏曲艺术创作、演出和传承现状的戏曲音韵研究框架和研究范式。

三、当前戏曲音韵研究的主要内容

对戏曲音韵的研究虽然由来已久，但研究之不足也是有目共睹的。最突出的问题是缺少学科间的沟通和交叉性研究、缺少系统性研究。音韵学家冯蒸先生曾于2000年提出对音韵学与戏曲学进行整合研究，建立中国戏曲音韵学学科体系[②]。冯先生提出的“中国戏曲音韵学”体系由“古典戏曲音韵论”“现代戏曲音韵论”和“戏曲音韵理论概说”三部分组成。尽管“古典戏曲音韵论”部分还带有浓郁的音韵学研究目的和倾向，但不可否认从后两部分的提纲结构来看，已经体现出“为戏曲而研究音韵”的目的性和努力，特别是“戏曲音韵理论”中“分析理论”“唱念理论”“编剧理论”的提出，的确是抓住了戏曲音韵理论的核心问题，值得借鉴。

我们认为从戏曲音韵研究的现状来看，建立戏曲音韵学的根基尚显薄弱。但以戏曲艺术为核心、以推动戏曲艺术发展为目的的戏曲音韵研究，其方向、方法应是日益明晰的。要对戏曲音韵进行系统性研究，当前研究的主要内容我们认为应该集中在以下几个方面：（一）对戏曲声腔、剧种、方言之间关系的研究；（二）曲牌体、板腔体等戏曲体式与音韵格律研究；（三）传统戏曲音韵与戏曲文学创作、舞台表演的关系研究；（四）对戏曲唱念的声、韵、调等发声分析与研究；（五）戏曲唱腔中的语音特征与字乐音关系研究；（六）韵律与戏曲文学创作、音乐创作、演员唱念表现的关联研究。这六个方面，其中前三点意在对传统戏曲音韵理论进行系统性梳理，后三点则重在以当代戏曲创作表演为研究对象，通

① 除了古代的曲学著作，也包括当代戏曲艺术家的艺诀、谈艺录、经验总结等。

② 冯蒸．论中国戏曲音韵学的学科体系——音韵学与中国戏曲学的整合研究［J］．首都师范大学学报（社会科学版），2000:（3）．

过细致分析和描写呈现当代戏曲音韵面貌。通过这六个方面的研究，才能贯通古今，为建构适应于当代戏曲文学创作、音乐创作和舞台演出的戏曲音韵理论奠定基础，戏曲音韵学作为学科的建立才能成为可能。

此外，特别要强调的是，一个整体的中国戏曲音韵理论体系应该建立在基于剧种或声腔的音韵研究基础之上①。近 300 年来，中国戏曲发展变化非常复杂，声腔流转交融、剧种丰富多样。各个剧种因其使用方言、声腔、体式等的不同，音韵表现往往有其独特之处。可以说，只有积累了丰富的剧种音韵研究成果，才能为中国戏曲音韵理论的提炼和总结奠定基础。

以此，本文尝试提出一个包含上述研究内容的系统的川剧音韵研究提纲，希望能够为川剧创作和演员唱念提供支持；也希望由此搭建起一个以多学科方法共同进行戏曲音韵研究的结构框架和研究范式。

（一）川剧剧种、声腔、流派与方言

1. 五腔共和与川剧剧种的建立

2. 川剧四条河道与方言的关系

（二）川剧体式与音韵格律

1. 川剧曲牌体声腔的音韵格律

2. 川剧板腔体声腔的音韵格律

（三）传统川剧音韵研究

1. 川剧剧本音韵研究

2. 川剧音韵艺诀研究

（四）川剧唱念的声、韵、调发声分析与研究

1. 川剧唱念的语音系统

2. 川剧唱念的声母（辅音）发声分析

3. 川剧唱念的韵母（元音）发声分析

---

① 我们更加倾向于基于剧种的戏曲音韵研究。因为声腔可以流转，可以与不同方言结合，而剧种与方言之间的关系更具有唯一性，更适宜于彰显戏曲音韵特点的研究。但我们也不反对基于声腔的戏曲音韵研究，从这个角度或许能够更好地分析戏曲中语言与音乐的结合问题。

4. 川剧唱念的声调发声分析

5. 川剧分行当唱念基本发声特征分析

（五）川剧唱腔中的语音特征与字乐音关系研究

1. 川剧唱腔中的依字行腔分析

2. 川剧唱腔中的润腔分析

3. 川剧不同行当优秀演员唱腔语音特征分析

（六）川剧韵律研究

1. 现代川剧韵律与传统川剧格律的关系

2. 川剧文学创作、音乐创作、演员唱念表现的韵律统一

3. 川剧演员唱念的韵律与情感表现

后　记

《重庆文化研究》年卷自出版以来，在社会上获得了广泛的好评，并引起了较大的社会影响。为了进一步促进我市文化旅游研究工作，展示文化旅游研究成果，更好地发挥研究成果的积极作用，重庆市文化和旅游研究院于2020年初，继续策划编辑出版《重庆文化研究》(2019年卷)。主要选收重庆地区专家学者2019年在公开期刊发表的文章，兼收少部分内部刊物发表的文化旅游研究的优秀文章。2019年卷于2019年1月起征稿，得到了全市各高校、文化单位以及广大文化旅游工作者的大力支持。截至11月底，共收到文化艺术研究稿件200余篇。部分文章入选作者因地址变更无法取得联系，请见刊与我们联系以便赠送样书。

对于编辑工作，我们在上卷的基础上，继续完善了几个遴选标准：注重文化艺术各门类平衡，优先选入核心期刊发表的文章，优先选收具有学术前瞻性的文章，优先选收具有现实意义的文章。据此，入选文章50篇，70余位作者，50余万字。分为宏观文化、巴渝文化、公共文化、文化产业、文旅融合、文化传媒、文化遗产、艺术研究等部分。由于时间仓促，难免疏漏和存在不足，敬请批评指正。

2020年8月